Studienbücher Theologie

Christofer Frey
Dogmatik

Studienbücher
Theologie

Systematische
Theologie

Gütersloher
Verlagshaus

Christofer Frey

Dogmatik

Gerd Mohn

CIP-Kurztitelaufnahme der Deutschen Bibliothek

Frey, Christofer
Dogmatik. – 1. Aufl. – Gütersloh: Gütersloher Verlagshaus Mohn, 1977
(Studienbücher Theologie: Systemat. Theologie)
ISBN 3-579-04455-9

ISBN 3-579-04455-9

Satz und Druck: F. L. Wagener, Lemgo
Bindearbeiten: Realwerk G. Lachenmaier, Reutlingen
Einband: Hansjürgen Meurer, Gütersloh
Grafik der Übersichten (in Mappe): Renate Jurisch, Herne
Printed in Germany

Inhalt

(Anmerkung: Die Bezifferung der einzelnen Abschnitte zählt Abschnitte ersten Grades mit den Ziffern 1–6, zweiten Grades mit den Ziffern 1 ... nach der ersten Ziffer, Abschnitte dritten Grades mit den Ziffern 1 ... nach der zweiten Ziffer usw. Die Ziffer 0 wird nur dann gebraucht, wenn ein einleitender Abschnitt zweiten oder dritten Grades lediglich den Charakter einer Vorbemerkung hat und nicht unmittelbar zum sachlichen Gehalt gehört.)

Abkürzungen richten sich nach RGG, 3. Aufl.

→ Ü ... bedeutet: Hinweise auf die Übersicht Nr. ... (in beiliegender Mappe)

1 Einleitung

1.1 Die Absicht des Studienbuchs

Ein Studienbuch mit bescheidenem Umfang kann weder eine Dogmatik ersetzen noch ein neues komprimiertes Repetitorium darstellen. Es kann nicht einmal umfassend über den Stoff der Dogmatik informieren wollen. Auch liefert es kein System. Was bleibt ihm also?
Die Aufgabe, die es sich gestellt hat, ist sehr viel elementarer und wird dennoch in vielen Dogmatiken und manchen Vorlesungen nicht bewältigt. Sie besteht darin, Anregungen zur dogmatischen Arbeit und zur Entdeckung eigener Fragen zu geben. So soll der Leser motiviert werden, sich intensiv mit einem besonderen Gebiet aus der Dogmatik zu beschäftigen und an einem ausgegrenzten Thema exemplarisch problembezogenes theologisches Denken einzuüben.
Immer wieder ergeben Examensgespräche, aber auch Unterhaltungen mit Vikaren und Pfarrern, daß Theologiestudenten für das Erste Theologische Examen ein dogmatisches Wissen akkumuliert haben, das zwar den Einlaßbedingungen für den Beruf des Pfarrers genügte. Aber auf Aufgaben, Rollenerwartungen und Enttäuschungen dieses Berufs hat es sie so gut wie nicht vorbereitet. Hier und da hat sich deswegen der Eindruck breitgemacht, Dogmatik sei eine Sammlung toten Wissens, das durch Klausuren und mündliches Examen führe, weiter jedoch nicht – Grund genug für ein Studienbuch mitzuhelfen, dieser Entmutigung zu wehren.
Das Studienbuch will deswegen weniger Antworten vorformulieren, als zu Fragen ermuntern. Denn wer Fragen hat, gewinnt einen eigenständigen Zugang zur Sache. Fragen gibt es in beinahe unbeschränkter Zahl. Voran die elementaren Fragen nach dem, wer wir sind oder sein werden – als Christen, glaubend und doch im Zweifel. Entscheidet sich das an dem mit dem Wort »Gott« Gemeinten, am Namen »Jesus Christus«, an einer lebendigen gegenwärtigen Erfahrung, etwa der des Geistes? Dazu kommen Fragen nach Sinn und Ziel des Berufs, den ein Theologiestudent oft nur widerstrebend ergreift, dem Pfarrerberuf. Fragen auch darnach, ob kirchliche Sprachregelungen – theologische Bekenntnisse und kirchliche Grundordnungen – die Wirklichkeit, die Konflikte, die Enttäuschungen und Selbsttäuschungen, aber auch die Freude in diesem Beruf erreichen und erfassen können. Fragen auch,

ob die Kirche ihren Auftrag bewahrt, wenn sie sich einer Auswahl humanwissenschaftlicher Erkenntnisse nicht verschließt, ob sie etwas vom Menschen weiß, das Humanwissenschaften nicht sagen können, oder ob sie ihre Ansichten vom Menschsein revidieren muß. Fragen schließlich, auf welche zukünftige Gestalt Kirche zugeht, wenn ihre Strukturen und Funktionen in der Gesellschaft sich ändern und aus der Gesellschaft Anfragen kommen, die sie als Bedrohung empfinden könnte (z. B. den staatlichen Kirchensteuereinzug betreffend). Vor allem will der Autor des Studienbuchs die Anfragen aller jener ernst nehmen, die sich von »außen«, wie zur Probe, an die Theologie herantasten und sich oft genug wieder enttäuscht von ihr abwenden.
Viele Theologen scheinen längst die Hoffnung aufgegeben zu haben, daß eine ehrwürdige Disziplin wie die Dogmatik an Antwortversuchen auf Fragen nicht an der Kirchensprache orientierter Menschen beteiligt sein könnte. Redet sie doch oft so sehr nach innen, daß ihrem Gespräch nur folgen kann, wer schon die Binnensprache der Disziplin beherrscht. Das Studienbuch teilt diese Resignation nicht. Es will versuchen, ein wenig für das Gegenteil zu tun, ohne zwanghaft dogmatische Formeln gegen zweifelhafte Modernismen auszutauchsen. Viele seiner Fragen werden nur im weiteren Sinn der Dogmatik zuzuordnen zu sein. Sie gehören dann, strenger bestimmt, der Fundamentaltheologie – der systematischen Besinnung auf Grundlagen theologischer Aussagen – und der Apologetik – als Gespräch mit nichttheologischen Wissenschaften verstanden – an. Die Ethik ist Gegenstand eines selbständigen Studienbuches. Einige verbindende Hinweise zur Ethik werden aber eingefügt, um nicht den Anschein zu erwecken, Dogmatik repräsentiere bloße Theorie, Ethik aber die Praxis (vgl. 1.6!).

Bevor das Studienbuch sich einleitenden Fragen zuwendet, mag es nützlich sein, einige Definitionen des Gegenstandes, von dem es handelt, aufzuführen, um später eine eigene Bestimmung zu versuchen.
Theologie könnte folgendermaßen bestimmt werden:
»Theologie ist die methodische Auslegung des christlichen Glaubens ... Geschichtliche Theologie schließt Geschichtsforschung ein, systematische Theologie enthält philosophische Erörterungen. Aber in einem Punkt müssen der historische und der philosophische Theologe übereinstimmen: sie müssen beide – mit ihrem jeweiligen Rüstzeug – der theologischen Aufgabe dienen, die christliche Botschaft auszulegen« (*P. Tillich:* Systematische Theologie Bd. 1, Stuttgart 1955, S. 38).
»Erstens ist Theologie ständige Vergewisserung und kritische Wahrheit des Christen auf den Grund seines Glaubens. Zweitens ist Theologie denkendes Ausharren an den Vermittlungen und darin Gewahren und Bewahren der eschatologischen ›Richtung‹ des Christen. Drittens ist Theologie Schutz und Anleitung, wenn der Christ als Zeuge in die Gefährdung seines Glaubens durch die ›Vergegenständlichung‹ tritt« (*C. H. Ratschow:* Der angefochtene Glaube, Gütersloh 1957, S. 307).
»*Systematische Theologie* als Wissenschaft ist der methodisch durchsichtige und kommunikationsfähige Versuch des Verstehens und der Darstellung, der Forschung und der Lehre, bezogen auf das befreiende Wort und Werk Gottes in seinem kommenden Reich, angetrieben von der Kraft der Wahrheitsfrage,

die ihren Anspruch in alle Wissenschaften hinein ausstrahlt« (*H. J. Kraus:* Reich Gottes: Reich der Freiheit. Grundriß systematischer Theologie, Neukirchen 1975, S. 96).

»Die *Dogmatik* hat das Dogma der Kirche, d. h. den Sollgehalt ihres Kerygmas, zu untersuchen. Und sie soll dabei kritisch verfahren« (*W. Elert:* Der christliche Glaube. Grundlinien der lutherischen Dogmatik, 5. Aufl. Hamburg 1956, S. 49). »Unter *Kerygma* verstehen wir ... die öffentliche Verkündigung der Gesamtkirche« (ebd. S. 37).

»Das *Dogma* bezeichnet das Minimum des Sachgehalts, in dem alle öffentliche Verkündigung übereinzustimmen hat« (ebd. S. 37).

»Dogmatik ist als theologische Disziplin die wissenschaftliche Selbstprüfung der christlichen Kirche hinsichtlich des Inhalts der ihr eigentümlichen Rede von Gott« (*K. Barth:* Die Kirchliche Dogmatik Bd. I,1, S. 1).

Literaturhinweis

Zur Unterscheidung von Dogmatik und Dogma vgl. die Dogmatik von *W. Trillhaas* (Dogmatik, 3. Aufl. Berlin und New York 1972, S. 33–48).

1.2 Das Studienbuch und die Examensbestimmungen

Die »Gemischte Kommission für die Reform des Theologiestudiums« hat 1969 in ihrem vierten Band (Reform der theologischen Ausbildung. Empfehlungen und Vorschläge zum Ersten Theologischen Examen und zur Reform des akademischen Unterrichts, Stuttgart und Berlin 1969) Empfehlungen für das Prüfungswissen im Fach »Systematische Theologie: Dogmatik« veröffentlicht. Der Leitsatz zu den Prüfungsempfehlungen deutet darauf hin, daß dieses Wissen über die Examensanforderungen hinaus Bedeutung haben soll: »In der Systematischen Theologie wird die Fähigkeit erstrebt, unter Rückgriff auf biblisch-theologische Exegese und dogmatische Tradition eine Stellungnahme zu gegenwärtigen Problemen zu erarbeiten« (S. 27).

Dogmatisches Wissen soll also nicht um seiner selbst willen erarbeitet und in der Prüfung nachgewiesen werden. Vielmehr gewinnt die Gegenwart entscheidendes Gewicht. Denn aus ihr – dem Leben im kirchlichen und außerkirchlichen Alltag und in gesellschaftlicher Orientierung und Praxis – erwachsen Fragen, Konflikte, Konfrontationen, die Entscheidungen und Stellungnahmen unausweichlich machen. Das setzt *Urteilsfähigkeit* voraus, die im Alltag kirchlicher Berufsausübung bewährt sein will. Unter dem Druck der dort anstehenden Probleme steht der Theologe immer wieder in der Gefahr, faktische Vorgänge und Entscheidungen nachträglich mit biblischen Einsichten und dogmatischen Traditionen zu legitimieren, statt den Entscheidungen mit theologischen Einsichten vorauslaufend zu begegnen. Besonnenes dogmatisches Urteilsvermögen wird zwar seine Ohnmacht angesichts des kirchlichen, des gesellschaftlichen Alltags realistisch einschätzen, sich trotz allem aber fragen, wie es der genannten Gefahr kritisch begegnen kann. Daß freilich in der Kirche faktische Entscheidungen wichtiger

werden als die Identität der Kirche aufgrund ihres biblischen und bekenntnisorientierten Selbstverständnisses, kennzeichnet auch das Versagen ihrer Dogmatik.
Neben der Motivation gehört also die Ausbildung eines Urteilsvermögens zu den Anliegen dieses Studienbuchs. Einzuüben ist dieses Vermögen nach den Vorstellungen der Gemischten Kommission anhand des »Grundwissens« und mit Hilfe von »Spezialwissen«, an dem »methodisches Können und kritisches Verständnis« sich entfalten können.

Als *Grundwissen* gilt:
»(1) Kenntnis der Grundlagen reformatorischer Theologie und ihrer Wirkungsgeschichte in den lutherischen und reformierten Bekenntnisschriften und in der orthodoxen alt-lutherischen und alt-reformierten Lehrtradition (Kenntnis der Grundbegriffe der altprotestantischen Orthodoxie).
(2) Kenntnis des Problems gegenwärtiger Bekenntnisbildung unter Berücksichtigung der Barmer Theologischen Erklärung und der Basisformel des Ökumenischen Rates der Kirchen. Kenntnis der Hauptprobleme der gegenwärtigen Sakramentslehre unter Berücksichtigung der wichtigsten Lehrunterschiede gegenüber den anderen Kirchen. Überblick über zentrale Fragestellungen der gegenwärtigen systematischen Diskussion.«

Methodisches Können und kritisches Verständnis im Rahmen von *Spezialwissen* wird so beschrieben:
»(1) Bearbeitung eines dogmatischen Entwurfs seit dem Aufkommen des Neuprotestantismus unter Berücksichtigung seines Gegenwartsbezugs und seiner charakteristischen Unterschiede gegenüber einem anderen Entwurf.
(2) Bearbeitung eines gegenwärtig besonders relevanten dogmatischen Problems unter Berücksichtigung der Fragen der dogmatischen Methodik.
(3) Verhältnisbestimmung von Problemen der Dogmatik zur Philosophie in Anknüpfung an 1 und 2.«
(Reform der theologischen Ausbildung, Bd. 4, S. 27).

Wir übergehen die Problematik dieser Auswahl. Nach neueren Einsichten kann die Funktion einer Prüfung nicht allein darin bestehen, die Fähigkeit der Reproduktion von Wissen zu bewerten. Daneben müssen *Einordnungsfähigkeit, Urteilsvermögen* und sog. *»Transfer«* (Übertragung von methodischer Fähigkeit und inhaltlicher Einsicht von einem Gegenstand auf einen anderen) bewiesen werden können. So geht es im Grunde um den Nachweis einer *Kompetenz,* die sich im Laufe des Studiums herausgebildet haben muß und sich in der beruflichen Praxis bewähren soll.

Der Kompetenzbegriff hat eine weite Bedeutung. Diesem Studienbuch geht es um die Kompetenz, zu urteilen und Einsichten zu transferieren.
Das ist im Grunde mehr, als der durch die Linguistik in die Debatte gekommene Kompetenzbegriff sagt, obwohl der hier vorausgesetzte Gehalt daran anschließt. Nach linguistischer Einsicht erwirbt z. B. ein Kind Kompetenz, wenn es lernt, Sätze zu bilden, ohne sich vorher – wie beim Erwerb einer Fremdsprache auf der Schule – eigens erst Regeln angeeignet zu haben. Kompetenz ist demnach die »Fähigkeit eines idealen Sprechers, ein abstraktes System sprachgenerativer (d. h. anderen verständliche Aussagen erzeugender – Anm. des Vfs.) Regeln zu beherrschen«.

Literaturhinweis

Vgl. dazu *N. Chomsky:* Aspekte der Syntax-Theorie, Frankfurt a. M. 1969; ferner *J. Habermas:* Vorbereitende Bemerkungen zu einer Theorie der kommunikativen Kompentenz, in: *J. Habermas / N. Luhmann:* Theorie der Gesellschaft oder Sozialtechnologie – Was leistet die Systemforschung?, Frankfurt a. M. 1971, S. 101 ff. (dorther das Zitat!). *Habermas* hat den Kompetenzbegriff ausgeweitet und dabei in den Kompetenzbegriff die Fähigkeit eingeschlossen, eine Äußerung so in die spezifische Situation zu sprechen, daß sie verstanden wird und Folgen hat. Sie schließt also den Hörer als lebendiges Gegenüber ein und nimmt seine Reaktion – soweit das irgend geht – voraus.
Dieser Kompetenzbegriff wird im Urteilsschema (1.3) und in der Diskussion um die Bewahrheitung dogmatischer Aussagen (1.4) weiter aufgeschlüsselt.

1.3 Zur Strukturierung eines dogmatischen Urteilsbildungsprozesses

Die folgenden Bemerkungen sollen keine allgemeingültige wissenschaftliche Urteilstheorie formulieren. Sie wollen zeigen, wie man *Kompetenz* zum dogmatischen Urteil einübt und befestigt. Zuerst wollen wir fragen, welche Arbeit an eigenen Einstellungen und Gedanken notwendig ist, damit jemand kompetent urteilt. Sich ein Urteil über eine Sache zu bilden bedeutet, einen Prozeß des Begreifens, Bestimmens und Abgrenzens einzugehen, der von einem erkannten Problem seinen Ausgang nimmt. Oft kehrt er zum Ausgangsproblem zurück, um es besser oder von anderen Gesichtspunkten her zu verstehen.
Aus den Überlegungen gewinnen wir ein *Prozeßschema.* Es soll auf dogmatische Urteilsbildung angewandt werden. Spätere Teile dieses Studienbuches werden es mehrfach illustrieren (und zwar in den Exempeln dogmatischer Urteilsbildung am Ende der Abschnitte 2, 3 und 4).
Zunächst stellt sich die Frage, was *»Urteilen«* heißen soll.
(a) Eine schlichte Auffassung könnte sagen: Urteilen heißt, *angemessen Stellung zu beziehen.* Dazu muß man zuerst das Problem benennen können, um das es geht. Gehört dieses oder jenes Nachbarproblem hinzu? Wie wähle ich die Aspekte des Problems aus? Gerade die Pro-

blemwahl bzw. Problemdefinition bietet noch am ehesten die Möglichkeit emotiven Verhaltens (»emotiv« bedeutet: Einstellungen machen sich in Gefühlen kund). Pro und Kontra sind nicht verboten. Aber wir müssen uns unsre Einstellungen bewußt halten. Gesprächspartner können uns dabei helfen.

Angemessen ist eine Stellungnahme, wenn sie sich dem anderen, dem Gesprächspartner gegenüber verständlich macht und den Bezugsrahmen unseres Problems, zu dem wir Stellung beziehen, aufdeckt (z. B. ist der Bezugsrahmen der Auferstehung Jesu Christi in aller Regel nicht die medizinische Wissenschaft, sondern die Frage nach seiner Gegenwart in der Kirche).

(b) Urteilen schließt ein, daß man sich selbst und einem Gesprächspartner *Schritt für Schritt* und nachvollziehbar die *Begründungen* einer Aussage *herausstellt.* Dogmatische Entscheidungen der Kirche sind oft zu Formeln erstarrt, ja, sie können Festsetzungen aufgrund von Macht und Durchsetzungsvermögen sein. Dann werden ihre Begründungen häufig verschleiert oder sogar nachträglich sein. Urteilen hieße dann, die Begründungen wiederentdecken und in einer anderen Zeit verständlich machen.

(c) Urteilen bedeutet auch, in Auseinandersetzungen *Stellung zu beziehen.* Probleme werden meist nicht völlig neu entdeckt, sondern bereits diskutiert. Wer sie einer Beurteilung oder einer Lösung näherbringen will, sollte auch einige wichtige Stellungnahmen zu ihnen berücksichtigen. Sie werden kaum ohne Einfluß auf die eigene Problemformulierung sein.

(d) Im Verlauf des angedeuteten Urteilsprozesses wandelt sich u. U. die ursprüngliche Sicht und vielleicht auch die erste Einstellung zum Problem. Eine reflektiertere Stellungnahme wird jetzt möglich. Sie fordert *Angabe der maßgeblichen Kriterien der eigenen Entscheidung.* Wer den Urteilsprozeß so weit vorantreibt, wird nun überlegen, wie sich das eigene Urteil bewahrheitet und wie es anderen verständlich und nachvollziehbar gemacht werden kann. Urteilen bedeutet dann, Entscheidungen auf Kriterien zurückzuführen und intersubjektiv verstehbar zu formulieren.

(e) *Urteile in der Logik* sind Aussagen, die *induktiv* (vom Besonderen zum Allgemeinen) oder *deduktiv* (vom Allgemeinen zum Besonderen) vorgehen. Sie vermitteln zwei allgemeine Erkenntnisse (d. h. Begriffe, die auf viele Fälle anwendbar sind, wie z. B. »alle *Menschen* sind *sterblich*«) oder allgemeine und konkrete Erkenntnis (wie z. B. »*Sokrates* ist *sterblich*«). Die Urteilstheorie der Logik hat mit dem methodischen Verfahren, das dieses Studienbuch vorschlägt, nur so viel gemein, daß komplexe, wenig geklärte Sachverhalte durch bestimmte Schritte des Denkens klarer werden sollen.

(f) In der Philosophie ist eine zunächst seltsam erscheinende Urteilstheorie bekannt. Hegel hat vom *Ur-teilen* geredet. Das unbestimmte Allgemeine teilt sich in einer Ur-teilung in das Konkrete. So wird der Begriff zu etwas Begriffenem und nicht zu einer leeren Hülse. Ein Aspekt dieses verwegenen Gedankens ist auch in diesem Buch festgehalten: allgemeine, übergreifende Gesichtspunkte (dogmatische Zentralbegriffe und Leitaussagen) werden immer mit konkreten Problemen und Fragen zusammen bedacht werden müssen. So – und nicht durch abstrakte Differenzierung – kommen sie zu den notwendigen klaren Begriffen.

Unter (a)–(f) sind nun Gesichtspunkte genannt, die das Wort »Urteilen« in seiner Bedeutung umschreiben wollen. Diese Gesichtspunkte kommen in folgendem *Schema dogmatischer Urteilsbildung* zur Geltung:

1. Präzisierung des Problems.
2. Bestimmung des Problemkontextes.
3. Alternative Positionen zum Problem.
4. Neubestimmung des Problems.
5. Entscheidung aufgrund von Kriterien.
6. Überlegungen zur Bewahrheitung.

Das Schema stellt einen strengen Ablauf dar; die Realität einer Urteilsfindung wird anders sein – vermutlich eher zirkulär: wer über ein dogmatisches Problem nachdenkt, wird im stillen oder offen schon eine Lösung ansteuern (also von 5 ausgehen) und die Begründungen nachholen und vielleicht auch nur im Hinblick auf die Lösung Aspekte des Problemkontextes sehen. Diese sehr verständliche Neigung wird mit diesem Schema eingegrenzt. Dennoch bleibt der Weg des Urteilens eher kreisförmig. Im Verlaufe des Nachdenkens und Diskutierens wird sich das Problem (erster Schritt!) immer neu darstellen und angemessener formuliert werden. Der vierte Schritt dieses Schemas wird also häufiger auftauchen.

Zu den einzelnen Schritten:

Zu 1: Dogmatik ist nicht gedankenlose Wiedergabe von Sätzen, die in der Geschichte der Kirche geprägt wurden. Ebensowenig stellt sie eine gedankenlose Konservierung vermeintlich zeitlos gültiger Sätze dar.

Dogmatische Aussagen, die in Bekenntnissen der Kirche oder theologischen Sätzen ihren Ausdruck finden, sind in jedem Fall durch ein Problem bedingt. Häufig weisen sie in ihrer gegenwärtigen Form noch auf die Lösung des Problems hin. In anderen Fällen muß ihr Problembezug aufgedeckt, aus vielfältiger sachlicher und sprachlicher Verschlüsselung (Formelsprache) herausgehoben und dann analysiert werden.

Z. B. könnte man an ein Schlagwort wie »Entmythologisierung« denken (das zunächst keinen dogmatischen Terminus, wohl aber ein dogmatisches Problem darstellt). Manche Probleme verbergen sich hinter ihm; etwa: welche Gültigkeit beanspruchen neuzeitliche Weltbilder, wie kann ein Christ über die historische Distanz hinweg den Sinn neutestamentlicher Aussagen verstehen und doch ganz in seiner eigenen Epoche leben? Oder: wie kann sich ein Christ der Technik seiner Zeit, die auf naturwissenschaftlichen Erkenntnissen beruht, bedienen, und diesen Erkenntnissen fremde Wunder im Neuen Testament hinnehmen?

Oft ist der Problemgehalt einer dogmatischen Aussage erst aus einer anderen dogmatischen Aussage erwachsen. Er ist dann sekundär. Z. B. mußte die alte Kirche, als sie die zwei Naturen Christi in einer Person gültig formuliert hatte, die Frage stellen, ob jeder der beiden Naturen, der göttlichen und der menschlichen, ein Wille entspricht oder ob nur ein Wille der ganzen Person (aus beiden Naturen) zugerechnet werden müßte. Hier zeigt sich ein Problem, das aus dogmatischen Begriffen selbst entsteht.

Zu 2: Der Kontext eines dogmatischen Problems läßt sich folgendermaßen unterscheiden:

(a) Er kann *diachron* und er kann *synchron* betrachtet werden.

»Diachron« ist ein Problemkontext, wenn man auf die Wandlungen des Problembewußtseins und der Problemformulierung abhebt. Dogmengeschichten geben meist Abrisse diachroner Art, z. B.: wie ist in unterschiedlichen Epochen der Glaube an Gott zum Ausdruck gekommen?

Das *synchrone* Element überwiegt, wenn das Problem im Zusammenhang von Gesichtspunkten und Strukturen, die bis heute unser Problembewußtsein tragen, zur Analyse kommt. Z. B. wird *Luthers* Zwei-Regimenten-Lehre oft im Hinblick auf das 20. Jahrhundert verhandelt.

Beim dogmatischen Urteil wird der Gegenwartskontext eines Problems eher synchron, d. h. zu einem bestimmten Zeitpunkt gültig, behandelt werden. Zunächst diachron werden biblische Fundierung und kirchen- und dogmengeschichtliche Entfaltungen zur Behandlung kommen.

(b) Der Kontext eines dogmatischen Problems wird sich in die *biblische Fundierung* (1), die *kirchengeschichtliche und dogmengeschichtliche Entfaltung* (2) und die *Gegenwartsproblematik* (3) auffalten. Der Aspekt 2.3 schließt an den ersten Schritt des Urteilsschemas an.

(2.1) Zunächst ist nach der *biblischen Fundierung* einer dogmatischen Aussage zu fragen. Denn zu allen Zeiten wollten dogmatische Aussagen, wenn auch durch unterschiedliche Vermittlung, auf das biblische Offenbarungszeugnis zurückbezogen sein. Auf welche Aussagen beziehen sie sich zurück, in welchen Traditionen des Urchristentums sind die biblischen Belegestellen zu Hause? Steht hinter ihnen ein ähnliches Problem wie hinter der dogmatischen Aussage, die sich auf sie bezieht?

Die biblische Begründung dogmatischer Aussagen ist umstritten. Einmal hat die historisch-kritisch orientierte Exegese gezeigt, daß man nicht einzelne biblische Verse herausreißen und zu Beweisstellen machen kann. Denn diese Verse haben ihren Kontext. Auf der anderen Seite gibt es heute systematisch-theologische Ansätze, die aus den Erfahrungen des neuzeitlichen Christentums denken. Sie greifen biblische Aussagen nur auf, wenn sich in ihnen Anstöße für das neuzeitliche christliche Bewußtsein finden. Das alte Verfahren der Dogmatik, nahezu beliebig biblische Aussagen als Belege zu nutzen, geht eben nicht mehr. Zu diesem Problem sagt der folgende Abschnitt 1.4 mehr.

(2.2) Dogmen sind im Laufe der Geschichte der Kirche formuliert worden. Dogmatische Probleme haben ihre Geschichte. Deswegen gehört die *kirchen- und dogmengeschichtliche Entfaltung* zum Kontext eines dogmatischen Problems. Heute ist es geboten, auch sozialgeschichtliche Fragestellungen einzubeziehen. Leider sind dafür geeignete Methoden noch recht unterentwickelt.

Am leichtesten läßt sich ermitteln, wann eine dogmatische Aussage verbindlich formuliert worden ist (Synoden, Bekenntnisschriften, in der katholischen Kirche Verlautbarungen des Lehramts). Auch wissen die Lehrbücher der Kirchengeschichte manches über die Begleitumstände. Schwieriger ist es, Problemstellungen und erste Formulierungsversuche vor der verbindlichen Aussage eines Dogmas aufzufinden. Dazu helfen Dogmengeschichten. Sie spiegeln die Geschichte des Christentums aber nur in der Geschichte der Gedanken großer Theologen. Oft hat aber das Volk, das sich nicht in gelehrten Schriften verewigt hat, Anteil am Werden eines Dogmas (ein hervorragendes Beispiel: die Bilderverehrung in Byzanz!).
Wenn jemand versucht, theologische und dogmatische Aussagen auf die lebensgeschichtliche Basis des Autors zurückzuführen (vor allem sein materielles Dasein und sein alltägliches Bewußtsein), kommt er in die Nachbarschaft der sog. *Ideologiekritik.* Ideologiekritik unterstellt, daß Gedanken nicht nur ausdrücken, was sie unmittelbar zu sagen scheinen, sondern auch elementare Interessen verschleiern oder gegenüber anderen befestigen (z. B. die Aussage von Gott dem Vater die Herrschaft eines Landesvaters).
Wer Ideologiekritik leisten will, muß die wahren Interessen hinter den Aussagen benennen können. Das geht meist nur gewaltsam. Das Studienbuch geht deswegen vorsichtiger vor: wo Aussagen etwas anderes erreichen, als sie ursprünglich beabsichtigten, müssen wir die eigentliche *Sprechhandlung* rekonstruieren. (Sprechhandlung bedeutet, daß eine Aussage nicht nur Information weitergibt, sondern ihr Urheber bzw. Vermittler mit dem Angeredeten »handelt«, d. h. ihn beeinflußt, z. B. zur Reaktion veranlaßt, tröstet usw.) Heute machen wir die Erfahrung, daß kirchliche Aussagen und dogmatische Formeln häufig nicht in gelebte, sondern in rechthaberische Wahrheit umgesetzt werden.

(2.3) Die *Gegenwartsproblematik* als Kontext einer dogmatischen Aussage ist häufig schon mit dem ersten Schritt dogmatischer Urteilsbildung angesprochen. Hier gilt es beharrlich zu fragen, warum dogmatische Aussagen heute meist erstarrt klingen und gerade in den Examina nur reproduziert werden. Genügt es z. B., die einzelnen Bezüge der Personen der göttlichen Trinität unter sich zu benennen; oder müssen wir nicht auch sagen, was uns heute an der Lehre von der Dreieinigkeit Gottes befremdet und wie sie heute weitergegeben werden muß?

(2.4) *Kontextanalyse* muß sich engagieren. Aus dem Begriff der *»Sprechhandlung«* geht schon hervor, daß Sprecher und Hörer der dogmatischen Aussage nicht nur Informationsgeber und Informationsempfänger sind. Sie sollen sich selbst darin besser verstehen und einen neuen Blick für ihre gemeinsame Wirklichkeit gewinnen. Das ist im *Kompetenzbegriff* (vgl. oben S. 13 f.) eingeschlossen.

Wirklichkeit darf hier nicht als Summe erfahrener Gegenstände mißdeutet werden. Vor allem die Alltagswissensforschung weist nach, daß Menschen in ihren alltäglichen Erwartungen miteinander Situationen definieren und Perspektiven ihres Handelns entwerfen. Darnach handeln sie auch. Wirklichkeit liegt also nicht nur vor, sie wird auch gemacht: in den Bestimmungen dessen, was Wirklichkeit ist, in den Handlungen, die darauf gründen, und in den Folgen dieser Handlungen.
Im Grunde ist das der Dogmatik immer bekannt gewesen. Trotzdem geht es aus ihren Sätzen so selten hervor. Z. B. haben bei den zentralen Glaubensaussagen wie Kreuz und Auferstehung Jesu Christi Aussagende und Hörer auch immer auf ihren eigenen Tod gesehen und die Verheißung eines neuen Lebens angesichts der Leiden der Welt im Auge gehabt. Allerdings haben sie ihre eigenen Erfahrungen nicht dem Inhalt der Aussagen von Kreuz und Auferstehung so unterschoben, daß Jesu Kreuz und Auferstehung unwichtig geworden wären. Der Weg Jesu Christi definiert also die Situation der Glaubenden, ihr Handeln ist auf seine Zukunft (z. B. als des auferstandenen und wiederkommenden Richters der Welt) ausgerichtet. Wir haben deswegen in der Dogmatik ein Recht zu fragen, wie Kreuz und Auferstehung Jesu Christi *diese* Welt tatsächlich verändert haben.

Zu 3 und 4: Im dogmatischen Argumentieren und Entscheiden geht es nicht um das Abwägen von Meinungen. Vielmehr geht es darum, ob Sprecher und Hörer mehr von sich und ihrer Wirklichkeit erschließen, als ihnen vorher bewußt war.

Die Positionen verschiedener theologischer Traditionen und Schulen sind bislang das bevorzugte Feld dogmatischen Argumentierens und nehmen deshalb breiten Raum in den Lehrbüchern der Dogmatik ein. Nicht zuletzt der Fülle von Aussagen wegen endet die Sammlung des historisch oder systematisch geordneten Materials in sehr subjektiver Auswahl nach dem Muster: »Während Autor A dieses meint, meint Autor B jenes; ich hingegen meine mit bzw. gegen Autor A bzw. B ... Dann steht Meinung gegen Meinung, steht die Meinung eines späteren Autors über die Meinung eines früheren Autors gegen andere Meinung über eine Meinung. Das ist unbefriedigend. Deswegen müssen wir die Alternativen dogmatischer Interpretation im Sinne der Kompetenz bzw. der Sprechhandlungstheorien sichten (vgl. auch unten S. 30).
Dabei können folgende Frageperspektiven maßgebend werden: lassen sich die fraglichen Positionen zu einem dogmatischen Problem so *bewähren*, daß Sprecher und Hörer mehr von ihrer eigenen Situation verstehen, daß sie sich selbst anders verstehen lernen und auch anderen verständlich machen? Was hier gemeint ist, zeigt vielleicht ein Vergleich dogmatischen Urteilens mit einer Beratungssituation. Auch Beratungen kreisen um Probleme. Ein Problem wird vorgetragen, vom Berater aufgegriffen und im Gespräch immer neu definiert. Entscheidungsalternativen werden geprüft und auf ihre *Folgen* befragt. Wenn die Beratung gut war, geht der Problembeladene mit einer neuen Sicht des Problems davon. Möglicherweise hat es sich auch gelöst, oder Wege zur Lösung sind sichtbar geworden. Mit einem inneren Dialog dieser Art muß das Nachdenken eines einzelnen über ein dogmatisches Problem einsetzen, mit einem *folgenreichen* Dialog mit einem anderen vollendet es sich. Ob die Kirche zu ihrer Lehre steht und von der in ihr aufbewahrten Wahrheit lebt, zeigt sich daran, ob es in ihr viele kleine Dialogsituationen gibt.
Wenn Probleme situiert sind und sich Entscheidungsalternativen abzeichnen,

wird es nicht nur in der Beratung, sondern auch im dogmatischen Urteil Zeit festzustellen, ob der ursprüngliche Problemeinsatz angemessen war. Spätestens jetzt muß der Vorgang der Urteilsbildung sich noch einmal zum ersten Schritt wenden und die Problembestimmung prüfen.

Zu 5: Die in Frage stehende *Entscheidung* kann sich nun auf eine im dritten Schritt festgehaltene Position richten. Oft wird sie anders und besser begründet sein müssen, als das bisher geschah. (Bessere Begründung ist nicht intellektuelles Übertrumpfen eines gelehrten Dogmatikers, sondern Bewährung im vielfältigen Kontext, wie ihn der zweite Schritt aufdeckt, vor allem vor der eigenen Gegenwart!)
Es kann aber auch sein, daß ein theologischer Streit so introvertiert, nur auf Fragen der Kirche und ihres Bestehens oder einer Theologenschule und ihrer Legitimation gerichtet war, daß er den Prestigekampf von Vertretern kirchlicher Richtungen oder wissenschaftlicher Theologien abbildet. Dann sollte sich der Urteilende entschieden distanzieren und eigene Aussagen suchen, es sei denn, er wollte sich selbst einer bestimmten Schule anschließen und ihr um jeden Preis Recht geben.
Wer aber eine neue Formulierung einer dogmatischen Aussage versucht, soll wissen, daß sie nicht in einer etwas veränderten Wiederholung einer alten bestehen kann, sondern sie muß sich daran ausweisen, daß sie in Kommunikation überleitet. Nichttheologen sollten durch einen besonderen theologischen Sprachgestus nicht ausgeschlossen sein.

Zu 6: Wenn es um Menschen geht, ist *Kontrolle,* wie sie in technischen Prozessen angewendet wird, selten möglich. Erfolg läßt sich in der dogmatischen Urteilsbildung nicht ohne weiteres messen. Beratungssituationen, die als Vergleich herangezogen wurden, lassen mitunter eine Erfolgskontrolle zu. Genügte die Lösung nicht (z. B. in einer Erziehungsberatung der Vorschlag eines veränderten Verhaltens), muß das Problem neu definiert werden. Wer dogmatisches Urteilen einübt, wird nur indirekt Folgen ermitteln (z. B. in einer veränderten Predigt, in einer neuen Sicht der kirchlichen Organisation usw.).
Trotzdem müssen Überlegungen angestellt werden, wie eine dogmatische Entscheidung zu *verantworten* und zu *bewahrheiten* ist. Damit erreichen wir bereits das Thema des nächsten Abschnitts. Ist ein dogmatisches Urteil dann wahr, wenn es sachangemessen, wenn es personangemessen, wenn es situationsangemessen gebildet ist – oder sind dies falsche Maßstäbe? Gilt nur das erste Kriterium, dann wäre das Urteil nicht kommunikativ. Gilt nur das zweite Kriterium, dann würde das Urteil zu sehr dem Selbstverständnis der jeweiligen Person willfahren und wahrscheinlich ihren Weltbezug unartikuliert lassen. Gilt nur das dritte Kriterium, dann würde sich das Urteil zu sehr dem, was als zeitgemäß gilt, anpassen und nicht beitragen, Verhärtungen, Indoktrinationen und Vorurteile einer Epoche aufzubrechen.

1.4 Zur Frage der Bewahrheitung dogmatischer Aussagen

Leider fehlt es Dogmatiken häufig an einer Rechenschaft über die *Bewahrheitung* ihrer Aussagen. Mehrere Ansätze in der neueren Theologie lassen sich aber auf diese Frage prüfen und ergeben folgende Hinweise:

1.4.1 Axiomatische Grundlegung

Man könnte einen *Grundbestand unbewiesener Grundsätze* annehmen (z. B. Aussagen über das »Wort Gottes«) und alle Einzelaussagen gewissermaßen deduktiv aus diesen Grundannahmen herleiten. Dann trüge Dogmatik ihre Wahrheit in sich selbst bzw. setzte sie im Glauben voraus.

Literaturhinweis

Dieses Verfahren wurde im 20. Jahrhundert gern in der sogenannten *Neuorthodoxie Karl Barths* vermutet. »Wort Gottes« sei eine Art von *Axiom*, ohne dessen Hinnahme alle Sätze der Dogmatik sinnlos seien. *Barths* eigene Auslegung der »fides quaerens intellectum« (des Glaubens, der nach Einsicht ruft – eine Formel des *Anselm von Canterbury*) und seine Hinweise auf die Zirkelstruktur theologischen Denkens legen solche Folgerungen nahe (vgl. seine Ausführungen in der Kirchlichen Dogmatik Bd. I,1, S. 324; II,1, S. 279; IV,3, S. 95 u. ö.!).
Das hieße aber, die Situation seiner Adressaten im 20. Jahrhundert ausklammern und die konkrete dogmatische »Sprechhandlung« auf eine *zeitlos* gültige Aussage reduzieren. Gerade seinen anthropologischen Ansätzen, die den Menschen als ein Wesen bestimmt, das in geschenkter *Zeit* existiert, würde dieses Verständnis widersprechen (vgl. dazu KD III,2, S. 636 ff.). Und der Dogmatiker ist doch auch ein zeitliches Wesen!

1.4.2 Dogmatik als Hinweis

Man könnte dogmatische Aussagen als *Hinweis* einbringen. Ihre *Wahrheit* wiese dann *über sie hinaus.* Sie würden nicht durch bloßes Nachsprechen wahr, sondern verschafften sich Zustimmung, indem sie den Adressaten etwas über sich und ihre Wirklichkeit sagten, das ihnen zu *neuem Leben* verhülfe. Oder sie müßten Worten, die das vermöchten, dienend zugeordnet werden. Mit einseitiger Zuspitzung ließe sich sagen: ihre Wahrheit träte aus ihrer Wirkung heraus.

Karl Barths umstrittener dogmatischer Ansatz ist wohl eher im Sinn dieser Bestimmung als offenes System von Hilfsaussagen zu verstehen. Ihre Wahrheit weist über sich hinaus auf eine nicht objektivierbare Wahrheit des Wortes Gottes. Dieses Wort ist nicht einfach vorfindlich, sondern es ereignet sich. Seine Wahrheit ist allerdings nicht einfach seine Effektivität. Die Geschichte der Kirche und die Erstarrung der Dogmen sprechen nämlich zu oft dagegen.
Allerdings müßte man nun wissen, was das *»Wort Gottes«* ist. Etwa: Reden des Gottes, der dem Menschen Ursprung und Ziel setzt. Und zwar durch den Mund berufener Zeugen. Aber zugleich ist damit eine zeitkritische Kategorie genannt: der neuprotestantische Horizont der Wahrheit (Neuprotestantismus als dominante Richtung evangelischer Theologie am Ausgang des 19. Jahrhunderts) (→ Ü 16), Innerlichkeit und Subjektivität, wird in Frage gestellt;

der Mensch ist kein in sich geschlossenes System, kein mit sich zusammengeschlossenes Selbst, das eine ebenso geschlossene Umwelt entwirft.
So dürfte der Begriff des »Wortes Gottes« seinen ursprünglichen kritischen Intentionen in den 20er Jahren dieses Jahrhunderts nach zu verstehen sein. Mit dem Satz »Die Wirklichkeit des Wortes Gottes beruht schlechterdings in sich selber« (Christliche Dogmatik im Entwurf, 1927, S. 101) konterkarierte *Barth* den Anspruch der neuzeitlichen Vernunft auf Selbstverständlichkeit und voraussetzungslose Gültigkeit (apriorische Evidenz). Diese Evidenz beansprucht nun das Wort Gottes am Menschen.
Darin liegt der Ansatz zu einer anderen Weise der Bewahrheitung. Sie wird deutlich, wenn *das allzu Selbstverständliche,* das Evidente, *in Frage gestellt* wird. Mit ihm nicht nur jenes Ich, das der Inbegriff der autonomen, aber abstrakten Vernunft ist, sondern auch seine Weltentwürfe und deren Folgen. Auch die politische Auswirkung weist auf die (zunächst nur postulierte) Selbstbewahrheitung des Wortes Gottes hin. Es begründet eine strenge Sachlichkeit zur Veränderung der Welt.

Literaturhinweis

Vgl. dazu vor allem: *K. G. Steck* und *D. Schellong: Karl Barth* und die Neuzeit, München 1973 (ThExh 173). – *Marquardt* hat die theoretischen Momente der Auseinandersetzung mit der Subjektivität, wie sie *Barth* in neuprotestantischen Entwürfen entgegentrat, zuwenig beachtet und Theologie und politische Praxis in ein viel engeres Verhältnis gebracht (*F. W. Marquardt:* Theologie und Sozialismus. Das Beispiel *Karl Barths,* München und Mainz 1972).

1.4.3 Theologische Epochentheorien

Der erste, eher deduktiv-axiomatische Ansatz würde das im zweiten Ansatz Mitbedachte leicht verschleiern. Darum soll es noch einmal festgehalten werden: dogmatisches Reden, so axiomatisch es einsetzen mag, redet immer schon *in* einer Zeit und ist deswegen entweder Kritik oder Bestätigung eines herrschenden Selbstverständnisses von einzelnen oder Teilen der Gesellschaft.
Das wird ausführlicher in *theologischen Epochentheorien* bedacht. Sie zielen auf die *Legitimität der Neuzeit.* Diese Konzentration auf die Neuzeit wird verständlich, wenn man sie als umfassende Herausforderung des Christentums versteht: sie hat seine Traditionen isoliert oder in Frage gestellt und immer wieder umgedeutet; sie hat die moralische Qualifikation des Christentums entweder einseitig betont oder vernichtend kritisiert. Sie hat ihren Emanzipationsbegriff einem autoritativen Gottesverständnis entgegengestellt und schließlich die vernünftige Selbstbestimmung der Menschheit an die Stelle Gottes gesetzt.

Eine ältere Fassung solcher Epochentheorien beschreibt die Herausforderung des Christentums mit dem Stichwort *»Säkularisierung«.* Eindrucksvoll läßt sich das am Werk *Friedrich Gogartens* zeigen. Während er in seiner *frühen Periode* leidenschaftlich gegen die Neuzeit und ihre aufklärerische Vernunft eingestellt ist, legitimiert er nach seiner politischen Umorientierung im Zuge des Zweiten Weltkrieges die Neuzeit christlich. Bedenklich stimmt, daß er in beiden Perioden seines Denkens denselben isolierten Ausgangspunkt wählt, das »Ich« selbstbewußter Vernunft und Frömmigkeit. Es muß durch ein »Du« korrigiert und in die Schranken gewiesen werden. Ein »anderes« muß fordernd auf das Ich zutreten und es aufbrechen. In seiner frühen Periode hat

Gogarten die Neuzeit als Zeitalter des hochgemuten Ich gesehen und mit dem Stichwort »Hörigkeit« einen Gegenwert setzen wollen. So wurde er zu jener politischen Blindheit verleitet, an die man heute vielerorts nicht gern rührt.

Literaturhinweis

Vgl. dazu: *F. Gogarten:* Ich glaube an den dreieinigen Gott, Jena 1926, vor allem die S. 34–39.

In seinem *Spätwerk* hat er jenes Selbstbewußtsein zum positiven Denkansatz gewendet. Danach verdanke es sich dem Christentum: Von *Jesus* werde der einzelne vor die unausweichliche Forderung, sich zu entscheiden, gestellt; *Paulus* zeige, wie das Weltverhältnis des Menschen von seiner Schuld verdunkelt werde; und *Luther* stelle schließlich die Unbedingtheit des christlichen Gottesverhältnisses heraus. Personalität, Selbstheit und Unbedingtheit kennzeichneten das Gottesverhältnis. In ihnen gründe die Verantwortung des Christen für die Welt und korrigiere das bloß technische Verfügen über sie, das aus bindungsloser Selbstbehauptung ihr gegenüber erwachse.
Systematische Theologie ist bei *Gogarten* dann nicht mehr jene alte, an festen Lehrbegriffen orientierte Dogmatik, sondern theologische Deutung des neuzeitlichen Menschen. Die Säkularisierung gilt nicht als Feind des christlichen Glaubens, sondern als dessen legitime Folge.

Literaturhinweis

Vgl. dazu: *F. Gogarten:* Verhängnis und Hoffnung der Neuzeit. Die Säkularisierung als theologisches Problem, München und Hamburg 1966.

Dieser Sicht gegenüber entwirft der Philosoph *H. Blumenberg* eine Theorie der Neuzeit, die darauf verzichtet, dem Christentum die Rolle eines Geburtshelfers der Neuzeit zuzuschreiben.

Literaturhinweis

Vgl. dazu: *H. Blumenberg:* Die Legitimität der Neuzeit, Frankfurt a. M. 1966, bzw. die überarbeiteten Teile des Werks: Säkularisierung und Selbstbehauptung, Frankfurt a. M. 1974 (stw 79), bzw.: Der Prozeß der theoretischen Neugierde, Frankfurt a. M. 1973 (stw 24).

Theologische Arbeit, die sich an diese dritte, von *Blumenberg* bestrittene Möglichkeit anschließt, wird zunächst um die Probleme der *Geschichte* und des *Selbstbewußtseins* (Ich, Autonomie, Emanzipation) kreisen. Sie wird die traditionellen Aussagen der Dogmatik zurückstellen bzw. einen ihrer Aspekte herausstellen und neu deuten. *Gogarten* z. B. hat sich besonders auf die Rechtfertigungslehre konzentriert. Sein vielfach wiederholtes Schema »Jesus-Paulus-Luther-Neuzeit« steht dafür.
Eine Variante ist die im Anschluß an *W. Trillhaas* vertretene *»Theorie des neuzeitlichen Christentums«*. Ihre profilierteste Fassung tritt in *T. Rendtorffs* Schriften zu Tage. Sie weisen auf, wie das *geschichtliche* Bewußtsein in der Gestalt historischer Kritik den Zusammenhang von Offenbarung, Bibel und verfaßter Kirche zerrissen hat und ethisch ausgerichtetes Christentum den dogmatisch festgelegten Kirchenglauben verdrängt. Systematische Theologie wird dann ihrem Schwerpunkt nach Ethik. Ethik beschränkt sich nun nicht auf Normenprobleme, sondern deutet geschichtliche Wirklichkeit der Menschen. Sie gibt den Christen innerhalb und außerhalb der institutionellen Kirche Identität. Die christliche Kirche wird ethische Gemeinschaft, gerade wenn sie sich der Sinnfrage der einzelnen zuwendet.

Dogmen und theologische Systeme erscheinen in diesem Rahmen zunächst als geschichtliche Gestalten des Selbstbewußtseins, dann auch als Kundgaben der institutionellen Kirche, die durch die heraufkommende neuzeitliche Subjektivität und die Erfahrung der Geschichtlichkeit menschlichen Daseins in Frage gestellt ist.

Literaturhinweis

Vgl. dazu: *T. Rendtorff:* Kirche und Theologie. Die systematische Funktion des Kirchenbegriffs in der neueren Theologie, 2. Aufl. Gütersloh 1970.
Ferner: Beiträge zur Theorie des neuzeitlichen Christentums, hg. von *H. J. Birkner* und *D. Rössler,* Berlin 1968.

Epochentheorien wie die Säkularisationstheorie oder die Theorie des neuzeitlichen Christentums enthalten in ihrem Ansatz formale Kriterien zur Bewahrheitung theologischer Aussagen: systematisch-theologische Aussagen müssen sich bewähren an der Frage der Geschichtlichkeit (historische Kritik relativiert die Urkunden des christlichen Glaubens), der Subjektivität (darunter sind begriffen das Vernunftsubjekt und die Emanzipation) und an der Kritik institutionalisierten Christentums in der Kirche.

1.4.4 Der Einsatz des Studienbuches

Aus den voraufgehenden Erörterungen geht hervor, daß dem Umgang mit dogmatischen Aussagen mindestens drei verschiedene Grundsätze zugrunde liegen können, die als Vorentscheidungen über die Wahrheit dogmatischer Aussagen zu gelten haben:
(1) Dogmatische Aussagen sind wahr aufgrund der Ableitung aus *axiomatisch* vorgegebenen Aussagen, z. B. aus Annahmen über das Wort Gottes.
(2) Dogmatische Aussagen sind wahr aufgrund ihrer *kritischen Potenz,* z. B., das allzu Selbstverständliche (in der Gestalt neuzeitlichen Selbstbewußtseins) in Frage zu stellen. Die kritische Potenz erwächst aber aus der vorgeordneten »Sache«.
(3) Dogmatische Aussagen sind wahr, weil sie *geschichtliche Dokumente eines Selbstverständnisses* des Christentums sind, das nun ein der Neuzeit angemessenes Verständnis sucht.
Die dritte Möglichkeit scheint eine Alternative folgender Form nahezulegen: entweder ist das Christentum eine die Neuzeit begründende und sie mittragende Kraft (die Reformation kann den Weg zur Emanzipation ursprünglich gewiesen haben), oder es versagt sich diesem Auftrag und fällt damit hinter die Neuzeit zurück. Die zweite Seite der Alternative wird als Verdacht gern an lutherische Dogmatiken konservativen Gepräges herangetragen (z. B. *P. Althaus:* Die christliche Wahrheit. Lehrbuch der Dogmatik, 8. Aufl. Gütersloh 1969; oder: *W. Elert:* Der christliche Glaube. Grundlinien der lutherischen Dogmatik, 5. Aufl. Hamburg 1956) und auch dem Ansatz *K. Barths* zugeschoben. Die Entschiedenheit, mit der sich dieser (dritte) Ansatz der Neuzeit stellt, sollte nicht über seine Zweideutigkeit hinwegtäuschen. Denn wesentliche Züge der Neuzeit wie Subjektivität, Eman-

zipation, Geschichtlichkeit können dem Christentum ebenso positiv zugerechnet wie negativ gegen es gewendet werden.
Deswegen neigt dieses *Studienbuch* dazu, mit Anliegen des dritten Ansatzes Grundsätze des zweiten Ansatzes modifiziert wiederaufzunehmen. Sein *Standpunkt* ließe sich so andeuten: kritisch-gelassene Teilnahme an der Neuzeit ohne das Pathos eines christlichen Legitimierungsanspruches. Dann bewahrheitet sich eine theologische (dogmatische) Aussage u. a. in einem solidarischen und doch freien Verhältnis zur Welt, bleibt aber offen für die ständig neue Aufgabe, nach dem Willen Gottes in unsrer Zeit zu fragen.

Weil das Studienbuch den an (3) modifizierten zweiten Ansatz aufnimmt, muß es sich besonders der Frage der *»Identität«* stellen. Wie wird die Identität des Christen in seiner Zeit bestimmt, wie bleibt der christliche Glaube in seinen verschiedenen geschichtlichen Ausfaltungen identisch? Identität stellt kein in sich geschlossenes Selbstsein dar, sondern konstituiert sich im Dialog bzw. in der *Interaktion* (Interaktion ist alles, was zwischen zwei Subjekten geschieht). Jene in sich ruhende Selbsterfahrung, die der wissenschaftlichen Reflexion entzogene Personalität des neueren Protestantismus, hilft im Gespräch mit den Humanwissenschaften nicht weiter. Überhaupt scheint es notwendig zu sein, geschlossene Subjekt-Systeme aufzubrechen, um die Wirklichkeit der Welt vom Schein bloßer Objektivierung zu befreien und sie in einem Zeitalter der Umweltzerstörung zu einem Interaktionspartner eigener Güte zu machen. Wenn der zweite Ansatz das allzu Selbstverständliche, die Subjektivität (das Ich, das innere Erleben usw.) kritisch befragt, werden im Rahmen daran ausgerichteter dogmatischer Aussagen Aspekte eines neuen Selbstverständnisses *und* Weltverhältnisses der Christen erschlossen werden.

1.4.5 Sogenannte »wissenschaftstheoretische« Ansätze

Die Frage nach der Bewahrheitung theologischer Aussagen in den aufgewiesenen drei Modellen wird in jüngster Zeit verschärft. Denn mit großem Nachdruck haben sich *»wissenschaftstheoretische« Ansätze* zur Geltung gebracht. Sie kommen aus dem angelsächsischen Bereich, wo sie unter die »science of sciences« (Wissenschaft von den Wissenschaften) gerechnet werden. Diese Ansätze wollen feststellen, unter welchen Bedingungen Aussagen den Anspruch auf Wissenschaftlichkeit erheben können, und unterscheiden deswegen deren Grundlagen, Funktionen und innere Konsistenz im Rahmen einer oder mehrerer zugeordneter Wissenschaftsdisziplinen. Die Frage, wie theologische Aussagen zu bewahrheiten seien, wird in den theologischen Ansätzen auf ein Problem konzentriert: wie kann Theologie – darunter auch Dogmatik – ihre Aussagen so formulieren, daß sie im Zusammenhang anderer Wissenschaften, etwa in der Universität, als wissenschaftlich anerkannt werden?

W. Pannenberg, der theologische Sätze als Hypothesen begreift, die ihre Bewahrheitung in fortschreitender Bewährung finden, hat für die Überprüfung ihres Wahrheitsgehalts folgende Kriterien vorgeschlagen:
(1) Als Aussagen über die Tragweite israelitisch-christlichen Glaubens müssen sie Implikationen biblischer Überlieferung ausformulieren (z. B. im Hin-

blick auf die Erfahrung der Geschichtlichkeit: der israelitisch-christliche Glaube enthalte einen Gesamtentwurf von Geschichte!).

(2) Sie müssen Bezug auf die Wirklichkeit im *ganzen* haben, also einen Sinnzusammenhang stiften, der gegenwärtiger Erfahrung zugängig ist und nicht hinter das philosophische Problembewußtsein der Zeit zurückfällt.

(3) Sie müssen einen zugeordneten Erfahrungsbereich integrieren (z. B. als Lehre von der Kirche das Verhältnis von Kirche und Gesellschaft).

(4) Ihre Erklärkraft darf nicht hinter dem erreichten Stand theologischen Problembewußtseins zurückbleiben.

Diese Kriterien setzen freilich eine Theorie (d. h. ein System von Grundannahmen) über Theologie und Wirklichkeit voraus. Demnach ist Theologie eine Wissenschaft, die den Sinn der geschichtlichen Welt einholt, indem sie zu deren Ende, an dem sich der Gesamtsinn von Geschichte enthüllt, vorausläuft. Deshalb möchte *Pannenberg* in die systematische Theologie lange Zeit vernachlässigte Gebiete aufnehmen. Sein System soll mit einer allgemeinen *Anthropologie* als Grundlegung einsetzen (der Mensch ist ein offenes Wesen), mit einer *Theologie der Religionen* fortfahren (die sich einerseits als Erklärung des Begriffs der Religion, andererseits als Darlegung der in den Religionen enthaltenen Sinnentwürfe darstellt) und schließlich Themen traditioneller *Gotteslehre, Christologie, Ekklesiologie* und *Ethik* behandeln.

Literaturhinweis

Vgl. dazu: *W. Pannenberg:* Wissenschaftstheorie und Theologie, Frankfurt a. M. 1973, vor allem die S. 348 und 424 f.

Auch *G. Sauter* und seine Mitarbeiter (vgl. Wissenschaftstheoretische Kritik der Theologie, München 1973) wollen die Reichweite und Überprüfbarkeit theologischer Aussagen feststellen. Nach ihrer Ansicht werden theologische Aussagen im Konsensus der Kirche wahr; Regeln und Begriffe für den Dialog, der zum *Konsensus* führt, stellt die Dogmatik bereit. Offenkundig schließt *Sauter* mehr analytische Arbeit in die systematische Theologie ein. Denn sie stellt *methodisch-normative Begriffe* wie Offenbarung, Glaube, Hoffnung (sie begründen theologische Aussagen), *topologische* Begriffe wie Erbsünde, Rechtfertigung, Heil (sie weisen dem Fragenden seinen Ort an und antworten auf das »Wer bin ich?«) und schließlich *orientierende Begriffe* wie Zwei Reiche, Gesetz und Evangelium (sie gehen auf die Frage »Wo stehe ich?« ein) heraus.

Systematisch-theologisches Arbeiten geht jedoch darüber hinaus. Es muß Prinzipien theologischer Forschung aufstellen (*Sauter* nennt sie eine *Metatheorie*). Dazu gehört auch, daß systematische Theologie nachdenkt, warum theologisches Fragen und Arbeiten fortgehen muß *(Entdeckungszusammenhang)* (der Heilige Geist bringt Neues zu Gesicht) und gerade in dieser Offenheit die Kommunikation der Kirche begründet und ausgewiesen sieht *(Begründungszusammenhang).*

Sauters und *Pannenbergs* Überlegungen zur wissenschaftstheoretischen Begründung von Theologie stimmen darin überein, daß theologische Aussagen von einem umgreifenden Zusammenhang her zu verstehen sind. *Pannenberg* umschreibt ihn mit *»Religion«*. Sie gibt Antwort auf die Frage des weltoffenen Menschen nach dem Sinn seines Lebens und dem Sinn der Geschichte. *Sauter* verweist demgegenüber auf den umgreifenden Zusammenhang *charismatischen Redens* und Entdeckens. Nach *Pannenberg* müssen sich theologische Aussagen bewähren, indem sie als Hypothesen formuliert werden und Erfahrungen bestimmter

Wirklichkeiten integrieren. *Sauter* betont, daß theologische Aussagen Kommunikation der Kirche freisetzen.

1.4.6 Dogmatik und Wahrheitstheorien

Die voraufgehenden Abschnitte fragten, wie dogmatische Aussagen zu bewahrheiten seien: ob durch Rückbezug auf eine vorgegebene, als objektiv vorliegend gedachte Offenbarung, ob durch Infragestellen des allzu Selbstverständlichen, ob durch Entscheidung in der je eigenen Existenz, ob durch Theorien über das Christentum der Neuzeit oder ob in Gestalt von Hypothesen, deren Bewährung noch aussteht.
Gerade in den sogenannten Theorien über gegenwärtiges Christentum und auch in den wissenschaftstheoretischen Ansätzen (vgl. die Abschnitte 1.4.3 und 1.4.5!) ist auffallend wenig von *»Wahrheit«* die Rede. Sie stehen in Gefahr, sich mit Zeitgemäßheit oder Richtigkeit zu bescheiden. Dabei erfordern die den verschiedenen Ansätzen offen oder verschwiegen zugrundeliegenden Begriffe von »Wahrheit« eine eigene theoretische Klarstellung. Wenn von Wahrheit oder Bewahrheitung die Rede ist, muß sich dogmatische Theologie mit natur- und geisteswissenschaftlichen Auffassungen über das Verhältnis von Aussagen und zugrundeliegender Wirklichkeit vertraut machen. Zugleich muß sie beachten, daß sie selbst in ihrem Nachdenken und Reden nicht ganz von den logischen und ontologischen Strukturen, die in Sprache und Denkmitteln eingeschlossen sind, geschieden sein kann. Um dieses Problem zu verdeutlichen, sollen Aspekte sogenannter *Wahrheitstheorien* in größter Kürze vorgestellt werden. Dann muß sich deutlicher als vorher zeigen, was Bewahrheitung von dogmatischen Aussagen heißen soll.

(1) Die *Adäquationstheorie der Wahrheit* kommt in dem Satz »veritas consistit in adaequatione intellectus et rei« (*Thomas von Aquino*, Summa theologiae I, q 21, a 2) (Die Wahrheit besteht in der Entsprechung des aussagenden Verstandes und der ausgesagten Sache) zum Ausdruck. Diese Theorie stellt Verstand und Sache einander gegenüber bzw. bezieht die begriffliche Aussage des Verstandes (Urteil) über eine Sache auf den beobachteten Sachverhalt. *Wahr* ist eine Aussage, wenn sie in ihren Bezügen die inneren Beziehungen der Sache selbst nachbildet. *Falsch* wäre sie, wenn sie sich auf keinen Sachverhalt bezöge oder ihn falsch abbildete. Die Wahrheit der Adäquationstheorie steht der Falschheit gegenüber.

Diese Wahrheitsdefinition geht auf *Aristoteles* zurück (sie findet sich z. B. in Metaphysik Δ 7, 1017 a 31 ff.). *Aristoteles* hebt hervor, daß »wahr« und »falsch« keine Eigenschaften der Dinge, sondern im Denken seien. Wahr ist eine Aussage, wenn sie verbindet, was in der ausgesagten Sache verbunden ist.
Eine *theologische Ausdeutung* dieser Wahrheitsauffassung konnte so weit gehen, daß sie sagte, Wahrheit, die in den Aussagen sich zeige, liege bereits in den Dingen, weil Gottes schöpferische Vernunft sie in deren Wesen gelegt habe (z. B. *Thomas von Aquino*, Summa theologiae I, q 16).

Schwierigkeiten bereitet die Adäquationstheorie von jeher, wenn der Sprecher der wahren oder falschen Aussage in seine eigene Aussage einbezogen ist. Die bekannte Lügner-Antinomie zeigt dies: kann der Kreter Epimenides denn zu Recht behaupten, *alle* Kreter seien Lügner? Wenn er als Kreter selber lügt, hat er sich selbst widerlegt. Diese Schwierigkeit ist im 20. Jahrhundert von der *Semantik* (der Wissenschaft, die sich mit der Bedeutung der Zeichen und deren Gegenstandsbeziehungen befaßt) erneut aufgegriffen worden. Die semantische Lösung unterscheidet die »Objektsprache«, *in* der ein bestimmter Satz formuliert wird, von der »Metasprache«, in der *über* den bestimmten Satz gesprochen wird, und legt die Kriterien für die Wahrheit in der letzteren fest. So kann vermieden werden, daß in einem semantisch geschlossenen Sprachsystem wie der Alltagssprache eine Aussage ebenso wie ihre Negation beweisbar ist, weil *in* derselben Sprache, in der gesprochen wird, zugleich *über* diese Sprache geurteilt wird.

Literaturhinweis

Vgl. dazu: *A. Tarski:* Die semantische Konzeption der Wahrheit und die Grundlagen der Semantik, in: Zur Philosophie der idealen Sprache, hg. v. J. Sinnreich, München 1973, S. 53–100.

Eine wichtige Kritik an dieser Konzeption hat *P. F. Strawson* geleistet: Wahrheit, in: Sprache und Analysis, hg. v. R. Bubner, Göttingen 1968, S. 96–116. *Strawson* möchte die Frage nach den Kriterien der Wahrheit durch die Frage nach den Gründen für die Zustimmung der Menschen zur Wahrheit ersetzen. Wahrheit wird damit einem Kommunikationsprozeß ausgesetzt. Diese Kritik wird unter (5) wiederaufgenommen.

(2) Die *pragmatische Wahrheitstheorie* geht nicht von einer strukturellen Angleichung einer Aussage an eine Sache (adaequatio) aus, sondern von empirischen Tatbeständen wie Reiz und Reaktion. Deswegen lehnt sie sich eng an Biologie und Ethologie (Verhaltensforschung) an. »Wahr« ist ihr zufolge richtiges Verhalten, »falsch« ein Fehlverhalten oder Krankheit. Unter Pflanzen, Tieren und – mit Einschränkungen – auch Menschen erweist sich Fehlverhalten oft als Katastrophe, die Tod von Individuen oder Arten nach sich ziehen kann.
Diesen Wahrheitsbegriff hat der *Pragmatismus* aufgenommen und für seine Ziele spezifiziert. Pragmatisches Denken versteht Begriffe, Vorstellungen und Urteile als Regeln für unser (richtiges) Verhalten in der Welt und spricht ihnen Wahrheit zu, wenn und solange sie dem Leben nützlich sind. Man sollte diese Bestimmung nicht zu trivial verstehen oder als darwinistisch verketzern. Denn der Pragmatismus erweitert die Wahrheitsbestimmung von Aussagen auf Verhalten und nimmt die *Situation* dessen, der sich wahr »verhält«, in die Wahrheitsbestimmung hinein. Wahrheit kann dann nicht zeit- oder geschichtslos sein. Auch ist die Nähe zur Ethik besonders auffällig; denn der Gedanke der an den Umständen gemessenen Nützlichkeit kann auch den Wert einer Handlung messen helfen (Utilitarismus).

Literaturhinweis

Als Vertreter des in Deutschland wenig bekannten Pragmatismus können *Ch. Peirce, W. James, J. Dewey,* als Exponenten des Utilitarismus *J. Bentham* und *J. St. Mill* genannt werden. Vgl. vor allem *W. James:* The Meaning of Truth, New York 1909; *ders.:* Pragmatism, New York 1907.

Sehr viel differenzierter liegt diese Wahrheitsbestimmung der sog. *Alltagswissensforschung* zugrunde, die sich vor allem um die Definition von Situationen durch das menschliche Verhalten und durch Elementarregeln der Interaktion bemüht. Vgl. dazu: Symbolische Interaktion. Arbeiten zu einer reflexiven Soziologie, hg. v. *H. Steinert*, Stuttgart 1973.

(3) Die Definition der Wahrheit als Angepaßtheit an Umstände erlaubt eine Fortführung im Bereich sogenannter *Systemtheorien.* Sie Versuchen, auch Nichtanpassung (Mangel an »adaequatio«) in Betracht zu ziehen. Diese Theorien sehen mechanische, organische und soziale Handlungszusammenhänge (etwa Maschinen, Körper, Gesellschaften usw.) als »Systeme«, deren Elemente (u. U. als »Subsysteme«) so funktionieren müssen, daß sich das Ganze erhält. Der als System geschaute Mensch hat beispielsweise zu seiner Sicherung und Erhaltung viele Techniken der Bewältigung von Systemrisiken (etwa der Krankheit) entwickelt, einmal, um überleben zu können, dann auch, um seinen Aktions- und Reaktionsradius zu erweitern (seien es Werkzeuge, Maschinen, Wissenschaften, Kultur). Je differenzierter die Möglichkeiten zur Kontrolle und Bewältigung von Risiken sind, desto flexibler wird ein System. Systeme, die sich neu einstellen oder umstellen können, überleben länger als starre.
Wahrheit kann im Systemdenken auf zweifache Weise erfaßt werden. Einmal kann sie der Sollzustand optimalen Funktionierens des Systems sein. Ihr Gegenteil wäre dann Abweichung. Aber je flexibler das System ist, desto mehr stellt sich seine besondere Qualität in der Bewältigung eben jener Nichtanpassungen und Abweichungen heraus. Was in der Natur als Fehlanpassung oder tödlicher Irrtum gilt, kann beim Menschen gerade Wahrheit herausstellen, etwa die Weise, wie Menschen ihren kranken Mitmenschen Leben ermöglichen.

Literaturhinweis

Vgl. als Einführung in die umfangreiche systemtheoretische Literatur etwa: *T. Parsons:* Einige Grundzüge der allgemeinen Theorie des Handelns, in: Moderne amerikanische Soziologie, hg. von H. Hartmann, 2. Aufl. Stuttgart 1973, S. 218–244. – Eine Sonderstellung nimmt *N. Luhmann* ein, der Wahrheit als Kommunikationsmedium begreift. Vgl. dazu seinen Beitrag: Systemtheoretische Argumentationen. Eine Entgegnung auf Jürgen Habermas, in: *J. Habermas / N. Luhmann:* Theorie der Gesellschaft oder Sozialtechnologie? Was leistet die Systemforschung?, Frankfurt a. M. 1971, S. 291–405. – In den Absätzen (1)–(3) trifft sich das Studienbuch in vielen Zügen mit: *C. F. von Weizsäcker:* Die Einheit der Natur, München 1971, S. 336–341.

(4) Die Ansätze (1)–(3) haben die Angleichung (adaeqatio) zum gemeinsamen Element, sei das nun die Adäquation von Begriff und Sache oder die Anpassung von Verhalten und Umstand. Die Abfolge von (1)–(3) macht jedoch auch eine zunehmende Differenzierung beider Seiten bzw. ein bestimmtes Maß an Nichtangleichung sichtbar. Alle genannten Ansätze würden aber dem aus der *Evidenztheorie* erwachsenen Wahrheitsverständnis *M. Heideggers* verfallen. Es setzt voraus, daß der Mensch sein Verhältnis zur Welt als Beherrschen versteht und sich entsprechend das Seiende zurechtlegt. Die weltzer-

störende neuzeitliche Technik und der nihilistische Zynismus wären dessen letzte Konsequenzen. Wahrheit im eigentlichen Sinn wäre ἀλήθεια, als Unverborgenheit zu verstehen, Seinlassen des Seienden.

Literaturhinweis

Dazu vor allem *E. Tugendhat:* Der Wahrheitsbegriff bei *Husserl* und *Heidegger,* Berlin 1967. Weiter: *M. Heidegger:* Vom Wesen der Wahrheit, 4. Aufl. Frankfurt a. M. 1961.

Diese Theorie ist so radikal, daß sie im Grunde jede strenge analytische Begriffsarbeit und damit auch das Vorhaben dieses Buches in Frage stellt. Zugleich enthält sie ein verborgenes theologisches Programm, das den sich selbst *begründenden,* über dem Seienden als erste Ursache stehenden Gott ablehnt und nichts als eine *grundlose* Offenheit für das Sein als Bereich einer agnostischen Gotteserfahrung offenläßt. In unsere alltäglichen Lebensvollzüge ist diese Wahrheitstheorie (von einer »Theorie« im strengen Sinn kann eigentlich nicht die Rede sein) allenfalls als Korrektur einzubeziehen.

Hier soll eine Erweiterung der Ansätze (1)–(3) in Richtung auf eine *Offenheit* nun nicht zum Sein, sondern *zum Mitmenschen* versucht werden. Gerade an der *Liebe,* die sich zuletzt als Komplement der Wahrheit herausstellen wird, kann die Abkehr vom vorstellenden und sich der Sachen bemächtigenden Denken eingeübt werden.

Ein erster erweiternder Schritt, Wahrheit zu bestimmen, kommt vom Begriff der *Kompetenz* her (vgl. oben 1.2). Ihm liegt die sog. *Sprechhandlungstheorie* zugrunde. Sie geht davon aus, daß Aussagen nicht nur Wirklichkeit »wahr« oder »falsch« wiedergeben, sondern Handlungsvollzüge zwischen Sprecher und Adressaten darstellen. Die Wahrheit einer Äußerung liegt dann auch in ihrem *performativen* Charakter (später von *Austin,* einem Hauptvertreter dieser Richtung, in eine »perlokutionäre« Funktion verwandelt). Eine wahre Aussage enthält eine Absicht der Person ihres Sprechers und nimmt die Reaktion des Angeredeten stillschweigend vorweg. Sie versetzt sich, soweit das die Grenzen des Menschen erlauben, in ihn. Aussagenwahrheit bewährt sich, wenn im Vollzug der Aussage beiden, dem Sprecher und dem Angeredeten, ihre gemeinsame Humanität gewisser wird. Unwahr würde sie im Mißbrauch, in der Entmündigung oder der Täuschung des Adressaten.

Literaturhinweis

Zu den drei kommunikativen Funktionen der Sprache, der *lokutionären* (sie teilt mit), der *il-lokutionären* (sie will etwas erreichen) und der *perlokutionären* (sie wird wahr im Vollzug des Gesagten) vgl. besonders *J. L. Austin:* Zur Theorie der Sprechakte, Stuttgart 1972 (deutlicher für sich spricht der englische Titel: How To Do Things with Words). Ferner: The Philosophy of Language, hg. v. *J. R. Searle*, Oxford 1971. Die Übersetzung »Sprechhandlung« für »speech act« findet sich bei *H. Fahrenbach:* Positionen und Probleme gegenwärtiger Philosophie II: Philosophie der Sprache (3), in: Th Rdsch NF 36 (1971), S. 234.

Diese Theorie wird als ein Aspekt in die *Konsensustheorie* der Wahrheit von *J. Habermas* eingegliedert. Die Konsensustheorie besagt, daß Menschen, die sich über die Geltung von Aussagen einigen, im stillen eine ideale Sprechsituation voraussetzen, in der alle mit gleichen Chancen der Teilhabe und gleicher Wahrhaftigkeit in ihren Intentionen diskursiv (in Rede und Gegenrede) sich der Wahrheit nähern. Sie einigen sich über die geeignete Sprache, die Einlösung der Wahrheitsansprüche und die Rechtfertigung vorgetragener Ansprüche. Da die ideale Sprechsituation nicht real vorhanden ist, hat menschliche Kommunikation nur so viel Anspruch auf Wahrheit, wie sie sich dieser idealen Situation nähert.

Literaturhinweis

Vgl. dazu: *J. Habermas:* Wahrheitstheorien, in: Wirklichkeit und Reflexion (W. Schulz zum 60. Geburtstag), hg. v. H. Fahrenbach, Pfullingen 1973, S. 211–265.

Diese Theorie greift mit der »idealen Sprechsituation« materialen Teilen einer Dogmatik weit voraus. Denn wie kommen miteinander sprechende Menschen zur Wahrheit, da sie doch auch im Diskurs ihre Fehlbarkeit reproduzieren und in gegenseitigen Erwartungen einen Egoismus potenzieren können? Hier geht es um den Geist, der in »alle Wahrheit leitet« (nach Joh 16,13)!

(5) Der Rückgriff auf die Abschnitte (1)–(4) erlaubt einen *Schluß*. Dogmatische Aussagen, die der Überprüfung ihrer Wahrheit nicht ausweichen wollen, müssen gewiß ihre »Sache« zur Geltung bringen (erster Ansatz). Aber sie dürfen nicht verschweigen, daß sie das in jeweils anderen Situationen tun (zweiter Ansatz). Ihre Wahrheit bewährt sich in der Kommunikation (dritter Ansatz). Deswegen gehört die christliche Gemeinde unabdingbar zur christlichen Dogmatik. Die Wahrheit dogmatischer Aussagen kann sich nicht in einer Adäquation erschöpfen, sondern muß die Absicht des Sprechers dem Adressaten aufschließen und auf den Konsensus aller Betroffenen zielen (vierter Ansatz).
Die Abfolge der oben vorgestellten Wahrheitstheorien hat auf eigenartige Weise an das *Phänomen der Liebe* herangeführt. Liebe geht nicht auf im »Gleich und gleich gesellt sich gern« (adaequatio in der Kommunikation). Gerade der dritte Ansatz der Wahrheitstheorien verbirgt hinter der scheinbaren Kälte seines funktionalistischen Systemdenkens den Schritt von der Wahrheit zur Liebe. Denn wo außermenschliche Systeme durch Regelabweichung zugrunde gehen würden, kompensiert die Liebe bewußte oder pathologische Regelabweichungen des »Systems« Mensch; sie trägt die Leiden der anderen in Solidarität mit und ermöglicht Leben, wenn Natur es versagen möchte. Die Sensibilität des Mitleidens und die unaussprechbare Einstimmung in den anderen in reziproker Verständigung sagen mehr über die Wahrheit als jede Theorie. Sie heben jede Berechnung im Verhältnis zum anderen auf und überführen das »wie dich selbst« des Liebesgebots in spontane Kommunikation. Daran zeigt sich endlich auch die Grenze jeder Dogmatik, die Spontaneität in Begriffen erstarren läßt. Theologische Systeme, die nicht offenbleiben, täuschen darüber hinweg.

Wir *fassen zusammen:* Wenn eine heute einzuübende Dogmatik nicht nur Dogmen paraphrasieren oder ältere Dogmatiken neu zusammensetzen will, ist sie auf eine angemessene wissenschaftstheoretische Reflexion verwiesen. Dogmatische Aussagen bewahrheiten sich eben nicht nur allein in angemessener Wiedergabe der Sache. Sondern Sprecher und Adressat der Aussagen müssen sich selbst in ihrem Selbstverständnis auf die Sache hin überschreiten und doch zugleich mitbetroffen sein. Das wird vor allem an Sprechhandlungstheorien deutlich [vgl. oben Ansatz (4), S. 30]. Wer eine dogmatische Aussage vorträgt, muß dabei mitsagen, wie er in ihr selbst wirkt und zu Wort kommt. *Austin* nennt das die *expositive Funktion* der Sprache, *Habermas* würde von pragmatischer Selbstkommentierung reden. Wenn aufgrund der Aussage etwas zwischen Sprecher und Angeredetem geschieht, werden sie sich und ihre Wirklichkeit neu einschätzen lernen. So wird Dogmatik als reflektierter Beitrag zur Lehre der Kirche nicht durch proklamierendes Reden wahr. Auch wenn sie zunächst die »Lehrer« der Kirche betrifft, wird sie in der Gestalt von *Laiendogmatik* (z. B. in *Katechismen*) alle Gemeindeglieder auf die jenseits ihrer selbst liegende Wahrheit verweisen helfen.

1.4.7 Exkurs: Theologie und »Humanwissenschaften«

Der voraufgehende Abschnitt hat gezeigt, daß wissenschaftstheoretische Fragen nur einen Aspekt der Wahrheitsfrage treffen (vgl. 1.4.5!). In den letzten Jahren wird die Wahrheitsfrage – unmittelbar oder unter anderen Problemen verborgen – immer wieder aus dem Bereich kirchlicher Praxis an die Dogmatik herangetragen. Die Diskussion wird durch selektive Verwertung humanwissenschaftlicher Erkenntnisse im kirchlichen Handeln in Gang gebracht: was tut z. B. der kirchliche Berater mit seinem Gegenüber, wenn er nur »partnerzentrierte Gesprächsführung« anwendet?

Nur als Anmerkung: *»Humanwissenschaft«* ist kein eindeutiger Begriff. Die Klassifikation der Wissenschaften nach *Habermas* (siehe unten!) würde von systematischen Handlungswissenschaften, gegebenenfalls auch von empirisch-analytischen Wissenschaften in diesem Zusammenhang sprechen. »Humanwissenschaften« umschreiben den unbestimmten Eindruck, daß viele Probleme, die das Menschsein berühren, heute der Aufklärung durch Disziplinen wie Psychoanalyse, Sozialpsychologie, Soziologie usw. bedürfen.

Die Bewahrheitung dogmatischer Aussagen ist dadurch unmittelbar berührt: weiß Theologie mehr als die sog. Humanwissenschaften? Oder legen Humanwissenschaften Erkenntnisse in wissenschaftlich präziser Form vor, die in theologischen Aussagen unwissenschaftlich bereitlagen? Ergänzen sich Theologie und Humanwissenschaften, stellen sie sich gegenseitig in Frage, oder schließen sie einander aus? Zögernd läßt sich heute die Theologie auf ein Gespräch ein.

In der gegenwärtigen Debatte gibt es zwei Ansätze von Wissenschaftstheorien, die aus der Fülle theorieloser empirischer Arbeit hervorstechen: das *von Habermas skizzierte Wissenschaftsmodell* und der sogenannte *kritische Rationalismus*.

Nach *Habermas* ist Wissenschaft ein Mittel der Menschheit, sich als Gattung selbst zu erhalten und das Ziel ihrer Selbstverwirklichung in

Mündigkeit zu diskutieren. Die Gattung Menschheit bringt durch ihre Wissenschaftler hervor:

(1) *empirisch-analytische Wissenschaften.* Sie legen den Sinn möglicher erfahrungswissenschaftlicher Aussagen fest und zielen auf *technische Verwertung* ab, zumal sie sich empirischer Überprüfung offenhalten und auf Prognose angelegt sind.

(2) *historisch-hermeneutische Wissenschaften.* Sie helfen, Traditionen zu interpretieren, die uns unser Selbstverständnis besser erschließen. Ihr Ziel ist es, Intersubjektivität (Verständigungsfähigkeit zwischen menschlichen Subjekten) zu erweitern und Einverständnis über Handlungsziele zu schaffen (ein *praktisches Erkenntnisinteresse*).

(3) *systematische Handlungswissenschaften* (*Habermas* nennt Ökonomie, Soziologie, Politik). Sie sollen kritisch bestehende gesellschaftliche Entwicklungsgesetze auf deren Bedingungen transzendieren (Ideologiekritik). Diese kritische Rückwendung soll im Bewußtsein des einzelnen zur kritischen *Selbstreflexion* werden. Sie ist von einem *emanzipativen Erkenntnisinteresse* bestimmt.

Literaturhinweis

Vgl. dazu: *J. Habermas:* Erkenntnis und Interesse, in: Technik und Wissenschaft als »Ideologie«, Frankfurt a. M. 1968, S. 146–168, vor allem S. 155–159!

Dogmatische Theologie ließe sich vermutlich unter (2) einordnen, obwohl ihr die unter (3) postulierte kritische Selbstreflexion nach allem Gesagten nicht fremd sein darf. Ist Selbstreflexion in der Theologie von vornherein emanzipativ? Führt sie nicht, etwa im Aussagenkomplex von Gesetz und Evangelium, durch Erkenntnis von Schuld und durch Gewissensanfechtung zu einer *Freiheit,* die streng genommen *abhängig* bleibt, abhängig vom rechtfertigenden Gott?

Wegen dieser Dialektik von Freiheit und Abhängigkeit muß der *Emanzipationsbegriff* befragt werden. Jedoch kann Theologie sich nicht ohne weiteres kritisch gebärden. Wegen ihrer selbstverschuldeten apologetischen Distanz zur Aufklärung mit ihrem Emanzipationsverständnis steht sie in Gefahr, auf voremanzipative Einstellungen zurückzufallen. Um mit Vorkämpfern, Mitläufern und Betroffenen der Emanzipationsbewegung zu diskutieren, muß sie deren Ziele verstehen können. Vielleicht kann in einem solchen Gespräch folgende Unterscheidung helfen:

– *Emanzipation des isolierten Individuums* (sie wird der bürgerlichen Zeit vor allem vom Marxismus zum Vorwurf gemacht),
– Emanzipation in Kommunikation bzw. Kooperation, wobei die Identität des einen nur gelingt, wenn auch die des anderen gelingt (*diskursive Emanzipation,* im Hintergrund des Ansatzes von *Habermas*),
– Emanzipation in Kommunikation, im Unterschied von der eben genannten, aber unter der Anleitung jener *Sachlichkeit,* die weiß, daß ein »gutes Leben« zwang- und leidensloser Geschichtszeit (gewissermaßen ein innergeschichtliches Reich Gottes) nicht von ihr verwirklicht wird, daß Sinn immer von Sinnlosigkeit begleitet sein wird (vgl. dazu den Abschnitt 3.6 zum Thema des Kreuzes).

Im Anschluß an den zuletzt genannten Emanzipationsbegriff müssen die historisch-hermeneutischen Wissenschaften – darunter auch die Theologie – nicht nur Sinn und Tradition erschließen, sondern auch auf die Ambivalenz menschlichen Erkennens und Handelns verweisen. Die systematischen Handlungswissenschaften können trotz eines emanzipativen Impulses nicht allein die Verantwortung für die Zukunft der Menschheit tragen. Wenn Dogmatik ins Gespräch mit den systematischen Handlungswissenschaften eintritt, muß sie jene fragen, ob sie zu Recht den Kampf um Emanzipation für sich beanspruchen können. Mehr noch: werden nicht jene starke *Identität* und jenes Vertrauen, das düsteren Zukunftsaussichten standhält, außerhalb der Wissenschaften hervorgebracht? Dogmatik muß über sich hinaus auf den *Glauben* verweisen. So stellt sie angesichts der Theorie-Inflation und der Verwissenschaftlichung einen Gegenpol dar.
Eine andere Sicht von Wissenschaft wird von Forschern und Lehrern vertreten, die fälschlich als Neopositivisten bezeichnet werden. Sie engen Wissenschaft auf jene Verfahren ein, die sich der Logik der *Falsifikation* fügen. Anstelle von begründungsabhängigen Sätzen sollen Hypothesen formuliert werden, die der Möglichkeit nach widerlegbar sind. Gelingt nach langer Erprobung kein Erweis des Gegenteils, erhärtet sich die Wahrscheinlichkeit einer Hypothese.
In Analogie zum Anliegen der Sprechhandlungstheorien (siehe oben 1.4.6 (4) stellt sich auch hier die Frage: was *tut* ein Forscher mit seinen Hypothesen tatsächlich? Möglich wäre eine positive Antwort: er gewinnt Distanz von seinen Vorurteilen. Sie erschließen ihm verstellte Wirklichkeit neu. Jedoch könnte der kritische Rationalist die Antwort auf die Frage nach dem Tun des Forschers auch verweigern. Denn diese Art selbstkritischer Reflexion fällt aus dem Rahmen seiner Wissenschaft heraus. Eine Logik der Forschung, die selbstkritische Reflexion aus den Wissenschaften ausbürgert, gibt die alltägliche Wirklichkeit des Forschers weitgehend dem Irrationalismus preis. Eine willkürliche Entscheidung führt in den kritischen Rationalismus hinein und wird durch Polemik gegen andere Denkwege untermauert.

Literaturhinweis

Vgl. dazu: *K. R. Popper:* Logik der Forschung, 4. Aufl. Tübingen 1971. Der Streit zwischen *G. Ebeling* und *H. Albert* dringt in diesen Zusammenhang so gut wie gar nicht ein. Vgl. dazu: *G. Ebeling:* Kritischer Rationalismus? Zu *H. Alberts* »Traktat über kritische Vernunft«, Tübingen 1973. Und: *H. Albert:* Theologische Holzwege. *Gerhard Ebeling* und der rechte Gebrauch der Vernunft, Tübingen 1973.

Mit einem Blick auf die noch junge *Alltagswissensforschung* soll ein letzter Aspekt im Verhältnis von Theologie und Humanwissenschaften angesprochen werden. Die festgelegten Vollzüge und Deutungsschemata alltäglichen Lebens lassen erst durch kritische Distanz Entlastung und Verzerrung deutlich werden, die sie für Erkennen und Verhalten bedeuten. Für eine Metakritik (d. h. eine nicht im Alltag selbst vollzogene Kritik) der Alltagsvollzüge und ihrer Konstitutionsbedingungen und bei der Suche nach neuen Lebenszielen (z. B. Visionen des »guten Lebens« einer zukünftigen Gesellschaft) kann Theologie zum Gesprächspartner werden, der anthropologische und gesellschaftliche Zielvorstellungen diskutieren hilft. Sie kann sich als Partner mit dem geringeren, aber realistischeren Angebot anbieten, weil Christen noch unterm Kreuz, aber nicht in der Vollendung der Auferstehung leben (Röm 6,4 f.). Die vollständige Rechtfertigung dieser oder einer besseren Welt der Zukunft kann den von Zeitlichkeit gezeichneten Menschen nicht gelingen.

Theologie ist zusammen mit anderen Wissenschaften auf der Suche nach dem wirklichen Menschen. Sie kann es aber nicht unterlassen, nach der Wahrheit jenseits ihrer Aussagen zu suchen, gerade wenn Wissenschaften sich als unendliche Annäherung an die Wahrheit (durch Hypothesen) bestimmen oder mit Hilfe der Projektion einer wahren Gesellschaft der Zukunft schon ein Ziel für die heutige Gesellschaft vorwegnehmen. Denn Theologie muß darüber hinaus fragen, von welcher Position her die unendliche Annäherung an die Wahrheit oder die gesellschaftliche Utopie zum Programm gesetzt wird. Darin liegt eine eminent politische Funktion.

1.5. Zur Untergliederung der Systematischen Theologie

Bis jetzt verwendete das Studienbuch die Ausdrücke *»systematische Theologie«* und *»Dogmatik«* unterschiedslos, nicht zuletzt deshalb, weil es sich der systematischen Theologie im Sinne von Dogmatik widmet, die Ethik aber ausgeklammert wird. Bevor das Verhältnis zur Ethik genauer umrissen wird, sollen weitere Unterdisziplinen genannt werden, die von Belang sein könnten: *Apologetik, Polemik, Fundamentaltheologie, Hermeneutik, theologische Enzyklopädie.*

Am deutlichsten hat *Schleiermacher* die systematische Theologie aufgegliedert. Nicht umsonst wird er der Begründer der systematischen Theologie des Protestantismus genannt, obwohl er diesen Bereich aufgeteilt und historisch bzw. philosophisch aufgefaßt hat.

Literaturhinweis

Als Begründer der Systematischen Theologie nennt ihn *E. Schott*, Art. »Systematische Theologie« II, in: RGG., 3. Aufl., Bd. VI, Sp. 586 ff.

Schleiermacher unterscheidet in der gesamten Theologie drei Bereiche:

Philosophische Theologie,
Historische Theologie,
Praktische Theologie.

Für dieses Studienbuch sind von Bedeutung:

(1) Aus der *philosophischen Theologie:*

– *Apologetik,* nach außen gerichtet als Darstellung des Glaubens in der Gestalt des Christentums gegenüber Judentum, Heidentum, Bildung und Wissenschaft, in der Gestalt der Kirche in und gegenüber der Gesellschaft und dem Staat.
– *Polemik,* nach innen gerichtet als kritische Selbstbesinnung des Glaubens gegenüber Indifferentismus und Separatismus.

(2) Aus der *historischen Theologie:*

– *dogmatische Theologie* (und Statistik), die sich in Glaubenslehre und Ethik (Sittenlehre) gliedert.

Literaturhinweis

Vgl. dazu: *F. Schleiermacher:* Kurze Darstellung des theologischen Studiums, hg. von H. Scholz, Darmstadt o. J., §§ 43–62, 81, 85, 95–99, 195–210.

Was *Schleiermacher* in der philosophischen Theologie bedenkt, ist dann zum größeren Teil Thema der sogenannten *»Prolegomena«* geworden, die sich in den Dogmatiken des 19. Jahrhunderts gewaltig aufblähten. Apologetik und Polemik fließen, wenn sie nicht zu einer eigenen Disziplin werden, gewöhnlich in die verschiedenen dogmatischen Abschnitte oder Topoi ein und werden mitunter verschämt versteckt, weil sie den peinlichen Eindruck des Rechthabenwollens erwecken könnten.
Dogmatik und Ethik in der *historischen Theologie* zu finden befremdet zunächst. Die Gegenwart gehört jedoch nach *Schleiermacher* zur Geschichte hinzu; Dogmatik entfaltet für die gegenwärtige Epoche, was aus dem Urchristentum und den neutestamentlichen Schriften und aus der Geschichte des Christentums überkommen und von Bedeutung ist. Die Lehre wird selbst geschichtlich.
Schleiermachers Gesamtentwurf ist manchmal auch in theologischen *»Enzyklopädien«* des 19. Jahrhunderts fruchtbar geworden. Sie wurden hauptsächlich von systematisch orientierten Theologen verfaßt und versuchten noch einmal, die auseinanderstrebenden Disziplinen der Theologie in einen Gesamtentwurf zu integrieren. Aus den Versuchen enzyklopädischer Entwürfe sei stellvertretend genannt:

Literaturhinweis

K. R. Hagenbach: Encyklopädie und Methodologie der theologischen Wissenschaften, 4. verbesserte Aufl. Leipzig 1854.

Anliegen der Apologetik und Polemik kehren unter dem Eindruck historisch-kritischer Exegese in der *Hermeneutik* als »Sprachlehre des Glaubens« wieder, neuerdings nehmen sie auch den Namen »Fundamentaltheologie« (dieser Ausdruck ist aus der katholischen Theologie entlehnt) an.

Literaturhinweis

Vgl. dazu: *G. Ebeling:* Wort und Glaube Bd. I, 3. Aufl. Tübingen 1967, S. 447–457; *ders.:* Wort und Glaube Bd. II, Tübingen 1969, S. 1–208; *ders.:* Erwägungen zu einer evangelischen Fundamentaltheologie, in: ZThK 67 (1970), S. 479–524.
Ferner: *W. Joest:* Fundamentaltheologie. Theologische Grundlagen- und Methodenprobleme, Stuttgart, Berlin, Köln und Mainz 1974.

Besondere Begründung verlangt aber die Aufteilung von Dogmatik und Ethik auf zwei Studienbücher. *Karl Barth* hat bekanntlich die *Dogmatik* als die theoretisch-praktische und die *Ethik* als die praktisch-theoretische Seite *einer* Disziplin verstanden, die sich fragmentarisch, aber monumental in seiner »Kirchlichen Dogmatik« darstellt. In der Reihe der »Studienbücher« sind es vor allem pragmatische Erwägungen, die zur Aufteilung treiben. Der Stoff der Dogmatik ist einigermaßen übersichtlich geblieben, zumal sie sich hauptsächlich an die Philosophie als Gesprächspartner gehalten hat. (Allerdings will dieses Studienbuch zeigen, daß es noch andere, ebenso wichtige Gesprächspartner gibt.) Der Stoff der Ethik schwillt gerade im 20. Jahrhundert überaus an. Sie kann daher nicht mehr guten Gewissens als »angewandte Ethik« Lehrbücher füllen, sondern muß exemplarisch verfahren, weil selbst zu den kleinsten Problemen eine Fülle von Gesichtspunkten aus den sogenannten Humanwissenschaften (zum Begriff siehe oben 1.4.7) hinzutritt. Ihre Partner sind nicht nur Philosophie und Historie, sondern die ganze Palette der meist gar nicht so alten Disziplinen der Erfahrungswissenschaften.

Da Ethik heute oft der Hermeneutik dogmatischer Aussagen dient, hat sie, teilweise zumindest, einen gewissen Vorrang gewonnen. Gerade Pfarrer und Lehrer fragen von konkreten Problemen ihrer Lebenswelt her nach der kirchlichen Lehre. So ergibt sich oft erst in der kirchlichen Praxis konkrete Veranlassung zu dogmatischem Nachdenken, das jene Stumpfheit der für das Examen erlernten dogmatischen Formeln überwinden muß. Ein Vorschlag, die Bedeutung dogmatischer Aussagen von ethischen Fragestellungen her zu begreifen, folgt im nächsten Abschnitt.

1.6 Ansätze zu dogmatischen Fragen im ethischen Urteilsschema

Das parallele Studienbuch zur Ethik bietet ein Urteilsschema an, das die Verbindung von Dogmatik und Ethik verdeutlichen kann. Es lautet:

Problemformulierung,
Situationsanalyse,
Verhaltensalternativen,
kritische Prüfung der (vorgefundenen, impliziten oder expliziten) Normen,
Entscheidung,
Adäquanzprüfung.

Vgl. dazu: *H. E. Tödt:* Versuch zu einer Theorie ethischer Urteilsbildung, in: ZEE 21 (1977), S. 81–93.

Bereits der zweite Schritt – Situationsanalyse – fordert heraus, auf die *Verbindung von Dogmatik und Ethik* zu achten. Im symbolischen Interaktionismus (eine Kurzdefinition siehe unten) und in der Alltagswissensforschung wurde nachgewiesen, daß Situationen nicht nur aus objektiven Gegebenheiten bestehen, die sich für jedermann gleich darstellen. Sie enthalten auch »Situationsdefinitionen«, in denen die Erwartungen einzelner oder von Gruppen dominieren. Sie legen sich darin gegenseitig fest, mitunter zum Unguten, wie das an Generationskonflikten deutlich wird.

Auch dogmatische Aussagen können an solchen »Situationsdefinitionen« beteiligt sein; vgl. dazu 1.4 dieses Studienbuchs, ferner den Ansatz *W. Pannenbergs,* der mit Hilfe eines universalen Geschichtsentwurfs die Situation des gegenwärtigen Menschen im Ablauf der Geschichte zumindest in allgemeinen Umrissen festlegen will, siehe unten 3.4.2).

Literaturhinweis

Eine Einführung in die genannten Forschungsrichtungen gibt der Sammelband »Symbolische Interaktion«. Arbeiten zu einer reflexiven Soziologie, hg. v. *H. Steinert,* Stuttgart 1973. *Symbolischer Interaktionismus* ist eine Forschungsrichtung, die die wechselseitige Beeinflussung von Individuen und Gruppen in ihren Einstellungen und Handlungen durch Kommunikation (Interaktion durch sprachliche *Symbole*) erfassen will.

Normenprüfung – der vierte Schritt ethischer Urteilsbildung – bedeutet, Kriterien zum Sichten stillschweigend angenommener Normen (in der Situation gehegter, nicht explizierter Erwartungen) und offenbarer Normen aufzuweisen und anzuwenden. Es ist Vorzug und Nachteil so pauschaler Formeln wie »Liebe« und »Gerechtigkeit«, daß sie sich zur Normenprüfung anbieten, weil sie leicht einen (scheinbaren) Konsens zwischen Menschen herstellen und dabei doch verschiedene Konnotationen haben können. Dogmatik könnte mitunter zu einem genaueren Konsens verhelfen. Denn das Liebesgebot stellt eine der zentralen Aussagen des Neuen Testaments dar (Mk 12,29–31 parr). Und die paulinische Theologie erinnert an den Vorrang gottgegebener Gerechtigkeit, die doch nicht ohne soziale Konsequenzen bleiben kann.

Schließlich setzt kritische Normenprüfung eine *Gewißheit* voraus, die es erlaubt, von eingefahrenen Wegen der Urteilsbildung Distanz zu nehmen – sofern die eingerasteten Normen und Erwartungen nicht am Problem von selbst aufbrechen. Solche Gewißheit beruht auf einer starken Identität des Subjekts, das da entscheidet und handeln will. Das ethische Subjekt darf sich nicht um jeden Preis festhalten wollen, sondern muß sich aufs Spiel setzen können, vor allem in Vorgaben und einseitigen, nicht reziproken Handlungen. Dazu weiß die Rechtfertigungslehre, aus erstarrten Formeln wieder zum Leben erweckt, Wesentliches zu sagen.

Vor allem wird die Bedeutung dogmatischen Nachdenkens beim Schritt der *Entscheidung* deutlich. Sie kann nie alle Folgen im Blick haben. So weiß jeder, der in kirchlicher oder nichtkirchlicher Beratungspraxis Erfahrung gesammelt hat, daß Rat, der gegeben wird, unabsehbare und unbeabsichtigte Folgen haben kann. Trotzdem muß der Christ häufig raten, weil er sich dem Mitmenschen nicht entziehen kann. Er muß Konflikte auch in Entscheidungen auf sich nehmen: rät er z. B. zu einer Ehescheidung, obwohl ein psychisch belasteter Partner daran zugrunde gehen kann – wie trägt der Berater das aus? –, oder rät er den als Beispiel vorgeführten Partnern, zusammenzubleiben, obwohl sie das Leben einander schwermachen – wie trägt der Berater das mögliche Scheitern beider und die menschlichen Katastrophen, die jener Entscheidung noch folgen können oder müssen, mit? Wie der Berater sich auch verhält, er bleibt in schuldbeladene menschliche Verhältnisse verwikkelt. Zu seiner Entscheidung kann ihm dann nur mit *D. Bonhoeffers* Stichwort der *»Schuldübernahme«* um des Nächsten willen ein gutes Gewissen gemacht werden.

Literaturhinweis

Vgl. dazu: *D. Bonhoeffer:* Ethik, 6. Aufl., hg. v. E. Bethge, München 1963, S. 255 ff.

Gewißheit und Identität des ethischen Subjekts sind endlich von der *Adäquanzprüfung* mit betroffen. Sie fragt, ob die Entscheidung der Situation und den beteiligten Menschen adäquat war. Technische wie ökonomische Prozesse und Entscheidungen lassen sich zuweilen – gegebenenfalls unter hohen Unkosten – rückgängig machen. Entscheidungen im menschlichen Bereich und deren Folgen sind in der Regel unaufhebbar. Denn häufig verändert eine Entscheidung die Situation so grundlegend, daß Adäquanzprüfungen aus der Distanz, wie sie in anderen Entscheidungsprozessen auftreten können, gar nicht möglich sind. Wer das Urteilsschema des Studienbuchs zur Ethik verfolgt und dabei besser begreift, wie tief oft Menschen von Entscheidungen betroffen werden, kann nur dann Mut zum ethischen Handeln und Entscheiden haben, wenn er von *Vergebung* weiß. Sie erlaubt ihm, seine Identität nicht auf das zu gründen, was er selbst hat oder was er gerade vor sich selbst und anderen ist.
Das Problem des ethischen Subjekts – vor allem seine Identität und sein Scheitern – und mit ihm die Frage nach einem christlichen Kriterium zur kritischen Normenprüfung werden von der Ethik an die Dogmatik weitergegeben. Ausführungen zur Bewahrheitung dogmatischer Aussagen in diesem einleitenden Teil bestätigen das, wenn sie nicht nur Sachgemäßheit, sondern vor allem Persongemäßheit (Kommunikation) fordern (vgl. dazu 1.3, vor allem die Ausführungen zu den Schritten 3, 4 und 6).
Zusammenfassend läßt sich festhalten, daß ethische und dogmatische Urteilsbildung unübersehbar und eng korrelieren. Der Akzent dogmatischer Reflexion liegt dabei auf der Frage, mit welcher Begrifflichkeit welche Norm zur Normenkritik eingeführt und wie sie im Rahmen unserer Geschichte und unserer Situation gedeutet und auf biblische Quellen zurückgeführt wird.
Bildhaft gedeutet ließe sich – viele Verkürzungen eingeschlossen – das *Verhältnis der beiden Urteilsschemata* etwa so bestimmen:

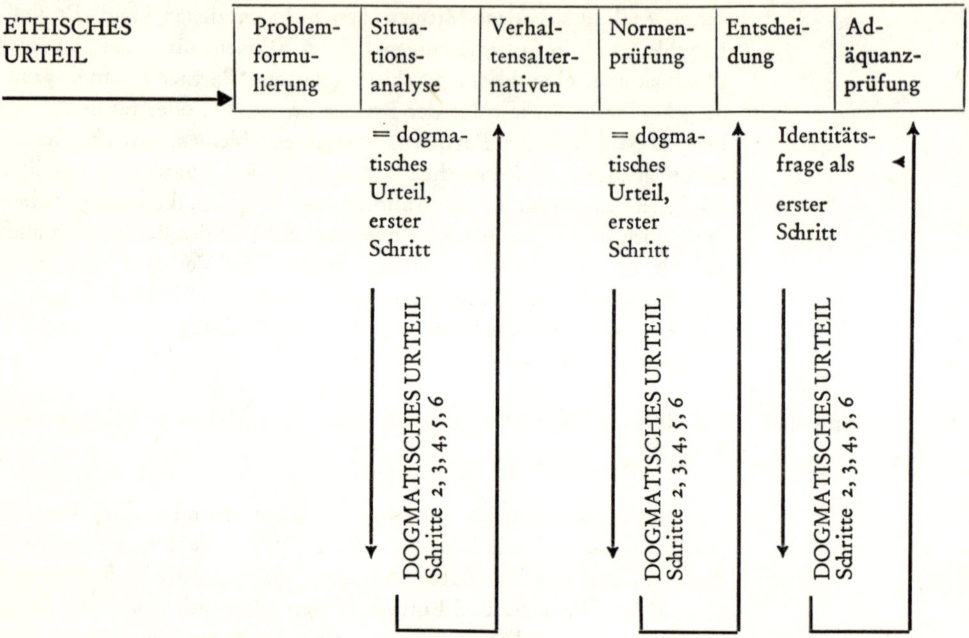

1.7 Dogmatik und Glaube

Das Studienbuch nimmt in seinem ersten Teil nur wenige der herkömmlichen Prolegomena auf. Darum kehren weitere Themen am Schluß wieder (vgl. Teil 5).

Soviel sollte bis jetzt deutlich sein: es kommt nicht *zuerst* darauf an, ob oder inwiefern Dogmatik eine Wissenschaft ist oder nicht. *Entscheidender* ist vielmehr, *wie sie ihre Aussagen bewahrheiten will* oder nicht.

Da Sprecher und Adressat einer dogmatischen Aussage nicht nur im Aussagegehalt übereinkommen, sondern auch in dem, was mit der Aussage *getan* wird; da die Ermutigung zum Weiterfragen, ja zum Handeln (vgl. 1.6) und zum Offenhalten von Fragen, die von Grund auf den Sinn des Lebens betreffen (vgl. 1.4.7), nicht aus bloßer Wissenschaft erwächst – läßt sich mit Nachdruck sagen, daß *Dogmatik über sich hinausweist auf jenen Glauben,* von dem sie herkommt und dem sie dienen will.

Das soll und darf aber nicht so mißverstanden werden, als lebten wir alle vorrational, entschieden uns ohne intersubjektiv nachvollziehbare Gründe für eine Weltanschauung, die »Glaube« genannt werden könnte, erlaubten der Vernunft auf der Grundlage dieser Vorentscheidungen, dem Ganzen einen wissenschaftlichen Anstrich zu geben, und verwerteten unsere rationalen Erkenntnisse wieder im Interesse der voraufgehenden Weltanschauung. Das ist zwar eine überzogene Karikatur; sie hat jedoch bestimmten Anhalt in Vorgängen kirchlicher Praxis und dogmatischer Reflexion. Die Karikatur umreißt eine Haltung, die jenem Weltanschauungsmodell verfällt, das man seit *Carl Schmitt Dezisionismus* nennt. (Dezisionismus leitet Grundstrukturen des Handelns und Erkennens aus autoritär vorgegebenen Herrscherentscheidungen ab, die einem rationalen Diskurs nicht offenstehen.) Wir dürfen nicht übersehen, daß dieses Denken gleichwohl im Betonen von Entscheidung bei *R. Bultmann* und *F. Gogarten* eine gewisse Resonanz gefunden hat.

Wir sollten dagegen nüchterner – etwa mit der Alltagswissensforschung – sehen, daß Wissenschaft und distanzierte Problemreflexion schon immer aus Lebensvollzügen herkommen, die normativ konstituiert und strukturiert sind. Damit sind komplexe, wenig durchsichtige Erwartungen und Deutungsmuster für unsere Wirklichkeit bereits vorgegeben. Wissenschaftliche Arbeit kann nur an vergleichsweise wenigen Stellen undurchsichtige Strukturen und Verhältnisse auseinanderlegen und ins Licht diskursiver Erkenntnis überführen. Eine absolute Entscheidung zur Wissenschaft oder gar zur Dogmatik gibt es nicht.

Deshalb kann auch niemand behaupten, der Glaube allein sei Ausgangspunkt der Dogmatik. Denn Dogmatik muß sehr komplexe Erfahrungen alltäglicher Wirklichkeit ihres Autors und ihrer Adressaten umsetzen helfen: was ein Theologe in seiner Sozialisation erfahren hat, woran seine Interessen hängen, was er durchsetzen möchte, individuelle und kollektive Ängste seiner Zeit und seiner sozialen Schicht – wie sollte das alles ausgeblendet sein? Offenkundig ist *nicht alles »Glaube«, was zur Dogmatik treibt,* sondern auch Selbstrechtfertigung und Angst, engstirniges Bewahrenwollen und prätentiöser Ehrgeiz, sich selbst und vermeintlich originäre wissenschaftliche Ergebnisse zu präsentieren, was in Dogmatiken seinen Ausdruck findet.

Eine nüchterne Sicht dieser Tatbestände nährt den Zweifel, ob Dogmatik vorwissenschaftliche Einsichten des Glaubens in wissenschaftliche Aussageformen überführen kann oder muß. Eher trifft der umgekehrte Weg zu: daß nämlich das Gewicht des Glaubens sich dort erst bemerkbar macht, wo Kritik an gegebenen Voraussetzungen geübt wird. Und dazu muß gerade auch der Dogmatiker erst frei werden.

Nachdrücklich zeigt das *Karl Barth:* fides quaerens intellectum (siehe oben 1.4.1 und 1.4.2), der Glaube, der die Vernunft sucht, ist *dann* nicht jene Karikatur vorwissenschaftlicher Entscheidung zur Wissenschaft, wenn sich die Vorordnung des Glaubens zuerst als Selbstkritik bewährt. Die Ablehnung der *Religion* als einer interessegeleiteten Absicherung der eigenen Weltanschauung (*K. Barth,* KD I,2, § 17) ist darum gerade Kirchen- und Theologiekritik und nicht arrogante Beckmesserei gegenüber anderen Religionen.

Die Vorordnung des Glaubens stellt darum kein zeitliches »prae« dar, sondern eine zur Kritik anregende Vorgabe, die in jedem dogmatischen Aussagevollzug auf die Probe gestellt ist. Das schließt ein, daß der Theologe sich auch von sich selbst, d. h. von dem, was er in Gefühlen, Einstellungen und Erkenntnismustern mit sich bringt, emanzipieren oder emanzipiert werden muß. Eine solche Vorgabe von Freiheit – eine nicht sich selbst setzende Identität – ist im Begriff des *»Wortes*

Gottes« konzentriert. Als autoritäre Zumutung wäre es gänzlich mißverstanden. Wer »Wort Gottes« so interpretieren wollte, zeigte nur, daß es, zum Begriff gemacht, seiner Ideologisierung nicht widerstehen konnte oder daß er selbst, der Kritiker, sich nicht aufs Spiel setzen wollte, um sich selbst der wahren Emanzipation zu öffnen.
Diese eher grundsätzlichen einführenden Abschnitte mögen genügen, um den Lesern die Absicht des Verfassers aufzudecken. In den folgenden Abschnitten wird es um Anregungen zur Einarbeitung in Dogmatik gehen.

Ohne die auf den S. 11 und 12 aufgeführten Definitionen zu widerrufen oder zu entwerten, kann das Studienbuch nun eine eigene Bestimmung von Dogmatik versuchen, deren Begriffe allerdings ohne die voraufgehenden Seiten nicht präzise zu erfassen sind:
Dogmatik ist jene Disziplin der Theologie, die Vorgaben christlichen Glaubens und christlicher Lehre im Horizont gegenwärtiger wissenschaftlicher und praktischer Diskussion so verantwortet, daß Aussagender und Angesprochene(r) sich gemeinsam in Nachdenken und Einstellungen der im »Wort Gottes« zugesagten Freiheit ausliefern. Sie bezieht sich auf biblische Theologie, indem sie Leitlinien biblischen Zeugnisses aufnimmt und in die Gegenwart auszieht, zugleich aber die Erkenntnisschemata historischer Theologie kritisch auf zugrunde liegende Interessen reflektiert. Sie verweist auf die Ethik, weil die zugesagte Freiheit nicht nur theoretisch, sondern in der alltäglichen Praxis des Dogmatikers und des von Dogmatik Angesprochenen wahr wird.
Es versteht sich von selbst, daß diese drei Sätze nur eine Hilfskonstruktion darstellen, die sich an den sachlichen Themen selbst bewähren muß.

1.8 Literaturhinweise zur Einarbeitung in die Disziplin der Dogmatik

Es fällt schwer, dem Leser ein bestimmtes Werk zur Einarbeitung in die Dogmatik zu empfehlen. Denn ob er mit einer Monographie beginnt, weil ihn ein bestimmtes Thema oder ein spezifischer Problemkreis fesselt, oder ob er wissen möchte, wie ein Theologe des 20. Jahrhunderts Rechenschaft seines Glaubens im Zusammenhang eines Gesamtentwurfs gibt, hängt von der jeweiligen Motivation ab.

1.8.1 Darstellungen der Theologie des 20. Jahrhunderts

Vielleicht fällt es am leichtesten, mit zwei *Darstellungen der Theologie des 20. Jahrhunderts* einzusetzen und deren Probleme aus der verständlicherweise perspektivischen Sicht der Verfasser kennenzulernen:
H. Zahrnt: Die Sache mit Gott, München 1972 (dtv 846);
E. Hübner: Evangelische Theologie in unserer Zeit, 2. Aufl. Bremen 1966.
Der erste Autor beendet seinen Bericht mit der Theologie *Paul Tillichs*, weil er bei ihm den verheißungsvollsten Neuansatz findet; der zweite orientiert sich eher am Denken *Karl Barths*.

1.8.2 Dogmatische Entwürfe des 20. Jahrhunderts

Wer auf diese Weise einen problemorientierten Zugang zu systematisch-theologischem Fragen gefunden hat, könnte nun Interesse an den eher grundsätzlichen Abschnitten eines der herausragenden gegenwärtigen *Entwürfe* finden:

(a) Wort-Gottes-Theologie in reformierter Tradition:

K. Barth: Die Kirchliche Dogmatik (im allgemeinen abgekürzt als KD) Bd. I,1–IV,4. 13 Bände und Register, Zürich 1932–1970. Dazu: Das christliche Leben. Hg. v. *H. A. Drewes* und *E. Jüngel,* Zürich 1976.

O. *Weber:* Grundlagen der Dogmatik, 2 Bde., Neukirchen 1955–1962 (4. Aufl.: 1972) (besonders beliebt bei Examensvorbereitungen).

H. J. Kraus: Reich Gottes – Reich der Freiheit. Grundriß systematischer Theologie, Neukirchen 1975.

(b) Von K. Barth herkommend, aber am Luthertum orientiert:

H. Vogel: Gott in Christo. Ein Erkenntnisgang durch die Grundprobleme der Dogmatik, 2. Aufl. Berlin 1954.

(c) Personalistisch orientiert:

E. Brunner: Dogmatik, 3 Bde., Zürich und Stuttgart 1946–1965.

(d) Im Dialog mit Gegenwartsströmungen, vor allem der Philosophie:

P. Tillich: Systematische Theologie, 3 Bde. – Stuttgart 1955–1966.

(e) Lutherische Dogmatiken des 20. Jahrhunderts:

P. Althaus: Die christliche Wahrheit. Lehrbuch der Dogmatik, 8. Aufl. Gütersloh 1969.

W. Elert: Der christliche Glaube. Grundlinien der lutherischen Dogmatik, 5. Aufl. Hamburg 1956.

Beide setzen sich entschieden von Karl Barths Zuordnung von Evangelium und Gesetz ab.

Mehr von Barth beeinflußt ist:

R. Prenter: Schöpfung und Erlösung. Dogmatik, 2 Bde. Göttingen 1958–1960.

Eine eigenständige Einführung vor allem von neuzeitlichen Fragestellungen her:

C. H. Ratschow: Der angefochtene Glaube. Anfangs- und Grundprobleme der Dogmatik, 3. Aufl. Gütersloh 1967.

(f) Eine liberale Darstellung:

F. Buri: Dogmatik als Selbstverständnis des christlichen Glaubens, Bd. I und II, Bern 1956 und 1962.

(g) Noch nicht in einen übersichtlichen Entwurf zusammengefaßt ist ein Ansatz, der unter dem Stichwort der »Hermeneutik« die Probleme der historisch-kritischen Exegese und des Schriftverständnisses zu Grundlagenproblemen systematischer Theologie erhebt:

G. Ebeling: Wort und Glaube, Bd. I–III, Tübingen 1960–1975 (ges. Aufs.).

Ders.: Das Wesen des christlichen Glaubens, Tübingen 1959 und öfters.

1.8.3 Ausgewählte Entwürfe früherer Epochen

Alle die genannten Werke beziehen sich ständig auf die großen *Entwürfe* theologischen Denkens *in unterschiedlichen Epochen.* Aufbau und Charakter der wichtigsten Werke muß man sich im Laufe eigenen Studiums an dogmatischen Fragen einprägen:

(a) *Mittelalter:*

Petrus Lombardus: Libri quatuor sententiarum (z. B. bei »Ad claras aquas«, Florenz 1916).

Thomas von Aquino: Summa theologiae (u. a.: Marietti, Turin und Rom 1952–1956).

(b) *Reformation:*

Luthers Theologie liegt nur in Einzelschriften vor, nicht in einem dogmatischen Entwurf. Eine Auswahl findet sich z. B. in: *Luthers* Werke in Auswahl, hg. v. O. *Clemen, H. Vogelsang, H. Rückert, E. Hirsch,* Bd. 1–4,

4. Aufl. Berlin 1959. / Bd. 5–8, 2. Aufl. Berlin 1950–1952 (sog. Bonner Studienausgabe; diese Ausgabe druckt Originalschreibung und -punktation). Ausgewählte Werke (Münchener Ausgabe), 3. Aufl., hg. v. *H. H. Borcherdt* und *G. Merz* (6 und 7 Bde.), München 1948 ff.

Melanchthon verfaßte die erste protestantische Dogmatik: Loci communes (1521 und 1559), in: *Melanchthon:* Studienausgabe, hg. v. *R. Stupperich,* Bd. II,1 und 2, Gütersloh 1952.

Die reformierte Tradition begründete *Calvin*: Institutio Christianae religionis, in: *Ders.:* Opera, hg. v. *P. Barth* und *W. Niesel,* Bd. III–V, München 1928–1936 (deutsch: Unterricht in der christlichen Religion, übersetzt von O. Weber, Neukirchen 1955).

(c) Die *protestantische Orthodoxie* brachte viele große Systeme hervor. Oft wurden sie in kleinen Kompendien komprimiert. Leicht zugänglich sind:

L. Hutter: Compendium locorum theologicorum (1610), Nachdruck: Berlin 1961.

D. Hollaz: Examen theologicum acroamaticum (1707), Nachdruck: Darmstadt 1971.

(d) Das 19. Jahrhundert weist eine große Vielfalt auf: Als Begründer des *Neuprotestantismus* gilt:

F. Schleiermacher. Von ihm stammt:

Der christliche Glaube, 2 Bde., hg. v. M. Redeker, 7. Aufl. Berlin 1960.

Die spekulative Theologie vertreten:

J. A. Dorner: System der christl. Glaubenslehre, 2 Bde. 2. Aufl. Berlin 1886.

A. E. Biedermann: Christliche Dogmatik, Zürich 1869.

Die Schule *Ritschls* (Liberalismus bzw. Kulturprotestantismus) kommt zu Wort in:

A. Ritschl: Die christliche Lehre von der Rechtfertigung und Versöhnung, Bd. III: Die positive Entwicklung der Lehre, 4. Aufl. Bonn 1895.

W. Herrmann: Der Verkehr des Christen mit Gott. Im Anschluß an Luther dargestellt, 2. Aufl. Stuttgart 1892.

Der Erweckung verbunden, aber sich eigenständig auf die biblische Verkündigung berufend:

M. Kähler: Die Wissenschaft der christlichen Lehre von dem evangelischen Grundartikel aus im Abriß dargestellt, Neudruck: Neukirchen 1966.

1.8.4 Textbücher

Wer *Themen und Ansätze im Längsschnitt* durch die Geschichte der Dogmatik vergleichen will, greift gern zu folgenden Werken mit Auszügen aus Dogmatiken bzw. theologischen Schriften:

R. H. Grützmacher / G. Muras: Textbuch zur deutschen systematischen Theologie Bd. I: 1530–1934, 4. Aufl. Tübingen 1955 / Bd. II: 1935–1960, Tübingen 1961.

E. Hirsch: Hilfsbuch zum Studium der Dogmatik. Die Dogmatik der Reformatoren und der altevangelischen Lehre quellenmäßig belegt und verdeutscht, 4. Aufl. Berlin 1964 (von den Ergebnissen neuerer Lutherforschung her kritisch den Weg von Luther zur altprotestantischen Orthodoxie gehend).

1.8.5 Kompendien und kurze Entwürfe

Nicht immer heilsam sind *Kompendien,* weil sie ihre Auswahlgesichtspunkte und eigenen systematischen Ansätze gern in den Hintergrund stellen und häufig suggerieren, dogmatisches Denken sei nur ein Meinungsstreit um Lehrbegriffe. Sie ersetzen im Grunde nur ein sehr detailliertes Begriffswörterbuch.

Für die lutherische Dogmatik des Altprotestantismus:

C. H. Ratschow: Lutherische Dogmatik zwischen Reformation und Aufklärung, bislang 2 Bde., Gütersloh 1964 und 1966 (für dieses Werk gilt die oben gegebene Charakterisierung von Kompendien nicht in dem angegebenen Maß. *Ratschow* lehnt seine Übersichtsdarstellung an das Kompendium von *J. F. König:* Theologia positiva acroamatica, Rostock 1699, an).

Veraltet sind die einst hochbeliebten Kompendien von *H. Schmid* und *Ch. E. Luthardt:*

H. Schmidt: Dogmatik der evangelisch-lutherischen Kirche, dargestellt und aus den Quellen belegt, 7. Aufl. Gütersloh 1893.

Ch. E. Luthardt: Kompendium der Dogmatik (1893), 15. Aufl., hg. v. *R. Jelke,* Leipzig 1948.

Auf neuerem Stand, aber unkritisch die alte Gliederung übernehmend: *H. G. Pöhlmann:* Abriß der Dogmatik. Ein Repetitorium, Gütersloh 1973 (2. verbesserte und erweiterte Aufl. Gütersloh 1975).

Für die reformierte Dogmatik:

H. Heppe: Die Dogmatik der evangelisch-reformierten Kirche, hg. v. *E. Bizer,* Neukirchen 1958.

Umfangreichere kompendienartige Übersichten:

W. Trillhaas: Dogmatik, 3. Aufl. Berlin und New York 1972.

H. Ott: Die Antwort des Glaubens, Stuttgart und Berlin 1972.

1.8.6 Dogmen- und Theologiegeschichten

Was Kompendien synchron zusammenraffen, wird in *Dogmen- oder Theologiegeschichten* eher als Abfolge entwickelt und dargestellt:

(a) Die Dogmenbildung von der Urchristenheit an zeigen auf:

A. von Harnack: Lehrbuch der Dogmengeschichte, 3 Bde., Nachdruck: Darmstadt 1964 (bis zur Reformation).

R. Seeberg: Lehrbuch der Dogmengeschichte, 4 Bde. in 5, Nachdruck: Darmstadt 1959 (bis zu den nachreformatorschen Streitigkeiten).

F. Loofs (und *K. Aland*): Leitfaden zum Studium der Dogmengeschichte, 7. Aufl. Tübingen 1968.

Die Theologiegeschichte des Protestantismus deutscher Sprache wird dargestellt in:

O. Ritschl: Dogmengeschichte des Protestantismus, 4 Bde., Leipzig 1908–1927.

H. Stephan (und *M. Schmidt*): Geschichte der evangelischen Theologie in Deutschland seit dem Idealismus, 3. Aufl. Berlin 1973 (kurze Übersichten).

E. Hirsch: Geschichte der neueren evangelischen Theologie im Zusammenhang der allgemeinen Bewegungen des europäischen Denkens, 5 Bde., Gütersloh 1949–1954 (eigene Perspektive: die Entwicklung des neuzeitlichen Christentums zur Subjektivität und Verinnerlichung).

1.8.7 Bekenntnisschriften

Neben den Katechismen (Kurzfassungen christlicher Lehre für Laien bzw. Prediger – das letztere im Fall des Großen Katechismus von *Luther*) sind die *Bekenntnisschriften* wichtige Quellen:

Die *Bekenntnisschriften* der evangelisch-lutherischen Kirche, 6. Aufl. Göttingen 1967.

Bekenntnisschriften und Kirchenordnungen der nach Gottes Wort reformierten Kirche, 3. Aufl., hg. v. *W. Niesel,* Zürich o. J.

1.8.8 Katholische Dogmatik

Für die katholische *Dogmatik* können hier nur wenige grundlegende Werke angegeben werden:

Denzinger/Schönmetzer: Enchiridion symbolorum, definitionum et declarationum de rebus fidei et morum, 20. Aufl. Freiburg i. B. 1967 (Sammlung der Lehrverlautbarungen des Heiligen Stuhls).

Conciliorum oecumenicorum decreta, hg. von *J. Alberigo,* Freiburg i. B. 1962.

Handbuch der Dogmengeschichte, hg. von *M. Schmaus, H. Grillmeier* und *L. Scheffczyk*, Freiburg i. B. 1951 ff.
M. Grabmann: Die Geschichte der katholischen Theologie seit dem Ausgang der Väterzeit, 2. Aufl. Darmstadt 1961.
Mysterium Salutis. Grundriß heilsgeschichtlicher Dogmatik, hg. v. *J. Feiner* und *M. Löhrer*, Einsiedeln, Zürich und Köln 1965 ff.
Einen hervorragenden Überblick bietet das Handbuch theologischer Grundbegriffe, hg. v. *H. Fries*, Bd. 1–4, München 1970 (dtv 4055–58).

Alle unter 1.8.1 bis 1.8.8 genannten Empfehlungen sind als Anregung gedacht, sich weitere Hilfsmittel zu suchen. Die aufgeführten Titel stellen keine kanonische Auswahl dar. Nützlich werden sie erst, wenn sich der Leser eine Strategie des Informationserwerbs zugelegt hat und aus der Fülle des Angebots auszuwählen weiß, weil er seine Fragestellung formuliert hat.

1.9 Zum Aufbau von Dogmatiken

Die Literaturhinweise (1.8) deuten ein doppeltes Problem an. Einmal betrifft es den Leser des Studienbuches: wie soll er sich in der Fülle des Angebots orientieren und seinen eigenen Zugang zur Dogmatik finden? Dann für den Autor des Studienbuches: wie soll er sein Buch aufbauen? Deswegen gibt dieser Abschnitt Hinweise zur *Vororientierung;* was soll ein Leser, der auf einen bestimmten dogmatischen (oder umfassender: systematisch-theologischen) Entwurf zugeht, beachten? Der folgende Abschnitt (1.10) setzt Gesichtspunkte dieses Abschnitts voraus und gibt Rechenschaft über den Aufbau des Studienbuchs.

(1) Wer ein Buch verständig lesen will, muß es sich mit Hilfe einer *Problem- oder Fragestellung* erschließen. Das geht schon aus den Ansätzen, das dogmatische Urteil zu strukturieren (1.3), hervor. In noch unbestimmter Weise werden damit Gedankengänge des Buches antizipiert. Ob die Antizipationen nun zutreffen oder nicht – der Leser wird das Anliegen des gewählten Buches intensiver aufnehmen, verfolgen und hinterfragen. Deswegen ist es nicht unwesentlich zu wissen, was man von systematisch-theologischen Entwürfen erwarten kann.

(2) Auf zwei *Übersichten* (Ü 1 u. 2 in beiliegender Mappe) werden die wichtigsten Themen herausragender Entwürfe der Theologie insgesamt bzw. der Dogmatik vorgestellt. Die Entwürfe sind so ausgewählt, daß sie exemplarisch für wichtige Richtungen christlichen systematischen Denkens stehen. Vorgeführt werden zwei Entwürfe des Mittelalters, drei der Reformation, zwei der altprotestantischen Orthodoxie, fünf des 19. und zwei des 20. Jahrhunderts. In allen Fällen ist der Inhalt der betreffenden Entwürfe auf den gleichen Maßstab abgebildet. Die Themen, deren Bezeichnung nicht immer exakt den Angaben der dargestellten Werke folgen kann, sind proportional zur Gesamtlänge des

Werkes eingetragen. Da es sich um recht unterschiedliche Werke handelt, die wenige hundert oder mehrere tausend Seiten umfassen können, wird nur die *innere Proportion* der Entwürfe maßstabgerecht sichtbar.

Trotzdem sei eine Warnung ausgesprochen: selbst wenn ein bestimmtes Thema durch seinen Umfang im Rahmen eines Werkes auffällt, bedeutet das längst nicht in jedem Fall, daß es von größerem sachlichen Gewicht als ein kürzer behandeltes ist. Quantität entscheidet hier nicht über Qualität. Beobachten läßt sich mit aller Vorsicht eine bestimmte Gewichtung. Sie entspricht in ihrem Wert jenen Vorfragen und Antizipationen, die in der Arbeit an einem Werk selbst bestätigt oder in Frage gestellt werden müssen. Im Folgenden sollen vorsichtige Erwägungen über Aufbau und Schwerpunkte der herangezogenen Entwürfe angestoßen werden.

(3) *Übersicht 1* (Ü 1) zeigt mindestens *zwei Typen theologischer Lehrbücher.* Der eine Typ besteht aus aneinandergereihten *Leitsätzen* bzw. Sentenzen. *Petrus Lombardus* war einer der ersten, der die wichtigsten Lehraussagen vor allem der Kirchenväter in Sentenzen zusammenstellte. Sein Werk half den mittelalterlichen Theologieunterricht formen. Viele Theologen schrieben Sentenzenkommentare, die sich auf die Sammlung des Lombarden zurückbeziehen. Verwandt sind die *Loci* (daher: Lokalmethode). *Melanchthon* stellte im Anschluß an eine Römerbriefvorlesung die Leitsätze der reformatorischen Glaubenseinsicht als »Loci« zusammen. Dabei gilt sein Werk als *synthetischer* Typus (von der Definition des einzelnen Lehrgegenstandes ausgehend); später drang der sog. *analytische* Typ protestantischer Dogmatik vor, der vom Ziel (Gottes mit seiner Welt) her den Stoff der Lehre strukturiert. Neben den Sentenzen oder Loci tritt aus den Beispielen der Übersicht 1 deutlich der Typ des *systematischen Entwurfs* in Gestalt einer »Summe« (*Thomas von Aquino*) oder eines Lehrbuchs (»Institutio«) hervor. Zum Teil überschneiden sich beide Typen – so im Werk des Spätorthodoxen *Turretini.* Zum Teil sind sie aber nach »Quästionen« aufgebaut, die entweder mit einer Frage beginnen, die Antwort und den Beweis bringen, oder mit umstrittenen Meinungen, Gegenmeinung und Beweis arbeiten. Den *Aufbau eines Artikels* in der Summa des *Thomas* sollte man sich einprägen:

Überschrift (z. B. 1–2, q. 29, a. 3, zu lesen: prima pars secundae partis, quaestio 29, articulus 3: ob der Haß stärker als die Liebe sei).

Ausgangsposition: Videtur quod ... (von *Thomas* selbst gesetzter Einwand gegen seine eigene Position) (hier im Beispiel: es scheint, als ob der Haß stärker als die Liebe sei).

(Schein-)Beweise für die Ausgangsposition (im Beispiel: Zitate von *Augustin* u. a., anderweitige Überlegungen).

Behauptung der Gegenposition *(respondeo ...)* (im Beispiel: *Thomas* behauptet, jeder Haß setze eine gewisse Liebe voraus) (sog. Corpus, abgekürzt: c).

Beweise für die Gegenbehauptung (in der Regel mit »ad primum«, »ad secundum« usw. den scheinbaren Beweisen der Ausgangsbehauptung gegenübergestellt) (im Beispiel: ein Gegenzitat aus *Augustin* wird erbracht).

Jedem, der literarische Produkte nicht abstrakt betrachtet, fällt es auf, daß dieses Vorgehen ein wissenschaftliches Streitgespräch abbildet, wie es zu Zeiten des *Thomas* an den theologischen Schulen üblich war.

Die *zweite Übersicht* (Ü 2) zeigt ein viel differenzierteres Bild. Die Einleitungen treten stärker hervor; offenkundig müssen sich systematisch-theologische Entwürfe spätestens seit dem 19. Jahrhundert viel intensiver darauf besinnen, wie sie sich verstehen. Religionstheorien versuchen, das Besondere christlicher Lehre mit einem allgemeinen Begriff von Religion zu verbinden *(Schleiermacher, Alexander Schweizer, Biedermann)*. Die Gliederungen verraten, daß die Verfasser schon im Aufriß den eigenen Ansatz sichtbar machen wollen. *Schleiermacher* denkt vom Selbstbewußtsein her, *Biedermann* löst die Themen auf und behandelt sie dreifach: biblisch, als Kirchenlehre und kritisch-spekulativ (d. h. im Sinne vor allem der *Hegelschen* Philosophie). *Thomasius* konzentriert seine Darstellung ganz auf Christus, *Barth* nimmt Trinitätslehre und Christologie in die Prolegomena hinein.
Überblickt man nun die beiden Übersichten und sieht man einen Augenblick von den vielfältigen Variationen seit dem 19. Jahrhundert ab, dann ergeben sich *zwei Verfahren*, die *Themen christlicher Lehre anzuordnen:* der *heilsgeschichtliche* Aufriß hat – idealtypisch – die Gestalt »Gott-Welt-Mensch-Sünde-Christus-Heil bzw. Kirche-Eschatologie«. Die beiden letzten Exempel weisen unter allen strukturellen Verschiebungen eher die Gliederung des Glaubensbekenntnisses (des *Credo*) auf: Gott der Schöpfer – Christus der Versöhner – der Geist (als der Erlöser). Dieser Aufriß hat sich allerdings erst seit dem Beginn des 20. Jahrhunderts durchgesetzt.

(4) Schon Aufriß und Proportionen der Inhalte zeigen, daß Entwürfe systematischer Theologie *geschichtlich* bedingt sind. Vorherrschende Lehrmethoden (Disputation, Leitsätze), Abgrenzung gegenüber anderen Wissenschaften (z. B. der Philosophie) und Einordnung in das Denken der Zeit (vor allem das Thema der Religion) können Aufbau und Schwerpunkte des Inhalts bestimmen.
Die beiden exemplarischen Übersichten (Ü 1 und 2) lassen noch mehr sichtbar werden – unter dem Vorbehalt, daß sie nicht jedes Unterthema aufführen können. Z. B. zeigt es sich, daß die *Ethik* als Bestandteil systematischer Theologie später ausscheidet (spätestens die »Epitome theologiae moralis« des *Georg Calixt* von 1634 zeigt die Verselbständigung an). Die mittelalterlichen Theologen behandeln ethische Themen in der Tugendlehre, die Reformatoren *(Melanchthon* und *Calvin)* unter dem Thema des Gesetzes bzw. des Geistes (neues Leben). Erst im späten 19. Jahrhundert fügt *Martin Kähler* die Ethik der christlichen Lehre wieder ein, damit der Rechtfertigungsglaube nicht nur theoretisch von Bedeutung sei. Für denselben Weg entscheidet sich *Barth;* die Übersicht zeigt jedoch, daß er die Ethik auf die einzelnen Lehrkreise verteilt; christliche Lehre darf Theorie und Praxis nicht trennen. Im Rahmen der Studienbücher können die Verfasser diesem Weg aus pragmatischen Gründen nicht folgen: die Ethik hat sich im 20. Jahrhundert

wegen der umfangreichen Erkenntnisse der Humanwissenschaften so sehr erweitert, daß bei einer Eingliederung in einen systematischen Gesamtentwurf wesentliche inhaltliche Gesichtspunkte verdrängt würden.
Auch zu anderen Theman lassen sich *längsschnittartige Beobachtungen* machen. Nur als Beispiel: die Eschatologie bleibt in der Regel ein Randthema am Ende der Lehrsysteme (bei *Calvin* rückt sie allerdings an das Ende des dritten Teils, bei *Hollaz* unter die Heilsaneignung). Allerdings täuscht dieser Eindruck auch ein wenig. Denn wenn ein Lehrsystem »analytisch« aufgebaut war (z. B. bei *Hollaz*), war es auf ein Ziel hin ausgerichtet, auf die selige Schau Gottes (fruitio Dei). Unter einer nach der Methode damals vorherrschender Schulphilosophie bestimmten Zwecksetzung war das ganze Lehrsystem eschatologisch. Das haben Theologen der 60er Jahre nicht berücksichtigt, als sie meinten, eine Theologie der Hoffnung im Rahmen christlicher Lehrbildung sei völlig neu.
Es wäre reizvoll, weitere Themen im Längsschnitt zu verfolgen. Der Leser mag sich das selbst zur Aufgabe setzen. Z. B. lohnt es sich herauszufinden, welche Themen der Lehre vom Geist zugeordnet sind.
Ein letzter Hinweis soll diesen Abschnitt beenden: die verschiedenen Entwürfe haben auch auffällige oder gar *dominante Themen.* Man vergleiche nur den Überschritt vom Mittelalter zur Reformation. Die *Lehre vom Menschen* ist bei *Thomas* in einer umfangreichen Tugendlehre enthalten; bei *Melanchthon* treten die Themen der Sünde, des Gesetzes, des Evangeliums und der Rechtfertigung in die Mitte. Die Auseinandersetzung mit der katholischen Lehre muß demnach auch ein Streit um die rechte Bestimmung des Menschen sein. Von *Calvin* zu *Turretini* ändert sich die Stellung der *Erwählung. Calvin* ordnet sie der Rechtfertigung nach, *Turretini* fügt sie der Trinitätslehre an. Der letzte Autor verschärft die Lehre schon durch ihre Stellung im Gesamtaufbau: Gott erwählt die Menschen vor der Schöpfung und dem Sündenfall bereits zum Heil bzw. sondert sie zum Unheil aus. *Schleiermacher* löst das Thema *»Gott«* auf. Er ordnet es dem Selbstbewußtsein ein. Schon die Struktur der *Schleiermacherschen* Glaubenslehre verrät, daß wir uns in der Neuzeit befinden, in der eine – wie auch immer bestimmte – grundlegende Gotteserkenntnis nicht mehr vorausgesetzt werden kann. *Biedermann* löst schließlich das Corpus christlicher Lehre auf und behandelt es in drei verschiedenen Referenzrahmen. Deutlich wird, daß er selbst sich mit dem dritten, dem aus der spekulativen Philosophie gewonnenen, identifiziert. Der Entwurf des *Thomasius* zeigt – wie der von *Martin Kähler* –, daß ein bestimmter Aussagenkomplex zum Schlüssel der gesamten Lehre werden kann: für *Thomasius* ist das die Inkarnation, die Fleischwerdung des Gottessohnes, für *Kähler* die Rechtfertigung des Sünders mit ihren Konsequenzen in der Heiligung. *Tillich* baut auf einer Methode auf, die bereits ein Verhältnis von Mensch und Gott impliziert: die Frage des Menschen (bzw. die Frage, die der jeweilige Mensch in seiner konkreten Existenz ist), richtet sich auf eine Antwort aus, die ihm die Wirklichkeit Gottes und die

Möglichkeit neuen Seins erschließt. *Barth* geht den breiten Weg des Prolegomena nicht mit; die Dogmatik darf nicht mit allgemeinen Erörterungen über Religion oder Methode einsetzen, sondern mit der Sache selbst: Gott erschließt sich als der Dreieinige in seinem Wort.

1.10 Der Aufbau des Studienbuchs »Systematische Theologie: Dogmatik«

Das Studienbuch kann nach allem, was in den einführenden Abschnitten gesagt ist, weder ein Repetitorium noch ein in sich geschlossener Entwurf sein. Zwar nimmt es sich auch der Examensanforderung an; sein Anliegen ist es jedoch, zum Fragen zu motivieren und zu kompetentem dogmatischem Urteilen hinzuführen. Da diese Art des Umgangs mit christlicher Lehre Problembewußtsein verlangt und ein gewisses Engagement des Fragenden voraussetzt, liegt es nahe, Gesichtspunkte zur Einarbeitung in die christliche Lehre mit Fragen und Aussagen zu beginnen, die herkömmlicherweise unter die Lehre vom Heiligen Geist fallen. Er vermittelt ja das von Menschen hier nicht zu Vermittelnde: die Selbstkundgabe Gottes und das Heil (was auch immer damit gesagt sei). Wegen dieser Vermittlung lassen sich in der Geistlehre auch viele Themen der herkömmlichen Einleitungen (Prolegomena) ansprechen.
Die vergleichende Inhaltsübersicht (vgl. die Übersicht auf S. 53) weist in der Waagerechten (am Kopf der Übersicht) auf den Fortgang hin: der Geist, von dem hier die Rede ist, muß näher bestimmt werden. Es ist der Geist, der sich auf Jesus Christus beruft. Erst an Jesus Christus wird erkennbar, was christliche Gotteslehre von allgemeiner Gotteslehre unterscheidet. Deswegen erscheinen die drei Artikel des Credos, des christlichen Bekenntnisses, in umgekehrter Folge. Einige Themen der traditionellen Prolegomena werden am Schluß, in einer Art Nachbesinnung, noch einmal aufgegriffen. Aus der Art, in der Themen angesprochen werden, ergibt sich dann noch eine engere Verknüpfung, als sie jetzt, beim ersten Überblick, sichtbar werden kann.
Das Material der folgenden Teile mag für manchen Leser zu häufig aus dem altprotestantischen Entwurf des »Examen theologicum acroamaticum« des Lutheraners *Hollaz* entnommen sein. Zwei Gründe sind dafür maßgebend: einmal orientieren sich die Examensanforderungen (vgl. 1.2) stark am altprotestantischen Lehrbegriff. Der trägt dann auch die Repetitorien bis in die jüngste Zeit. Zum andern hat Dogmatik in den altprotestantischen Entwürfen im Raum der evangelischen Kirche die größte begriffliche Konsistenz gezeigt. Nicht umsonst greift *K. Barth,* der beileibe kein Neuorthodoxer ist, immer wieder auf Begriffsbildungen dieser Epoche zurück. Im Gegenüber zur bloßen Rezeption und scheinbaren Modernisierung des altprotestantischen Lehrbegriffs in Repetitorien und auch neueren Dogmatiken möchte dieses Studienbuch seinen Leser anleiten, *vom Zerbrechen der Begriffe her*

dogmatisch zu denken. Dann tritt heraus, was oben bereits im Rahmen von Sprechhandlungstheorien gesagt wurde: ein Autor, auch ein altprotestantischer, will etwas bei seinem Leser erreichen. Wenn der Leser das durchschauen lernt, wird er auch bereiter sein, produktiv dogmatisch zu denken und zu fragen, ob die ursprünglichen Intentionen heute noch wiederholbar sind. Im Zerbrechen dieses Lehrbegriffs tritt auch heraus, welche theologischen Reichtümer in ihn nur verkürzt eingegangen sind (aus der biblischen und der reformatorischen Tradition vor allem); zugleich werden wir genötigt, uns selbst als Nachdenkende stärker einzubringen und unser neuzeitliches Bewußtsein einerseits zu relativieren, andrerseits mit neu aufgeschlüsselten Lehraussagen zu konfrontieren. Deswegen geht das Studienbuch zwar vom altprotestantischen Lehrbegriff nach *Hollaz* aus, läßt aber seine begrifflichen Schalen zerspringen, um dem lebendigen Fragen nach dem Gehalt des christlichen Glaubens Wege zu öffnen.
Die Anlage des Studienbuchs nach *didaktischen Gesichtspunkten* ergibt sich auch aus der Übersicht (vgl. S. 53). Sie wird in der vertikalen Gliederung sichtbar. Die Teile n. 0 (n = 2–4) wollen Problemstellungen aufweisen, die der Leser selbst auffüllen muß, um sich die folgenden Themen mit eigenem Fragen zu erschließen. Die Abschnitte n. 1 fassen wichtige Aspekte des altprotestantischen Lehrbegriffs zum Thema zusammen. Wichtige Themen werden dann einführend und exemplarisch behandelt. Dabei kommen die reformatorischen und die nachorthodoxen Lehransätze in Ausschnitten zur Sprache (n. 2–4). Hier verfährt das Studienbuch so, daß es eine verkürzende Themenauswahl trifft und auf andere Themen nur Hinweise (einschließlich Literaturangaben, die eigener Einarbeitung dienlich sein können) gibt. Die Abschnitte n. 5 weisen auf Themen hin, die im 20. Jahrhundert entscheidend anders als in früheren Jahrhunderten behandelt werden müssen. Unter der Ziffer n. 6 versucht der Autor, mit seinem Leser die Schritte des Urteilsschemas aus 1.3 anhand ausgewählter Themen einzuüben, um zu zeigen, wie eine eigenständige dogmatische Vorbereitung auf ein Spezialthema aussehen könnte. Die Frage nach dem Menschenbild begleitet das gesamte Studienbuch, wird aber nicht zum Mittelpunkt gemacht. Anhänge an die großen Abschnitte (n. 7) wollen anthropologische Einschlüsse sichtbar machen.
Aus der didaktischen Anlage und der Gliederung soll hervorgehen, was der *Autor mit seinem Leser beabsichtigt.* Er will ihn zum Fragen und zu selbständiger Urteilsbildung anregen. Das geschieht dann vor allem im gewichtigen mittleren Teil 3 durch strukturelle Vergleiche: was kann man aus der Anlage theologischer, in diesem Falle christologischer Entwürfe, für das eigene Verhältnis zu Gott, Welt und Mitmenschen lernen? Alte Lehrtopoi auswendig zu lernen, ohne eine Beziehung zu ihnen zu haben, oder eine Lehrmeinung gegen die andere zu setzen und vielleicht eine dritte herauszudestillieren, würde Dogmatik zu einer Angelegenheit der Willkür machen. Willkür schließt aber ein, daß derjenige, der als Subjekt des Meinens oder des Aneignens von Formeln auftritt, über der Sache steht. Dieses Studienbuch will hin-

gegen festhalten, daß der Dogmatiker und jeder, der sich ernsthaft mit christlicher Lehre befaßt, in sie hineingehören muß. Die Lehre muß so lebendig sein, daß in ihr etwas über ihn selbst gesagt ist, das sein Verhalten zu Mitmensch und Welt und damit zu Gott verändert.
Wegen dieser Ausrichtung muß christliche Lehre ein notwendig offenes System bilden, offen zum Glauben hin, offen zu neuer Erfahrung.

Wenige, vorwiegend technisch gemeinte Hinweise zur Lektüre sollen die Einleitung abschließen:

- *Literaturhinweise* dienen entweder als Beleg für einen Gedankengang oder sind zur Anregung notiert. Wer mehr wissen möchte, kann sich an sie halten. Bindend sind sie nicht. Jeder, der sich an einem bestimmten Problem ein Urteil bilden will, wird selbständig nach weiterer Literatur suchen müssen.
- Das Studienbuch vermeidet es, *Aufgaben* zu stellen. Denn sein Autor hofft Leser zu finden, die sich selbst Aufgaben stellen. Angelernter dogmatischer Stoff droht ohne Beziehung zum Lernenden zu bleiben.
- Deswegen ist es auch nicht angebracht, das Studienbuch fortlaufend zu lesen. V. a. die Teile 2.6, 3.6, 4.6 können zunächst übergangen werden. Sie sollen der Einarbeitung in exemplarisches Arbeiten dienen und können bei einem eigenen Arbeitsvorhaben zum Vergleich herangezogen werden.

Vergleichende Inhaltsübersicht

1	2	3	4	5
Einleitung	Dogmatische Fragestellungen aus Erfahrungen und Problemen der Gegenwart (Die umstrittenen Fragen nach dem Heil, dem Geist, der Kirche)	Hinführung zur Christologie	Zur Frage nach Gott	Nachbesinnung (Zum Thema der sogenannten »Prolegomena«)
	2.0 Vorfragen: Zugang zu den Aussagen des dritten Artikels des Glaubensbekenntnisses	3.0 Vorfragen: Zugang zu den Aussagen des zweiten Artikels des Glaubensbekenntnisses	4.0 Vorfragen: Zugang zu den Aussagen des ersten Artikels des Glaubensbekenntnisses	Was einst zum Thema der Prolegomena gehörte und wie heute ein dogmatischer Entwurf einsetzen könnte
	2.1 Gesichtspunkte der altprotestantischen Lehre von der Zueignung des Heils	3.1 Gesichtspunkte der altprotestantischen Christologie	4.1 Gesichtspunkte der altprotestantischen Gotteslehre	
	2.2 Anthropologie und Subjektivität: Reformatorische und neuzeitliche Fragen an die altprotestantische Lehre von der Zueignung des Heils	3.2 Christologische Traditionen der Kirche	4.2 Traditionelle Elemente der Gotteslehre	
	2.3 Zeiterfahrung und Eschatologie (Die Frage nach der Geschichte)	3.3 Christologie nach dem Zusammenbruch des altprotestantischen Lehrsystems	4.3 Neuere Gesichtspunkte zur Gotteslehre. Kriterien einer Gotteslehre im 20. Jahrhundert – angewandt auf Barth, Tillich und Bultmann	
	2.4 Der Geist und der Glauben	3.4 Vergleichende Strukturanalyse christologischer Entwürfe der neueren Zeit	4.4 Strukturen einiger Entwürfe der Gotteslehre im 20. Jahrhundert	
	2.5 Kriterien einer noch nicht geschriebenen Lehre vom Heiligen Geist	3.5 Exkurs zum Problem des »historischen Jesus«	4.5 Exkurs zum Thema »Schöpfung«	
	2.6 Exemplarische Hinweise zur zur Erarbeitung eines Einzelthemas: Die Kirche	3.6 Exemplarische Hinweise zur Einarbeitung in ein christologisches Einzelthema: Der Zusammenhang von Kreuz und Auferstehung	4.6 Exemplarische Hinweise zur Erarbeitung eines Einzelthemas: Das Problem einer natürlichen Theologie	
	2.7 Anhang: Anthropologische Nachbesinnung	3.7 Anhang: Anthropologische Nachbesinnung	4.7 Anhang: Anthropologische Nachbesinnung	

2 Dogmatische Fragestellungen aus Erfahrungen und Problemen der Gegenwart: Die umstrittenen Fragen nach dem Heil, dem Geist, der Kirche

2.0 Vorfragen: Zugang zu den Aussagen des dritten Artikels des Glaubensbekenntnisses

Die Einleitung kündigte die Absicht an, den überkommenen Stoff der Dogmatik von *Gegenwartsfragen* her zu erschließen. Zugleich griff sie mit der Frage der Bewahrheitung dogmatischer Aussagen auch das Problem auf, wie sich Christen heute verständigen und Identität finden. Was geschieht zwischen und mit ihnen? Das sind Fragen, die zunächst auf den Gehalt des dritten Artikels des Glaubensbekenntnisses verweisen.

Der dritte Artikel des Glaubensbekenntnisses spricht vom Heiligen Geist, von der gegenwärtigen Kirche und der Vollendung der Welt u. a. Das christliche Bekenntnis reiht gerade dort, wo es um die *Aneignung* der Rede von Gott und von Jesus Christus geht, Aussagen so aneinander, daß ihr Zusammenhang schwer einsichtig ist. Dogmatiken haben sich in der Regel der Auslegung des dritten Artikels wenig sorgfältig angenommen. Um so mehr empfiehlt sich ein problemorientierter Zugang, der sich dieser Aussagen zuerst annimmt.

Aus der Fülle von Gegenwartsfragen, die zudem in den Bereich des dritten Artikels zielen, sollen einige zuvor benannt werden. Der Autor bittet allerdings seine Leser, um des eigenen Zugangs willen eigene *Problemstellungen* bereitzuhalten. Zu denken wäre an

- Fragen nach der *Einheit der Kirchen* (die z. B. in der »Leuenberger Konkordie« angesprochen sind, die alle reformatorischen Kirchen Europas zusammenführen will), etwa: was eint, was trennt Bekenntnis und Leben der Kirchen, wie kommt die Einheit des Geistes in der Vielfalt der Christen zum Ausdruck?

Literaturhinweis

Vgl. Entwurf und Text in: Lutherisch-reformierte Kirchengemeinschaft heute. Der Leuenberger Konkordienentwurf im Kontext der bisherigen lutherisch-reformierten Dialoge, 2. Aufl. (mit dem revidierten Text der Konkordie), hg. v. *M. Lienhard*, Frankfurt a. M. 1973.

- Fragen der *Zusammenarbeit von Kirchen mit nichtkirchlichen Organisationen* oder mit Nichtchristen, etwa: welche gemeinsame Grundlage geben sich kirchliche Gruppen und Verbände mit nichtkirchlichen oder nichtchristlichen, wenn sie sich für die sogenannten

»Gast«arbeiter, für rassisch Unterdrückte oder Randgruppen einsetzen? Haben sie dann eine gemeinsame Vorstellung von Menschenwürde, vom *Humanum,* d. h. von dem, was der Mensch sein soll? Oder müssen Christen um jeden Preis an einem »Proprium« festhalten? Schöpfungstheologische Überlegungen (was nach dem Willen des Schöpfers allen Geschöpfen gemeinsam ist) und Konkretionen der *Rechtfertigung* (bringt sie die geschöpfliche Gestalt des Menschen wieder?) spielen in diese Frage hinein. Aber geht es nicht gerade auch um den *Geist* der Gotteskindschaft, der sich mit der ganzen Kreatur solidarisiert (Röm 8, 19 ff.)?

– Fragen umfassender Art, etwa: was ist der Mensch, was ist das gerade genannte »Humanum«? Worauf wollen Christen die Menschenrechte gründen? Gerade zu diesem Punkt sollen Christen, vor allem wo sie in der Minderheit sind, häufig Stellung beziehen. Wollen sie die Menschenrechte als individuelle Freiheitsrechte oder als soziale Ansprüche auslegen? Diese – exemplarisch vorgeführten – Fragen haben nicht nur am ersten Artikel des Glaubensbekenntnisses Anhalt, sondern berühren auch das Thema des *»neuen Menschen«,* das herkömmlicherweise der Lehre vom Heiligen Geist und dem dritten Artikel zugeordnet ist. Hat der »neue Mensch« Bedeutung für den Kampf um Humanität?

Literaturhinweis

Von der neuen Menschlichkeit und der Reife (Selbstannahme durch Selbsthingabe) spricht *P. L. Lehmann:* Ethik als Antwort. Methodik einer Koinonia-Ethik, München 1966.

Diese exemplarisch verstandenen Fragen begleiten den Christen in seinem Alltag, den Pfarrer und den Religionslehrer in seinem Beruf und fordern heraus, die *Relevanz des Christentums in der Gegenwart* zu erweisen. Dabei reicht es dann nicht aus, dogmatische oder biblische Aussagen einfach im Wortbestand zu wiederholen; sie müssen »entschlüsselt« werden – im Sinne der Sprechhandlungstheorien, weil die Kraft einer Aussage nicht in ihrem semantischen Bestand liegt, sondern in dem, was der Sprecher mit dem Angeredeten ausrichtet [vgl. 1. 1.4.6. (4)]. Gerade darin liegt die Chance für die überkommene *Lehre vom Heiligen Geist:* zur Reflexion über die *Gegenwartsbedeutung* des Glaubens anzuleiten.

Der problemorientierte Einsatz könnte allerdings mit der Ausrichtung des Studienbuchs zusammenstoßen (vgl. 1.4.4). Deswegen wenden wir uns einem wichtigen *Einwand* zu, der den Ausgangspunkt von vornherein anzweifeln könnte: sollte theologische Erkenntnis sich nicht zunächst den Gegenwartserfahrungen versperren, um das allzu Selbstverständliche, das in ihnen liegt, in Frage stellen zu können?

Hinter diesem Einwand verbirgt sich eine theologische Kontroverse um das Problem der *»Anknüpfung«.* Ohne einer ausführlicheren Behandlung unter dem Stichwort der »natürlichen Theologie« vorzugreifen (vgl. 4.6), erscheint eine *terminologische Vorklärung* doch wichtig. Grundsätzlich können Aussagen der christlichen Botschaft und auf sie bezogene dogmatische Aussagen (a) das zeit- und kulturbedingte menschliche Selbstverständnis positiv fortführen. Die christliche »Religion« vollendet dann die Antwort auf die Sinn-

frage. Dogmatik präzisiert die um den Sinn kreisenden Fragen und Antworten.
(b) das zeit- und kulturbedingte menschliche Selbstverständnis *kritisch fortführen,* z. B. es der Einsicht überführen, daß seine Fragen mehr enthalten als seine Antworten. Die christliche Botschaft müßte erst Sicherheiten zerstören, um Gewißheit aufzubauen.
(c) das zeit- und kulturbedingte menschliche Selbstverständnis sachlich – nicht methodisch – einklammern, um vom »Wort Gottes« her *neu fragen zu lehren.* Dieser Ansatz wurde häufig als Verweigerung der »Anknüpfung« und zugleich als Weltfremdheit mißverstanden. »Sachlich einklammern« heißt, überkommene Erfahrung nicht so festschreiben, daß neue strukturell unmöglich werden. »Methodische« Rücksichten halten hingegen fest, daß »Wort Gottes« je in bestimmter Zeit und in sozialen Zusammenhängen geschieht und nicht auf Geheimsprachen ausweicht.

Die ungewohnte Perspektive des dritten Modells (es gehört zum Ansatz 1.4.2) hat im allgemeinen mehr irritiert, als einen Vergleich der drei gezeigten Modelle befördert. Die festgefahrene Diskussion könnte mit einer Unterscheidung zwischen *»Anknüpfung«* und *»Plausibilität«* neu eröffnet werden.

»Plausibilitätsstruktur« heißen – in Anknüpfung an die genetisch konstruierte Wissenssoziologie* von *P. Berger* und *Th. Luckmann* – jene alltäglich vorgegebenen Selbstverständlichkeiten in der Erkenntnis und der Weltorientierung von Individuen, ohne die kein Mensch gesellschaftliche Realitäten und eigene Identität verbinden könnte. Auch theologischer Widerspruch gegen das Vorgegebene muß *verständlich* gemacht werden. »Diese Plausibilitätsstruktur muß dem Individuum durch signifikante andere vermittelt werden, mit denen es zu einer tiefen Identifikation kommen muß. Ohne diese Identifikation ist keine radikale Transformation der subjektiven Wirklichkeit – einschließlich

Literaturhinweis

natürlich der Identität – möglich« (*P. Berger* und *Th. Luckmann:* Die gesellschaftliche Konstruktion der Wirklichkeit. Eine Theorie der Wissenssoziologie, Frankfurt a. M. 1969, S. 168). Um diese radikale Transformation geht es auch in der Frage nach dem *»neuen Menschen«.*

* Anmerkung: Eine genetisch verfahrende Wissenssoziologie zeigt, wie das gesellschaftliche Wissen durch Sozialisation der Individuen weitergegeben und gegebenenfalls auch modifiziert wird. Der von den Autoren angesprochene »signifikante andere« ist jene Bezugsperson vor allem des frühen Kindesalters, die es einem werdenden Individuum erst möglich macht, gesellschaftliche Rollen zu übernehmen und darin seine Identität zu finden.

Auch das dritte Modell, das *neue* Erfahrungen mit sich selbst und der Welt sogar gegen vorherrschende Verstehensstrukturen vermitteln will, muß sich plausibler Verständigung bedienen. Daher kann es methodisch sinnvoll sein, dogmatische Erkenntnis in einer bestimmten Weise an die *Kirche* zu binden. Diese Vermutung erklärt sich folgendermaßen: jenes von Menschen nicht zu stiftende Neue, das nach theologischer Tradition im Heiligen Geist realisiert wird, zeigt sich Pfingsten, wenn die Schranken der Sprache zerbrochen (Apg 2,8), neue Identität möglich und neue Bezüge zu »signifikanten anderen« freigesetzt werden. Darin bildet sich *Gemeinde.* Wenn sich Dogmatik auf dieses Geschehen in der Gemeinde bezieht, wie gebrochen auch immer Gemeinde sich in den gesellschaftlichen Zusammenhängen z. B. einer Volkskirche darstellen mag, ist es nicht ganz abwegig zu behaupten, daß auch Dogmatik als Rechenschaft ihres Glaubens und ihrer Lehre die Erleuchtung des Heiligen Geistes braucht.

Damit ist implizit das *Problem theologischer Erkenntnis* angezeigt, das im

Folgenden wiederkehren wird. Gibt es ein »Proprium«, oder unterscheidet sich Dogmatik von anderen Erkenntnisprozessen nur durch ihre soziale Bezugsgruppe? Ferner erhärtet sich damit die im Studienbuch vollzogene Umkehrung der üblichen Reihenfolge dogmatischer Gesichtspunkte, zumal sich damit andeutet, daß die im 19. Jahrhundert so umfangreich gewordenen *Prolegomena* gar nicht ohne sachlichen Bezug zur Lehre vom Heiligen Geist abzuhandeln sind.

2.1 Gesichtspunkte der altprotestantischen Lehre von der Zueignung des Heils

Der dritte Artikel des Glaubensbekenntnisses erlaubt es, die Frage nach dem »neuen Menschen« zu stellen. Warum soll sie nicht auch einmal am Anfang dogmatischer Besinnung stehen? Zudem läßt sie sich gut mit der Behandlung altprotestantischer Aussagen verknüpfen. Dazu greifen wir auf ein Beispiel jener *Schuldogmatik* zurück, deren Lehrbegriffe bis heute nachwirken, das »Examen theologicum acroamaticum« des *David Hollaz* (1648–1713). Im Aufriß dieser Dogmatik nimmt die Lehre vom Heiligen Geist unmittelbar einen auffällig geringen Raum ein, mittelbar kommt sie durch die Lehre von der *Gnade* und den *Heilsmitteln* zum Ausdruck. Dahinter steht eine anspruchsvolle schematische Konstruktion von Schritten, die Bekehrung und Rechtfertigung des Menschen auffächern und darstellen soll. Pneumatologie (Lehre vom Geist) und Ekklesiologie (Lehre von der Kirche) werden darin anthropozentrisch entfaltet, und zwar zunächst eingeengt auf den je einzelnen Menschen, der dann freilich auch Glied seiner Kirche ist. Zuerst wenden wir uns der altprotestantischen Form der *Lehre von der Heilsordnung* zu, um dann ihre Probleme aufzuzeigen.

Zum Folgenden ist heranzuziehen die Übersicht 3. Sie stellt den Aufriß des *»ordo salutis«* nach *Hollaz* dar. »Ordo salutis« ist der dogmatische Terminus für die schematische Konstruktion von Bekehrung, Rechtfertigung und Vollendung. – An dieser Stelle müßte die Frage gestellt werden, ob die Behandlung einer so altertümlichen Konstruktion überhaupt notwendig sei. Darauf wäre zu antworten: bis ins 19. und 20. Jahrhundert kehrt sie – unbeschadet aller Wandlungen der Anthropologie – in Repetitorien und Kompendien zwar verkürzt, aber deutlich sichtbar wieder. Das zwingt, sie kritisch zur Kenntnis zu nehmen.

Die neun Stufen des sogenannten *»ordo salutis«* behandeln die verschiedenen Gnadenwirkungen des Heiligen Geistes. *Hollaz* bestimmt, ähnlich wie andere altprotestantische Dogmatiker vor ihm, *Gnade* als »gratia applicatrix«, als eine Kraft, die etwas bereits Gesetztes auf den einzelnen Menschen überträgt (»appliziert«). Weil es eher Probleme schafft als löst, wenn man die alte Terminologie ersetzt, sollen die ursprünglichen Begriffe beibehalten, aber die in ihnen enthaltenen Erfahrungen sorgfältig erörtert werden. Das fein gegliederte, oft beinahe gekünstelte Schema dieses »ordo salutis« stellt zunächst eine Art *»Sozialisationstheorie« des Christen* dar, wobei allerdings feststeht, daß nicht primär gesellschaftliche Faktoren, auch nicht Interaktionen, sondern eine dem Menschen nicht verfügbare Kraft den neuen Menschen bestimmen.

Welcher Mensch ist hier gemeint? Drei Eigenarten müssen zu denken geben, ob diese Lehre, die ja als ihren Kern die Rechtfertigung des Sünders aus Gnade und durch Glauben allein (die Entdeckung der Reformation, vor allem *Luthers)* enthält, heute noch so nachvollzogen werden kann:

(a) Der Mensch erscheint im Banne des damals gängigen *Leib-Seele-Dualismus* hierarchisch in sich gegliedert: seine *Seele* enthält in sich Vernunft (intellectus), Willen (voluntas) und sinnliches Begehrungsvermögen (appetitus sensitivus) (→ Ü 3, Kolumne 8). Dem ist der *Leib* mit seinen Gliedern nachgeordnet. Übernatürliche Einsichten – sie betreffen das Heil und die letzte Bestimmung des Menschen – gelangen in den Intellekt, der sich jedoch im Blick auf die letzten Fragen selbst nicht helfen kann.

(b) Dieser Mensch steht zuerst als *Individuum vor Gott,* Gemeinschaft konstituiert sich sekundär in Gestalt der Kirche. Gott ist absolutes Subjekt, aber auch letztes Ziel dieses neunstufigen Vorgangs, der aus der freien Regung göttlicher Liebe und aus dem Verdienst Christi entspringt und zuletzt dem Ruhm Gottes dient.

(c) Das Zergliedern der Wende im Menschen in neun unterschiedliche »Etappen« deutet auf einen zur Schule gewordenen verfeinerten Denkstil. Was in der Wirklichkeit doch als *ein* – wie auch immer erstreckter und wiederholter – Vorgang gedacht war, erscheint hier als eine Leiter zur Vollendung. Die Nomenklatur lebt schließlich nur noch in sich selbst. Manche der Schritte differenzieren sich in sich selbst als »specialis«, »specialissimus« gegenüber einem allgemeinen Sinn (»generalis«) (→ Ü 3, Kolumne 3). Die Steigerung läßt eher an einen rhetorischen Effekt statt an einen angemessenen Bezug zur Wirklichkeit denken. In Anlehnung an die Ursachenlehre des *Aristoteles* wird stets der dreieinige *Gott als die wirkende Ursache* (causa efficiens) angegeben (z. B. Ü 3, Kolumne 2). Doch bedient er sich dabei nachgeordneter (zweiter) Ursachen, so des Predigtamtes.

Wenn Dogmatik sich nun an Gegenwartsproblemen orientiert, muß sie sich fragen, ob ihre Aussagen vom gerechtfertigten, vom neuen Menschen in diesem Schema zu angemessenem Ausdruck kommen.

Zu (a): Aus der *Perspektive des 20. Jahrhunderts* ist zu fragen, was an die Stelle jener in sich hierarchischen *Anthropologie* treten wird. Mehrere Ansätze stellen die Leib-Seele-Hierarchie gründlich in Frage. Nicht nur der marxistische Materialismus vertritt die These, daß elementare, leibliche Bedürfnisse erst die Tätigkeit der Vernunft und schließlich die kulturellen Bedürfnisse wachrufen.

Literaturhinweis

Schon *Hegel* weiß, daß erst aus dem »System der Bedürfnisse« die ihrer selbst bewußte Vernunft hervorgeht (Grundlinien der Philosophie des Rechts, §§ 189–208). *Marx* hat diese Einsicht überboten und verschärft. Humanismus ist für ihn durchgeführter Naturalismus (*K. Marx / F. Engels:* Studienausgabe, hg. v. I. Fetscher, Bd. I, Frankfurt a. M. 1966, S. 70). Sozialanthropologie auf der Grundlage der Bedürfnisse faßt in einem Entwurf zusammen: *K. O. Hondrich:* Menschliche Bedürfnisse und soziale Steuerung. Eine Einführung in die Sozialwissenschaft, Reinbek 1975.

Das Studienbuch muß sich mit kurzen Hinweisen auf die *Ausrichtungen der Anthropologie im 20. Jahrhundert* begnügen:

- Anthropologische Konstanten bezweifelt zugunsten ausschließlich negativer Bestimmungen, die eine unfaßbare Hoffnung auf Humanität hervorbringen sollen: *Th. W. Adorno:* Negative Dialektik, Frankfurt a. M. 1966.
- Die Seele-Leib-Hierarchie kehrt um (zu einem Leib-Apriori): *K.-O. Apel:* Szientistik, Hermeneutik, Ideologiekritik. Entwurf einer Wissenschaftslehre in erkenntnisanthropologischer Sicht, in: Hermeneutik und Ideologiekritik, Frankfurt a. M. 1971, S. 7–44.
- Die Leib-Seele-Differenz nivelliert: *J. Habermas,* Art. »Anthropologie«, in: Philosophie, hg. v. *A. Diemer* und *I. Frenzel,* Frankfurt a. M. 1958, S. 18–35. Ferner: *Ders.:* Erkenntnis und Interesse, Frankfurt a. M. 1968.
- Das Seelenthema wird zur Überlebensstrategie des Mängelwesens »Mensch« reduziert bei *A. Gehlen:* Der Mensch, 8. Aufl. Frankfurt a. M. 1966, bzw. in: *Ders.*: Anthropologische Forschung, Reinbek 1961.
- Das Unbewußte gewinnt wieder und integriert in eine Schichtenlehre der Seele: *S. Freud:* Das Unbewußte, in: Studienausgabe Bd. 3, Frankfurt a. M. 1975, S. 119–173; *ders.:* Das Ich und das Es, ebd., S. 273–330.

Die *Herausforderung* dieser Ansätze für die *Theologie* kann kaum übertrieben werden, steht doch nun jener konstante Anknüpfungspunkt für theologische Fragen und Probleme – die von der Frage nach dem Letzten beunruhigte Seele – auf dem Spiel. Gerade *Freuds* Ansatz deutet darauf, daß ganze Bereiche »innerer« Erfahrung aus dem Licht vernünftiger Wahrnehmung abgedrängt werden und als abgespaltene Motive – gerade auch in der Religion – wiederkehren. Selbsterkenntnis hängt dann von der geglückten oder mißglückten Geschichte der Triebe ab. Die Sprengkraft tiefenpsychologisch orientierter Anthropologie tritt heraus, wenn sie mit theologischen Annahmen über das *Gewissen* zusammentrifft. Denn der Neuprotestantismus vor allem *W. Hermanns* wollte – wie heute *G. Ebeling* – das Gewissen zum Anknüpfungspunkt theologischen Fragens und Antwortens wählen.

Literaturhinweis

Vgl. dazu: *W. Hermann:* Ethik, Tübingen und Leipzig 1901, §§ 14–21. – *G. Ebeling:* Die Evidenz des Ethischen und die Theologie, in: Wort und Glaube, Bd. 2, Tübingen 1969, S. 1–41.

Angesichts der neuzeitlichen Herausforderung haben die reformatorische Radikalität, das Gewissen zu relativieren, wiederentdeckt: *P. Tillich:* Das transmoralische Gewissen, in: Ges. Werke Bd. 3, Stuttgart 1965, S. 56–70. *E. Wolf:* Sozialethik, Göttingen 1975, S. 59–74.

Zu (b): Gegen die bei *Hollaz* spürbare Tendenz, das *Individuum* vor seinem Gott zu *vereinzeln,* läßt sich einwenden, daß diese Einstellung dem Privatismus der bürgerlichen Gesellschaft religiös entgegenarbeitet. Vor allem Sozialisationstheorien versuchen heute zu zeigen, daß die sozialen Bezüge erst die Möglichkeiten erstellen, Individuum zu werden (bzw. die Möglichkeit verschließen, was dann Gesellschaftskritik herausfordert).

Literaturhinweis

Die Geschichte der »Verinnerlichung« menschlichen Selbstverständnisses zeigt: *W. Schulz:* Philosophie der veränderten Welt, 2. Aufl. Pfullingen 1974, S. 247–334.

Als Beispiel für die Analyse des bürgerlichen Privatismus: *C. B. Macpherson:* Die politische Theorie des Besitzindividualismus, Frankfurt a. M. 1973. Als Exempel für einen sozialpsychologischen Ansatz, die Sozialisation des Individuums zu klären: *G. H. Mead:* Geist, Identität und Gesellschaft aus der Sicht des Sozialbehaviorismus, Frankfurt a. M. 1968.

Zu (c): Die Leib-Seele-Hierarchie ist in ein Verlaufsschema eingeordnet, das von *Gott* her denkt. Ohne ihn ist jene Unruhe, ist die Frage nach dem *Heil* nicht denkbar. Auch wenn Gott erst durch sein Evangelium das Heil zum konkreten Angebot macht, ist er doch vor der Verkündigung des Evangeliums gegenwärtig, weil er seine Schöpfung durchwaltet und als Ziel menschlichen Lebens jenseits dessen endlicher Zeit feststeht.
Hier sind, um das Stichwort des Abschnitts 2.0 aufzunehmen, *Plausibilitäten* vorausgesetzt: das Wort *»Gott«* kann dem Leser oder dem Hörer jenes dogmatischen Aufrisses des Heilswegs nicht gänzlich sinnlos vorkommen; und das Wort *»Heil«* muß in aller Vorläufigkeit bereits verstanden werden. Vor allem in großstädtischen Subkulturen gibt es heute oft nicht einmal mehr Reste jener Plausibilitäten. »Gott« wird zu einem Wort, das nicht einmal mehr verwunderte Fragen hervorruft. Scheinbar leben viele Menschen in ungebrochener Immanenz und werden vielleicht nicht einmal mehr von Fragen des Bösen, des Übels und des Todes angefochten.
Die Bedenken, die unter den Punkten »Zu (a), (b), (c)« zusammengestellt sind, wiegen so schwer, daß mit ihnen eine traditionell strukturierte Lehre vom Heiligen Geist aufs äußerste fraglich wird. Ja, das gesamte Unterfangen, Dogmatik zu treiben, ist bedroht. Auch Entwürfe des 20. Jahrhunderts haben sich das meist in dieser Radikalität nicht deutlich gemacht, weil sie in der Regel zuerst *nicht* nach dem Menschen dieser Dogmatik fragten und den alten Aufriß, der mit Gott dem Schöpfer einsetzt, beibehalten haben. Deswegen stellt jedes sinnvolle Dogmatikstudium heute vor die Frage, ob gerade unter der Substanz des dritten Artikels unabgegoltene Fragen und Gesichtspunkte zu finden sind, die der zwar diffusen, aber in der Kritik überkommener Anthropologie eindeutigen Lehre vom Menschen im 20. Jahrhundert standhalten können.

2.2 Anthropologie und Subjektivität – reformatorische und neuzeitliche Fragen an die altprotestantische Lehre von der Zueignung des Heils

2.2.1 Hinweise auf Luthers Rechtfertigungserfahrung

Weil dieser »ordo salutis« *ursprünglichere* Erfahrungen einem gekünstelten Schema unterwirft, gilt es noch einmal zu fragen, welche *Interessen* in ihn eingegangen sind. Zunächst fand dieser göttliche Erziehungsprozeß ohne Zweifel in der kirchlichen Praxis seinen Widerhall. Denn der »ordo salutis« hängt mit der etablierten Institution der lutherischen Kirche zusammen. Sie ruft durch ihr Predigtamt den Sünder in die Kirche. Sie führt ihn zur Heiligkeit und bis an die Schwelle der Seligkeit, um ihn Gott zu übergeben. Zwar stellt der im Geist gegenwärtige Gott die primäre Ursache dieses Prozesses dar, aber jener Gott wählt sich das kirchliche *Amt* zum Instrument.

Unter die *Heilsmittel*, die das aus Gnade mitgeteilte Heil dem Menschen antragen, rechnet der altprotestantische Dogmatiker *Hollaz* das *doppelte Wort des Gesetzes und des Evangeliums*, die *Sakramente* der Taufe und der Eucharistie (des Abendmahls), den *Glauben* mit seinen Früchten, den *Werken*, und das *Gebet*, schließlich Tod, Auferstehung und letztes Gericht. Wort, Sakrament und Glaube sind »media causalia«, ursächliche Mittel, Tod usw. »media isagogica«, einführende (d. h. in die Seligkeit hinüberleitende) Mittel (→ Ü 3, Kolumne 9).

Literaturhinweis

Da an dieser Stelle von den Heilsmitteln nicht ausführlich die Rede sein soll, genügt der Hinweis auf folgende informierende Texte: *H. Ott:* Die Antwort des Glaubens, Stuttgart und Berlin 1972, Art. 41 und 42; *W. Trillhaas:* Dogmatik, 3. Aufl. Berlin und New York 1972, S. 339–404; *H. G. Pöhlmann:* Abriß der Dogmatik, 2. veränderte Aufl. Gütersloh 1975, S. 214–231.

Immerhin fällt auf, daß eine lutherische Theologie, die gegen die reformierte Dogmatik mit aller Kraft die leibliche Gegenwart Christi im Abendmahl betonte, eine dualistische und in sich hierarchische Anthropologie akzeptiert hat.

Ohne unmittelbar hervorzutreten, sind in das neunstufige Schema des »ordo salutis« Erfahrungen eingegangen, die zu elementar waren, als daß sie ohne Verlust in es zu verrechnen waren: *Luthers Bruch mit dem katholischen System* und die *Rechtfertigung aus Glauben allein.* Im 20. Jahrhundert gilt es, auch diese Erfahrung zu befragen. Denn selbst die lutherischen Kirchen haben sich gestritten, ob die Frage nach dem gnädigen Gott noch unmittelbar die Fragen des neuzeitlichen Menschen träfe oder nicht vielmehr die Frage nach dem guten Verhältnis zum Mitmenschen die erste Frage ersetze.

Literaturhinweis

Eine zusammenfassende Rechenschaft des Theologischen Ausschusses der Vereinigten Evangelisch-Lutherischen Kirche Deutschlands liegt vor im Sammelband »Rechtfertigung im neuzeitlichen Lebenszusammenhang«, hg. v. *W. Lohff* und *Chr. Walther*, Gütersloh 1974.

Es ist *Luthers* Entdeckung am Neuen Testament, daß *Paulus Gerechtigkeit* nicht als eine im Menschen angelegte Tugend, sondern als Geschenk Gottes sieht. Gottes Gerechtigkeit wird dem Menschen zugesprochen in der Rechtfertigung aus Glauben allein (*fides Christi* = der Christusglaube im Wort, vgl. WA 56, 255 f. zu Röm 3, 22). Pointiert heißt sie deswegen »iustitia passiva«.

Literaturhinweis

Über Luthers Entdeckung und den sie betreffenden Streit der Gelehrten unterrichtet der Sammelband »Der Durchbruch der reformatorischen Erkenntnis bei Luther«, hg. v. *B. Lohse*, Darmstadt 1968.

Damit war das *mittelalterlich-katholische System* und die von ihm begleitete kirchliche Praxis in Frage gestellt. Seine wesentlichen, doch sehr variablen Elemente sind Urstandslehre, Sünden- und Gnadenlehre, Tugend- und Verdienstlehre, die hier nur in Andeutungen angesprochen werden können:

Urstand: Der erste Mensch wurde im Besitz der Urstandsgerechtigkeit (iustitia originalis) von Gott geschaffen (darin spiegelt sich die »similitudo Dei«, die mit dem Fall verlorengeht) und damit auf das übernatürliche Ziel der Seligkeit ausgerichtet. Gnade tritt als nebengeordnetes Element zur Natur hinzu, um sie auf das letzte Ziel auszurichten (donum superadditum).

Die Lehren vom Urstand entfalten immer im Kontrast zum aktuellen Sein des Menschen eine ungleich bessere Situation, damit das gegenwärtige Dasein dialektisch bestimmt werden kann: es ist etwas, indem es ein anderes nicht (mehr) (gegebenenfalls: noch nicht) ist. So steht es auch mit dem katholischen Modell, das allerdings nicht nur dialektisch denkt, sondern auch additiv: Urstandsgerechtigkeit wird von einer bleibenden Substanz abgezogen bzw. ein Ersatz wieder hinzugefügt. Was vom vorsündlichen Dasein des Geschöpfes bleibt, ist »imago Dei« (im Kontrast zur verlorenen »similitudo«).

Sünde: Erbsünde (peccatum originale, von Adam auf die Menschheit übergegangen) und Tatsünde (peccatum actuale) führen zum Verlust der Schöpfungsgnade, ohne die Natur des Menschen ganz in Frage zu stellen. Rechtfertigung ordnet die Kräfte der Natur neu und auf ihr übernatürliches Ziel hin.

Gnade: Sie nimmt die Regungen der Natur auf (ob eine vorbereitende Gnade wirksam ist, wird verschieden gedeutet) und macht den Menschen heilig. Er gewinnt einen neuen »habitus«, d. h. eine neue Disposition seiner Seelenkräfte und Fähigkeiten zum Handeln. Glaube, Liebe und Hoffnung sind als Tugenden in die Seele gepflanzt. Der Mensch bewährt sie, indem er über sie in gewisser Weise verfügt. *Habitus* und *Verfügungsgewalt* wurden unter dem Stichwort der »Werke«, die der eigenen Rechtfertigung dienen, von der Reformation angegriffen. Ihr ging es um einen *ganz anderen Menschen,* nicht nur um Nuancen eines Heilsweges.

Verdienst: Zwar entsteht Verdienst des Menschen vor Gott nur aus Gnade; aber der Mensch kooperiert ihr, sind ihm die notwendigen Kräfte erst wieder übereignet. Von Gott her wird das Werk des Menschen, das sich zuletzt der Gnade verdankt, trotzdem aus dem Habitus des Menschen kommt, als »meritum de condigno« (als Gerechtigkeitsverdienst), vom kooperierenden Menschen her als »meritum de congruo« (als Billigkeitsverdienst) gesehen.

Dieses System wurde im Mittelalter vielfältig variiert. Jedoch unterminierte die spätmittelalterliche Herausstellung der Freiheit Gottes – konnte die von ihm ausgehende Gnade ihn denn nötigen, auf seiten des Menschen ein Verdienst anzuerkennen? – dieses fein abgestimmte religiöse Erziehungssystem, das die Bedeutung kirchlicher Gnadenmittel garantieren konnte. Jedes Scheitern dieses Systems mußte zugleich als Angriff auf die kirchliche Institution verstanden werden. Weil Gottes Freiheit unberechenbar wurde, schlug die Gewißheit des Verdienstes in Anfechtung und Verzweiflung um. Verstärkte Anstrengungen auf seiten des Menschen verschärften jene Zweifel, die nun an die Fundamente des Menschseins rührten.

Der theologische Ausdruck der *Glaubenserfahrung Luthers* wehrt alle auf den Zustand der Verfügbarkeit zielenden Bestimmungen des Menschen in der Rechtfertigung ab. Denn Rechtfertigung wirkt keinen Habitus. Gottes Wirken ist nicht in einem von ihm abgelösten Effekt feststellbar. Darum wird Rechtfertigung durch das *Wort* zugesprochen, der *Glaube* nimmt es an; Urheber und Vorgang der Rechtfertigung bleiben *»extra nos«*, wie jene beliebte Formel

lautet, die eine *Anthropologie impliziert.* Allerdings hat auch jene Erfahrung schnell ihre ursprüngliche Kraft verloren. Um sie vor dem Verfügen zu sichern, haben lutherische Theologen sie forensisch, nicht aber effektiv, gedeutet (*»forensisch«* bedeutet, daß sie allein aus dem Urteilsspruch des Richters – wie im öffentlichen Gerichtsverfahren = in *foris* – kommt und besteht).
Sünde muß dann anders als ein Defizit an Schöpfungsgnade bestimmt werden. Ihr Kern ist – mit der philosophischen Sprache der Neuzeit gesprochen – *nicht »Selbstentfremdung«*, sondern *Verschlossensein in sich selbst.* Der Mensch kann nicht aus sich heraus, Spontaneität zu Gott oder zum Mitmenschen hin sind ihm verwehrt. Sein Gott und sein Nächster ist er sich selbst. Das hat *Luther* plastisch mit der *Formel »homo incurvatus in se«* (z. B. WA 56, S. 304, 356) beschrieben. Das »Gesetz« reizt nicht mehr zur Vollkommenheit, sondern zerstört mit seinen Forderungen die Illusion, als gäbe es nur einen Menschen, der durch seine Leistung ein in sich abgeschlossenes »Subjekt« sein könnte. Das Evangelium bringt – gemessen am »homo incurvatus in se« – Befreiung »von außen« (*extra nos*).

Literaturhinweis

Eine ausführliche einführende Darstellung findet sich bei *P. Althaus:* Die Theologie Martin Luthers, 4. Aufl. Gütersloh 1975, vor allem S. 128–144, 195–218. Ferner können herangezogen werden: *G. Ebeling:* Luther. Einführung in sein Denken, Tübingen 1964, vor allem S. 120 ff. *F. Gogarten:* Luthers Theologie, Tübingen 1967, vor allem die S. 48 ff., 74 ff.

Literaturhinweis

Nicht verschwiegen werden sollte bei aller Betonung des Gegensatzes, daß der katholische Theologe *H. Küng* im 20. Jahrhundert eine viel größere Affinität zwischen katholischer und reformatorischer Rechtfertigungslehre (in der Gestalt der Auslegung *K. Barths*) feststellen konnte: *H. Küng:* Rechtfertigung. Die Lehre Karl Barths und eine katholische Besinnung, Einsiedeln 1957. *E. Wolf* hat das kontroverse Problem allerdings verschärft: nicht um das »sola fide« (allein aus Glauben), sondern um das »solus Christus« (Christus allein) sei es der Reformation gegangen: *E. Wolf:* Der Mensch und die Kirche im katholischen Denken, in: *Ders.:* Peregrinatio, Bd. 1, München 1954, S. 302 bis 337.
Schließlich muß auch auf die neuere exegetische Diskussion verwiesen werden. Heißt »Gerechtigkeit Gottes« die Gerechtigkeit, die vor Gott gilt, dem Menschen in der Rechtfertigung zugesprochen wird und deswegen eine »anthropologische« Bestimmung ist (so *R. Bultmann:* ΔΙΚΑΙΟΣΥΝΗ ΘΕΟΥ, in: Exegetica, hg. v. *E. Dinkler,* Tübingen 1967, S. 470–475)?
Oder ist »Gerechtigkeit Gottes« Gottes Macht, die sich eschatologisch in der Rechtfertigung des Menschen durchsetzt, ohne in ihr aufzugehen (so *E. Käsemann:* Gottesgerechtigkeit bei Paulus, in: Exegetische Versuche und Besinnungen, Bd. 2, Göttingen 1964, S. 181–193)? Dann fallen Rechtfertigung und Heiligung sachlich zusammen.

Wir blenden nun zu einem abschließenden *Urteil über den »ordo salutis«* bei *Hollaz* zurück. *Hollaz* hat wie seine Lehrer die neue reformatorische Erfahrung in scholastischer Terminologie aufbewahren wollen. Das Verhältnis von Gesetz und Evangelium, weniger genau aber das Verhältnis von Wort und Glauben sind in seiner Stufenfolge verankert. Des Menschen Kooperation mit Gott setzt erst nach der Rechtfertigung in der achten Phase (→ Ü 3, Kolumne 8) ein. Allerdings geht die Anfechtungserfahrung, die nur im Glauben der Gewißheit weicht, in dieser auseinanderlegenden Konstruktion unter, so sehr

Hollaz auch betont, daß es zum Rückfall kommen kann. Die Rekonstruktion von Rechtfertigung und Heiligung im Stufenschema ist gegenüber der ursprünglichen Erfahrung doch zu problemlos und glatt. Auf subtilere Weise schleicht sich das Verfügenwollen des Menschen ein.

Im Folgenden wird nun überlegt werden müssen, ob die ursprünglichere Erfahrung *Luthers* angesichts der neuzeitlichen Umbrüche in anthropologischen Entwürfen die im »ordo-salutis«-Schema geronnene Geisterfahrung wiederbringen kann.

2.2.2 Die Bedeutung der Rechtfertigung angesichts anthropologischer Entwürfe im 20. Jahrhundert

Anhand des altprotestantischen »ordo salutis« wurde deutlich, daß mit den die Dogmatik prägenden Begriffen eine Anthropologie tradiert werden kann, die den *Erkenntnissen des 20. Jahrhunderts* fremd ist. Niemand kann sie wiederbringen, denn niemand lebt heute so, wie sie es einst vorgesehen hat. Die Hierarchie der Seelenkräfte und deren Vorordnung vor den Leib gehören der Vergangenheit an. Die materiellen Umstände, die elementaren Bedürfnisse, ja die Emanzipation von theologischen Heilsangeboten (heute als Verwechslung von »Heil« und »Wohl« gebrandmarkt) und die vor allem gelebte, manchmal nur vorgegebene gänzliche Immanenz stellen zwei Fundamente der alten Anthropologie und der ihnen korrespondierenden Geisterfahrung in Frage: daß sich mit dem Namen »Gott« und mit der Bezeichnung »Heil« zumindest eine reale Frage des Menschen verbinde.

Selbst der Schritt vom »ordo salutis« zur genuinen Erfahrung *Luthers* zurück hebt zunächst diese Verlegenheit nicht auf. Denn auch bei *Luther* sind die eben genannten Fundamente (Gott und das Heil) sogar in der Anfechtung und im Zweifel gegenwärtig. Trotzdem könnte sich bei einem intensiveren *Luther*-Studium ein *kritisches Element* zeigen, das gegenüber Anthropologien des 20. Jahrhunderts Rückfragen erlaubt. Neuzeitliche anthropologische Überlegungen scheinen fast immer das *Interesse des Menschen* – bzw. der Menschheit – *an sich selbst* zur Mitte zu machen. Deswegen sehen sie ihn – bald optimistisch, bald pessimistisch – als Herrn seines Geschicks. Diesem Interesse korrespondieren Definitionsversuche und Systementwürfe. Sie weisen auf den biologisch nicht festgestellten Menschen hin, der die Defizienz an Triebsteuerung durch Institutionen ersetzen muß (z. B. *A. Gehlen*). Das wäre fast regelmäßig ein konservativer Ansatz. Oder sie lassen sich die Gattung Menschheit auf ein System herrschaftsfreier Kommunikation hin entfalten, in dem sie selbst sich in wahrhaftiger Humanität verwirklicht (z. B. *J. Habermas*). Darin läge ein eher progressiver Ansatz. In beiden Fällen – und sie sollen nur exemplarisch für weitere anthropologische Entwürfe stehen – fragen die Urheber nicht, was Menschen – sie selbst eingeschlossen – in dieses Interesse an sich selbst und seinesgleichen treibt. Deswegen verkennen sie in der Regel auch die Selbstgefährdung, die aus dem gegen die Natur durchgesetzten Interesse entstammt (Probleme des Überlebens in ausgebeuteter Umwelt) und von *Tillich* als Dämonie beschrieben worden ist.

Literaturhinweis

Vgl. dazu das Stichwortregister von *Tillichs* »Systematischer Theologie« (Stuttgart 1955–1966), besonders aber den Bd. 2 seiner Gesammelten Werke (Stuttgart 1962), der die Schriften zum Religiösen Sozialismus enthält und vor allem auf die tiefe Zweideutigkeit der Weltgestaltung aus Humanismus und Aufklärung hinweist.

Ein auch seiner Zeit verantwortlicher theologischer Neuansatz im 20. Jahrhundert könnte sich in *Auseinandersetzung mit dem Selbstinteresse,* das sich in anthropologischen Entwürfen des 20. Jahrhunderts theoretisch oder praktisch spiegelt, auf *Luthers Definition des Menschen, »hominem justificari fide«*, berufen.

Diese »Definition« findet sich in der »Disputation de homine« von 1536 (WA 39,I, S. 175–7). Die Disputation fragt nach dem, was die Philosophie – damals noch Integrationswissenschaft für alle Erkenntnisse vom Menschen – weiß, weil sie die von Gott geschaffene Ratio benutzen kann. Diese Ratio hat ihre besondere eigene Größe, weil sie – nach dem Schöpfungsauftrag, über die Erde zu herrschen – die Welt erkennen und gestalten kann. Sie trägt damit besondere Verantwortung. Aber aus sich selbst könne sie ihre eigene Größe nicht erkennen, muß *Luther* ihr entgegenhalten. Denn sie gehöre dem Menschen, und die Philosophie als Ausübung der Ratio könne nicht sagen, woher der Mensch komme (causa materialis) und wohin er gehe (causa finalis). So wisse sie über den *ganzen* Menschen so gut wie nichts.
Wenn »Definieren« »Ausgrenzen« heißt und eine besondere Aufgabe der Ratio darstellt, kann der *ganze Mensch* als Träger der Ratio *nicht restlos »definiert«* sein. In diesem strengen Sinn ist die sogenannte Definition *Luthers* nun doch keine echte Definition, sondern eher eine Herausforderung an strenge Wissenschaftler, sich der Frage nach Herkunft und Ziel des Menschseins auszusetzen. *Rechtfertigung* bedeutet dann nicht nur den entscheidenden Schritt der Gerechtsprechung des Menschen – womöglich im Stufenschema des »ordo salutis«! –, sondern eine *theologische Basiskategorie.* Sie wehrt es jenem oben angedeuteten Selbstinteresse des Menschen ab, sich der Ratio zu einer geschlossenen Definition des Menschseins zu bedienen, in der auch die Fragen des Woher und Wohin gelöst erscheinen könnten.

Literaturhinweis

Vgl. zu diesem Thema vor allem den Entwurf *E. Wolfs,* der sich der *Luther*schen »Definition« bedient: *E. Wolf:* Sozialethik, Göttingen 1975.

2.2.3 Exkurs zum Problem der Subjektivität

Eine im 20. Jahrhundert neu zu formulierende »Lehre« vom Heiligen Geist trifft an mehreren Punkten auf das Problem der *Subjektivität des Menschen.* Als Subjekt seiner Definitionen (*Selbst*interesse) stand er soeben in Frage, als Subjekt seines eigenen Daseins steht ihm die Rechtfertigung – ein Fundament evangelischer Lehre – entgegen.
(1) In der Zeit des Spätorthodoxen *Hollaz,* von dem die Erörterungen ausgingen, brachen sich *Cartesianismus* und *Pietismus* Bahn. Beide waren sie auf jene Erfahrung des Menschen mit sich selbst gerichtet, die heute bündig als »Subjektivität« bezeichnet wird. Fand der Cartesianismus auf der Suche nach einer tragfähigen Erkenntnisgrundlage durch radikalen methodischen Zweifel hindurch letzte Evidenz im denkenden *Ich* (cogito, ergo sum), so machte der Pietismus auf seine Weise die *Innerlichkeit* des Menschen zu seinem Grundgesetz. Denn gegenüber den festgefügten orthodoxen Lehrsystemen betonte er die besondere Stellung des *einzelnen* in seinem Verhältnis zu Gott und rückte

die Wiedergeburt – den vierten Schritt des *Hollaz*schen »ordo salutis« (→ Ü 3, Kolumne 4) – ins Zentrum, um sie mit der Heiligung – dem siebenten Schritt (→ Ü 3, Kolumne 7) – eng zu verbinden. Die Unverfügbarkeit des Glaubensgeschenks drohte in den innerlichen Erfahrungen verlorenzugehen und die evangelische Verordnung der Rechtfertigung vergessen zu lassen.

(2) Die in der Einleitung skizzierten Überlegungen und Ansätze zur Bewahrheitung dogmatischer Aussagen (vgl. 1.4) gehen teilweise vom *Problem der neuzeitlichen Subjektivität* aus bzw. zielen auf sie hin: sie wollen das spätestens seit *Descartes* virulente Streben nach intellektueller Selbstsicherheit (Autonomie) und praktischer Selbstverwirklichung (Emanzipation) legitimieren bzw. kritisieren.

(3) *Selbstdefinitionen des Menschen* sind mit globalen Bestimmungen der Wirklichkeit verbunden. Wie Menschen sich und andere verstehen, so schätzen sie auch gegenseitige Erwartungen, Ziele von Handlungen und Möglichkeiten des Veränderns ein. In jeweiligen Selbstdefinitionen hat sich – mitunter sehr willkürlich ausgewählte oder interpretierte – Erfahrung mit gesellschaftlicher Wirklichkeit niedergeschlagen. Der *Subjektivierung* neuzeitlichen Selbstverständnisses korrespondiert *Objektivierung*, deutlich sichtbar in großen Weltentwürfen und Programmen der Weltgestaltung (Vorherrschaft technischer, verfügender Wissenschaften und von Ideologien). Die sozialen und weltgeschichtlichen Gestalten dieser Weise, Welt zu beherrschen (Kapitalismus, Imperialismus, Industrie), können hier nicht ausführlich erörtert werden.

Aus der zuwenig beachteten, im Grunde übergangenen Kritik der Subjektivität in der theologischen Grundaussage «hominem justificari fide« (vgl. 2.2.2) ergeben sich – konfrontiert mit den gerade ausgeführten drei Punkten – *Kriterien für eine Lehre vom Heiligen Geist,* die erst noch entfaltet werden muß, weil die vorliegenden Lehrbücher sie noch nicht recht entdeckt haben:

- Der Heilige Geist muß *neue Erfahrungen* außerhalb jener Definitionen, die den Menschen schon immer festlegen wollen, ermöglichen.
- Diese neue Erfahrung muß von Grund auf *kommunikativ* sein (d. h. sich gegen die Isolierung des einzelnen vor seinem Gott und von seinen Mitmenschen richten).
- Die neue Erfahrung muß immer wieder die Grenzen der *Verfügbarkeit durchbrechen.*
- Das muß sich am *Aufbrechen »geschlossener Systeme«* (z. B. in der Anthropologie, noch mehr aber der Weltgestaltung und der Selbstproduktion der Menschheit als Gattung) bewähren.
- Das neuzeitliche Subjekt muß von *Verkehrungen* und Lasten seiner scheinbaren, es gegen die Kreatur und die Mitmenschen isolierenden *Autonomie* befreit werden. So positiv der Emanzipationsgedanke auch angesichts festgestellter autoritärer Verhältnisse zu werten ist, ohne Versöhnung des Menschen mit seiner beschränkten Zeit und seinem begrenzten Vermögen, sich und die Welt zu gestalten, ist er nicht denkbar ohne die schlimmsten, ihn begleitenden Selbstwidersprüche.

Neuere Versuche zur Pneumatologie haben sich zu sehr auf ekstatische Erfahrungen – und überhaupt auf einen subjektiv gefärbten Erfahrungsbegriff – konzentriert. Daher sind subjekt- und gesellschaftskritische Ansätze weitgehend ausgeblieben. Ein früherer, allerdings überholter Ansatz hat das Subjektivitätsproblem gesehen:

Literaturhinweis

K. und H. Barth: Zur Lehre vom Heiligen Geist, München 1930 (Beiheft zu ZZ,1).

2.3 Zeiterfahrung und Eschatologie (Die Frage nach der Geschichte)

2.3.1 Zum theologischen Verständnis der Zeit

Die bislang gesammelten Fragen führen an das nächste zentrale Thema des dritten Artikels heran. Wenn geschlossene Horizonte und Systeme aufgebrochen werden sollen (2.2), erfordert das zugleich eine neue Erfahrung mit und ein neues Verständnis von *Zeit.* Denn ein menschliches Subjekt, das sich selbst als Mittelpunkt seines Interesses setzt und erfährt, wird aus dem *Jetzt* heraus Zeit und Geschichte entwerfen.

Ein möglicher Entwurf von Zeiterfahrung kann die *drei Zeitmodi* Vergangenheit, Gegenwart und Zukunft auf eine *Linie* (des Ablaufs) projizieren. Wenn Vergangenheit jetzt noch nachwirkt, Möglichkeiten eröffnet oder verschließt und Zukunft im gegenwärtigen Augenblick Hoffnung oder Furcht freisetzt, kann das menschliche Subjekt die *zugleich* festgehaltene Erfahrung der drei Zeitmodi sich hilfsweise linear vorstellen und dem Jetztpunkt die Aufgabe zuschreiben, die Abschnitte der Vergangenheit und der Zukunft zu trennen und gerade so zu verbinden. Die Vorstellung einer linearen Zeit hält allerdings das stetige *Schwinden* des Jetztpunktes nicht fest und müht sich vergeblich, dessen die Zeiterfahrung vermittelnde Realität festzuhalten. Denn ein Punkt hat keine Realität. Er ist ein Grundbegriff der Geometrie. Dann wäre alles in strengem Wortsinn in Bewegung; es bildete sich keine Form relativer Dauer; Gestalten – die etwas Konstantes, nicht Bewegtes an sich haben – stünden der Erkenntnis nicht bereit. Allerdings hat die neuzeitliche Philosophie – vielleicht unter christlichem Einfluß – das Bewußtsein der Endlichkeit und der Relativität verschärft: dem menschlichen Subjekt entschwindet das Jetzt, so daß von der Zeit nur die relative Erfahrung des »früher als« bzw. »später als« übrigbleibt.

Diese *lineare Zeitvorstellung* ist nur am Rande ein theologisches Thema geworden. Vielleicht klingt das Entschwinden der Zeit im »memento mori«, in der Klage der Vergänglichkeit mit; möglicherweise ist eine lineare Zeitvorstellung auch die Grundlage jener teleologischen (zielgerichteten) heilsgeschichtlichen Konstruktionen, auf die wir weiter unten eingehen.

Anders widmet sich die neuere theologische Diskussion dem Thema der Zeit. Philosophen regten sie an. Denn im Zuge der Phänomenologie und der Existentialontologie haben *Husserl* und *Heidegger* Zeiterkenntnis aus der Zeit des Ich bzw. des Daseins zu begründen versucht. Während nach *Husserl* Retentionen – Festhalten vergangener Momente – und Protentionen – Vorausnahme zukünftiger Momente – das Zeitbewußtsein konstituieren, wird nach *Heidegger* das Dasein entscheidend bestimmt durch das Auseinanderhalten und doch Zugleich-Festhalten von Zeitmomenten.

Literaturhinweis

Vgl. dazu u. a.: *E. Husserl:* Zur Phänomenologie des inneren Zeitbewußtseins (1893–1917), hg. v. *R. Boehm,* Den Haag 1966; *M. Heidegger:* Sein und Zeit, 12. Aufl., Tübingen 1972, §§ 66 ff.

Theologisch kann das Zusammenhalten des Auseinanderstrebenden und Zerfließenden, der drei Zeitmodi, als *Abbild der Ewigkeit* verstanden werden. Es würde sich dann vor allem im Gedächtnis finden, das die Zeitmodi in sich festhält, als Erinnern, als Erleben, als Erwarten. Auch von diesem Gesichtspunkt her wird die Konzentration christlicher Frömmigkeit auf das Innere des Menschen verstanden werden müssen.

Diesen Akzent setzt vor allem im neueren Protestantismus die auf *S. Kierkegaard* zurückgreifende Theologie. Ihr gilt jener *Augenblick,* die Entscheidung, die das Alte hinter sich läßt und zu Neuem aufbricht, als der Einbruch des Ewigen in die vulgäre, linear vorgestellte Zeit.

Literaturhinweis

Vgl. dazu: *S. Kierkegaard:* Philosophische Brosamen oder ein bißchen Philosophie, in: Philosophische Brosamen und unwissenschaftliche Nachschrift, hg. v. *H. Diem* und *W. Rest,* Köln und Olten 1959. Ferner: *R. Bultmann:* Geschichte und Eschatologie, 2. Aufl., Tübingen 1964.

P. Tillich hat an dieselbe philosophisch-theologische Grundeinsicht von der Einheit erfahrener Zeit angeknüpft, ist aber nicht bei der Innerlichkeit stehengeblieben. Denn im *Kairos* aktualisiert sich nach ihm die Reich-Gottes-Hoffnung und setzt Impulse zur Gesellschaftsveränderung frei. Der Kairos soll zeigen, daß Heil für die Menschen weder in der »vertikal« einbrechenden Ewigkeit noch in der »horizontal« verlängerten zukünftigen Zeit definitiv zu finden ist. Sondern im Kairos gehen Ewigkeit und Zeitkontinuum eine Verbindung ein und setzen erfüllte Zeit frei.

Literaturhinweis

Vgl. dazu u. a.: *P. Tillich:* Kairos und Utopie, in: *Ders.:* Auf der Grenze, Gütersloh 1964 (GTB Siebenstern 3), S. 120–128.

Die *alte Theologie* sieht die Geschichte auf die Ewigkeit zulaufen und reflektiert das häufig im Aufriß ihrer Dogmatiken. Sie nimmt dann von *Augustin* das Motiv der innerweltlichen Unruhe auf und bestimmt die endliche Existenz des Menschen auf die seligmachende Schau Gottes (frui Deo) hin. Gehören doch nach dem »ordo salutis« des *D. Hollaz* als neunte Stufe Tod (Trennung von Leib und Seele), Auferstehung der Toten, jüngstes Gericht und Weltvollendung zum Erziehungsprozeß Gottes mit den Menschen (→ Ü 3, Kolumne 9). Sie beenden die Zeit und leiten über in die Ewigkeit. Die Ewigkeit aber scheint dem Glaubenden den Stachel des Todes und den Schrecken des Gerichts zu mildern. Den altprotestantischen Dogmatiker treibt kaum die Angst um, in ein Nichts zu fallen.
Die genauere *Kenntnis der hebräischen Gedankenwelt* förderte im Verlauf der historisch-kritischen Forschung eine Vorstellung von *Ewigkeit* zu Tage, die von jener in sich kreisenden zeitlosen Ruhe des griechischen Gottes verschieden ist. Nach dem Alten Testament hat Gott selbst unermeßlich ausgedehnte, aber bewegte Zeit.

Literaturhinweis

Vgl. dazu u. a. die Artikel αἰών, καιρός, νῦν, χρόνος im ThWNT!

Die Wiederentdeckung der neutestamentlichen Eschatologie erwies, daß *Gottes Reich* von außen in die Geschichte einbricht, deren Zeit zu Ende bringt und eine neue Zeit heraufführt. Sie stellte aber auch klar, daß Reich Gottes nicht der überempirische (supranaturale) zeitlose Himmel oder ein sittliches, der Empirie enthobenes Reich von Werten, das sich aus der menschlichen Geschichte realisiert, ist. Reich Gottes ist jenseits der von Menschen entworfenen linearen Zeit und doch mitten in der von Menschen erfahrenen Zeit, weil es in Jesu Worten und Verhalten anbricht.

Literaturhinweis

Vgl. dazu u. a.: *J. Weiß:* Die Predigt Jesu vom Reiche Gottes, Göttingen 1892. Ferner *G. Bornkamm:* Jesus von Nazareth, Stuttgart 1956, S. 58–87.

Die Wiederentdeckung des ursprünglichen Sinnes des Reiches Gottes stellte eine bis dahin in der Theologie vorherrschende *Zeit-Ewigkeit-Metaphysik* in Frage. War aber die andere, in Jesu Gottesreichpredigt niedergeschlagene Zeit-(und Geschichts-)Erfahrung vorher völlig vergessen oder unterdrückt? Wahrscheinlich nicht; denn beispielsweise enthält die theologische Unterscheidung von Gesetz und Evangelium eine Spur eschatologischer Zeiterfahrung.
Alt und Neu, verfallende, aus der Kontinuität aufgelaufene Verhältnisse und erfüllte, neue Möglichkeiten erschließende Zeit liegen in den Formeln *»Gesetz«* und *»Evangelium«* verborgen. Es wäre doch wichtiger, diese Erfahrungen an den Tag zu bringen, statt die Doppelformel zum Ausgangspunkt innerevangelischer Kontroversen zu machen. Bis zum 19. Jahrhundert hatte das Luthertum »Gesetz und Evangelium« nicht als Unterscheidungskriterium zum reformierten Glaubensbekenntnis verstanden.
Auf eine Näherbestimmung der kontroversen Gesichtspunkte verzichtet das Studienbuch zur Dogmatik und überläßt dies dem Studienbuch zur Ethik. Folgende Andeutung mag genügen: *Gesetz* kann nach theologischer Lehre sein:
(a) das natürliche oder moralische Gesetz, am bündigsten formuliert als Goldene Regel. Der Gedanke konstanter (als den Wandel überdauernder) Kriterien oder gar Ordnungen ist umstritten, weil die Geschichte erwiesen hat, daß Theologie viele Arten von Ordnungen oder Regeln heiligsprechen half (Gesetz im »usus politicus«).
(b) das Gesetz unter dem »usus elenchthicus« oder »usus paedagogicus« (Gal 3,24). Dann hilft es, den Fluch der im menschlichen Leben aufgehäuften Übertretungen zu zeigen. Es klagt an – auf die oben skizzierte Zeiterfahrung übertragen: es bringt die Vergangenheit ins Übergewicht und verdunkelt die Zukunft.
(c) das Gesetz unter dem »usus didacticus«. So hilft es dem Gerechtfertigten, das neue Leben (mithin die neu eröffnete Zukunft) zu bewähren.
Im übrigen ist dieser dreifache Brauch des Gesetzes umstritten. Die streng lutherische Auffassung kennt ihn nicht, weil der Christ zugleich Sünder und Gerechtfertigter – simul peccator et iustus – ist und das Gesetz dem Sünder im Gerechtfertigten dient.

Literaturhinweis

Aus der Fülle der Literatur sollen nur genannt werden: *W. Joest:* Gesetz und Freiheit. Das Problem des tertius usus legis bei Luther und die neutestamentliche Paränese, 4. Aufl. Göttingen 1968 (vermittelnd); *W. Elert:* Das christliche Ethos, 2. Aufl. Hamburg 1963, vor allem S. 386–396 (den tertius usus scharf ablehnend); *K. Barth:* Evangelium und Gesetz, München 1935 (ThExh 32). Wichtige Arbeiten zu dieser Debatte druckt nach: Gesetz und Evangelium. Beiträge zur gegenwärtigen theologischen Diskussion, hg. v. *E. Kinder* und *K. Haendler,* Darmstadt 1968.

Das *Evangelium* verkündigt auch den *neuen Menschen.* In diesem Sinn waren viele Abschnitte des Teiles 2 des Studienbuchs Beiträge zur Konkretion des Evangeliums.
In der gegenwärtigen Theologie haben Gesetz und Evangelium – gerade im Rückgriff auf *Luther* – eine grundsätzlichere Bedeutung erhalten als in der altprotestantischen Theologie, wo sie unter die Heilsmittel gereiht werden

konnten. Sie nehmen den Rang von *Axiomen* ein, die über den Aufbau theologischer Systeme entscheiden.

Literaturhinweis

Als Beispiel soll der theologische Ansatz von *G. Ebeling* genannt werden. Greifbar wird das u. a. in: Wort und Glaube, Bd. 1, 5. Aufl. Tübingen 1967, S. 139 ff., 263 ff.

Ein *Ergebnis dieses Exkurses* muß lauten: Um die theologische Doppelkategorie von Gesetz und Evangelium energischer aus ihrer dogmatischen Beschränkung als Heilsmittel oder Kontroversgegenstand zu befreien, muß die darin verschlüsselte Zeiterfahrung – der *alte* und der *neue Mensch* – stärker herausgestellt werden. Sie versteht Zeit nicht nur als Verfließen oder Zeitlichkeit, nicht nur als eine Grundstruktur des menschlichen Daseins, sondern als erfüllte Zeit, die neues Sein zukommen läßt und selber Zu-kommen (adventus!) ist.

2.3.2 Eschatologie

Mit dem Thema des Zu-kommens sind wir in einen weiteren Themenbereich eingedrungen, der für theologisches Denken konstitutive Bedeutung hat: die *Eschatologie*. Nach einer *engeren Definition* ist Eschatologie eine Lehre von den »letzten Dingen«, die über den Tod des Menschen und nachfolgende – wie auch immer aufzufassende – Ereignisse Aussagen macht. Aber damit sind die biblischen Grundlagen der »Eschata« erheblich verkürzt. Im Gefolge historisch-kritischer Erforschung des Neuen Testaments und seiner Umwelt, auch seiner religionsgeschichtlichen Zusammenhänge, hat »Eschatologie« wieder *reichere Bedeutung* bekommen. Sie verweist auf das Abbrechen relativ kontinuierlich erfahrener Geschichte, auf Zeiterfahrung aus der Vorherrschaft der Zukunft, die sich nicht aus Möglichkeiten der Vergangenheit allein erschließen und vorwegnehmen läßt. Schließlich behandelt die Eschatologie auch den Glauben an den wiederkommenden Christus als den Herrn der Welt. Hofft dieser Glaube auf reale Ereignisse, oder hat er an Bildern Anhalt, die auf jetzt zugängige Erfahrungen reduziert werden müssen? Weil Eschatologie so weit gefaßt werden kann, ist sie zu einem zentralen Thema theologischer Diskussion der letzten Jahre geworden.

Einige Positionen, die in den letzten Jahrzehnten, wenn nicht Jahren, Gestalt gewannen, sollen hier angedeutet werden:
Die *präsentische Eschatologie* lehnt eine apokalyptisch gefärbte Konzentration auf die Zukunft zugunsten erfüllter Gegenwart ab. (Apokalyptik, grob bestimmt, ist eine »Spekulation« über das Weltende, in der Regel in erregenden Bildern. Sie rechnet mit einem Geschehensablauf zum Weltende hin, der Eingeweihten mitunter einsichtig werden kann. Finden sich apokalyptische Elemente im Neuen Testament, dann sollen sie, der Schule präsentischer Eschatologie folgend, als mythologische Aussagen betrachtet werden.) Entscheidend für einen theologischen Ansatz, der sich auf präsentische Eschatologie konzentriert, ist der Umbruch vom Alten zum Neuen im Jetzt der Entscheidung.

Literaturhinweis

Damit ist vor allem die Position *R. Bultmanns* skizziert, die in »Geschichte und Eschatologie« (2. Aufl. Tübingen 1964) sehr deutlich vorgeführt wird.

Die *futurische Eschatologie* (das Noch-nicht gilt ihr ungleich mehr als der präsentischen Eschatologie, obwohl Jesus Christus bereits in der Fülle der Zeit in der Welt war) wird stärker betont von *W. Kreck:* Die Zukunft des Gekommenen, 2. Aufl. München 1966.

Zur theologischen Neuorientierung trug *P. Althaus* mit seinem wichtigen Buch »Die letzten Dinge« (1. Aufl. Gütersloh 1922) bei. Zunächst sprach er von axiologischer Eschatologie: ein zeitloses Heil, Ewigkeit im Sinne eines letztgültigen Werts, bricht in die Geschichte ein und macht es unmöglich, Geschichte teleologisch, d. h. zielgerichtet, zu konstruieren. Das Reich Gottes konnte nun nicht mehr die Vollendung menschlicher Geschichte darstellen. Ab der dritten Auflage ließ er die axiologische Eschatologie fallen, um von der Verheißung kommenden Heils, das sich auf Gekommenes beruft, zu sprechen. Damit war der Zukunft wieder Spielraum verschafft.

Überblickt man die dogmatische Eschatologie, so scheint in ihr doch die *personale* Interpretation zu überwiegen. Von der Vollendung der Welt oder gar vom Tausendjährigen Reich haben meist Randgruppen der Kirche, vor allem radikale, spekulativ eingestellte Pietisten, gesprochen. Wenn aber Zukunft nicht nur final gedeutet werden darf, sondern als »ad-ventus«, Zu-kommen, verstanden werden muß, dann bedeutet Erfahrung der Gegenwart auch Ausrichtung auf *neue Möglichkeiten,* die nicht nur dem Individuum, sondern der *Gesellschaft,* ja der *Welt* gelten müssen.

In diesem Zusammenhang sei auf zwei wichtige Bücher der sechziger Jahre verwiesen, die nicht ohne jüdische Denkformen (Messianismus, Bilderverbot usw.), wie sie sich bei *K. Marx* und vor allem bei *E. Bloch* finden, zu denken sind, selbst wenn sie ihnen gegenüber gewisse Grenzen ziehen. *Bloch* will das Noch-nicht als Konstitutivum gegenwärtiger Welterfahrung denken und als Motor der Weltveränderung aufweisen. Seine theologischen Adepten und Kritiker beziehen seine transzendentale Grundlegung auf den biblischen Begriff der Verheißung bzw. die christliche Einstellung der Hoffnung:

Literaturhinweis

J. Moltmann: Theologie der Hoffnung, München 1964. (Dazu: Diskussion über die »Theologie der Hoffnung« von *Jürgen Moltmann,* hg. v. *W.-D. Marsch,* München 1967).

G. Sauter: Zukunft und Verheißung. Das Problem der Zukunft in der gegenwärtigen theologischen und philosophischen Diskussion, Zürich und Stuttgart 1965.

Moltmann begreift – sich neuzeitlichem, vor allem marxistischem Geschichtsdenken annähernd – den Kosmos als Geschichte, der in den *»eschatologischen Geschichtsprozeß Gottes«* gerät (S. 124). Dem korrespondiert ein Handeln der Gemeinde, die sich von ihrer Sendung her versteht (S. 265). Nicht ein statisch-ewiger Gott ruht über der Welt, sondern die Kraft des dynamischen Gottes füllt die Welt mit Möglichkeiten, die auffordern, herrschende Zustände zu durchbrechen oder zu überwinden. Offenbarung und Verheißung bekräftigen diese Tendenz der Geschichte nach vorn.

Sauter stellt Eschatologie als theologische Verantwortung der biblischen *Verheißung* heraus. Dem metaphysischen Gottesverständnis der Griechen (»apophantischer Logos«) setzt *Sauter,* auf die Bekenntnisse und Erfahrungen Israels im Alten Testament zurückgehend, Gott als Nichtdefinierten, der sich im Verheißungswort kundgibt, entgegen. »Nicht nur unser Erkennen des schon für Gott, bei Gott Wirklichen ist im Noch-nicht gehalten, sondern Gott selbst hält sich mit dem, was er an uns tun will, noch zurück, aber in seiner Verheißung verweist er auf die Fülle der Erfüllung, die immer dort, wo er an

uns handelt, zum Vorschein kommt« (S. 367). Verheißung, könnte es zugespitzt heißen, ist Wahrheit »in statu promissionis«.
Im Grunde sind beide Bücher auf eine Zukunft ausgerichtet, die nicht auf völlig passive Menschen zukommt, sondern durch menschliches Handeln mitbestimmt wird. Zumindest versuchsweise bieten sie den Ansatz einer Grundlegung, weil sie beanspruchen, der einer transzendentalen Erörterung vergleichbare theologische Entwurf einer Zukunft zu sein, die jede festgefügte Gegenwart überschreitet und Handeln aus der Verheißung des Zuvorkommens Gottes möglich macht. Die Ohmacht beider Bücher – das eine bleibt appellativ, das andere zumeist nur andeutend – erweist sich darin, daß es ihnen nicht gelingt, die Arbeit dieser Zeiterfahrung in der Wirklichkeit unseres Lebens aufzuzeigen. Denn dessen Strukturen lassen sich nur ändern, wenn man die analytische und kontrollierende Tätigkeit profaner Wissenschaften zur Hilfe nimmt. Motivationen, seien sie in sich noch so redlich theologisch begründet, werden aus sich heraus das Handeln der Christen in der Welt beliebig lassen. Trotzdem bleibt die Einsicht, daß heute von einer begründeten Eschatologie wie wohl keinem anderen Teil dogmatischer Arbeit Erkenntnis Gottes und Selbsteinsicht des Theologen abhängen.

Folgende Probleme stellen sich als *Aufgabe künftiger dogmatischer Überlegungen zum Eschatologieproblem* heraus:
(a) Kann das Verhältnis Gottes zur Welt bzw. dem Menschen im Zeit-Ewigkeit-Schema gedacht werden?
Die frühe dialektische Theologie (→ Ü 17) (zu Beginn der zwanziger Jahre) sah allenthalben Ewigkeit als »Krisis«, als Gottes Nein in den Ablauf – wenn nicht das Chaos – der Geschichte einbrechen. Später hingegen hat *K. Barth* als ihr Mitstreiter die Ewigkeit als *Zeit Gottes* beschrieben. Die *Zeit des auferstandenen Christus* ist ihm zufolge eine Zeit, die kein Noch-nicht und kein Nicht-mehr kennt, sondern in einem besonderen Sinn entschränkt ist. So kann Christus personhaft gegenwärtig bleiben.

Literaturhinweis

Vgl. dazu: KD II,1, S. 685 ff.; KD III,2, S. 556 ff.

(b) Wenn Eschatologie nicht ausschließlich auf das persönliche Ende des Menschen, seinen Tod, sein Fallen aus jeglicher Beziehung (zu Gott wie den Mitmenschen) bezogen werden kann und nicht auf die Bilder vom Letzten Gericht und Seligkeit oder Verdammnis konzentriert ist, muß sie eine neue Perspektive für die Menschheit, ja für die Welt eröffnen, ohne in teleologische Konstruktionen zurückzufallen. Deswegen muß das Thema der Geschichte wieder aufgegriffen und theologisch bedacht werden.

(c) Noch kaum in Angriff genommen ist die Frage nach dem *Subjekt theologischer Erkenntnis,* das seine Endlichkeit, sein Verfallen an die Zeit erfährt und darin sich selbst nicht konstituieren kann, sondern aus Gottes Verheißung lebt. Wenn es nun Gegenstand eines von der Geistlehre getragenen Entwurfs dogmatischer Prolegomena würde, schwände die Evidenz der sich selbst begründenden Vernunft. Aber auch manche aus Selbstverteidigung entstandene Polemik gegen die Aufklärung unterbliebe.

Spuren dieser Erkenntnis halten eher konservative dogmatische Ansätze wach, wenn sie gegen einen einseitigen Gott der Liebe einen Gott des Zorns setzen und die Realität des göttlichen Gerichts auch jetzt schon in der Zeit betonen. Allerdings läßt sich der Welt das Gericht Gottes leichter in Gedanken administrieren, als Theologie so treiben, daß auch der den Gerichtsgedanken verantwortende Theologe sich selbst von Gottes Gericht als betroffen erweist.

Dabei ist gerade dieser Ansatz am Ende von *Luthers* Streitschrift gegen den Humanisten *Erasmus von Rotterdam* (De servo arbitrio), einem der zentralen Dokumente der gerade erwähnten theologischen Richtung, so eindrucksvoll festgehalten. *Luther* unterscheidet darin drei »Lichter« (der Erkenntnis):

- das der Natur: hier zweifelt der Mensch an Gott und seiner Gerechtigkeit, weil es gerade den Guten in der Welt oft übel ergeht.
- das der Gnade: hier ist der Mensch im Glauben getröstet, aber doch angefochten, weil andere Menschen von Gott verworfen erscheinen.
- das der Herrlichkeit: hier enthüllen sich die Rätsel; Gottes Gerechtigkeit tritt aus einer für menschliche Augen chaotischen Geschichte, die nicht für Gerechtigkeit zu sprechen schien, heraus.

Leider scheint dieser Ansatz für eine theologische Erkenntnislehre in der Neuzeit noch nirgends fruchtbar geworden zu sein.

Literaturhinweis

Vgl. dazu: *M. Luther:* De servo arbitrio (1525), in: WA 18, S. 600–787; bzw. in: Luthers Werke in Auswahl, Bd. 3, hg. von *O. Clemen,* S. 94–293. Von den drei Lichtern ist auf den S. 785 bzw. 291 die Rede.

Hier schließt sich die Frage nach der Endlichkeit des Theologen – in seiner ganzen Existenz – mit der *ungelösten Theodizee-Frage* zusammen. Die Frage der abschließenden, alle innergeschichtlichen Ereignisse rechtfertigenden Gerechtigkeit (Gottes) ist jetzt nicht zu lösen. Dieses theologische Problem kann in eine säkulare Problematik übertragen werden: eine Geschichte, die den Sinn des Ganzen und alles einzelnen Geschehens enthüllt, können wir jetzt nicht kennen. Sonst müßten wir selbst als universaler Beobachter am Ende der ganzen Geschichte stehen. Gerade deshalb gehören die Themen der Geschichtlichkeit existierender Menschen – den Theologen eingeschlossen – und der theologischen Erkenntnis von Geschichte zum Themenbereich der Eschatologie hinzu.

2.3.3 Zum theologischen Verständnis der Geschichte

Geschichte ist in neueren theologischen Ansätzen zu einem vorrangigen Thema geworden, obwohl es in der israelitisch-christlichen Tradition immer gegenwärtig war. Der Glaube Israels hat die Beziehungen von Gott und Mensch, von Gott und Welt wohl zuerst geschichtlich gesehen und damit einen wichtigen Beitrag zum abendländischen Denken geleistet.

Literaturhinweis

Vgl. dazu: *G. von Rad:* Der Anfang der Geschichtsschreibung im alten Israel, in: Gesammelte Studien zum Alten Testament, München 1961, S. 148 bis 188.

Ders.: Aspekte alttestamentlichen Weltverständnisses, in: Gesammelte Studien zum Alten Testament, 3. Aufl. München 1965, S. 311–331.

Theologische Epochendeutungen begleiten das Denken der Christenheit. Schon *Irenäus,* ein Theologe des 2. Jahrhunderts, legt in Ei ἐπίδειξιν τοῦ ἀποστολικοῦ κηρύγματος (Erweis der apostolischen Verkündigung) das Kommen Christi als Wiederherstellung der in der Schöpfung gesetzten anfänglichen Würde des Menschen aus (ἀνακεφαλαίωσις = recapitulatio). *Augustin* hat angesichts des Niedergangs des Römischen Reiches (410: Eroberung Roms durch Alarich), der dem Christentum angelastet wurde, eine Rechtfertigung geschrieben: De civitate Dei (413–426). Zwei Reiche, die civitas Dei und die civitas terrena, stehen in der irdischen Geschichte in stetem Kampf. Das göttliche Gnadenreich setzt sich nur vermischt mit widerstreitenden Elementen in der Kirche durch, die alle Glaubenden auf die Wanderschaft zum ewigen, geschichtsjenseitigen Ziel, der Ruhe in Gott, bringt.

Entscheidend verschärft wurde geschichtliches Bewußtsein in der *Neuzeit.* Fiel erst der Gedanke des eschatologischen Ziels aller Geschichte aus (im Zuge der Säkularisierung, siehe oben 1.4.3), wurde es häufig durch menschliche Zielutopien ersetzt, nicht selten aber auch durch Resignation und Pessimismus. Denn jene Zielutopien hielten nicht, was sie versprachen. Aufklärung und mit ihr verbundene *historisch-kritische Forschung* relativierten auch die biblischen Schriften und betrachteten sie als Dokumente einer vorderorientalischen Volksreligion. Dann waren sie nicht mehr, wie in der altprotestantischen Dogmatik, durch eine Lehre von der Heiligen Schrift geschützt, die diese unmittelbar mit dem Worte Gottes gleichsetzte und bis in die einzelnen Wörter hinein vom Geist inspiriert sehen konnte. Der Eindruck eines universalen *Relativismus* war nun nicht mehr aufzuhalten.

Literaturhinweis

Einen umfassenden Überblick vermittelt über Geschichte und Geschichtsauffassungen u. a. der Artikel »Geschichte« von *F. P. Hager* und *G. Scholtz,* in: Historisches Wörterbuch der Philosophie, hg. v. *J. Ritter,* Bd. 3, Sp. 344–398. Ferner der Abschnitt »Vergeschichtlichung«, in: *W. Schulz:* Philosophie in der veränderten Welt, 2. Aufl. Pfullingen 1974 (S. 469–627).

Unter den Positionen des 20. Jahrhunderts sind für systematische Theologie folgende wichtig:

(1) Der *Historismus,* im Rahmen der protestantischen Theologie aufgenommen vor allem von *E. Troeltsch.* Nach ihm sind alle Gestalten – ob individuell oder kollektiv – einmalig und relativ; der Historiker, der ihre Abfolge überblickt, vermag keine objektive, von einem Absoluten garantierte Ordnung unter ihnen zu erblicken. Deswegen muß er als entwerfendes *Subjekt* Geschichte *rekonstruieren* und in ihrem weiteren Verlauf »Kultursynthesen« entdecken, in denen die Leistungen von Epochen zusammenfließen und zu ihrem Recht kommen. Auf diese Weise kann der Theologe *Troeltsch* die »Höchstgeltung« des Christentums (als fortgeschrittenster Gestalt der Deutung der Weltgeschichte) postulieren.

Literaturhinweis

Nähere Information dazu findet sich u. a. in: *E. Troeltsch:* Die Absolutheit des Christentums und die Religionsgeschichte, Nachdruck, München und Hamburg 1969. Ferner: *Ders.:* Der Historismus und seine Probleme, Tübingen 1922 (Gesammelte Werke. Bd. 3).

(2) Der Einwand der *»dialektischen Theologie«:* die Position des Historisten – von einem die Geschichte überschauenden Subjekt auszugehen – sei unhaltbar, denn wer Geschichte zu überblicken meine, stehe tatsächlich doch in ihrem Prozeß. Die eigentliche Kritik des im Historismus verborgenen selbstgefälligen Relativismus komme vom *Wort Gottes,* das sich als »Urgeschichte« in die Geschichte der Menschen inkarniert habe. Angesichts dieser (eschatologisch einbrechenden) Urgeschichte seien Fortschritts- und Rückschrittskonstruktionen des Geschichtsverlaufs unhaltbar.

Literaturhinweis

Das hat vor allem *K. Barth* im Anschluß an einen theologischen Außenseiter des 19. Jahrhunderts, *Overbeck,* betont, z. B. in der »Christlichen Dogmatik im Entwurf«, München 1927, S. 230–240.

(3) Die Reduktion einer »objektiven« Geschichte auf die *Geschichtlichkeit der Existenz* (das »Dasein«). Die Frage, wie sich aus Einzelerscheinungen ein Geschichtszusammenhang erstelle, sei das Problem eines »uneigentlich« existierenden Daseins. »Eigentliches« Dasein bestimmt die Existentialontologie (verbreitet auch »Existenzphilosophie« genannt) folgendermaßen: »Die Entschlossenheit, in der das Dasein auf sich selbst zurückkommt, erschließt die jeweiligen faktischen Möglichkeiten eigentlichen Existierens aus dem Erbe, das sie als geworfene übernimmt« (*M. Heidegger:* Sein und Zeit, 12. Aufl. Tübingen 1972, S. 383). Erst diese innere Geschichte des Daseins begründe Historie. *R. Bultmann* hat diesen Ansatz mit dem *Entscheidungsbegriff* übernommen. In dieser Geschichtlichkeit sei ein im 20. Jahrhundert existierender Mensch dem glaubensstiftenden Geschehen in Jesus Christus verbunden. Es erreiche ihn als Kerygma (zur Entscheidung rufende Verkündigung). *Geschichte* (des Daseins, des konkret existierenden Menschen) und *Historie* (als objektiver Entwurf) seien streng zu unterscheiden.

Literaturhinweis

Ausführlicher findet sich dieser Ansatz in: *M. Heidegger:* Sein und Zeit, 12. Aufl. Tübingen 1972. *R. Bultmann:* Geschichte und Eschatologie, 2. Aufl. Tübingen 1964.

(4) Das *Gegenkonzept* hat *Pannenberg* entworfen: während Offenbarung in der kerygmatischen Theologie der Bultmann-Schule zu einem inneren Ereignis werde, zeige die biblische Tradition, daß Gott in seinen *Geschichtstaten* offenbar werde. Geschichte aber spiele in der Dimension der Welt. Vernunft dürfe nicht nur auf »nomologische« (d. h. Gesetzmäßigkeiten entdeckende) Wissenschaften beschränkt werden, sondern müsse auch in den Geisteswissenschaften zu Hause sein. In deren Gegenstandsbereich verknüpfe sie *kontingente* (d. h. nicht mit Notwendigkeit herleitbare) Ereignisse zu einem sinnvollen Gesamtzusammenhang. Der umfassende Sinn der Geschichte und der in ihr ver-

knüpften Ereignisse enthülle sich zwar erst am Ende der Welt; nach jüdisch-apokalyptischer Anschauung sei aber das Ende als Totenauferstehung zu verstehen und deshalb mit Jesu Auferweckung bereits angebrochen.

Literaturhinweis

W. Pannenberg u. a.: Offenbarung als Geschichte, 2. Aufl. Göttingen 1963.

(5) Wenig Beachtung hat angesichts dieser differenzierenden geschichtsphilosophischen und geschichtstheologischen Entwürfe die Wiederaufnahme *heilsgeschichtlichen Denkens* gefunden, dem Christus als Mitte der Zeit gilt. Alle Geschichte vor ihm laufe auf ihn zu, in ihm habe Gott das definitive Ziel der Geschichte offenbart, nach ihm könne es Geschichte im vollen Sinn nicht mehr geben, weil das Ziel bereits erreicht sei.

Literaturhinweis

Vgl. dazu: O. *Cullmann:* Christus und die Zeit, 3. Aufl. Zürich 1962.

(6) Mit der Position (3) sind Disziplin und Gegenstand der *Hermeneutik* eng verbunden. Ursprünglich galt Hermeneutik als Verstehenslehre, die u. a. die Kriterien sachgerechter Schriftauslegung liefern sollte; sie wandelte sich – mit *Heidegger* – zu einer Auslegung der eigenen Existenz angesichts der Überlieferung, weil eben nur aus dem Lebensverhältnis zu einem Text dessen »Sache« – hier das Kerygma der Bibel – verständlich werden konnte. Das wurde von *Bultmann* im Anschluß an *W. Dilthey* betont und von *E. Fuchs* und *G. Ebeling* als »Sprachlehre des Glaubens« entfaltet.

Literaturhinweis

Vgl. dazu: *R. Bultmann:* Glauben und Verstehen, Bd. 1–4, Tübingen 1933 bis 1965. *G. Ebeling:* Wort und Glaube, Bd. 1, Tübingen 1960. *E. Fuchs:* Marburger Hermeneutik, Tübingen 1968. Ferner: *H. G. Gadamer:* Wahrheit und Methode, 3. Aufl. Tübingen 1972.

Es kann kaum verwundern, daß angesichts so disparater Ansätze der Ruf nach *materialistischer Geschichtsauffassung* oder *Ideologiekritik* in den vergangenen Jahren laut wurde. Allerdings wäre davon wohl nur ein siebentes Angebot zu den Positionen (1) – (6) zu erwarten. Da keines der vorliegenden Paradigmen (d. h. anerkannter Muster, einen Problembereich zu erschließen) heute die theologische Ausbildung mehr beherrscht, scheint die Annahme einer der gezeigten Positionen ein Akt der Beliebigkeit zu sein. Offenkundig füllen aber Elemente eines Ansatzes auch Lücken eines anderen Ansatzes aus. Z. B. fragt Position (3) nach den Grundlagen von Geschichte und Geschichtserkenntnis im (scheinbar distanzierten) Betrachter der Position (1), während Position (1) die realen Ereignisse, die für Position (3) weniger bedeuten, ernst nehmen möchte. Ansatz (4) weist darauf hin, daß Geschichte immer als Gesamtzusammenhang betrachtet wird, während Ansatz (2) sagen will, daß Gesamtzusammenhänge sich immer wieder als Fiktionen entlarven.

Was fehlt, scheint ein *umfassender Referenzrahmen für eine Geschichtstheorie* zu sein, der die realen Ereignisse, deren Deutung, den Beobachter, dessen realen Bezug zur Geschichte, die umgreifenden Perspektiven seiner Auffassung von Geschichte und das ständige Zerfallen seiner Deutungen und umfassenden Sinnperspektiven als übergeordnete Gesichtspunkte herausstellt. In diesem Rahmen entworfene Geschichtstheorien dürften weder »subjektiv« noch »objektiv« im vulgären Sinn sein und könnten sich nicht mit Projektionen und Konstruktionen – wie in (1), (4) und (5) – zufriedengeben und auch nicht die Sprache gegenüber den realen Ereignissen einseitig hervorkehren [wie Ansatz (6)]. Geschichte als »offenes System« von Ereignissen, Teilhabe, Beobachtung, Deutung und Scheitern verträgt sich mit einer theologischen Grundlegung, wie sie dieses Studienbuch anzuregen versucht. Sie wird nicht ohne Bezug auf die Lehre und die Erfahrung des Geistes sein.

Literaturhinweis

Anregungen zu einer revidierten Hermeneutik finden sich vielleicht in folgenden Aufsätzen: *K.-O. Apel:* Szientistik, Hermeneutik, Ideologiekritik. Entwurf einer Wissenschaftslehre in erkenntnisanthropologischer Sicht, in: Hermeneutik und Ideologiekritik, Frankfurt a. M. 1971, S. 7–44. *P. Ricœur:* Der Text als Modell: hermeneutisches Verstehen, in: Verstehende Soziologie, hg. v. *W. Bühl,* München 1972, S. 252–283.

2.3.4 Gesichtspunkte der Abschnitte 2.2 und 2.3 zur Lehre vom Heiligen Geist

Zum Abschluß der Bemerkungen über Zeit, Geschichte und Eschatologie sei die Frage nach *Kriterien einer Lehre vom Heiligen Geist* – im Vorgriff auf den Abschnitt 2.5 – gestellt.

(1) Nach biblischen und dogmatischen Aussagen bedeutet der Heilige Geist die *Gegenwart des auferstandenen Christus.* Deswegen kann von ihm nur die Rede dort sein, wo das Problem der Zeiterfahrung neu gestellt wird. Wenn Jesus Mensch wurde und zu einer bestimmten Zeit lebte und starb, wie kann er dann heute, in einer anderen Zeit, gegenwärtig sein? Wenn die Aussage von der Gegenwart Christi wahr ist, gilt für Jesus Christus die Erfahrung des Entschwindens der Zeit nicht mehr. Der Geist trägt entweder Jesu Zeit weiter und macht ihn uns gleichzeitig, oder er enthebt uns unserer Zeit und macht uns ihm gleichzeitig (Gleichzeitigkeit ist ein Stichwort *S. Kierkegaards,* vgl. dazu: Philosophische Brosamen oder ein bißchen Philosophie, in: *Ders.:* Philosophische Brosamen und unwissenschaftliche Nachschrift, hg. v. *H. Diem* und *W. Rest,* Köln und Olten 1959, vor allem S. 104–129).

Literaturhinweis

(2) Das Problem der Geschichte wurde in der historisch beeinflußten Theologie tendenziell auf das entwerfende und in der Existentialtheologie auf das sich entscheidende Ich konzentriert oder gar reduziert. Nach Röm 8,22 durchzieht der Geist aber die gesamte Kreatur, die auf Erlösung wartet. Kann man sie dann von der Geschichte ausschließen? Neuere, auch theologische Geschichtsentwürfe haben deswegen eine biblische Erfahrung so massiv verdrängt, daß ihre Rehabilitation notwendig wird. Sie muß den Geist *in der Welt* wiederfinden.

Schließlich hat gerade die existentiale Interpretation und die an sie anschließende Hermeneutik der Natur den Anspruch auf Geschichte verweigert. In pointiertem Gegensatz hat *C. F. von Weizsäcker* eines seiner Bücher »Geschichte der Natur« genannt (3. Aufl. Göttingen 1956).

Literaturhinweis

(3) Auch im Hinblick auf die Hermeneutik, die Erkenntnis in den Rahmen der Kontinuität der Wirkungsgeschichte eingebunden sah, stellt sich die Frage nach dem Heiligen Geist. Denn Erkenntnis durch den Lauf der Jahrhunderte mit formalen Begriffen zu sichern erweist sich ständig als Verfehlen der Sache. Das alte *Problem von »spiritus« und »litera«* (*Augustin* im Anschluß an *Paulus,* 2 Kor 3,6) deutet darauf, daß Verstehen nicht individuelle Rezeption durch Kontinuität sichernde Begriffe ist, sondern Betroffenheit hervorbringt, die auch die leidende Kreatur und die in Konflikten sich aufreibende Gesellschaft mit-leidend einbeziehen kann.
(4) *Luthers* katholische Umwelt war von einem Geistverständnis gezeichnet, das die Eingießung der Liebe in der Gestalt von theologischen Tugenden in die Gläubigen meinte. Als junger Mann scheiterte er auch an diesem verengten Geistverständnis, weil der Heilige Geist so seiner *Subjekthaftigkeit und Freiheit* beraubt wurde und zu einem menschlichen Habitus erstarrte. Um ihn nicht dem frommen Menschen verfügbar sein zu lassen, sah er ihn im *Wort* am Werk – im Wort, das entgegenkommt und empfangen wird, aber nicht Instrument werden darf.

Literaturhinweis

Vgl. dazu u. a.: *R. Prenter:* Spiritus Creator, München 1954. Ferner: *G. Ebeling:* Luthers Ortsbestimmung der Lehre vom Heiligen Geist, in: Wort und Glaube, Tübingen 1975, S. 316–348.

Die Themen der Zeit, der Welt und des Wortes werden alle weiteren Erörterungen dieses Studienbuches begleiten müssen.

2.4 Der Geist und der Glaube

Die Lehre vom Heiligen Geist scheint den kritischen Punkt der meisten Dogmatiken – nicht nur heute – darzustellen. Eigentlich müßte von ihr aus Rechenschaft über die der Dogmatik eigene Erkenntnis und Bewahrheitung ergehen. Diese Vermutung (vgl. auch 1.7 der Einleitung!) legt es nahe, im Übergang zum Thema der Kirche (hier als Arbeitsvorlage angeboten [vgl. 2.6]) noch einmal auf das Thema des *Glaubens* zu verweisen, der nach der altprotestantischen Dogmatik recht »instrumental« unter die Heils*mittel* fällt.

Der Begriff »instrumental« schließt sich an die schulmäßige Terminologie (*medium* salutis!) der alten Dogmatik an, verweist aber darauf, daß veränderte Verhältnisse auch diesen Begriff neu deuten und Dogmatik zu neuen Formulierungen zwingen. Denn in unserer Zeit hat eine gesellschaftskritische Sozialphilosophie, die sog. Frankfurter Schule, mit der Kritik der »instrumentellen Vernunft« *(M. Horkheimer)* Formalisierung und Verdinglichung der Erkenntnis beschrieben, die im Grunde nur inhumane Verhältnisse der Gesellschaft widerspiegeln. Instrumentelle Vernunft wird – gemäß dem Prinzip der Herrschaft und der Unterdrückung – selbst zum Instrument. Sie zerstört gute unmittelbare Erfahrung mit Menschen und Dingen. Diese Analyse, deren Richtigkeit man kaum, deren Reichweite man vielleicht anzweifeln könnte, warnt davor, den Glauben als Mittel allein zu betrachten.

Die meisten Dogmatiken des 20. Jahrhunderts halten sich daher streng an die neutestamentliche und reformatorische Einsicht, daß Glaube und Wort (Gottes) aufeinander bezogen sind. Zwischen Glauben und Wort besteht nicht die Beziehung einer instrumentellen Vernunft und einer zum Mittel degradierten Sache, die in sich allein, ohne den von außen gesetzten Zweck, nichts gilt. Im Gegenteil: das Wort – nicht das akustische Signal, sondern als *Selbsterschließung* dessen, der es spricht – geht dem Glauben voraus und verwehrt es ihm, sich seines Gegenstands zu bemächtigen.

Bei aller Kritik, die an der alten Dogmatik notwendig schien, muß nun doch festgestellt werden, daß sie auf ihre Weise mit der Lehre vom Glauben ähnlichen Gefahren begegnen wollte. Das gilt gerade in bezug auf den Geist. Dessen erste Gabe ist ja nicht – wie im mittelalterlichen katholischen System – eingegossene Liebe, die zum Habitus wird (ganz in der Nähe zum instrumentellen Umgang!), sondern der Glaube, der sich nicht in sich verschließt, sondern auf Gottes Vorgabe sich verläßt. Die wesentlichen Gesichtspunkte des altprotestantischen Glaubensbegriffs sollen kurz erwähnt, dann beurteilt werden:

Der Glaube kennt – im Anschluß an *Melanchthon* (z. B. Apol. IV, 48–74 = BSLK, S. 169–175) – nach vielen der alten Dogmatiker drei Aspekte:

(1) die Einsicht (notitia), daß Gott bzw. die Erlösung in Jesus Christus sei;
(2) die Zustimmung (assensus) zum Angebot der Rechtfertigung;
(3) das gewißmachende Vertrauen (fiducia), das alles auf Jesus Christus, nichts aber auf eigenes Tun setzt.

Allerdings ist diese Dreiteilung an die oben erwähnte Einteilung der Seelenvermögen gebunden: (1) und (2) gehören zum Verstand (intellectus), (3) zum Willen (voluntas). Der grundlegende Wandel in der Anthropologie seit der Aufklärung zwingt, sich gegenüber dieser Aufteilung des Glaubens auf drei Aspekte zurückzuhalten (vgl. S. 58 f.).

Zudem sind in diesen drei Aspekten Abwege angelegt: wenn die Glaubenseinsicht überbetont wird, droht Intellektualisierung – bis hin zur sogenannten »fides quae«, dem Glauben als Zustimmung zu Lehrartikeln und Lehrgehalten; die »fiducia«, wird sie isoliert, kann einseitig auf das existentielle Moment (vgl. dazu S. 75) reduziert werden.

Im Kontrast zu diesen dogmatischen Feinheiten stehen die schlichten und doch angemessenen Deutungen des Glaubens durch *Luther,* vor allem im Kleinen und im Großen Katechismus. Wenn *Luther* die Erklärungen der Gebote mit dem Satz »Wir sollen Gott fürchten und lieben ...« einleitet, kommt ein existentieller, ja praktischer Bezug des Glaubens zum Ausdruck; das auch dem Laien notwendige Wissen des Glaubens legt er mit Hilfe des Glaubensbekenntnisses aus. Einsicht, veränderte Einstellung und neues Verhalten liegen dicht beieinander (vgl. BSLK, S. 499–733).

Müssen wir die eher intellektualistischen Ansätze der alten Dogmatik ganz verwerfen? Nicht ganz, denn sie hat auch andere Seiten. So fragt sie sich, was des Glaubens *Ziel* sei. Rechtfertigung und Erneuerung werden als vorläufiges (finis intermedius), ewiges Leben und Lobpreis göttlichen Erbarmens als letztes Ziel (finis ultimus) genannt (→ Ü 3, Kolumne 6). Die theologische Sicht hat zwei Seiten; die negative könnte den Glauben leicht »instrumental« verstehen lassen (vgl. S. 78). Die positive könnte hervortreten, wenn die teleologische Konstruktion, im finis-Begriff angelegt, vernachlässigt wird, Glaube jedoch Ausrichtung auf Neues, auf Zukunft bleibt. Dann muß er den Menschen von der in der Übermacht der Vergangenheit angelegten Folge von Schuld und Verhängnis freimachen und ausgeschlossene Möglichkeiten wiedergewinnen helfen. Dabei darf er nicht nur dem einzelnen, sondern muß auch der mitbetroffenen Umwelt neue Perspektiven setzen: *Hoffnung für die Welt.*

Wenn darin neue Erkenntnis, neue Einstellung und neues Verhalten zusammengefaßt sind, hat *P. Tillich* den Glauben zu Recht als »Mut zum Sein« bezeichnet, weil er immer wieder aus Entfremdung, Angst und drohendem Nichts aufbricht, um »neues Sein« – für *Tillich* auch die Chiffre für Christus – zu gewinnen. Im Begriff des »Neuen« liegt für den Dogmatiker die reizvolle Aufgabe, auch einen neuen Begriff von Transzendenz zu gewinnen, nicht aus der Welt nach oben in einen imaginären Himmel oder bloß aktivistisch nach vorn in eine Zukunft, die dem Alten zu sehr verhaftet ist, sondern aus Zweifel und Resignation zu neuen Lebensperspektiven, die allerdings nur in und unter dem Alten Gestalt gewinnen. Was sich dann als Überschuß zeigt und aus dem Gegebenen nicht hergeleitet werden kann, transzendiert unsere schlechte Wirklichkeit.

Damit kann und soll der *Glaube* aber *nicht welt- oder wirklichkeitslos* verstanden werden oder nur eine neue subjektive Perspektive für eine objektiv unveränderte Wirklichkeit liefern. Da menschliche Wirklichkeit nicht ein Sammelsurium von Fakten darstellt, sondern Fakten und Deutung so zusammenschließt, daß Handlungen darnach ausgerichtet werden – eine Einsicht u. a. des Symbolischen Interaktionismus und der Alltagswissensforschung (vgl. S. 34 f.) –, müssen neue Perspektiven auf die Wirklichkeit auch verändernde Handlungen freisetzen. Mit diesem Gesichtspunkt geben neuzeitliche Handlungswissenschaften vielleicht einen Wink, noch einmal den Zusammenhang von Glaube und Liebe zu bedenken.

Literaturhinweis

Vgl. zum Versuch, Glauben neu zu bestimmen: *P. Tillich:* Der Mut zum Sein, Stuttgart 1953.

Vgl. zu einem handlungswissenschaftlichen Wirklichkeitsbegriff: Symbolische Interaktion. Arbeiten zu einer reflexiven Soziologie, hg. v. *H. Steinert,* Stuttgart 1973, vor allem die S. 333 ff.

Ein letzter Hinweis muß dem Thema *»Glaube und Werke«* gelten. Daß Werke nicht die Seligkeit verdienen, vertrat die Reformation gegen die katholische Lehrauffassung, nach der eingegossene Liebe – in ihr der Heilige Geist – zum Habitus des Menschen wird und sich in Werken bewährt, die vor dem göttlichen Urteil aus sich heraus zählen.

Wenn aber der gute Baum von selbst gute Früchte bringt (ein von *Luther* häufig gebrauchtes Bild, gelegentlich gesteigert mit Hilfe des Wörtchens »sponte«, als »spontan« – vgl. z. B. WA 57, S. 492), befreit der Glaube von krampfhafter Selbstbeobachtung. Die *nachreformatorischen Streitigkeiten* lassen diese Befreiung in einer neuen Scholastik ersticken. Wie sonst könnte man streiten, ob gute Werke zur Seligkeit nützten oder schadeten? Die Konkordienformel, jenes lutherische Einheitsbekenntnis am Ende des 16. Jahrhunderts, entscheidet auf dem Hintergrund der *Melanchthon*ischen Apologie (der Augsburgischen Konfession), daß sie um des göttlichen Gebietens willen notwendig seien.

Literaturhinweis

Vgl. BSLK, S. 786–790. Die nachreformatorischen Streitigkeiten stellt u. a. dar: *R. Seeberg:* Dogmengeschichte, Bd. IV, 2. Nachdruck: Darmstadt 1959.

Das Thema von Glauben und Werken setzt sich einen engen Referenzrahmen. Es verhandelt sein Problem zunächst im Gegenüber des einzelnen und seines Gottes. In zweiter Linie ist der Mitmensch betroffen. Vielfach ausgeblendet werden die veränderten Einstellungen und das erneuerte Verhalten als umfassendere Folgen des Glaubens. Fast vergessen erscheint die Christenheit als übergreifendes Subjekt, das seinen Glauben in die Welt trägt. Erst die Erweckungsbewegung hat der Kirche die Mission ins Gedächtnis gerufen und sie zu innerer und äußerer Mission angestoßen. Deswegen muß dogmatisches Nachdenken über die Folgen des Glaubens – noch dazu im Rahmen der Pneumatologie – das Thema der *Sendung* berühren.

2.5 Kriterien einer noch nicht geschriebenen Lehre vom Heiligen Geist Dazu Anregungen zu eigener Weiterarbeit

2.5.1 Kriterien

Die *Lehre vom Heiligen Geist,* ja die Behandlung des gesamten dritten Artikels des Glaubensbekenntnisses ist ein Stiefkind der Dogmatik gewesen. Erst in jüngster Zeit drängen charismatische Bewegungen und ekstatische Erfahrungen auch die kirchliche Lehre zum Thema des Geistes. Dabei liegen seit längerem einige Studien vor, die versuchten, die evidente Lücke auszufüllen.

Literaturhinweis

Hinzuweisen wäre vor allem auf die Monographien von *H. Berkhof:* Theologie des Heiligen Geistes, Neukirchen 1968, und *W. Dantine:* Der Heilige und der unheilige Geist, Stuttgart 1973. Neuerdings versucht ein Sammelband dem Mangel aufzuhelfen: Erfahrung und Theologie des Heiligen Geistes, hg. v. *C. Heitmann* und *H. Mühlen,* Hamburg 1974. Ferner:
R. Bohren: Daß Gott schön werde, München 1975.
Auch in zwei wichtigen dogmatischen Entwürfen der letzten Jahrzehnte liegen geschlossene Abhandlungen vor:
E. Brunner: Dogmatik, Bd. 3, Zürich und Stuttgart 1960, S. 17–34.
P. Tillich: Systematische Theologie, Bd. 3, Stuttgart 1966.

Die folgenden Gesichtspunkte verdanken den genannten Werken manche Anregung, zielen jedoch über die darin vorgelegten Entwürfe in mehrfacher Hinsicht hinaus. Sie wollen – aufgrund der vorausgegangenen Erörterungen – anregen zu neuem, problemorientiertem Fragen nach dem Heiligen Geist. Wenn dabei von Kriterien die Rede ist, gelten sie nicht dem Geist selbst, sondern der Lehre von ihm.

(1) Berücksichtigung finden muß jener gesamte Bereich von Erfahrungen, die Menschen mit sich machen können oder – besser – in denen sie *sich neu verstehen lernen.* Voraufgehende Abschnitte wiesen hin auf:
- die Aufrichtung angefochtener *Gewissen* (S. 61 ff.),
- die Befreiung vom teils lähmenden, teils lebensbedrohenden Druck der Vergangenheit (S. 69 f.),
- erneuerte *Identität* und damit neu eröffnete Zukunft (S. 61 f., 68 ff.),
- *Humanität,* die nicht Gegenstand des Verfügens oder starre Gestalt eines weltanschaulichen Programms ist (S. 65).

Schließlich deuten auch die mehrfach benutzten Wörter »Einstellung« und »Verhalten« an, daß der »neue Mensch«, in dessen Sein sich Heiliger Geist konkretisiert, anders als in der alten hierarchisch strukturierten Anthropologie (vgl. S. 58) die unbewußten Hypotheken und *dunklen Seiten seines Lebens übernehmen* und integrieren muß. Es kränkt gerade aufgeklärte und neuzeitliche Menschen, daß dem Bewußtsein so harte Grenzen gesetzt sind (vgl. S. 67 ff.). Sollte der Heilige Geist sich nicht in der Übernahme und Verarbeitung dieser Kränkung bewähren? (Vgl. dazu die Andeutungen zum Thema der »Rechtfertigung«, S. 61 ff.)

(2) *Neue Erfahrungen* mit sich selbst lassen sich nicht von mitmenschlichen Beziehungen isolieren. Eine neu zu schreibende Lehre vom Heiligen Geist muß deswegen fragen, ob er nicht auch ein *Geist der Interaktion* ist (ohne in Interaktion aufzugehen!). Jeder müßte den anderen anders sein lassen und nicht nach eigenen Vorstellungen festlegen oder bestimmen – eine *Freiheit,* die sich *mit ihren Grenzen versöhnt* und nicht maßlos wird. Ähnliches gilt nach neutestamentlichem Zeugnis vom Verhältnis zu Gott: jedes mechanische Modell, sich die Beziehungen Gottes zum Menschen vorzustellen, ist ausgeschlossen, wenn es Röm 8,16 heißt: »Dieser Geist (Gottes) selbst bezeugt zusammen mit unserem Geist, daß wir Kinder Gottes sind.« Hier begegnen sich nicht ein Geist und sein Gegenstand, sondern Geist und Geist, Befreier und Befreiter. Wenn heute außerdem die alte Leib-Seele-Differenz mit einer deutlichen Trennung des Innenlebens und des leiblichen Lebens als biblisch fragwürdig und anthropologisch unangemessen erkannt wird, kann sich dieser befreiende Geist nicht in ein Reservat der Innerlichkeit zurückziehen. Er wird seinen *Ausdruck im gesellschaftlichen und kirchlichen Leben* suchen müssen. Deswegen wird die Kirche ihre Institution immer wieder zugunsten der befreienden Erfahrung des Geistes aufs Spiel setzen müssen. (Vgl. dazu auch die Ansätze auf S. 66)

Der Geist der Liebe kann leicht durch Sentimentalität verdrängt werden. Gewiß kennen viele Menschen häufig schon die Bedürfnisse der anderen, wissen spontan, was der andere braucht, ohne viel zu fragen. Andrerseits lieben wir im anderen oft nur das von uns bevorzugte *Bild* und verweigern gerade dem »häßlichen Nächsten« die Liebe.
Merkwürdigerweise – vielleicht aber doch nicht so zufällig – haben Nichttheologen das in unsrer Zeit viel eindrücklicher feststellen können. Etwa *M. Frisch,* der in seinen Tagebüchern und Dramen sich mehrfach auf das *Bilderverbot* bezieht; nicht das Bild des anderen, den anderen selbst sollen wir lieben.

Literaturhinweis

Vgl. dazu sein »Tagebuch 1946–1949« (Frankfurt a. M. 1950), insbes. S. 26 f.; ferner sein Theaterstück »Andorra« und seinen Roman »Mein Name sei Gantenbein«!

Daß humane Wirklichkeit unter Anleitung des alttestamentlichen *Bilderverbots* entdeckt werden könne, hat *Th. Adorno* in seiner sozialkritischen Philosophie betont. Etwas kühn ließe sich folgern, daß Liebe eine erkenntniskritische Funktion haben könnte.

Literaturhinweis

Vgl. dazu vor allem seine »Negative Dialektik«, Frankfurt a. M. 1966, vor allem die S. 203 ff., 390 ff.! »Die materialistische Sehnsucht, die Sache zu begreifen, will das Gegenteil: nur bilderlos wäre das volle Objekt zu denken. Solche Bilderlosigkeit konvergiert mit dem theologischen Bilderverbot. Der Materialismus säkularisierte es, indem er nicht gestattete, die Utopie positiv auszumalen; das ist der Gehalt seiner Negativität. Mit der Theologie kommt er dort überein, wo er am materialistischesten ist. Seine Sehnsucht wäre die Auferstehung des Fleisches; dem Idealismus, dem Reich des absoluten Geistes, ist sie ganz fremd« (S. 205).

Sollten wir daraus nicht folgern, daß die Liebe eine klare – nur scheinbar kalte – Rationalität braucht, um nicht sentimental zu werden, um nicht das bequeme oder erwünschte Bild im andern zu lieben? In diesem Sinn könnte eine theologische Lehre vom Geist aus der heilenden Distanz der Psychoanalyse lernen, ohne sie nachzuahmen, was ihr nicht ansteht. Denn der Psychoanalyse hat sich degenerierte Liebe als Nachfolge-Phänomen des Narzißmus entschlossen. Und das erinnert von fern an den »homo incurvatus in se« (vgl. S. 63, 65).

Literaturhinweis

Vgl. dazu: *S. Freud:* Zur Einführung des Narzißmus, in: *Ders.:* Gesammelte Werke, Bd. 10, S. 138–170; *H. Kohut:* Die Zukunft der Psychoanalyse, Frankfurt a. M. 1975, S. 140–285.

(3) Die in den beiden vorausgehenden Abschnitten (1) und (2) umrissenen Gesichtspunkte sind im Laufe der Erörterungen zum dritten Artikel bereits mit einer besonderen *Zeiterfahrung* verbunden worden. Deswegen genügen Stichworte: ist Geschichte ein gnadenloser Verlauf, der nur entfaltet, was die Vergangenheit angelegt hat, ist Zeit Wiederkehr des Alten und Gewohnten oder Offenheit zu Neuem, zur Zukunft? Das muß sich in Einstellungen, Erwartungen und im Handeln von Christen abzeichnen: reagieren sie nur auf das, was schon geschieht, oder denken sie voraus, suchen sie neue Sinn- und Handlungsperspektiven und handeln sie – vielleicht unter ungewohnten Risiken – so, daß sich neue Möglichkeiten erschließen?

Vgl. dazu vor allem die S. 69 f. (Gesetz und Evangelium), 70 f. (Eschatologie), 77 (Zeitthema).

(4) Mitmenschliche, von besonderer Zeiterfahrung getragene *Offenheit* kann sich nicht aus der Realität davonschleichen. Die Realität verstellt aber so viele Möglichkeiten, daß zumindest die anthropologische Aussage vom »offenen Menschen« überaus schnell zur Ideologie gerät (vgl. S. 59 – *Gehlen*). Daher ein weiteres Kriterium: der Geist gründet und stärkt einen *Glauben, nicht* eine *Weltanschauung* – einen Glauben, der Gewißheit und Mut gegen die Drohung der Sinnlosigkeit wachhält. Da er selbst an der beschränkten Realität leidet, kann er nicht in einer Ekstase aus ihr fliehen, seine Spontaneität kann nicht irrational und zügellos sein. Vor allem *Paulus* als ein wichtiger neutestamentlicher Zeuge hat mit dem Enthusiasmus gekämpft und den Geist an das Wort gebunden.

(Vgl. dazu vor allem die S. 73 [*Luthers* »lumina«]!)

(5) Da es mit dem Thema des Geistes um die Gegenwart eines bald 2 000 Jahre vergangenen Ereignisses geht, kann an dieser Stelle noch einmal an den Einsatz des Studienbuches erinnert werden. Es will von Fragen unserer Gegenwart ausgehen und setzt deswegen bei den Aussagen des dritten Artikels des Glaubensbekenntnisses ein. Der Geist, sein zentrales Thema, hat jedoch heute eine zweifelhafte Konjunktur: er kehrt in zahlreichen Verkehrungen wieder, obwohl er sich eigentlich verbraucht hat. Als *subjektiver Geist* ist er fragwürdig geworden, weil sich sein stolzer Anspruch, das materielle Substrat der Welt zu übersteigen und zu beherrschen, gegen ihn selbst gekehrt hat; als *objektiver Geist* begegnet man ihm skeptisch, weil die in ihm aufbewahrte Erfahrung das gegenwärtige Bewußtsein eher quält und lähmt als fortschrittlich stimmt. Kann der Heilige Geist sich von seinen säkularisierten Doppelgängern unterscheiden?

Literaturhinweis

Zur Unterscheidung von subjektivem und objektivem Geist, die die philosophische Aneignung des in die Welt entfalteten göttlichen Geistes darstellen: *G. W. F. Hegel:* Phänomenologie des Geistes (1807), 6. Aufl. Hamburg 1952.

Der (säkulare) Geist scheint mit einer idealistisch ausgerichteten bürgerlichen Epoche alt geworden zu sein. Wo er jedoch abdankte, machte er dem Kalkül gesteuerter Systeme, den künstlich erzeugten Bedürfnissen und universaler technologischer Beherrschung Platz. Um so irrationaler bricht das Verdrängte an den Rändern neuzeitlichen Lebens durch: in der Attraktion transzendentaler Meditation, in der Schwärmerei für fernöstliche Mystik; Spiritismus und Okkultismus kehren in eine scheinbar aufgeklärte Gesellschaft zurück. Rationalität zerbricht an den Irrationalismen gesellschaftlicher Konflikte, schreitet rückwärts und macht sich beliebiger Herrschaft dienstbar oder reagiert in nahezu sprachloser Resignation auf Zeichen terroristischer Gewalt. Nur wenige stellen sich wie *Camus* der Absurdität und setzen in einer sinn- und perspektivlosen Welt sich der »Polarnacht des Geistes« aus.

Literaturhinweis

Vgl. *A. Camus:* Der Mythos von Sisyphos, Reinbek 1959 (vor allem S. 57 f.).

Die christlichen Kirchen sind angesichts der Leiden in der Welt oft sprachlos. Wären sie es nur im guten Sinne! Statt dessen tun sie sich oft mit einer Sprachlosigkeit hervor, die sich hinter einer Menge frommer Worte verbirgt, die doch nichts sagen können und ausrichten wollen. Vielleicht haben sich ihre Institutionen den Überlebensbedingungen der Gesellschaft so angepaßt, daß der göttliche Geist emigriert und die Pneumatologie deswegen so dürr geworden ist.

(6) Es wird darum – trotz aller Öffnung zur Neuzeit – auch darauf ankommen, den *Heiligen Geist* und die *Geister unterscheiden zu lernen*. Der Geist, von dem hier die Rede ist und der nicht eine Extrapolation oder eine Aufstufung menschlicher Geistphänomene darstellt, ist der *Geist Jesu Christi*. Mit der Formel »extra nos« (vgl. S. 62) wird seine Identität zwar nicht begründet oder hergeleitet, aber zumindest

gegen alle Versuche der Verrechnung auf gewohnte Positionen menschlichen Wissens offengehalten. Ohne uns falscher »Anknüpfung« schuldig zu machen (vgl. S. 55 f.), können wir trotzdem sagen: wenn Wörter wie »Gott« und »Heil« (vgl. S. 64) wieder lebendige Aussagen werden (und das heißt auch: Wirklichkeit verändern), wird *»Heiliger* Geist« gegenwärtig sein.

Deswegen kann der Beiklang des »Aussonderns« im Worte »heilig« nicht als Abgrenzung – schon gar nicht gegen die Mitmenschen, auch nicht gegen die Kreatur – mißverstanden werden. Religionsphänomenologen haben betont, daß *»heilig«* die Ausgrenzung von alltäglichen Lebensvollzügen bezeichne. Unter der Herrschaft des Geistes Christi müßte gerade dieses Verständnis umgekehrt werden. Heiligkeit sollte den Alltag erneuern helfen – so wie der Gottesdienst nach der Lehre der Reformatoren in der Welt geschieht. Wenn das Wort »heilig« dann noch einen Nebensinn des »Abgrenzens« behält, muß er sich nach allem, was oben zur Sprache kam, auf die befreiende Distanz zum verfügenden Denken und Handeln beziehen.

Literaturhinweis

Vgl. zum Thema des »Heiligen«: *R. Otto:* Das Heilige, Breslau 1917; *M. Eliade:* Die Religionen und das Heilige. Elemente der Religionsgeschichte, Salzburg 1954; *G. van der Leeuw:* Phänomenologie der Religion, 3. Aufl. Tübingen 1970, §§ 4.2; 68.1.

Unterscheidung der Geister und Identität des Heiligen Geistes (als des Geistes Jesu Christi) legen es nahe, nach Klärung einiger verbleibender Punkte auf den Problemkreis der *Christologie* zuzugehen (vgl. den Teil 3).

Manipulative Techniken von Leitern in Pfingstgemeinden zeigen leider oft, daß ekstatische Phänomene einem selbstsüchtigen Interesse dienen können. Da nur ein pervertierter Geist den anderen Menschen unterwirft, muß Heiliger Geist gesandt sein von einem, der nicht verfügend und ausnutzend Macht über andere ausübt, sondern sein konkretes Leben zur Vorgabe an andere werden läßt – um deren Freiheit willen. Nach dem Bekenntnis der Kirche gilt gerade das von Jesus Christus. Daß ein Geist sich auf Christus berufen kann, wird sich an Brüderlichkeit und Herrschaftsfreiheit ausweisen.

2.5.2 Nachtrag

Ein Studienbuch wäre überfordert, sollte es alle überkommenen Elemente und Grundzüge neuerer Entwürfe der Pneumatologie zusammentragen. Manche der oben angeführten Fragen sind in der herkömmlichen Lehre vom Geist nur am Rande behandelt worden. Einige sind unter dem Druck heute anstehender Probleme entwickelt und an die vorhandenen Lehransätze herangetragen worden. Denn gerade die *Pneumatologie* kann und muß sich *neuen Fragen* aussetzen, wenn ihr »Gegenstand«, der Geist, Zukunft gewinnen lehrt (vgl. S. 77 f.).
Teilweise vernachlässigte Themen, die dem Bereich des dritten Artikels des Glaubensbekenntnisses zuzuschreiben sind, sollen nun noch genannt werden. Zur ersten Information, nicht aber als Ersatz eigener Fragen und Zugangsweisen, ist aus Kompendien oder kompendienartigen Entwürfen ein kleiner Lesevorschlag zur Auswahl zusammengestellt (s. S. 43 ff.).

Literaturhinweis

Thema	*O. Weber:* Grundlagen der Dogmatik	*H. Ott:* Antwort des Glaubens	*W. Trillhaas:* Dogmatik	*H. J. Kraus:* Reich Gottes ...	*H. G. Pöhlmann:* Abriß ...
Kirche	II,564–715 Darunter: Eschat.Gem. (569 ff.), Leib Christi (574 ff.), Soziale Formen (590 ff.), Credo ecclesiam (603 ff.), notae ecclesiae (709 ff.)	Art. 36–39 Darunter: Begründung der Kirche (36), Sendung in die Welt (37) Geist und Amtskirche (38), Sichtbare und unsichtbare Kirche (39)	502–532	VI,1.4–7 Darunter: Charismatische Gemeinde und institutionelle Kirche (4), Begrenzung der institutionellen Kirche (7)	232–252
Ämter der Kirche	II,625–644	Art. 37		VI,1.4 VI,1.7	232–252
Taufe	II,656–678	Art. 42	339–360	VI,1.2	214–231
Abendmahl	II,678–715	Art. 42	360–385	VI,2.1	214–231
Wortverkündigung	II,645–647	Art. 41		I,3.1–3	(39 ff.)
Eschatologie	II,718–759 Darunter: Reich Gottes (745 ff.), Parusie (750 ff.), Neue Welt (753 ff.), Auferstehung, ewiges Leben (756 ff.)	Art. 47–50 Darunter: Auferstehung, Unsterblichkeit ... (47), Zwischenzustand (48), Jüngstes Gericht (49), Verherrlichung Gottes (50)	477–501	VI,5.1–3 Darunter: Auferstehung der Toten (3), Verherrlichung des Christus (1)	254–282

2.5.3 Exkurs zum Verständnis von »Wort« und »Sakrament«

(1) Die Anlage des Studienbuches und die Herausstellung des Geistthemas könnten leicht zu dem falschen Eindruck führen, daß zwei der wesentlichsten Anliegen systematisch-theologischer Arbeit im Protestantismus des 20. Jahrhunderts – das Verständnis von Wort und Sakrament – zu kurz kämen. Jedoch ermöglicht es gerade die erneuerte Frage nach der Pneumatologie, Anliegen und Gesichtspunkte einer *Theologie des Wortes und der Sakramente* herauszustellen. Die folgenden Zeilen deuten das an, verweisen aber wegen des beschränkten Raums dann nur auf Literatur zur Weiterarbeit.

(2) Die sog. *»dialektische Theologie«* müßte richtiger »Theologie des Wortes Gottes« heißen. Mit dem Begriff des »Wortes Gottes« hat sie Kriterien theologischer Erkenntnis genügen wollen, die in den Abschnitten 2.1 – 2.5 entwickelt wurden. In der Abgrenzung zum Neuprotestantismus wollte sie die Beziehung des Menschen zu Gott nicht als verinnerlichte Erfahrung – etwa als einen bestimmten, schließlich doch verfügbaren Seelenzustand – bestimmen. Im »Wort« wird gesagt, daß sich sein *Subjekt, Gott,* selbst erschließt,

nicht aber zum Gegenstand wird, der dem Hörer anheimfällt. Weiter liegt darin ein Ruf zur *Entscheidung:* wer hört, muß anders werden, als bloße Information ist es mißverstanden (wie in der Sprechhandlungstheorie sind Sprecher und Hörer dem sprachlichen Geschehen viel enger verbunden, als das eine Theorie sprachlicher Signale zum Ausdruck bringen kann). Im »Wort« wurde mitbedacht, daß sein Inhalt nicht wie eine Information in Enzyklopädien ruhen kann, bis sie abgerufen wird, sondern daß es wahr ist, wenn und indem es *geschieht,* sich also zeitlich realisiert und entsprechende Folgen hat: es wird »bezeugt« – der Sprecher stellt sich in das Wort hinein, er gibt nicht eine eigene Botschaft weiter –, und es wird gehört – der Hörer entspricht ihm – durch Entscheidung (*Bultmann,* auch *Barth*), durch Weiterverkündigung und durch Verhalten.

Die Andeutungen mögen genügen. Sie zeigen, daß »Wort Gottes« *kategoriale* Bedeutung für die systematische Theologie des 20. Jahrhunderts bekommen hat (und deswegen unter 1.4.1 – 2 anklang). Daß seine Kriterien denen einer erneuerten Lehre vom Geist entsprechen, ist nicht zufällig. Allerdings gibt es dazu nur wenige Anregungen. Eine Auswahl aus den vielen Ausführungen zur Wort-Gottes-Theologie stellen die folgenden Titel dar:

Literaturhinweis

K. Barth: Das Wort Gottes als Aufgabe der Theologie (1922), in: Anfänge der dialektischen Theologie, hg. v. *J. Moltmann,* Bd. I, München 1962, S. 197–218. – *K. Barth:* KD I,1–2. – *G. Ebeling:* Wort und Glaube, Bd. I, Tübingen 1960, S. 319–380.

(3) Die Lehre von den *Sakramenten* ist häufig einseitig entfaltet worden. Seit dem 16. Jahrhundert stand die Abendmahlslehre unter dem Zeichen doppelter Abgrenzung: gegen die katholische Lehre und zwischen lutherischen und reformierten Theologen. Heute haben sich die Streitigkeiten zum Teil verlagert, z. B. auf die Fragen, wie wesentlich der Sühnopfergedanke gegenüber dem Gemeinschaftsgedanken sei oder ob Christus damit eine besondere Gabe neben dem Wort gewähre. Die *Taufe,* zwischen den reformatorischen Kirchen kaum kontrovers, der katholischen Kirche gegenüber aber an den Glauben gebunden und nicht in sich selbst wirksam (ob es nun der Kinderglaube oder der in der Konfirmation später bekannte Glaube ist), gerät durch *K. Barths* fragmentarischen Teilband KD IV,4 (Taufe als Antwort des Menschen auf die göttliche Geisttaufe) ins Gespräch. Merkwürdigerweise bleibt in dieser Diskussion der Glaube auf den je einzelnen beschränkt – die ganze Debatte würde entschärft, wenn der Glaube kollektiver erfaßt würde und auch Stellvertretung zuließe. Dann würden Familien und Gemeinden in das Geschehen der Taufe mehr hineingenommen.

Gesichtspunkte zum eigenen Studium der Sakramentslehre könnten heute sein – der Katalog ist nicht vollständig:

- das Verhältnis von Wort und Sakrament,
- das Verhältnis von Sakrament und Glaube,
- das Subjekt des Glaubens (der einzelne oder die Gemeinde),
- die Folgerungen für eine theologische Anthropologie: wenn das Wort »leibhafte« Gestalt hat, wie kann dem eine Anthropologie korrespondieren, die das Leibliche vom Seelischen, ein Innen vom Außen trennt?,
- die Folgerungen für das Verhalten der Gemeinde: kann sie den Zuspruch aus den Sakramenten in einen Binnenraum verschließen und ihre Beziehungen zur Gesellschaft, zur Welt davon unberührt lassen?,
- die Gegenwart Christi, verbunden mit der Frage nach dem Geist (vgl. O. *Weber:* Grundlagen der Dogmatik, Bd. II, S. 698 ff.: Jesus Christus als Geber der Gabe des Abendmahls könne weder in den Schemata

»subjektiv-objektiv« noch »leiblich-geistlich« angemessen erkannt werden, sondern nur pneumatologisch),

– die eschatologische Ausrichtung: der Charakter des Freudenmahls, in geringerem Maße die Verheißung der Taufe, sind in den kontroverstheologischen Diskussionen oft untergegangen.

(Mit diesem anregenden, aber unvollständigen Katalog soll bewußt die Frage nach der Präsenz Christi zurücktreten. Sie hat, wie Teil 3 zeigen will, doch zu allerlei merkwürdigen, von fraglicher Metaphysik getragenen Konstruktionen z. B. der Allgegenwart Christi oder des Verhältnisses göttlicher und menschlicher Natur geführt.)

Literaturhinweis

Neben den Artikeln der Nachschlagewerke und den entsprechenden Abschnitten der Dogmatik seien zwei Titel für die neuere Diskussion um die Sakramente besonders hervorgehoben:
Zu *Karl Barths* Lehre von der Taufe, hg. v. *F. Viering*, Gütersloh 1971.

Zur Lehre vom heiligen Abendmahl. Bericht über das Abendmahlsgespräch der EKD 1947–1962 und Erläuterungen seines Ergebnisses, hg. v. *G. Niemeier*, München 1964.

2.6 Exemplarische Hinweise zur Erarbeitung eines Einzelthemas: Die Kirche

Der letzte größere Abschnitt einer jeden Einheit (2.6–4.6) soll besondere *Hinweise zur Einarbeitung* in ein bestimmtes dogmatisches Thema geben. Jeder der exemplarischen Abschnitte (im Aufbau des Studienbuchs mit n. 6 beziffert, wobei n = 2–4 darstellt) hat einen verschiedenen Dialogpartner. Der hier folgende Abschnitt geht auf die Sozialwissenschaften zu. Als *Gliederungs*gesichtspunkt liegt das *Schema eines dogmatischen Urteilsgangs* (vgl. 1.3) zugrunde.

2.6.1 Die Präzisierung eines Problems im Bereich des Themas »Kirche«

Jeder, der sich an das Thema der Kirche begibt oder ein ähnliches Thema aufgreift, weiß, daß eine Fülle von Problemen den Zugang ermöglichen (oder auch verstellen). Die unter 2.5.2 genannten Werke sprechen beispielsweise dogmatische Begriffe an, die die Kirche betreffen: ecclesia synthetica, ecclesia repraesentative, ecclesia militans, ecclesia triumphans, ecclesia invisibilis, ecclesia visibilis. Dazu die Bestimmung der Ämter, die Rolle der Predigt und der Sakramente. Allerdings genügt die Kenntnis dieser vor allem examensrelevanten Topoi nicht allein. Die *Wirklichkeit der Kirche* heute gibt Fragen auf, die sich kaum mit Hilfe dieser Begriffe verständlich machen oder vorantreiben lassen.
Vergleicht man die alten dogmatischen Begriffe etwa mit dem, was die Massenmedien über die Kirche sagen oder wie sie einem Theologiestudenten begegnet, so ist die Diskrepanz evident. Man braucht auch nur nach den Arbeitsinhalten und den Arbeitszeiten eines Pfarrers zu fragen, um einzusehen, wie wenig seine tatsächliche Arbeit jene dogmatischen Aussagen reflektiert.

Literaturhinweis

Z. B. genügt es, sich Ergebnisse der Studie »Der Pfarrer im Amt« von *Y. Spiegel* (München 1970) anzusehen, um zu dieser Feststellung zu gelangen.

Dem Studenten begegnet die Kirche vielleicht in einer Gemeinde, die seine

Mitarbeit erbittet, aber auch in der verwaltenden Institution, die seine Anstellung und Fortbildung regelt und auf diese Weise tief in sein Lebensgeschick eingreift. Vielfach schlägt sich eigene Erfahrung mit der Kirche in Resignation nieder – nicht immer so lähmend wie bei jenen Pfarrern der DDR, die sich ausrechnen können, wann sie das letzte aktive Glied ihrer überalterten Gemeinde begraben haben werden. Wo wird dann noch Kirche auf der Wanderschaft zum himmlischen Ziel oder Kirche als Leben aus Wort und Sakrament gefunden, erfahren, erlebt? Gelten dogmatische Kirchenbestimmungen nicht nur noch einem absterbenden Gemeindekern? Dieser Fragenkatalog ließe sich erweitern – man denke nur an innerkirchliche Streitigkeiten um einen Bischof, der gefangene Anarchisten besucht, oder an die Verlautbarungen der sogenannten »Celler Konferenz«, die in den Jahren der Studentenbewegung die Kirche von innen her revolutionieren wollte und die »bürgerliche« Theologie ablehnte zugunsten eines humanistisch-sozialistischen Engagements.

Das soll hier als umfassendes Ausgangsproblem gewählt werden: *reale Erfahrungen* mit der Kirche und *dogmatische Selbstbestimmungen* dieser Kirche klaffen hoffnungslos auseinander. Gibt es Möglichkeiten, beides einander anzunähern?

2.6.2 Die Frage nach dem Problemkontex

Wir fahren im vorgeschlagenen Urteilsschema fort und fragen zunächst nach dem *vorwiegend diachronen Kontext* des Problems (1).

(1.1) Zunächst gilt es, die tragenden Überlieferungen in der Selbstaussage der Kirche festzustellen. Von besonderem Gewicht ist die neutestamentliche Aussage über den *Leib Christi.* Sie findet sich u. a. an folgenden Stellen: Röm 7,4.24; 1 Kor 6,13 ff. (indirekt); 1 Kor 10,16 f.; 1 Kor 12,12 ff.; Eph 1,23 f.; Eph 4,12; Eph 5,23; Kol 1,18 und mittelbar an einigen weiteren Stellen. Allerdings wird das Bild bei den Deuteropaulinen (Eph und Kol) anders als bei Paulus verwendet: Paulus betont die organische Einheit vieler Glieder, die Deuteropaulinen legen Wert auf die Unterordnung der Glieder unter das Haupt Christus. Eine sehr unmittelbare Übertragung des einen oder des anderen Gedankenkreises könnte entweder ein eher demokratisches oder ein mehr hierarchisches Kirchenbild fördern. Aber die schlichte Aneignung biblischer Aussagen als dogmatischer Belegstellen ist ein fragliches Verfahren. Die gesamte »Sprechhandlung« (was wollte Paulus mit seinen Lesern erreichen, was hält sich von seinen Anliegen durch zweitausend Jahre Geschichte durch?) ist zu rekonstruieren.

Literaturhinweis

Wichtige Literatur zu diesem Problemkreis führt z. B. auf *H. Conzelmann:* Grundriß der Theologie des Neuen Testaments, 2. Aufl. München 1968, S. 280, S. 284 f., S. 286.

Durch allen exegetischen Zwist hindurch wird doch deutlich, daß die zentrale Aussage vom Leibe Christi nicht primär eine Lehraussage darstellte, sondern eine bestimmte Beziehung der Gemeindeglieder untereinander gestalten wollte, was z. B. in 2 Kor 3,3; Eph 4,4; 1 Kor 12,14; 1 Kor 13,13 (Gemeinschaft des Heiligen Geistes) sichtbar wird.

Damit sind die neutestamentlichen Überlieferungen nicht erschöpfend gesichtet, finden sich doch eine Menge von Anzeichen kirchlicher Institutionalisierung, etwa bei der Taufe, dem Abendmahl, der Handauflegung, der Verkündigung, den Ämtern, der gemeinsamen Ordnung der Charismen (der Gnadengaben des Geistes). Die Akzente in den verschiedenen neutestamentlichen Traditionskreisen (Synoptiker, Johanneisches Schrifttum, Paulus und Deuteropaulinen, Frühkatholizismus) liegen jeweils anders. Zu den genannten

Stichwörtern finden sich in Nachschlagewerken Information (leider oft summarisch und nicht den Lebensbezug neutestamentlicher Aussagen rekonstruierend) und Literaturangaben.

Zwei Fragen müssen über die übliche und erreichbare Information hinaus gestellt werden:

(a) wie dringlich müssen wir uns heute *auf neutestamentliche Überlieferungen zurückbeziehen?* Das hängt von theologischen Grundentwurf (vgl. etwa 1.4.1–3) und von der eigenen Theorie der Bewahrheitung dogmatischer Aussagen ab. Und

(b) welche *gemeinsamen Erfahrungen,* welche gemeinsame Wirklichkeit verbinden uns Menschen des 20. Jahrhunderts mit den neutestamentlichen Autoren angesichts unterschiedlicher Sozialstrukturen und veränderter geschichtlicher Situation? Das muß doch wohl ein gemeinsamer Geist sein, der auf ähnliche Weise die lebensgeschichtliche Basis umgestaltet.

Das Studienbuch gibt an dieser Stelle keine Antwort, weil es der theologischen Orientierung des Lesers nicht vorgreifen kann. Der Autor hat seinen Weg an verschiedenen Stellen – etwa mit dem Hinweis auf Sprechhandlungstheorien oder der Anregung zu einer Revision der Hermeneutik (S. 30 bzw. S. 77 f.) – bereits angedeutet.

(1.2) Die *kirchen- und dogmengeschichtliche Entfaltung* des Kirchenthemas bietet ein schier unübersehbares Material, bündig präsentiert in Nachschlagewerken. Zu kurz kommen allerdings die alltäglichen Erfahrungen mit der Kirche, zuwenig geklärt ist auch ihre Rolle im sozialen Leben der verschiedenen Epochen. Jeder, der zu diesen Themen Stoff sammelt und Hilfe zum Urteil sucht, wird, was er findet, nach *Gesichtspunkten* gliedern, etwa so:

- das sich ändernde Verhältnis von Kirche und Staat (z. B. das Thema der »konstantinischen Wende«); damit verbunden
- die institutionelle Entwicklung (Ämter, Institutions- und Organisationsformen wie Staatskirche, Volkskirche, Freikirche);
- soziale Einflüsse, Konflikte, Spaltungen;
- die sich wandelnde Theologie von der Kirche und die unterschiedlichen theologischen Selbstdarstellungen der Kirchen (z. B. der Streit um die Zahl der Sakramente, die »notae«, d. h. konstitutiven Merkmale wie Apostolizität usw.); damit verbunden
- die unterschiedlichen Einfluß- und Erziehungssysteme für die Mitglieder; usw.

Eine *Auswahl* in diesem schier unübersehbaren Bereich ist schon von der Problemstellung her geboten. Sie würde sich an die Punkte 2.6.1 und 2.6.4 dieses Abrisses binden.

(2.1) Auswahl empfiehlt sich auch im *eher synchronen Problemkontext,* der die Kirchenfrage in der Gegenwart erörtern hilft.

Dogmatische Bestimmungen der Kirche sind auch abgrenzende Definitionsversuche. Sie schließen häufig andere Weisen, Kirche zu sehen, aus. Solange sie nicht überaltert sind und nur noch als ehrwürdige Überlieferung weitergereicht werden, haben sie die Möglichkeit, die Kirche zu gestalten. Man denke nur daran, wie Aussagen über die Kirche Aspekte eines neuen Kirchentypus in der Reformation hervorbringen halfen (den größeren Teil besorgten wahrscheinlich die Umstände, z. B. in Gestalt des landesherrlichen Summepiskopats). Gegenwärtig scheint es das Problem der Ekklesiologie zu sein, daß ihre Topoi – häufig in altprotestantischer Formulierung – zwar im Examen verlangt werden können und vielleicht bei der Ordination mitschwingen, auf Synoden und bei anderen öffentlichen Gelegenheiten proklamiert werden, aber im Grunde ohnmächtige theologische Umschreibungen organisatorischer Identität darstellen, die auf das reale Leben der Kirche keinen Einfluß nehmen können.

(2.2) Was tun also Menschen, die sich beispielsweise der Aussage des siebenten Artikels der Augsburgischen Konfession bedienen?

»Es wird auch gelehret, daß alle Zeit musse ein heilige christliche Kirche sein und bleiben, welche ist die Versammlung aller Glaubigen, bei welchen das Evangelium rein gepredigt und die heiligen Sakrament lauts des Evangelii gereicht werden« (CA VII = BSLK, S. 61).

Sie legitimieren sich gegenüber anderen und vor sich selbst, indem sie sich auf Traditionen, die für ihre Kirche wichtig sind, berufen (z. B. reformatorische Bekenntnisse, urchristlich-biblische Aussagen). *Legitimierende Verfahren* sind jedoch zweideutig. Sie können nachträglich institutionelle Prozesse und Zusammenhänge rechtfertigen wollen und damit verdecken, daß es weitere Gesichtspunkte gibt, die ein System – wie die Kirche – funktionieren lassen (z. B. die an die kirchliche Organisation gebundenen Erwartungen von Gehaltsempfängern). Oder sie können kritisch gegen beobachtete Mißstände und abweichende »Definitionen« der Kirche gewendet werden. Das scheinen ekklesiologische Aussagen in letzter Zeit selten zu leisten. Das gesamte kirchliche Finanzwesen, häufig auch die Gemeindereform und andere wichtige Funktionen, die die institutionelle Seite der Kirche regeln, werden selten kompetent dogmatisch kritisiert. Offenkundig fehlt es an dogmatischem Verständnis für organisatorische Prozesse und an theologischem Argumentationsvermögen, das Leitaussagen in institutionelle Verfahren übersetzt.

2.6.3 Positionen gegenwärtiger Ekklesiologie

Nach dem Vorschlag zur dogmatischen Urteilsbildung muß man sich angesichts des vielfältigen Problems einige *Positionen gegenwärtiger Ekklesiologie* verdeutlichen.

Literaturhinweis

(1) Noch nicht verklungen ist die Provokation jener im 19. Jahrhundert formulierten These von *R. Sohm* (Kirchenrecht, Bd. I und II, München und Leipzig 1923), daß die Kirche auch in ihrer sichtbaren Gestalt als Liebesgemeinschaft eine ausschließlich geistige Größe sei, auf die sich Recht nicht beziehen könne. Protestantische Kirchen kennten daher nur weltliches Recht, das sich auf die gesellschaftlichen Seiten bezöge, aber nicht aus der Liebesgemeinschaft begründet werde. Unser hier gestelltes Problem löste sich mit Hilfe dieser allzu verkürzt vorgestellten These etwa so: dogmatische Aussagen zur Kirche beträfen nur die Liebesgemeinschaft; die rechtliche und institutionelle Gestalt blieben davon unberührt und den jeweils sie formenden gesellschaftlichen Kräften ausgeliefert.

Literaturhinweis

(2) *Sohms* These ist nicht ausgestorben. Denn *E. Brunner* hat in seinem Buch »Das Mißverständnis der Kirche« (Stuttgart 1951) hervorgehoben, daß ἐκκλησία im Neuen Testament nicht als Institution, sondern ausschließlich als Personen-, als Christusgemeinschaft verstanden worden sei. Organisation sei darum nur Ersatz für die Fülle des Geistes. *Luther* habe zu Recht das kanonische Recht verbrannt. Man halte sich *Brunners* extreme Position wohl vor Augen: gibt es diese Gemeinde überhaupt; gibt diese Sicht nicht die gesellschaftliche Realität der Kirche der Beliebigkeit preis? Kennt nicht auch das Neue Testament bereits bestimmte Verfahren und Strukturen gemeindlichen Lebens?

Angesichts dieser Position legt sich ein Verdacht nahe: könnte *Brunner* doch eine aus seiner Umwelt gewonnene Position in die neutestamentlichen Schriften zurückprojiziert haben! Denn sein Personalismus liegt einer klas-

Literaturhinweis

sischen bürgerlichen Position der Soziologie nicht fern, der Unterscheidung von *Gemeinschaft* und *Gesellschaft* (angeregt durch *F. Tönnies:* Gemeinschaft und Gesellschaft [1887], Nachdruck: Darmstadt 1972). Der Gemeinschaft, aus personalen Beziehungen konstituiert, fallen darnach alle guten, der Gesellschaft als einem Gefüge formaler Beziehungen alle schlechten Aspekte menschlichen Zusammenlebens (Entfremdung!) anheim. Diese kritische Vermutung ruft deswegen auch zur Vorsicht gegenüber allen biblischen Theologien auf, die ihre Erkenntnisschemata nicht vorher kritisch befragen.

Literaturhinweis

(3) Weiter als dieser dualistische Ansatz könnten *D. Bonhoeffers* Anregungen führen. Schon in den zwanziger Jahren dieses Jahrhunderts hat er Verbindung mit den Sozialwissenschaften gesucht. Allerdings bot sich auch ihm nur eine Soziologie an, die stärker dem Gemeinschaftsgedanken zuneigte. Seine Gedanken hat er 1930 niedergelegt in der Studie »Sanctorum communio. Eine dogmatische Untersuchung zur Soziologie der Kirche« (Neudruck in 4. Aufl. München 1969). Deren Basisformel lautet: »Christus als Gemeinde existierend« (S. 80, 92 f., 137 ff., 145 f.). Denn die Glaubenden geben der Stellvertretung Christi heute Ausdruck, wenn sie füreinander Stellvertretung üben. *Bonhoeffer* hat später den Stellvertretungsgedanken radikalisiert; ein im Gefängnis entstandener Entwurf einer Arbeit spricht von der Kirche, die

Literaturhinweis

nur dann *Kirche* ist, wenn sie *für andere* da ist (Widerstand und Ergebung, 11. Aufl. München 1962, S. 257 ff.). Angesichts einer so radikalen Definition drängt sich die Frage auf, ob sie nicht damit immer wieder ihre Institution aufs Spiel setzen müsse und ihre organisatorische wie rechtliche Seite gleichgültig werde. Aber die gegenteilige Folgerung legt sich nahe: wenn sie für andere da sein will, darf ihr die Institution nicht im Weg sein, sondern muß dem Auftrag dienend zugeordnet werden; Kirchenrecht wird dienendes Recht, Kirchenorganisation wird Hilfsmittel für den Auftrag werden müssen. Recht und Organisation müssen vom theologisch bestimmten Auftrag in der Auseinandersetzung mit gegebener gesellschaftlicher Realität gestaltet werden.

(4) *K. Barth* hat diesen Ansatz zustimmend aufgenommen. Zunächst gab die »dialektische Theologie« mit ihrem »Nein« und »Ja« (Gottes gegenüber der Kultur) nur geringen Anstoß, Kriterien für die Sozialgestalt der Kirche zu suchen. Äußerliche Kirche rückte in die Nähe jener Religion, die Menschen entwerfen, um sich darin selbst zu verherrlichen.

Literaturhinweis

Aber der Band IV,1 seiner »Kirchlichen Dogmatik« behandelt auf den S. 718 ff. das Werk des Heiligen Geistes in der Gemeinde. *Barth* hat sich also gewandelt. Gemeinde ist darnach die eigentliche öffentliche Gestalt von Kirche. Denn die Kirche ist in jeder *Gemeinde* ganz gegenwärtig. Kirche ist, indem sie selbst *geschieht* (S. 728). Diese aktualistische Definition, gewonnen aus dem Begriff des Wortes Gottes, das sein eigenes Wesen im Geschehen hat, will zwar die Sichtbarkeit der Kirche einbeziehen, bleibt aber gegen ihre Strukturen spröde. Kirche ist »Jesu Christi eigene irdisch-geschichtliche Existenzform« (S. 718). Die Beziehungen der Glaubenden zu Christus bestimmen, was die Gemeinde ist. Ein spiritualistischer Kirchenbegriff kommt für *Barth* nicht in Frage.

2.6.4 Erneute Problembestimmung

Spätestens jetzt muß das anstehende *Problem* erneut durchdacht werden. Am Anfang (2.6.1) hatte sich das Studienbuch dem Problem gestellt, daß reale Erfahrungen mit der Kirche und theologische Aussagen über sie weit auseinandergehen. Nun scheinen sogar theologische bzw. kirchenrechtliche Konzeptionen diese Erfahrung zu bestärken (vor allem *Sohms* und *Brunners*

Konzeption). Lassen sich trotzdem aus theologischen Aussagen über die Kirche Kriterien für ihre Sozialgestalt gewinnen? In der verwirrenden Situation, die sich nun ergibt, müssen wir offenkundig nach neuen Hilfestellungen suchen.

Einmal müssen die realen, aber diffusen Erfahrungen mit institutionalisierter Kirche, die jeder macht, dem Begriff nähergebracht werden (1). Ein anderer Ansatz kann nach Kriterien fragen, mit deren Unterstützung theologische Aussagen im realen Erfahrungszusammenhang und in der soziologischen Betrachtung der Kirche argumentfähig werden (2).

(1.1) Zunächst wäre z. B. zu fragen, ob sich eigene Erfahrungen mit Hilfe von *Statistiken* verallgemeinern oder relativieren lassen. Kirchensoziologische Untersuchungen geben Auskunft über Teilnahmeverhalten und Motivation von Mitgliedern. Jedoch muß eine zweite Frage sofort folgen: wie kommen solche Ergebnisse zustande, wie repräsentativ sind sie, wie sicher sind die Bezüge einzelner statistischer Ergebnisse aufeinander (sei es durch Kreuztabulierung o. ä.), haben Zahlen überhaupt die Sache erfaßt (sogenannte Indikatoren müssen z. B. für »Kirchlichkeit« bereitstehen und auch tatsächlich für ein Syndrom, d. h. für einen Komplex von Symptomen (in diesem Falle für Kirchlichkeit) gültig sein)? Skepsis gegenüber allzu forschen Ergebnissen und ein vernünftiger Umgang mit Zahlen werden unter Theologen zuwenig eingeübt. So macht sich gelegentlich ein Zahlenfetischismus in der Kirche breit.

Literaturhinweis

Ein Beispiel, das solchen Mißdeutungen offensteht, ist: Wie stabil ist die Kirche? Bestand und Erneuerung, hg. v. *H. Hild*, Gelnhausen und Berlin 1974.

(1.2) Der nächste Arbeitsschritt könnte bedeuten, Erfahrungen mit Hilfe *sozialwissenschaftlicher Modelle* greifbarer zu machen. Ein schlichter sozialwissenschaftlicher Interpretationsansatz besteht in der Bündelung und Zuordnung von *Funktionen.* Anwenden ließe sich das auf die vielfältigen Erwartungen, die einen Pfarrer treffen, deren Überschneidungen sowie die Funktionen, die er ausübt, um dem Erwartungsdruck gerecht zu werden. Dann werden latente und offene Konflikte schnell sichtbar.

Literaturhinweis

Für den Pfarrerberuf findet sich Material z. B. bei: *K. W. Dahm:* Beruf: Pfarrer. Empirische Aspekte, München 1971. Kirchenstrukturen will ein Sammelband erörtern, der vielfältige sozialwissenschaftliche Ansätze eint: Kirche und Klassenbindung, hg. v. *Y. Spiegel*, Frankfurt a. M. 1974.

Analysen dieser Art haben in der Regel theoretische Ansätze im Hintergrund, die ein guter Autor seinem Leser bereitwillig aufdeckt. Sonst muß der Leser sie erschließen, etwa aus dem Vokabular (z. B. »Funktion«) oder den Argumentationsweisen (z. B. Qualifizierung von Positionen als »bürgerlich«, ohne deren reales Versagen in der Wahrnehmung von Realität zu zeigen).

(1.3) Eine weitere Frage bildete der umfassende Rahmen *(»Referenz«)* für eine theoretische Einordnung der Ergebnisse, die kirchliche Realität erfassen wollen. Die erarbeitete Literatur hat ihn im Hintergrund, das eigene Urteil wird von einem mehr oder weniger herausgearbeiteten Referenzrahmen geleitet. Nur wer ihn sich bewußthält, wird nicht sein Opfer, weil der Rahmen den Spielraum eigener Urteile von vornherein einengt. Es gibt meinungsbildende und theoretische Referenzrahmen, in der Regel liegen beide Aspekte ineinander, etwa in der kritiklosen Beschwörung freiheitlich-demokratischer Gesellschaft, verbunden mit einem naiven Funktionalismus, oder der undifferenzierten These von der Klassengesellschaft, gekoppelt mit einer angeblich marxistischen Soziologie.

An dieser Stelle fällt ein Vorschlag zur Weiterarbeit besonders schwer. Nur mit vielen Vorbehalten wird folgende leicht lesbare integrative Darstellung der Gesellschaft als eines Bedürfnisse herstellenden und steuernden Systems vorgeschlagen (die sicherlich bald durch einen anderen Vorschlag ersetzt werden muß):

Literaturhinweis

K. O. Hondrich: Menschliche Bedürfnisse und soziale Steuerung. Eine Einführung in die Sozialwissenschaft, Reinbek 1975.

Der Verfasser des Studienbuchs macht dafür folgende Gründe – trotz Vorbehalten – gültig: *Hondrichs* Entwurf versucht, Ansätze marxistischer Theoriebildung (Thema der Bedürfnisse), differenzierte Aussagen des Funktionalismus und der Systemtheorie und die Verbindung von Individuum und Gesellschaft durch Rollen (Sozialisationsforschung) aufeinander zu beziehen. Er fragt auch – und das betrifft besonders die Kirche als Subsystem des gesellschaftlichen Systems – nach den Chancen von Individuen und Gruppen, verändernd in komplexen Systemen zu handeln: »Die Handlungschancen von Personen und gerade der ›sozial Schwachen‹ liegt ... in ihrer Solidarisierung innerhalb bestehender Sozialsysteme ...« (S. 75).

Dieser Vorschlag zielt darauf, die unter 2.6.1 genannten Erfahrungen mit Hilfe des Rahmens und der Begriffe eines derartigen Entwurfs präziser zu bestimmen. Denn anders erlaubt der konkrete Problemdruck oft gar nicht die für Lösungssuche nötige Distanz.

Z. B. lassen sich die vielfältigen Ohnmachtserfahrungen vor allem jüngerer Theologen in ihrer Kirche ausgezeichnet mit Hilfe systemtheoretischer Elemente beschreiben: die sich selbst regulierenden Systeme kirchlicher Bürokratie stellen für das System der eigenen kirchlichen Lebensbeziehungen junger – und auch älterer! – Theologen »Systemumwelt«, nicht dasselbe System, dar. Entsprechend haben sie nur selektive Beziehungen als Rollenträger, nicht als Personen, zum institutionellen System. Systeme aber wollen sich selbst erhalten und neigen dazu, kritische Einwirkungen von außen zu neutralisieren, um die innere Balance zu erhalten oder wiederherzustellen. Das erfahren die Kritiker des institutionellen Systems ständig. Sie haben aber zwei Chancen: die Solidarisierung und eine solide theologische Argumentationsbasis. Denn noch immer beansprucht die Institution Kirche, von *theologischen Grundaussagen* her legitimiert zu sein. Wenn ihre Kritiker aber auf eine *argumentationsfähige Theologie* verzichten, verschenken sie ihren letzten Trumpf. Die Stärke der Schwächeren wäre, den Widerspruch zwischen Anspruch und Legitimation auf der einen und tatsächlichem Funktionieren der Kirche auf der anderen Seite aufzuweisen.

Literaturhinweis

Die hier benutzte Terminologie wird kurz und präzise definiert in: Lexikon zur Soziologie, hg. v. *W. Fuchs u. a.*, Reinbek bei Hamburg 1975 (rororo 6191–6192).

(1.4) Zuletzt muß die *theologische Aporie* verschärft werden. Selbst dogmatisch einwandfreie Predigten scheinen die volkskirchliche Bindung der überwiegenden Zahl der Mitglieder nicht zu verändern. Die neuere Diskussion über Kinder- oder Erwachsenentaufe bleibt ohne sichtbare Folgen; denn die große Zahl von Taufverweigerungen in einigen Städten scheint keine theologischen Gründe zu haben. In sich gute Theologie und die Ansprüche eines volkskirchlichen Versorgungssystems können also weit auseinandergehen; eine größere Zahl von Bedürfnissen der Kirchenmitglieder – Begleitung von Lebensübergängen, Sinnvermittlung, Diakonie, Seelsorge – scheint den Anspruch auf Kirchensteuer zu stützen und das jetzige Kirchensystem zu erhalten. Theologische Arbeit steht hier vor der entscheidenden Frage: will sie sanktionieren und legitimieren, was faktisch geschieht – wovon auch ihre Träger finanziell abhängen – oder kritische Gesichtspunkte gegen den jetzigen Zustand geltend machen? Dann dürfen aber weder der Theorieansatz als Referenzrahmen zur begrifflichen Durchdringung kirchlicher Realität noch die Argumentationsfähigkeit der Theologie gleichgültig sein.

(2) Gerade an *Argumentationsfähigkeit* scheint es der Theologie allgemein und im besonderen der *Ekklesiologie* zu gebrechen.

So gibt es »Analogieschlüsse« von der Herrschaft Christi auf das Sein der Gemeinde und weiter auf politische Strukturen. Ein immer wieder zitiertes und häufig belächeltes Beispiel stellt dar

Literaturhinweis

K. Barth: Christengemeinde und Bürgergemeinde, Stuttgart 1946. Die Kritik macht es sich zwar etwas leicht, hat trotzdem nicht unrecht: Analogieschlüsse von der Freiheit des Wortes Gottes auf die notwendige Freiheit politischer Verhältnisse sind willkürlich.

In jüngerer Zeit deuten sich mindestens drei Wege der Argumentation an:

(a) Ekklesiologie bildet einen *kategorialen Rahmen,* der vernünftige Diskussion und Entscheidung umspannt. Z. B. würde die Kommunikation im Leibe Christi konkret in einem kommunikativen Team »Kirche«, das politisch und gesellschaftlich vernünftigen Entscheidungen offen ist. Nur leidet der Schritt vom kategorialen Rahmen in die faktischen Prozesse an ähnlicher Beliebigkeit wie die *Barth*schen Analogien.

(b) Eine *Theorie der Kirche* stellt Vorstellungen und Bilder (z. B. »Leib Christi«), die das faktische Verhalten bestimmen, zusammen. Auch hier meldet sich die Frage nach der argumentativen Brücke von der Theorie zu den faktischen Abläufen kirchlichen Handelns.

(c) Ein *ekklesiologischer Pragmatismus:* theologische Aussagen motivieren zu vernünftigem praktischen Handeln. Der einzelne muß dann vor sich verantworten, wie er Motive christlichen Glaubens in gesellschaftliche Handlungen übersetzt.

Literaturhinweis

Diese drei Wege zeigt auf
W. Huber: Kirche und Öffentlichkeit, Stuttgart 1973, S. 125.

Betrachtet man diese drei Wege, stellt man schnell fest, daß sie im Grunde kaum weiter als *K. Barths* Ansatz gediehen sind. Das unter 2.6.1 begonnene und unter 2.6.4 erweiterte Problem spitzt sich nun zu: wie lassen sich kirchliche Selbstaussagen (Ekklesiologie) so *entschlüsseln,* daß sich aus ihnen Kriterien für kirchliches Handeln – im Raum der Kirche und im übergreifenden gesellschaftlichen System – ergeben? Ekklesiologische Aussagen müssen dann entweder als *legitimierende* oder aber als *kritische* Aussagen bestehende Systemstrukturen und Funktionen aufgreifen und vor allem deren Regelwerte (»Normen«) beleuchten. Vermutlich wird sich dann sehr schnell zeigen, daß eher zuviel als zuwenig Normen im kirchlichen Alltag walten.

2.6.5 Zur Entscheidung

Zu den notwendigen *Entscheidungen* kann das Studienbuch keine weitere Hilfestellung geben. Sie werden das eigene Verfahren betreffen: welcher *Aspekt* des Konflikts zwischen Theologie und Institution soll behandelt werden? Sie werden auch die angestrebte *Lösung* betreffen: soll das Ergebnis bestehende Strukturen eher legitimieren oder kritisieren, oder sollen sich beide Aspekte vereinen? Vor allem wird die Entscheidung kaum unmittelbar für eine der unter 2.6.3 angedeuteten – oder eine ähnliche – Position fallen können, sondern sie muß sich nun daran ausweisen, wie eine gewählte Position in Argumente, die kirchliche Wirklichkeit treffen, überführt werden kann.

2.6.6 Zur Überprüfung der Entscheidung

Im Zusammenhang des sechsten Urteilsschritts ist auch die *Rückfrage nach den ekklesiologischen Ansätzen* (2.6.3) geboten. Kritik der viel zu zahlreichen Normen gegeneinanderstehender Subsysteme der Kirche (Sinn des kirchlichen Steuerwesens, Sinn volkskirchlicher Amtshandlungen, Optimierung der Verwaltung, theologische Qualität der Predigten usw.) kommt – entgegen manchem anderslautenden Urteil – doch im aktualistischen Kirchenbegriff am besten zur Geltung. Denn nun dürfen sich Strukturen, Institutionen, Recht der Kirche nicht zu in sich selbst ablaufenden Systemen stabilisieren (selbst wenn sie so am besten modellhaft abzubilden und zu analysieren sind), weil sie dem Auftrag der Kirche, »Jesu Christi eigene irdisch-geschichtliche Existenzform« zu sein, dienen. Jesu Christi Gegenwart im Geist erfordert jedoch bestimmte mitmenschliche Beziehungen, nicht hingegen als Selbstwert aufgefaßte Institutionen. Denn Institutionen sollen den humanen Beziehungen nur dienend zugeordnet sein. Kirchenrecht ist dann Dienstrecht. Ebenso könnte *Bonhoeffers* Kirchenbegriff (»Kirche für andere«) Kriterium werden, alle Normen, die der Stabilisierung kirchlicher Subsysteme dienen, zu relativieren.

Argumente und *Taxonomien* (argumentative, zum Nachvollzug geordnete Gedankenschritte), die eine Brücke zwischen ekklesiologischen Aussagen und kirchlicher Realität schlagen, gibt es leider noch selten. Sie wären mit Hilfe der Bewahrheitungstheorien (vgl. 1.4.6!) zu finden. Die in 2.6.1 angesprochene Misere ist ein Ausdruck der Ohnmacht kirchlicher Dogmatik und der untheologischen Eigenständigkeit volkskirchlicher Realität. Schrittweise durchdachte Nachprüfung, was ekklesiologische Aussagen in der Realität der Kirche bedeuten könnten, wird sich nur anhand sehr konkreter Probleme durchführen lassen.

2.7 Anhang: Anthropologische Nachbesinnung

Wie in 1.10 angekündigt, wendet sich am Ende der Abschnitte 2, 3 und 4 je ein Anhang noch einmal ausdrücklich der *Frage nach dem Menschen* zu. Das ist notwendig, weil das Studienbuch jenen *heilsgeschichtlichen Standardabriß* von Dogmatiken verlassen hat, der eine theologische Anthropologie in sich entfaltete: von des Menschen Erschaffung über den Sündenfall zur Erlösung in Christus und von dort zur Wiedergeburt und zur erhofften Auferstehung von den Toten zum ewigen Leben. Das innere Drama dieses Ablaufs ist nicht ohne mythologische Züge. Denn gerade die Vorgeschichte Adams und seiner Nachkommen sollte, wie sie in Gen 1–11 erzählt wird, als Urgeschichte in den Erfahrungen der Menschen zu allen Zeiten gegenwärtig sein. Beginnt die theologische Anthropologie aber bei Aussagen des dritten Artikels, kann leicht der Eindruck entstehen, sie würde schwärmerisch und die Wirklichkeit der Sünde und des göttlichen Zorns abschreiben. Das kann jedoch angesichts vieler Gesichtspunkte, die dieses Studienbuch zumindest erwähnte, nicht gelten (vgl. z. B. S. 60 ff., 65 ff., 81 ff.).

Weil die wichtigsten dogmatisch-anthropologischen Gesichtspunkte schon benannt wurden, genügt es an dieser Stelle, sich noch einmal der *Herausforderung durch die »Humanwissenschaften«* des 20. Jahrhunderts zu stellen. Von der Tradition geprägte dogmatische Aussagen müssen angesichts neuerer Hypothesen und Forschungsergebnisse neu entfaltet werden, um die Realität zu treffen.

Nach reformatorischer Lehre tritt aus der Rechtfertigung ein *neuer Mensch* heraus, der allerdings im alten Sein verwoben bleibt: simul iustus et peccator. Das neue Sein ist nicht gegenständlich, es läßt sich nicht machen. Dieser Einsicht wären nun alle Zielutopien des säkularisierten neuen Menschen – vor allem nach der Epoche der Aufklärung – zu konfrontieren. Kennen auch sie jene Dialektik des ans alte Sein gebundenen neuen Seins? Viele jener Vorstellungen, die sich in anthropologischen Entwürfen der Neuzeit finden, tragen noch säkularisierte Spuren religiöser Erfahrung an sich. Beispielsweise redet die Sozialisationstheorie von einer *zweiten*, einer *soziokulturellen Geburt*, die der ersten, der somatischen, folgt. Besonders deutlich tritt das in der pädagogischen Vision eines neuen, natürlichen Menschen, dem Emile des *Rousseau*, hervor. *Rousseau* war ja der Prophet der natürlichen Güte des Menschen und zugleich Anreger der Französischen Revolution. Die Theologie muß sich zu seinen Nachwirkungen sachlich und kritisch verhalten, damit sie selbst nicht im Kontrast zur Euphorie des natürlichen Menschen in die Geleise des unchristlichen Pessimismus gerät.

Literaturhinweis

Vgl. *J.-J. Rousseau:* Emile oder über die Erziehung, hg. v. *M. Rang*, Stuttgart 1970 (vor allem die S. 74 der Einführung).

Auch die *Psychoanalyse*, obwohl manchmal von düsterem Realismus durchzogen, zieht Spuren der Hoffnung auf den neuen Menschen nach sich. Weniger trifft das für den späten *S. Freud* zu als für die Triebtheorie *H. Marcuses* oder gar *W. Reichs* – allerdings in unüberhörbarem Widerspruch zum Christentum, weil diesen Vertretern menschlichen Glücks die Sexualität im Christentum unterdrückt scheint – Konkupiszenz als Folge der Erbsünde überschattet nach dogmatischer Lehre das geschlechtliche Begehren.

Literaturhinweis

Vgl. *S. Freud:* Die Zukunft einer Illusion, in: Gesammelte Werke, Bd. 14, S. 325–380. *Ders.:* Abriß der Psychoanalyse. Das Unbehagen in der Kultur, Frankfurt a. M. und Hamburg 1953. *W. Reich:* Die sexuelle Revolution. Zur charakterlichen Selbststeuerung des Menschen, Frankfurt a. M. 1971. *H. Marcuse:* Der eindimensionale Mensch. Studien zur Ideologie der fortgeschrittenen Industriegesellschaft, 4. Aufl. Neuwied und Berlin 1968.

Die *Interaktionsforschung* (vgl. S. 19, 25) geht von einem Modell der Begegnung zweier Personen (Ego und Alter, Ich und Du) aus, in das erst nachträglich Störungen eingetragen werden. Wer jedoch Störungen in menschlichen Kommunikationen analysieren will, muß geglückte Beziehungen als Kontrast zumindest annehmen, wenn nicht entworfen haben, um das Fehlverhalten zu erkennen. Bis in die formalen Konstrukte der Sozialwissenschaften reichen also Utopien heilen mitmenschlichen Seins. Kann Theologie ihr Reden von Liebe in solchen Denkmustern verständlich machen?

Literaturhinweis

Vgl. u. a. *G. H. Mead:* Geist, Identität und Gesellschaft aus der Sicht des Sozialbehaviorismus, Frankfurt a. M. 1968.

Die Gerontologie und die Krankenhauspsychologie weisen das Elend des *Alterns* und *Sterbens* auf. Christliche Theologie beansprucht, eine Hoffnung, die über den Tod reicht, zu vermitteln. Aber bringt sie Hoffnung auf eine Zeit, die nicht mit der ablaufenden Lebenszeit synchron ist, in das reale, auch vom Tod gezeichnete Leben? Christen sterben genauso schwer wie andere, Christen trösten Sterbende meist schlecht, weil sie abstrakte Wahrheiten an sie herantragen.

Literaturhinweis

Das sagt *E. Kübler-Ross* in: »Interviews mit Sterbenden« (Stuttgart und Berlin 1971. Ferner: *E. Jüngel:* Tod, Stuttgart und Berlin 1971 (Themen der Theologie, 8).

Diese Anregungen stellen nur einen kleinen Ausschnitt der Fragestellungen dar, die heute eine neue Weise, Theologie zu treiben, provozieren müßten. Die Außenseiterin Theologie hätte im Gespräch der Disziplinen viele Gelegenheiten, was sie will, neu zu sagen; aber das setzt einen freien Umgang mit den Strukturen und Begriffen voraus, in denen einmal dogmatisch gedacht wurde.

3 Hinführung zur Christologie

3.0 Vorfragen: Zugang zu den Aussagen des zweiten Artikels des Glaubensbekenntnisses

Auch der christologische Teil dieses Studienbuchs soll von dem Grundsatz ausgehen, daß sich ein Gegenstand ohne motivierende Fragestellung dessen, der ihn bearbeitet, nicht verständlich entfaltet. Deswegen wollen die folgenden Absätze mögliche Fragen, die zu christologischen Aussagen hinführen könnten, sichten.
Christo*logie* schließt systematische Rechenschaft über Gestalt, Werk und Wort Jesu Christi ein. Deswegen enthält sie schon immer reflexive Momente. Reflexion jedoch weist auf eine gewisse Betroffenheit zurück, die durchaus vorreflexiv sein kann. Deswegen sind Motivationen zu christologischen Fragen auch in *»emotiven«* Schichten des Dialogs und des Selbstgesprächs zu finden.

»Emotiv« ist ein Ausdruck jener Sprechhandlungstheorie, die unter 1.4.6 (4) erörtert wurde. Er sagt, daß Äußerungen nicht nur Information weitergeben, sondern – durch Wortwahl, Tonfall usw. – auch Einstellungen und Gefühle übermitteln können.

Versuchsweise werden nun einige motivierende Fragen genannt. Sie rechnen auf die Mitarbeit des Lesers, der seine eigenen Fragen an eine Christologie mitbringt.

- Der Name *»Jesus«* symbolisiert für viele – vor allem von erwecklicher Frömmigkeit Geprägte – als Inbegriff dessen, was dem Leben Sinn gibt, *elementare Selbstvergewisserung*. Weil der erhöhte »Christus« auch als Weltenrichter gesehen wird, erlaubt er diese enge Bindung kaum. Nimmt man die Motive der Jesusfrömmigkeit in die Christologie, so ist sie systematische Entfaltung einer Antwort auf folgende Frage: was gibt meinem Leben Halt und Sinn – auch über den Tod hinaus?
- Nun gibt es einen Einwand, der dieser Fragestellung entgegenstehen kann: reicht es zu, die Frage nach Lebenssinn, nach »Wahrheit« so zu stellen, daß Fragen und Antworten allein ichbezogen sind? Entlarvt sich nicht christliche Bürgerlichkeit daran, daß Sinnfragen und Antworten am Individuum, am endlichen Subjekt, hängen? Hinter

diesem Einwand verbirgt sich eine ganz andere, Christologie erschließende Frage: wie können *wir* aus dem *Zirkel* des Selbstinteresses, aus dem Kreisen um das *Ich ausbrechen* – etwa im Glauben an Gott den »ganz anderen«, der Mensch wurde und ans Kreuz ging, auch um die vorherrschenden Gedanken von »Gott« zu zerstören?

Neben diesen Ansätzen, die oft tief in emotiven Schichten des Selbstverständnisses wurzeln und nach Vergewisserung drängen, positiv oder paradox, gibt es eine Fülle von Fragen, die von vornherein in ihrer kognitiven Struktur durchsichtiger sind. Nur wenige sollen hier umrissen werden:

- Die Frage nach dem *Grund des Glaubens*: worauf kann sich ein christlicher Glaube berufen, der nicht nur Aussagen »glaubt«, d. h. für wahr nimmt (die sog. fides quae creditur), sondern auch Lebensvollzug und Lebensausrichtung ist (die sog. fides qua creditur)? Beruft sich dieser Glaube auf eine geschichtlich projizierte Illusion oder eine reale geschichtliche Person?
- Damit stehen wir bei einer Frage, die sich aufgrund der provokativen Aussage des Johannesevangeliums »Ich bin der Weg und die *Wahrheit* und das Leben« (Joh 14,6) stellt: mit welchem Recht wird diese Frage der geschichtlichen Gestalt des Jesus (Christus) in den Mund gelegt?

Um den Zweifel mit den Worten des rationalistischen Skeptikers *A. Schmidt* zu verschärfen:

»Was würden wir heute sagen, wenn ein junger Mann aus irgendeinem unbedeutenden Zwergstaat käme; einem der immer wieder vorhandenen und nicht nur ›wirtschaftlich unterentwickelten‹ Ostgebiete; keiner von den großen Kultursprachen mächtig; völlig unbekannt mit dem, was in Jahrtausenden Wissenschaft, Kunst, Technik, auch frühere Religionen, geleistet haben – und ein solcher stellte sich vor uns hin mit den dicken Worten: ›*Ich* bin der Weg; *und* die Wahrheit; *und* das Leben‹? Wir müßten's uns durch einen herbeigerufenen Dolmetscher erst noch mühsam aus dem barbarischen Dialekt übersetzen lassen – würden wir nicht halb belustigt, halb verständnislos ihm raten: ›Junger Mensch: Lebe erst einmal und lerne: und komme in dreißig Jahren wieder!‹? Genau dies aber war der Fall mit Jesus von Nazareth ...« (Hervorhebungen im Text).

Literaturhinweis

(*A. Schmidt:* Atheist? Allerdings!, in: Was halten Sie vom Christentum, hg. v. *K. H. Deschner,* München 1957, S. 67.)

- Mehr auf die *Kirche* selbst, auf ihre Existenz und ihr Selbstverständnis ist aber die Frage gerichtet, ob sich die christlichen Kirchen – noch dazu bei ihrer anstößigen Spaltung – zu Recht auf Jesus »Christus« berufen können. Wie bleibt dieser Jesus Christus im Laufe der Geschichte des Christentums bei den Kirchen? Ja, was von ihm selbst bleibt im Wandel der Zeit: seine Worte, sein Vorbild, seine Wirkungen, sein Geist, oder bleibt er sogar als Person? Und was hieße das?

Die Frage nach dem Sein Jesu Christi heute – nach seiner Bedeutung, seiner Gegenwart usw. – wird verschieden beantwortet. *Schleiermacher* verwies darauf, daß Jesu Gottesbewußtsein im Bewußtsein der Gläubigen bleibe. Liberale Theologen, aber auch aufgeschlossene Marxisten wie *Machovec* oder *Gardavsky* sehen Jesus als Beispiel und Anstifter sinnerfüllten Lebens.

– Ein Vergleich der zuletzt genannten Fragen wirft ein doppeltes Problem auf, das auf den Theologen zurückfällt: wie erkennen und erfahren wir *Geschichte*? Wie bestehen wir in der *Zeit*? Wenn sich uns nämlich Geschichte als Ablauf der Zeit darstellt (vgl. S. 67ff.), muß der Zweifel wachsen, ob überhaupt etwas bleiben kann außer der Erinnerung dessen, was geschah. Wenn wir Geschichte als offenen Prozeß in die Zukunft deuten wollen, stellt sie uns vor die Entscheidung, ob diese Zukunft ein irrationales Produkt des Zufalls ist oder ob nicht unsere Wünsche und Projektionen diese Zukunft mitgestalten helfen. Und worauf beruft sich die Hoffnung, die eine gute Zukunft vorwegnehmen möchte?

Unsre Verlegenheit spitzt sich zu, wenn wir die Erfahrung des Vergehens und der ungewissen Zukunft mit einem Wort des Hebräerbriefs konfrontieren: »Jesus Christus gestern und heute und derselbe auch in Ewigkeit« (Heb 13,8). Allenfalls geht es in unsre Vorstellung ein, daß Gesetze bleiben, etwa Naturgesetze; vielleicht sind wir auch bereit anzunehmen, daß einige sehr allgemeine menschliche Erfahrungen den Wandel überdauern. Nun soll aber das Subjekt des Satzes aus dem Hebräerbrief, »Jesus Christus«, offensichtlich nicht von der Allgemeinheit eines Gesetzes sein. Denn der Glaube hängt an einer Person, deren *Name* Jesus Christus ist. Unsere Erfahrungen mit Personalität hängen an zeitlicher Begrenzung: wer Person ist, hat seinen bestimmten Ort in Geschichte, Gesellschaft, Gruppen, Beziehungsfeldern usw. Wer Person ist, muß sterben; die je eigene Weise, das zu verarbeiten, ist ein Maßstab der Personalität. So scheint Christologie auf Unvereinbarem begründet zu sein, auf einer *konkreten Person*, die zeitlich und räumlich umgrenzt war und trotzdem im Wandel der Zeit – zeitlich, zeitlos oder überzeitlich? – bleiben soll. Diese Auswahl aus einer Fülle denkbarer Fragen verschärft das Problem einer Christologie im 20. Jahrhundert. Sein Umriß zeichnet sich mit den Begriffen *»Geschichte«*, *»Zeit«* und *»Person«* ab. Daneben muß das Problem, wie christologische Aussagen zu bewahrheiten seien (vgl. 1.4), unter Einbezug des konkreten Menschen, der sich der christologischen Frage stellt, reflektiert werden. Das sollen die folgenden Abschnitte anregen.

Zusammenfassung: Ohne eigene Fragen wird sich das Gebiet der Christologie kaum aufschließen. Sei das nun die Frage nach Gewißheit, die aus der emotiven Schicht des Redens mit anderen oder mit sich selbst kommt, die Suche nach dem Grund des Glaubens oder der Begründung der Kirche (an welchem Ursprung werden ihre Institutionen gemessen?), die Frage nach Konkretem und Allgemeinem in der Geschichte und vor allem, warum eine konkrete, mit Namen benannte Person, Jesus von Nazareth, im Verfließen der Zeiten bleiben soll.

Erschöpft sind Motivationen zur Christologie damit bei weitem nicht. Jeder, der die folgenden Seiten nicht nur überfliegen will, tut gut daran, sich hier seine eigenen Fragen zu verdeutlichen. Vielleicht ist es sogar der Fragende selbst, der von der Sache ergriffen wird.

3.1 Gesichtspunkte der altprotestantischen Christologie

3.1.1 Einführung in die Übersicht 5 (Christologie nach *Hollaz)*

Wie das *christologische Dogma* in der alten Kirche entfaltet worden ist, kann hier nicht nachgezeichnet werden. Zur Einführung dient *Übersicht 4* in beiliegender Mappe. Sie zeigt einige wichtige Weichenstellungen der Christologie in den ersten Jahrhunderten der Kirche an. Um zentrale Aussagen und Lehrbegriffe, wie sie die Tradition fixierte, einprägsam vorzuführen, greifen wir wieder auf die Dogmatik von *Hollaz* zurück. Sie faßt alle wesentlichen überkommenen Bestandteile der Christologie in ein System, dessen Übersichtlichkeit heute nicht mehr erreicht wird. Um Details und historische Einordnung kann es hier nicht gehen, sondern um die prüfende Frage: was wollte ein Dogmatiker wie *Hollaz* mit seinem christologischen System bei seinen Lesern erreichen? Dazu mustern wir zuerst seine Elemente, wie sie Übersicht 5 aufzeichnet, um deren Funktionen zu erfassen und die Gesichtspunkte ihres Zusammenhangs zu ergründen.
Die *Übersicht 5* stellt deutlich sechs Gebiete heraus:
die Lehre
- vom ewigen Sohn (in der Trinität),
- von den zwei Naturen,
- von der personalen Einigung,
- von der Idiomenkommunikation,
- von den drei Ämtern Christi und
- von den Ständen Christi.

Allerdings muß dieser Ausschnitt in den Gesamtzusammenhang der Dogmatik eingegliedert werden: die Christologie folgt auf die Lehren von der Heiligen Schrift, von Gott im allgemeinen, von der Trinität (ein Aspekt wird hier mit aufgenommen! [→ Ü 5, Kolumne 1]), der Schöpfung und dem Fall des Menschen. Diese Einordnung legt den Verdacht nahe, daß Christus als Reaktion auf das Ereignis des Abfalls des Menschen verstanden sein könnte.

Zu den einzelnen Problemfeldern sind kurze Kommentare notwendig. Die inneren Bezüge von Vater, Sohn und Geist werden später erörtert (siehe unten S. 159 ff.). Schwer nachzuvollziehen sind im 20. Jahrhundert vier Themen: die *Sohnschaft* (1), die *Zeugung* von Ewigkeit (2), der *Wesensbegriff* (3) und der *Personbegriff* (4).
(1) Wer angesichts der offenkundigen Krise väterlicher Autorität heute das göttliche *Vater-Sohn-Verhältnis* nach Maßgabe des menschlichen verstehen will, wird kaum begreifen, daß hier die denkbar engste Verbindung zwischen Vater und Sohn ausgesagt werden soll. Gott wird »Vater« genannt weil er

trotz unterschiedenen Personcharakters mit dem Sohn aufs engste verbunden gedacht wird.

(2) *»Ewige Zeugung«* oder »Zeugung von Ewigkeit« drückt zweierlei aus: Einmal darf des Vaters Verhältnis zum Sohn nicht als Herstellen oder Generationen fortführende Zeugung verstanden werden. Gott bleibt bei sich selbst, wenn er den Sohn hervorbringt, er schafft sich nicht ein Werkzeug. Zum andern bedeutet »ewig«, daß hier keine zeitliche Vorordnung und kein zeitlicher Vorsprung (der ja zu *Hollaz'* Zeiten auch Autoritätsvorsprung gewesen wäre, denn erst im 20. Jahrhundert werden Alte abgeschrieben!) gelten. Diese Aussage klingt metaphorisch, ist jedoch, wie *Hollaz* versichert, real gemeint.

(3) Der *Wesensbegriff* läßt sich heute nur noch mit Hilfe eines philosophischen Wörterbuchs nachvollziehen, selbst wenn er noch in der Sprache des Alltags gedämpft nachklingt (z. B. sagt man, jemand habe ein fröhliches Wesen, d. h., was ihn prägt und zu dem macht, was er ist, ist seine Fröhlichkeit). »Wesen« im Gefolge der Metaphysik ist das, was etwas zu dem macht, *was* es ist und was bleibt, wenn alles Zufällige – das Akzidentielle – abgezogen – abstrahiert – wird. Das Gemeinsame der unterschiedenen trinitarischen Personen ist ihre nichtzufällige Gottheit.

(4) Am schwierigsten stellt sich der *Personbegriff* dar, obwohl er unserem heutigen Gebrauch näher scheint als alle anderen trinitarischen Begriffe. Diesen hoffnungsvollen Einklang zerstört allerdings eine Definition eines philosophischen Wörterbuchs desselben Jahrhunderts, wenn es sagt:

»Person, Heißet in der Metaphysik eine besondere vollkommene und vernünftige Substanz, welche ihr Wesen und ihre Subsistenz für sich hat ... Aus diesem folget, daß die Thiere keine Personen zu nennen. Denn obwohl ein jedes Thier ein selbständiges Wesen, so wird doch noch zu einer Person erfordert, daß sie auch vernünftig sey« (*J. G. Walch:* Philosophisches Lexikon, 4. Aufl. Leipzig 1775).

Person ist »Substanz«, d. h. etwas, das aus sich und in sich besteht und daher nicht Merkmal oder Teil eines anderen ist. Deswegen hat sie *»Subsistenz«*, d. h. Bestand in sich, Selbständigkeit. Ferner muß sie Anteil an der Vernunft haben, wie es schon die Definition des spätantiken Philosophen *Boethius* postuliert: »persona est naturae *rationalis* individua substantia« (Person ist eine einzelne Substanz der vernünftigen Natur).

Nun ist »persona« die lateinische Übersetzung des griechischen Ausdrucks ὑπόστασις – wenigstens in der Trinitätslehre. Eigentlich wäre »subsistentia« die angemessenere Übersetzung aus dem Griechischen gewesen, ist doch »persona« die Maske des antiken Schauspielers. Bereits die zweite Spalte der Übersicht 6 zeigt, daß einige Ableitungen von ὑπόστασις nicht ebenso ins Lateinische übertragen worden sind: *Anhypostasie* heißt: Christi menschliche Natur existiert ohne den – oben genau angegebenen – Personcharakter; *Enhypostasie* sagt: diese menschliche Natur findet ihre »Subsistenz« in der göttlichen Natur. Hier wird ein Problem offenkundig, das in der Dogmatik – und nicht nur in ihr! – öfters wiederkehrt: Termini, die unserem Verständnis zunächst nahe scheinen, sind ihm – recht verstanden – doch fern. Von der »Person«, der »Personeinheit«, von der »Personalität« sprechen gegenwärtige Christologien häufig – und dennoch meinen sie meist anderes als ihre Vorläufer, ohne den Unterschied in jedem Fall ausdrücklich hervorzuheben.

Bedenkt man, daß »persona« ursprünglich im Theater zu Hause war, dann nähme im heutigen Sprachschatz der Begriff der *»Rolle«* eine analoge Funktion ein – im Beziehungsfeld des Schauspiels eine bestimmte Funktion anzuweisen, die mit einer »persönlichen« Note auszufüllen ist. Aber Soziologen und Theologen, die den Rollenbegriff benutzen, haben auch diese Metaphorik meistens schon vergessen. Wir hingegen verbinden heute mit dem »Person«-Begriff den Eindruck der Unverwechselbarkeit, der Einmaligkeit oder des Unnachahmlichen; anders steht es allerdings mit der Sprache der Juristen. Denn die Epoche des bürgerlichen Selbstbewußtseins mit ihrer Betonung des Subjektivismus und des Individualismus steht verändernd zwischen dem ursprünglichen und dem heutigen Sinn (vgl. S. 58 ff., 65 f.); sie nimmt ein »Selbst« als Kern der Person an und will es nicht aus Rollen ableiten. Da Identität (idem = dasselbe, bezogen auf die Selbigkeit des Selbst) jedoch nach neueren Sozialisationstheorien an Rollen erworben wird, reagiert manche Theologie den Sozialwissenschaften gegenüber skeptisch.

Vom vierten Punkt läßt sich festhalten: der Personbegriff dient kaum dazu, im 20. Jahrhundert die Trinitätslehre zu klären. Wenn zudem der uns geläufige Personbegriff auf die alte Christologie übertragen wird, erscheint ihr System in sich als unstimmig. Bedenklich stimmt es, daß Christus als Mensch nicht voll und ganz Person gewesen sein soll – nur ist das ein Einwand des 20. Jahrhunderts. Noch mehr verwundert aber der Weg jener alten Christologie, die »Person« Jesu Christi gewissermaßen aus einzelnen Elementen zusammenzusetzen. Auch das aber wäre unser Personbegriff, nicht jener des *Hollaz*.

Die Spalten 2 und 3 der Übersicht 5 weisen auf die mühsam gewonnene Synthese hin. Im Grunde dürfte der gesamte Gehalt der Übersicht nur als nachträgliche Analyse des konkreten Ereignisses der Person Jesu Christi (»Person« in unserem Verständnis!) aufgefaßt werden. Denn Jesus Christus ist aus zwei *Naturen* »zusammengesetzt«.

Und nun erweist sich der *Naturbegriff* als vieldeutig. Er enthält eben viel mehr, als man ihm heute noch beilegen will (die Gesamtheit der nicht von Menschen hergestellten Realitäten). Gemeint ist hier nicht allein die φύσις, ein Teil jener in Bewegung befindlichen Realität (im Kontrast zum Metaphysischen, dem Intelligiblen jenseits des Sinnlichen), sondern auch das Wesen. Göttliche Natur kann zwar nicht sinnlich sein, muß aber doch substantiell und real sein. Daß hier zwei Naturen wie zwei Bestände miteinander vereint werden, läßt diese Christologie wesentlich ungeschichtlich werden. Das *Leben Jesu* kann nur Demonstration dieser metaphysisch-physischen Einigung sein; Gottheit und Menschheit liegen im Grunde fertig vor.

In der Spalte 3 (→ Ü 5) erweist sich, wie schwierig es dem dogmatischen Gedanken gelingt, *göttliche und menschliche Natur zu einigen.* Am umfangreichsten – und das nicht nur in dieser Übersicht! – stellt sich die Lehre von der *Idiomenkommunikation* dar. Beide Naturen übertragen einander ihre Eigenschaften und Handlungen in gewissem Umfang:

(a) weil *eine* Person wird, kann das »Idiom« – die Eigenart – einer Natur von der ganzen Person ausgesagt werden;

(b) weil die göttliche Natur der menschlichen ihre »Idiomata« mitteilt, wird der irdische Leib Christi als Inbegriff seiner menschlichen Natur allgegenwärtig;

(c) weil beide Naturen im Werk einander entsprechen, teilen sie einander die »Idiomata« mit.

Wer die Künstlichkeit dieser Konstruktion durchschaut, kommt doch nicht umhin zu fragen, *was die alte Dogmatik damit wollte.* Diese Frage ist wichtiger als eine fortgehende Erläuterung der Übersicht, zumal sich die Spalten 5–7 (→ Ü 5) einer mitdenkenden Lektüre von selbst erschließen (die darin verborgenen Probleme kommen ohnehin noch zur Sprache).

3.1.2 Die Herkunft des Stoffs der altprotestantischen Christologie (in der Fassung von *Hollaz*)

Schon die Herkunft des Materials gibt auf die gerade gestellte Frage eine vorläufige Antwort. Die Spalten 1–3 (→ Ü 5) schließen an die altkirchlichen Bekenntnisse von Nicäa (325) und Chalkedon (451) an. *An- und Enhypostasie* (und das »filioque«, das die lateinische Kirche von der Ostkirche trennt) sind Folgen der Diskussion um das Bekenntnis von Chalkedon.

Literaturhinweis

Neben den unter 1.8 genannten Dogmengeschichten informiert in konzentrierter Weise über die Entwicklung der altkirchlichen Christologie: *A. Gilg:* Weg und Bedeutung der altkirchlichen Christologie, 2. Aufl. München 1961.

Spalte 4 (→ Ü 5) schließt sich mit ihrem Inhalt an die *lutherischen Bekenntnisschriften,* vor allem an die Christologie der Konkordienformel, an. Ein reformierter Theologe konnte (und kann) das zweite Genus der Idiomenkommunikation nicht nachvollziehen; denn hier geht es der lutherischen Theologie um die begriffliche Sicherung der leiblichen Gegenwart Christi im Abendmahl. Der irdische Leib hat an der göttlichen Vollkommenheit, allgegenwärtig zu sein, teil.

Literaturhinweis

Die Bekenntnisschriften (hier abgekürzt als BSLK) finden sich kritisch ediert in der unter 1.8.7 genannten Ausgabe.

Spalte 5 (→ Ü 5) geht erst seit *Calvins* Institutio (vgl. dazu 1.9) in die Dogmatik ein, obwohl es Vorstadien dieser *Lehre von den Ämtern* bereits in der alten Kirche gibt (die aber nur das priesterliche und das königliche Amt umfassen) (sog. munus triplex).

Literaturhinweis

Vgl. dazu: *Calvin:* Institutio, Buch II, Kap. 15.

Die Lehre vom dreifachen Amt will gerade das *Alte Testament* mit seinen messianischen Erwartungen in der Christologie lebendig erhalten: in Jesus »Christus« (Christus = Messias = der Gesalbte) ist der verheißene Priester, Prophet und König erschienen. An die Rolle des Propheten fügt sich vor allem die Lehre und die Unterweisung der Kirche an. Denn die Reformation wollte keinen »Köhlerglauben«, keine implizite, nicht selbst verantwortete Zustimmung zur Kirchenlehre.
Die Spalten 6 und 7 (→ Ü 5) lassen sich am leichtesten als dogmatische »Nacherzählung« des *Christus-Hymnus aus Phil 2,5–8* verstehen.

Literaturhinweis

Vgl. dazu auch die für *Luther* besonders zentrale Funktion des Philipper-Hymnus, etwa in WA 2, S. 145–152 (Sermo de duplici iustitia). Ferner seine Predigt dazu in der Fastenpostille, WA 17, II, S. 237–245.

Hollaz – an den wir uns in diesem Falle halten – fügt also höchst *unterschiedliche Traditionen* zu einem christologischen *System* zusammen. Denn die historische Kritik ist noch nicht auf dem Plan, um die Unterschiede unüberwindlich erscheinen zu lassen. Wollte man die Überlieferungen in diesem Abriß ihrer historischen Entstehung nach anordnen, müßte die Reihenfolge 5–7, 1–4 (→ Ü 5) lauten. Jedoch hat die alte Kirchenlehre gegenüber den biblischer orientierten Aussagen einen Vorrang, weil diese Dogmatik von der Gotteslehre her denkt und die Trinitätslehre in der Christologie voraussetzt.

3.1.3 Die Absicht altprotestantischer Christologie

Im Rahmen sinnvoller dogmatischer Arbeit im 20. Jahrhundert wäre es abträglich, diese Synthese so verschiedenartiger Überlieferungen und Gesichtspunkte im Stil eines modernisierenden Kompendiums zu wiederholen. Denn die wissenschaftlichen Voraussetzungen und die gesellschaftlichen Bedingungen haben sich entscheidend geändert. Auch hat die Kirche als Institution nicht mehr die Macht, verschiedene Traditionen so frag- und bruchlos zu integrieren. Und die Wahrheitsfrage kann nicht mit Hilfe einer guten Architektonik eines Lehrsystems allein gelöst werden. Dem historischen Bewußtsein drängt es sich auf, daß die hier eingegangenen Überlieferungen selbständig waren, bevor sie eine gelehrte Dogmatik zusammenfügte – und nicht nur das: diese Traditionen hatten auch ihre eigenen Bedingungen.
Was will der Verfasser mit seinem *Lehrsystem*? Doch wohl das Zeugnis von Jesus Christus an den Kriterien der alten Kirche (Bekenntnisse) und der lutherischen Reformation messen und gestalten und mit Hilfe zeitgenössischer Bildungssprache, beeinflußt vom scholastischen Aristotelismus, übersichtlich und dem wissenschaftlichen Standard seiner Zeit und Umwelt entsprechend darstellen. Soviel geht auch schon aus der Übersicht 5 hervor. Seine eigentlichen und viel dringlicheren Anliegen lassen sich allerdings nur bei der Lektüre seines Textes selbst erkennen, vor allem dann, wenn man wenige Grunderkenntnisse der Sprachanalyse auf die Sätze des Verfassers anwendet, um deren Funktionen zu beachten.

Besonders eindrücklich sind die häufigen finalen Halbsätze (... ut ...). Z. B. sagt *Hollaz*, göttliche und menschliche Natur einten sich, *damit* Jesus Christus als Gottmensch in einer konkreten Person existiere (z. B. III,I,20). Mittleramt und Erniedrigung Christi hätten die Bestimmung, das menschliche Geschlecht zu erlösen und den Bund Gottes mit den Menschen wiederherzustellen (z. B. III,I,71). Die Erhöhung geschehe, um den Sieg Christi über die Todeswelt zu erweisen (und zwar auch im Himmel vor den Engeln, deswegen die Himmelfahrt) (z. B. III,I,146). Soweit eine Auswahl von »damit«-Aussagen, allerdings hier nicht in direkter Rede wiedergegeben.

Der feinverästelte Apparat dieser Christologie dient im ganzen einer *final ausgerichteten Argumentation.* Konkrete Personeinheit Jesu Christi, Erlösung der Menschheit und Ziel der Weltgeschichte werden von den christologischen Aussagen anvisiert. Hätten neuere Kompendien, die jene alten Dogmatiken ausgebeutet haben, nicht im Grunde die finale Struktur unterschlagen, wäre Dogmatik vielleicht weniger in den Ruf phantasieloser Reproduktionen alter Formeln geraten. Nur wenn wir die *Absicht* und die Zielsetzungen der Aussagen kennen, können wir uns heute auch zu diesen Aussagen *verhalten.* Nicht von ungefähr schließt *Hollaz* alle größeren Abschnitte mit der Frage nach dem *»usus practicus«*; also: welchen Nutzen entnimmst du der Erkenntnis Christi? (III,1,162). Doppelt sei der Nutzen, nämlich *»paracleticus«* (tröstend und vergewissernd) und *»paraeneticus«* (ermahnend). Christologie schafft Gewißheit, weil Jesus Christus den Weg zum Himmel als letztem Ziel jenseits des Todes frei macht und ausleuchtet; sie fordert zur Nachfolge in täglicher Buße und zu einem Leben im Dank heraus. Antworten auf Fragen, wie wir sie zur Erschließung der Christologie unter 3.0 gestellt haben, kosten etwas: sie wollen nicht nur intellektuell, sondern lebenspraktisch bewahrheitet sein. Bewahrheiten heißt also auch »bewähren«.

Weil diese Christologie in ihrem schulmäßigen philosophisch-theologischem Aufriß eine finale Argumentationsstruktur aufweist, kann man sie nicht demontieren und für den heutigen Gebrauch des Theologen neu zusammenfügen; sie läßt sich nicht durch Einfügen neuerer Positionen modernisieren. Verfährt man trotzdem so – und das geschieht leider ständig –, verkennt man, daß der alte Dogmatiker mit seinem Leser gemeinsame *Vorerfahrungen* und Fragen voraussetzt. Sie sind

(a) *inhaltlicher* Art: Grundbegriffe wie »Wesen«, »Person«, »Natur« usw. werden vom Autoren und offenkundig von den meisten seiner Leser akzeptiert und scheinen in der Tat damaliger Weltansicht nicht ernsthaft widersprochen zu haben. Sie sind

(b) *formaler* wie *institutioneller* Art: die Bibel in ihrer äußerlichen Gestalt wird mit dem Worte Gottes gleichgesetzt; dieser Anspruch wird durch die Kirche gegenüber allen, die in ihrem Einzugsbereich leben, vertreten (mit Ausnahmen). Diese Voraussetzungen betreffen weiter

(c) einen allgemeinen *Konsens* darüber, daß die Welt es erlaubt, von Gott zu reden, und daß diesem Vorwissen durch die kirchliche Trinitätslehre entsprochen wird. Sie betreffen

(d) einen *Konsens* im Blick darauf, daß menschliches Leben ein Ziel hat und über die Todesgrenze hinaus zur Seligkeit (bzw. Verdammnis) gelangt. Und schließlich betreffen sie

(e) die *allgemein geteilte Ansicht*, daß Menschen Erlösung brauchen und deswegen wenigstens anfänglich »Sünde« verstehen und erkennen können.

Diese *Vorerfahrungen* – an Handlungen und durch Nachdenken gewonnene Einsichten sowie aus der Auseinandersetzung mit der Umwelt gewonnene emotive Einstellungen sollen hier als *»Erfahrung«* zusammengefaßt werden – wiegen so schwer, daß altprotestantische Orthodoxie nicht ohne weiteres mit heutigen Entwürfen vergleichbar oder an unsere Zeit anzupassen ist. Auch Entwürfe unserer Zeit müssen daraufhin befragt werden, was ihr Autor mit dem Leser zusammen an gemeinsamer Erfahrungsgrundlage voraussetzt.

3.2 Christologische Traditionen der Kirche (Hinweise)

3.2.1
Zur neutestamentlichen, altkirchlichen und mittelalterlichen Christologie

Der Entwurf des *Hollaz* verarbeitet auf seine Weise und gemäß den Grundsätzen seiner Schule überkommene Christologie. Auf sie kann das Studienbuch nur hinweisen. So auf

– die *neutestamentliche Entwicklung* des Christusbekenntnisses,

Literaturhinweis

kurze Darstellungen und Literaturhinweise finden sich bei *H. Conzelmann:* Grundriß der Theologie des Neuen Testaments, München 1967, §§ 9, 16, 24, 42;

– die *altkirchliche Christologie,*

Literaturhinweis

vgl. dazu die Übersicht 4. Ferner die Darstellungen der unter 1.8.6 genannten Dogmengeschichten; kürzere Überblicke etwa bei *A. Gilg:* Weg und Bedeutung der altkirchlichen Christologie, 2. Aufl. München 1961.

– die *mittelalterliche Christologie.*
Aus ihr muß allerdings eine Entwicklungsstufe besonders hervorgehoben werden: die *Satisfaktionslehre* des *Anselm von Canterbury* (1033/34–1109) (→ Ü 13). Sie kehrt in dem von uns zur Analyse gewählten christologischen Ansatz des *Hollaz* unter der Rubrik des Werkes Christi wieder (→ Ü 5, Kolumne 5).

Während nach der Lehre der alten Kirche der in Christus gegenwärtige Gott die Mächte des Verderbens – Tod, Teufel und Sünde – besiegt hat, denkt *Anselm* – vielleicht aus der westlichen Bußtradition heraus – viel *rechtlicher:* Gottes Ehre ist nach *Anselm* durch die Sünde Adams und seiner Nachfahren verletzt. Adams Nachfahren schulden Gott einmal die Gerechtigkeit, die Adam im Urstand beigelegt war, zum andern Genugtuung für die im Menschengeschlecht aufgehäuften Übertretungen. Kann aber jemand die Gerechtigkeitsschuld und die Wiedergutmachungsschuld für alle leisten? Bloße Barmherzigkeit würde Gottes Gerechtigkeit in Frage stellen. Deswegen kann Gott beide Schulden nicht erlassen. Ein einzelner kann sich aber auch nicht für die Schulden des gesamten Menschengeschlechts haftbar machen lassen. Die wiedergutmachende Leistung muß unendlich sein, größer als die Welt und den Teufel überwindend. Nur Gott selbst kann sie leisten, und doch schuldet der Mensch sie Gott. Daher kann nur ein *Gottmensch* eintreten: Jesus Christus. Da er sündlos ist, brauchte er nicht (zur Strafe!) zu sterben. Er stirbt aber und bringt Gott unendliche Wiedergutmachung an Stelle der Strafen, mit denen Menschen die Übertretungen ihres Geschlechts sühnen könnten. *»Satisfactio aut poena«* (Genugtuung oder Strafe) (Cur Deus homo? I,15) lautet die zentrale Formel und zugleich das Gottes und der Menschen Verhältnis bestimmende Problem.
Christi passiver Gehorsam leistet die Genugtuung, denn sein aktiver (das Gesetz zu erfüllen) ist die übliche Schuldigkeit des von Gott geschaffenen Wesens. *Anselms Versöhnungslehre* bereitet also den Grund für die Eigentätigkeit des Menschen vor Gott vor.

Literaturhinweis

Vgl. dazu vor allem: *Anselm von Canterbury:* Cur Deus homo (viele Ausgaben, u. a. in 3. Aufl. Darmstadt 1960).

Zur *eigenen Urteilsbildung* ist es wichtig, sich den »Referenzrahmen« dieser Lehre deutlich zu machen. Er enthält

- *juristische Konstruktionen* (Schuldrecht);
- *metaphysische Komponenten:* das von Gott geschaffene Gute ist begrenzt; was die vor der Schöpfung gefallenen Engel von sich geworfen haben, kann der von Adam abstammenden Menschheit zugeteilt werden (bzw. den aus ihr Erwählten);
- *psychologische Züge,* auf Gott übertragen: Gott kann nicht anders als ausgleichend gerecht zu verfahren: Strafe oder Genugtuung für Schulden;
- *rationalistische Konstruktionen:* nicht aus der Tatsache, daß Gott Mensch wurde und Menschen davon betroffen sind, sondern aus einer *Hypothese* (vollkommene Genugtuung für die unendliche Schuld kann nur Gott leisten, aber der Mensch schuldet sie) wird die Gottmenschheit erschlossen.

Schon mittelalterliche Theologen haben dieser Lehre widersprochen *(Abaelard)* oder sie in umfassendere theologische Zusammenhänge eingebettet (z. B. den Gedanken des Leibes Christi: wir hängen – mystisch vereint – am Haupte Christus) (so *Thomas von Aquino*) (→ Ü 13).

3.2.2 Zur Christologie der Reformatoren

Im Grunde hat auch *Luther* das altkirchliche christologische Dogma und die anselmische Lehre akzeptiert, aber – an vielen Stellen deutlich – den »Referenzrahmen« anders akzentuiert. Die rationalen Hintergründe der Satisfaktionslehre interessieren ihn nicht, hingegen der tröstende und vergewissernde Charakter dieses Aussagenzusammenhangs. Seine Christologie trägt also »existentielle Züge«. Zwei Stellen aus der Freiheitsschrift von 1520 mögen die folgenden Bemerkungen und Hinweise einleiten:

»Nicht allein gibt der Glaube so viel, daß die Seele dem göttlichen Wort gleich wird, aller Gnaden voll, frei und selig, sondern (er) vereinigt auch die Seele mit Christo als eine Braut mit ihrem Bräutigam. Aus welcher Ehe folget, wie Sankt Paulus sagt, daß Christus und die Seel ein Leib werden; so werden auch beider Güter, Fall, Unfall und alle Dinge gemein(sam); das, was Christus hat, das ist (zu)eigen der gläubigen Seele; was die Seele hat, wird Eigen(tum) Christi ... Hier hebt sich nun der *fröhlich Wechsel* und Streit (an). Dieweil Christus ist Gott und Mensch, welcher noch nie gesündigt hat und seine Frömmigkeit unüberwindlich, ewig und allmächtig ist, so er denn der gläubigen Seelen Sünde durch ihren Brautring, das ist der Glaube, ihm selbst (zu)eigen macht und nicht anders tut, als hätte er sie getan ...«

Literaturhinweis

(Von der Freiheit eines Christenmenschen, WA 7, S. 25 f.).

»Aus dem allen folget der Beschluß, daß ein Christenmensch lebt nicht in ihm selbst, sondern in Christo und seinem Nächsten; in Christo durch den Glauben, im Nächsten durch die Liebe; durch den Glauben fähret er *über* sich in Gott, aus Gott fähret er wieder *unter* sich durch die Liebe und bleibt doch immer in Gott und göttlicher Liebe ...« (ebd. S. 38; beide Zitate in unsere Rechtschreibung und Zeichensetzung umgestellt.)

An die Stelle eines beinahe durchkalkulierten metaphysischen Weltbilds wie bei *Anselm* tritt hier die persönliche Heilsfrage. Sie schließt das Christusgeschehen auf. Für *Luther* entscheidend wird, daß dem angefochtenen Menschen Gott menschlich begegnet: für mich (»pro me«) ist das alles geschehen, damit ich vor Gott Gewißheit habe. Ein starker *soteriologischer Akzent* – gegenüber der Betonung der *Versöhnung* etwa bei *Anselm* – prägt diese Christologie. Deswegen ist sie viel unmittelbarer und längst nicht so systematisch, wie sie im Entwurf etwa von *Hollaz* entgegentritt.

Der *Glaube* ist es, an dem alles hängt. Er verläßt sich auf Christus, er leitet den »fröhlichen Wechsel« ein. Er wird als »fides Christi« einzig sachgemäß bestimmt (»fides in Christum et in verbum cuiuscunque« – WA 56, S. 256 zu Röm 3,22 – in der Römerbriefvorlesung von 1515/16).
Weiter fällt auf, daß *Luther* die *Menschheit Christi* betont. Einige Ausleger sind dadurch veranlaßt worden, von einer »Christologie von unten« zu sprechen, als setze sie bei der von Gott nicht berührten Menschheit an. Aber Gott ist schon in ihr – die alte Zweinaturenlehre hat *Luther* doch wohl berücksichtigt. An der Menschheit Christi vollzieht Gott sein fremdes Werk (opus alienum = seiner Liebe zuwider), den Fluch, und sein eigentliches Werk (opus proprium = die Begnadigung).
Die christologischen Distinktionen rücken in *Luthers* Ausführungen, die ja in der Regel keine Lehrtraktate sind, zusammen: personhaft wird die Einheit des Sohnes mit dem Vater gedacht, auch Person und Werk sind eins – in dem, was Christus für uns tut, ist er auch selbst. Und er nimmt uns mit hinein: wie er sich erniedrigt zum Dienst, so folgen auch wir seiner Liebe (siehe oben S. 109, Zitat aus der Freiheitsschrift). Der Christushymnus aus Phil (vor allem 2,6 f.) wird so ausgelegt, daß Christus *»exemplar«*, nicht bloß moralisches Vorbild wird; d. h., sein Leben schließt unser Leben ein.

Literaturhinweis

Mehr als diese einleitenden Hinweise kann ein Studienbuch nicht geben. Für weitere Arbeit an *Luthers* Christologie seien genannt:
P. Althaus: Die Theologie Martin Luthers, 4. Aufl. Gütersloh 1962, S. 159 bis 195. *E. Wolf:* Die Christusverkündigung bei Luther, in: Peregrinatio 1, München 1954, S. 30–80. *G. Ebeling:* Luther. Einführung in sein Denken, Tübingen 1964, vor allem S. 178 ff. *F. Gogarten:* Luthers Theologie, Tübingen 1967, S. 74–110.

Nun ist leicht zu verstehen, daß eine von solcher Betroffenheit geleitete Christologie eher in einem *Katechismus* als in einem altprotestantischen Lehrsystem zur Geltung kommt. Es lohnt sich deswegen, die Bekenntnisschriften der Evangelisch-lutherischen Kirche zur Hand zu nehmen und *Luthers* Katechismen mit *Melanchthons* Apologie zu vergleichen. *Luther* sagt im Großen Katechismus (für die Prediger und Lehrer!), Christus sei »salvator seu redemptor« (Heiler bzw. Erlöser) (BSLK, S. 652). Denn er ist selbst der Schatz für die Gläubigen, nicht erwirbt und vergibt er Schätze (BSLK, S. 698). Information, Bekenntnis und Vergewisserung liegen dicht beieinander und gipfeln in dem Satz »Sei *mein Herr* worden« (BSLK, S. 651). Vielleicht rückt *Melanchthon,* der formal Gebildetere, aber auch Rationalere, den Akzent von der Erlösungschristologie wieder zur *Versöhnungschristologie.* »Propitiator« und »mediator« (Begnadiger und *Vermittler*) wird Christus von ihm in der Apologie zum Artikel IV der Augsburgischen Konfession genannt (BSLK, S. 176). Verständlicherweise hatten es die alten lutherischen Dogmatiker leichter, an *Melanchthon* anzuknüpfen, als sie erst darangingen, Schulen zu bilden.
Zu *Calvin* können nur sehr sparsame Hinweise erfolgen. Er läßt Christologie

deutlich bei der Gottheit einsetzen. Christus, zweite Person der Trinität, hat Mensch werden *müssen* (oportere, Institutio II,12). Aber diese Notwendigkeit legt Gott – im Gegensatz zu *Anselm* – nicht fest, sondern entspringt seinem Wohlgefallen. Eine wichtige Differenz zur lutherischen Christologie liegt im sog. *»Extra Calvinisticum«* (Institutio II,13,4 / IV,17,30). Auch in der Einigung Gottes mit der Menschheit bleibe die Gottheit überlegen, sie gehe nicht in der Menschheit auf, obwohl Gott voll und ganz Mensch werde. Hier zeigen sich die notwendigen Paradoxien jeder Christologie. Die lutherischen Theologen haben das »Extra Calvinisticum« verworfen, weil sie betonten, Gott sei ganz Mensch geworden – ohne Vorbehalt.

Calvins origineller Beitrag zur Christologie besteht in der biblisch orientierten Lehre von *Christi dreifachem Amt.* Christus ist *Priester* (als Versöhner), *König* (als Weltherrscher) und *Prophet* (als Lehrer). Um genau zu bleiben, muß streng vom drei*fachen Amt,* nicht hingegen von drei Ämtern die Rede sein. 1542 bzw. 1545 taucht diese Lehre zum erstenmal in greifbarer Gestalt im Genfer Katechismus auf. Im Laufe der Entwicklung *Calvins* verschiebt sich sein Interesse leicht von der erlösenden Funktion Christi (Priester) zur herrschenden (König).

Literaturhinweis

Eine Einführung hierzu bietet: *F. Wendel:* Calvin. Ursprung und Entwicklung seiner Theologie, Neukirchen 1968, S. 159–202.

3.2.3 Auf dem Wege zur altprotestantischen Christologie

Die alte lutherische Christologie tritt zum erstenmal entfaltet und verbindlich in der Konkordienformel, der lutherischen Einigungsurkunde von 1580, heraus. In ihr gewinnt das Gerüst Gestalt, das in der Fassung von *Hollaz* hier ausführlicher dargeboten wird (→ Ü 5).

Die *Konkordienformel* (Solida declaratio VIII) vereint Einflüsse der Schule *Luthers (Andreae)* und *Melanchthons (Chemnitz)* (→ *Ü* 14). Der klare Aufbau des christologischen Teils spricht für sich; Einzelheiten sind in den Bekenntnisschriften selbst nachzulesen:

§§ 5–12 Christologische Lehre in Thesen.

§§ 14–30 Die Lehre von der »unio hypostatica« (wie der Gottessohn menschliche Natur annahm).

§§ 31–35 Die Lehre von der »communicatio idiomatum« (wie die beiden Naturen einander ihre Eigenschaften mitteilen – unter den notwendigen Abgrenzungen).

§§ 36–45 Das »genus idiomaticum«.
§§ 46–47 Das »genus apotelesmaticum«.
§§ 48–65 Das »genus maiestaticum«.
} Erläuterungen → Ü 5!

§§ 66–87 Besondere Probleme der »unio hypostatica«: etwa die Ubivolipräsenz (Christus kann aufgrund seines Willens auch mit seiner menschlichen Natur allgegenwärtig sein – so im Abendmahlselement).

§§ 88–96 Verwerfungen.

(Vgl. BSLK, S. 1 017–1 049!)

Literaturhinweis

Einführung in die *altreformierte Christologie* vermitteln die Loci XVII bis XIX in *Heppes* »Dogmatik der evangelisch-reformierten Kirche« (2. Aufl., hg. v. *E. Bizer*, Neukirchen 1958).

Zum Kontrast zur altlutherischen Christologie sollen hier wenigstens einige abweichende Punkte in der Lehre von der Verbindung der beiden Naturen in Christus hervorgehoben werden:

- *communicatio gratiarum:* wenn sich die Person des Logos mit der Menschheit verbindet, fließen Gaben des Heiligen Geistes auf sie über und machen sie sündlos.
- *communicatio idiomatum:* Hier zeigt sich die altreformierte Dogmatik viel zurückhaltender, weil Eigenschaften einer Natur, wenn sie der anderen mitgeteilt würden, aufhörten, Eigenschaften der ersteren zu sein. »Communicatio idiomatum« zwischen den Naturen gilt nur »verbal«, d. h. in übertragender Redeweise; nur wenn sie »communicatio idiomatum« einer ganzheitlichen Person aus zwei Naturen ist, gilt sie real. Ein *»genus maiestaticum«*, wie es die lutherische Lehre um der Realpräsenz im Abendmahl willen konstruiert, kennt die altreformierte Dogmatik nicht. Christi Leib bleibt im Himmel, wohin wir unser Herz im Abendmahl erheben.
- *communicatio operationum:* Christi einheitliche Person wirkt mit beiden Naturen zusammen alle von ihr ausgesagten Handlungen (vor allem die des Mittleramts).

Außerdem ist die Zuordnung der Ereignisse, die den Ständen Christi zugelegt werden, anders als in der altlutherischen Dogmatik (vgl. die Übersicht 5, Kolumne 6 und 7!). Die Höllenfahrt stellt die tiefste Stufe der Erniedrigung dar – wohl im Sinne auch von *Luthers* ursprünglichen Absichten –, nach *Hollaz* und den Lutheranern aber ist sie der Anfang der Erhöhung (Triumph über die Todesmächte).

3.3 Christologie nach dem Zusammenbruch des altprotestantischen Lehrsystems

Anhand der voraufgehenden Analysen wird deutlich, daß die altprotestantische begriffliche, ja schulmäßige Entfaltung der Christologie – des Zusammenseins von Gott und Mensch – ihre Zeit und ihren Ort hat. Alle, die mehr Einfalt und größere Nähe zur biblischen Überlieferung suchen, sind bei *Luther* besser aufgehoben. Die folgenden Abschnitte sollen die Gründe für das Absterben dieser Art, Theologie (und Christologie) zu treiben, zusammenfassen; sie wollen wenige, aber gezielte Hinweise darauf geben, wie Christologie in der *Neuzeit* aufgefaßt und entworfen werden konnte.

Auch einzelne Bestandteile dieses Systems kann man nur um den Preis des Erstarrens herausnehmen und modernisieren. Das wurde bereits gesagt. Um so weniger ist heute die Anordnung des Systems zu empfehlen. Und die »Lokalmethode« (Konzentration auf »Loci«) ist heute steril. Denn altprotestantische Verfasser wollten etwas mit ihrem System erreichen – die illokutionäre Rolle [vgl. 1.4.6 (4)] ihrer Aussagen läßt sich nicht durch Nachahmung wiederbringen.

Im Rückblick auf 2.1 und 2.2 läßt sich nun ziemlich genau sagen, warum ein System, dessen Begriffe bis heute Repetitorien beherrschen, nicht mehr nachvollziehbar ist:

(1) Eine wissenschaftliche *Propädeutik*, die auf der Grundlage einheitlicher metaphysischer Voraussetzungen vergleichsweise einheitliche Bedeutungen von Grundbegriffen einüben könnte, fehlt heute. Begriffe wie »Wesen«, »Person«, »Natur«, »Eigenschaften« und dergleichen mehr geraten ins Schwimmen.

(2) Die in altprotestantische Entwürfe eingegangenen *Traditionen* werden auch von Christen unterschiedlich gewichtet. Für manche gibt es ein mehr oder weniger einheitliches biblisches Zeugnis, das den kirchlichen Bekenntnissen kritisch gegenübertritt und erst recht Maßstab theologischer Entwürfe ist. Für andere gewinnt biblisches Zeugnis erst durch seine Wirkungsgeschichte in unterschiedlichen Bekenntnissen und Theologien (aber auch Frömmigkeitsstilen und Kirchenformen) Bedeutung. Sie setzen nicht bei ihm an, sondern gehen durch seine Auswirkungen zu ihm zurück. Diese Auffassung einer Wirkungsgeschichte macht den vorgeführten christologischen Entwurf des *Hollaz* vollends relativ.

(3) *Gotteserkenntnis* ist nicht mehr selbstverständlich. Die heute beinahe uniform erscheinende theistische Metaphysik erlaubte der Trinitätslehre, an eine relativ unumstrittene Einsicht anzuknüpfen. Gotteserkenntnis konnte der Christuserkenntnis vorausgehen. *Heute* muß Christologie fragen, ob nicht der umgekehrte Weg glaubwürdiger ist.

(4) Schließlich ist die selbstverständliche *finale Bestimmung des Lebens* (auf die »fruitio Dei«, die selige Schau Gottes hin) ungewöhnlich geworden; die sog. »exakten Wissenschaften« haben die »causa finalis« (die Zielursache) verdrängt und denken in der Regel von der »causa efficiens«, der bewirkenden Ursache her. Die Welt ist nicht mehr von einer universalen Absicht strukturiert, sondern eher eine ungeheure Häufung von Zufällen. Deswegen kann der Nihilismus als – verschwiegene oder offene – Signatur unseres Zeitalters gelten. In einem Wertpluralismus ohne eindeutiges Telos von Welt und Gesellschaft wird das zusätzlich klar.

(5) Damit ist auch die Voraussetzung, Menschen verstünden schon, was Erlösung soll, und wären sich ihrer Sündhaftigkeit bewußt, ins Wanken geraten. Sollte eine Christologie des 20. Jahrhunderts nicht primär »Sünde« im Kontrast zu Jesus Christus herausstellen, statt ihn als Gottes Reaktion auf die Sünde zu begreifen?

(6) Ein letzter wichtiger Grund liegt in der *analytischen Differenzierung* des christologischen Systems, die aus der Übersicht 5 deutlich hervortritt. Wie könnte ein Dogmatiker mit diesem ins Feinste sich auseinanderlegenden System heute die Einheit der konkreten geschichtlichen Person Jesu von Nazareth festhalten wollen, wie dem im Glauben bekannten Jesus Christus gerecht werden?

Tatsächlich werden die unter (1)–(6) genannten Momente nicht so häufig als Gründe des Niedergangs altprotestantischer Christologie durchschaut. Denn die meisten Elemente dieses Aufrisses werden bis ins 20. Jahrhundert hinein ausgebeutet, ohne daß die veränderte Situation hinreichend berücksichtigt wird und Konsequenzen aus den Punkten (1)–(6) gezogen werden. Widersprüchlichkeit und Fremdheit mancher modernen Dogmatik stammt aus dem Mangel an dieser Reflexion.

Offenkundig wollte die *historische Erforschung der Evangelien* seit dem 18. Jahrhundert einen *anderen* Jesus finden. Der Bruch zwischen neuzeitlicher Evangelienauslegung und neuzeitlicher Christologie macht deswegen Theologen – nicht nur in ihrem Studium – zu schaffen. Aufmerksamen Beobachtern der altprotestantischen Christologie kann es zwar nicht entgehen, daß für eine Biographie Jesu im Bereich der Aussagen über den *Stand der Erniedrigung* viel Platz bleibt. Deswegen kann nicht allein die Frage nach dem irdischen Jesus die alte Christologie fraglich machen. Denn gerade der *Stand der Erhöhung* (status exaltationis) geriet mit dem neuzeitlichen Weltbild und dem menschlichen Selbstverständnis spätestens seit der Aufklärung ins Wanken. Wie in jeder Biographie ein Stück des Selbstverständnisses des Verfassers mitschwingt, so auch in den Leben-Jesu-Versuchen seit dem 18. Jahrhundert. Der Stand der Erhöhung war wenig gefragt, weil der Mensch Jesus natürlich und moralisch verstanden werden sollte. So wurde besonders die Einigung der zwei Naturen fragwürdig; denn wie sollte sich Übernatürliches mit Natürlichem verbinden oder Übernatürliches überhaupt gedacht werden?

Mit großer Vorsicht soll deswegen ein etwas veränderter Schluß angedeutet werden: der Niedergang des altprotestantischen christologischen Systems könnte nicht nur am veränderten Weltbild, auch nicht allein am Aufkommen kritischer Wissenschaft, sondern vor allem im *veränderten Selbstbild* derer, die Christologie trieben, liegen. Denn sie teilten eine viel geschlossenere Auffassung des Menschen von sich selbst (als einem Individuum): in sich bestehendes Selbst zu sein, an das von außen im wesentlichen nur moralische (sittliche) Anrede rühren kann. Gerade die Lehre von Christi Amt beweist das: seit der *Aufklärung* wird das *prophetische Amt* einseitig hervorgehoben; Christus soll Lehrer sein. Würde sein priesterliches Amt als Sühner mehr gewürdigt, wäre der Selbstand der Individualität in sich gefährdet; denn wo ein unaufgebbarer Stellvertreter auftritt (Amt des Hohenpriesters!), könnte sich das Ich des aufgeklärten Menschen nicht abschließen, sondern wäre offen und angewiesen.

Literaturhinweis

Über christologische Entwürfe nach der altevangelischen Orthodoxie unterrichten u. a. *E. Hirsch:* Geschichte der neueren evangelischen Theologie, Bd. 4 und 5, Gütersloh 1949. *U. Gerber:* Christologische Entwürfe. Ein Arbeitsbuch, Bd. I, Zürich 1970.

Im Rahmen der sogenannten *Neologie* (→ Ü 15) sei exemplarisch auf *Semler* verwiesen. Für ihn zerbricht die Einheit von Schrift und Wort Gottes. Jesus bringt die bessere Religion. Sie leitet auf den sittlichen Weg zur Vollkommenheit. Seine Göttlichkeit ist nicht »substantiell« (Naturbegriff!), sondern besteht in moralischem Anrecht auf göttliche Prädikate. Als Mittler ist Jesus vor allem Lehrer, der seine Lehre dem begrenzten Fassungsvermögen der Schüler anpaßt (Akkomodation).

Schleiermacher (→ Ü 16) leitet den *Neuprotestantismus* ein. Seine Religionstheorie geht vom Selbstbewußtsein bzw. vom frommen Bewußtsein aus, dessen Horizont die Welt (bzw. das Bewußtsein ihrer) ist. Christus findet seinen Platz im Bewußtsein der Gnade, dem das Bewußtsein der Sünde vorausgeht. *Schleiermacher* wurde mit vielen Ketzernamen belegt. Sie verhindern ein echtes Verständnis. Denn um seine Theologie, in diesem Zusammenhang gerade seine Christologie, zu verstehen, muß man seine *Anthropologie* kennen, die sich in seinen philosophisch-ethischen und psychologischen Schriften findet. Dann begreift man erst, was *Seligkeit* heißt – und Seligkeit ist ein Schlüssel zur Christologie. Sie ist vollkommene Balance von Produktivität (Selbsttätigkeit aus »Lust«) und Empfänglichkeit (nach überwundener »Unlust« als Widerstand gegen produktives Handeln) – zwei Seiten des Lebens, die unter *»schlechthinnigem Abhängigkeitsgefühl«* geeint sind. Tritt Seligkeit ins Leben, schlägt sie in Verbreitung um – von Christus, dem Urbild der Seligkeit, erstreckt sich ein »Schneeballeffekt« des neuen Lebens durch die Geschichte des Christentums. Der Impuls des Urbilds Christi erreicht auch uns.

Offensichtlich spricht *Schleiermacher* unter seiner Christologie Erfahrungen des *progressiv denkenden bürgerlichen Bewußtseins* aus, das eine aufsteigende, die Welt erweiternde Geschichte vor sich sieht. Um *Schleiermacher* in seiner Christologie zu verstehen, ist es wichtiger, diese kondensierten Erfahrungen bürgerlicher Menschen mit sich selbst herauszustellen, als ihn darnach zu beurteilen, wie er überkommene christologische Lehrbegriffe bearbeitet.

Trotzdem soll ein Hinweis in dieser Richtung nicht unterbleiben. Denn *Schleiermacher* wählt seinen Interessen gemäß aus den *überlieferten christologischen Aussagen* aus. Die göttliche Natur wird zur »innersten Grundkraft«, die alle Momente der Person des Erlösers zusammenhält und die menschliche Natur zum Organismus dieser Grundkraft bestimmt. Magische oder bloß empirische Einwirkungen (die letzte durch Beispiel und Lehre allein) wehrt *Schleiermacher* ab. Die *Ämter* dienen der Herstellung der Seligkeit unter den Gläubigen: der Prophet verkündet dieses Reich geistlicher Wunder, der Priester bricht den Zusammenhang von Übel und Sünde auf, indem er unschuldig leidet und uns zu ähnlichem Leiden bereit macht, der König schließt uns in die geistliche Herrschaft seiner Seligkeit ein.

Wer sich diesen Entwurf erarbeiten will, muß *Schleiermachers* Sicht des Menschen in Gedanken festhalten. Sie zeigt ein Individuum, das sich organisch aus der Gattungsgeschichte der Menschheit entfaltet und so das Ganze erfahrend zu wiederholen sucht. Das Welt-, Geschichts- und Kulturganze wird im Handeln und im Leiden (als passiver Erfahrung!) aufgenommen und im schlechthinnigen Abhängigkeitsgefühl zum Grund, der Tätig- und Leidendsein übergreift und Gott und Welt umgreifend vereint.

Literaturhinweis

Vgl. dazu vor allem: *F. Schleiermacher:* Der christliche Glaube nach den Grundsätzen der Evangelischen Kirche, 7. Aufl., hg. v. *M. Redeker,* Bd. 1 und 2, Berlin 1960. Wichtig für die Religionstheorie sind die einleitenden Paragraphen 3–19, für die Christologie, hier zentrales Thema, die Paragraphen 91–112.

Die reiche Palette von *Christologien des 19. Jahrhunderts* führt das schon genannte Arbeitsbuch von *U. Gerber* in Ausschnitten vor. Allerdings erlaubt es nur indirekt, die in diesen Christologien mitgesetzten Erfahrungen zu erschließen. Sie liegen wohl – selbst konservative Entwürfe eingeschlossen – im Bezugssystem der sich emanzipierenden neuzeitlichen Subjektivität (vgl. dazu 2.2.3). Gemeint ist damit die endliche Subjektivität des Menschen, der nach sich fragt, als Individuum – vor aller gesellschaftlichen Erfahrung – gesichert sein will und seinen sittlichen Willen, sein Selbstbewußtsein und die daran erfahrene Geschichte in sich integrieren möchte. Gott sucht Eingang in die Gesinnung. Deswegen ist es nicht verwunderlich, daß in den vielen *»Leben Jesu«,* die nun geschrieben wurden, vor allem Jesu Selbstbewußtsein im Mittelpunkt stand. Aber die nachfolgenden Kritiker und Verfasser neuer »Leben Jesu« entdeckten, wie sehr sich die Selbstauffassung des Vorgängers in seinem Entwurf einer Biographie Jesu spiegelte.

Literaturhinweis

Diese Geschichte hat *A. Schweitzer* in seiner bis heute unüberholten »Geschichte der Leben-Jesu-Forschung« aufgezeichnet (urspr. 1906, jetzt: München und Hamburg 1966 = GTB Siebenstern-TB 77-80). Theologische Komponenten hat *R. Slenczka* hervorgehoben (Geschichtlichkeit und Personsein Jesu Christi, Göttingen 1967).

Die uns leitende Frage an christologische Entwürfe der Gegenwart lautet deshalb erst in *zweiter Linie*, wie die Autoren mit überlieferten Aussagen der Christologie umgehen. Sie betrifft *zuerst* die latenten und die offengelegten Erfahrungen, die sie mit ihren Adressaten als gemeinsam voraussetzen und woraufhin sie ihre Leser ansprechen.

Allerdings sollte – nachtragsweise – angemerkt werden, daß auch die *christologischen Systeme der altprotestantischen Orthodoxie* selbst unter *Spannungen* litten, die zum Zerbrechen führten. Sie lagen etwa in der Vorstellung vollständiger Einheit von Gott und Mensch in der Person Jesu Christi – ohne Preisgabe der Gottheit freilich –, so daß sich die Frage einfand, ob damit Gott trotzdem außerhalb der Inkarnation zu denken sei (der Streit um das sogenannte »Extra Calvinisticum«, vgl. S. 111). Im 19. Jahrhundert haben lutherische Theologen (u. a. *Thomasius*) (→ Ü 16) die Kenosis-Lehre vertreten können: Gott gibt einige seiner göttlichen Eigenschaften auf, wenn er sich inkarniert. In gewisser Weise ist es tröstlich, daß die begriffliche Perfektion des alten Systems nicht alles zu Ende denken konnte, sondern uns Aufgaben ließ.
Dennoch wiegen diese Spannungen für den Verfall der altprotestantischen Christologie nicht so schwer wie das seit der Aufklärung gewandelte Vor- und Einverständnis des Autors mit seinen Lesern, das neue Christologien herausforderte.

3.4 Vergleichende Strukturanalyse christologischer Entwürfe der neueren Zeit

3.4.0 Absicht und Vorgehen

Der folgende Abschnitt bleibt dem Verfahren treu, nach der *systematischen Absicht eines Verfassers* (christologischer Entwürfe) zu fragen und zugleich nach dem zu suchen, was ein Autor mit seinem Leser als *gemeinsame Erfahrung* voraussetzt; darunter sind auch emotive Schichten der Begriffe, der Evidenzen, Selbstverständlichkeiten im Denkstil und in der Weltsicht und explizite Spuren des gemeinsamen Selbstverständnisses begriffen. Nicht in jedem Fall lassen sich diese Aspekte deutlich benennen.
Zunächst sollen *zwei* herausragende *christologische Entwürfe*, die nach dem Zweiten Weltkrieg ausformuliert wurden, *verglichen* werden, der *K. Barths* und der *P. Tillichs* (→ Ü 17). Folgt man einem verbreiteten Eindruck, der sich auch aus *H. Zahrnts* sonst so verdienstvoller Darstellung der Theologie im 20. Jahrhundert (vgl. 1.8.1) mitteilt, dann ist *K. Barths* anfänglicher Protest gegen das liberale theologische Erbe des Neuprotestantismus allmählich zur Orthodoxie regrediert und hat die Interessen und Fragen des neuzeitlichen Menschen vernachlässigt. Folgt man *Zahrnt* weiter, so hat gerade *Tillich* diesen Menschen der Neuzeit angesprochen und ihm einen neuen Weg zur Theologie erschlossen.
Das Studienbuch will im Folgenden keine ausführlichen Inhaltsangaben liefern, sondern es stellt gewichtige jüngere christologische Ent-

würfe in ähnlich aufgebauten *Übersichten* vor, um sie weniger in einzelnen Punkten als in ihrer Struktur zu vergleichen und zu kommentieren.

Es handelt sich um die Übersichten 6–10 zu *Barth, Tillich, Pannenberg, Sölle, Jüngel.* Zugleich können sie neben die Übersicht 5 (altprotestantische Christologie nach *Hollaz)* gelegt werden, um Differenzen, aber auch Übernahme christologischer Topoi zu vergleichen.
Da *Hollaz* ein Vertreter der altprotestantischen Orthodoxie ist, wird sich im Vergleich auch beurteilen lassen, ob *Barth* zu Recht der Neuorthodoxie geziehen worden ist. Nach einer Konfrontation *Barths* und *Tillichs* in Sachen Christologie soll *W. Pannenbergs* Entwurf als vermutlich bedeutendste Konzeption von Christologie nach *Barth* und *Tillich* zur Sprache kommen. Es wird sich zeigen, daß *Pannenberg* weniger mit seiner Zeit als mit bestimmten theologischen Strömungen in seiner Umgebung – einem Ausschnitt also – im Gespräch ist, wenn er seine Christologie konzipiert (das gilt nicht für andere seiner Werke!). Auf diese Weise bestätigt er noch einmal, wie sehr bis heute der theologische Aufbruch der zwanziger Jahre Theologie in Pro und Kontra beschäftigt. Ziemlich kurze Bemerkungen wenden sich dann neueren christologischen Entwürfen (etwa Ansätzen *Sölles, Jüngels, Moltmanns*) zu.

3.4.1 Der Ansatz der Christologie bei *K. Barth* und *P. Tillich*

Zu den folgenden knappen Kommentaren sind die Übersichten 6 und 7 zu vergleichen. Deren Kolumnen sind numeriert:
1(.n) enthält methodische und inhaltliche Voraussetzungen des jeweiligen christologischen Entwurfs (die zugleich den Ansatz der gesamten Theologie betreffen!);
2 (.n) zeigt die wichtigsten Aussagekomplexe und Strukturen der Christologie – einschließlich ihrer Einordnung in den systematischen Gesamtentwurf des Verfassers;
3 (.n) fragt, welche überkommenen christologischen Aussagen wie aufgenommen und verarbeitet werden;
4 (.n) weist aus Gründen, die bereits anklangen [vgl. S. 113 – 3.3(3)], auf Konsequenzen der Christologie für die Erkenntnis und die Lehre von Gott hin.

3.4.1.1 Der Ansatz der Christologie bei *K. Barth* (→ Ü 6)

Wenn wir die Angaben der Kolumnen 1.1–3 und 2.1 zunächst beiseite lassen, dann zeigen die Zusammenfassungen in den Kolumnen 2.2–2.4 und 3 zwar eine Fülle der bereits aus der altprotestantischen Christologie (→ Ü 5) bekannten Termini, so daß einem oberflächlichen Blick sich der Verdacht einer Neuorthodoxie schnell nahelegen könnte. Aber der Gang der Auslegung und Anwendung dieser Begriffe unterscheidet sich doch sehr z. B. von dem Entwurf des *Hollaz*:
(1) Während die altprotestantische Christologie – und vor ihr die scholastische – über den feinen Verästelungen des analytischen christologischen Apparats nahezu die Konkretheit der Person Jesu Christi verlorengehen ließ, werden von *Barth* Aussagen über *Person, Werk, Naturen* und *Stände* in eine *Einheit* integriert. Sie verselbständigen sich nicht, zumal *Barth* an den Naturbegriff ein Fragezeichen setzt (→ Ü 6, Kolumne 2.2).
(2) *Erniedrigung* und *Erhöhung* stelle keine geschichtliche Abfolge dar,

sondern liegen *ineinander*: wenn Gott sich erniedrigt, wird der Mensch erhöht. Jesu eigenes Leben ist nicht ausschließlich im Stand der Erniedrigung, sondern trägt Züge des königlichen Menschens an sich (Verquickung mit dem königlichen Amt, dem »munus regale«). Göttliches Wesen tritt in der Erniedrigung, menschliches Wesen in der Erhöhung heraus. So kommen beide zum Ziel (→ Ü 6, Kolumne 2.3).

(3) Damit steht auch schon in Frage, ob an ein bereits vorgegebenes, wenn auch noch so schemenhaftes Vorverständnis Gottes angeknüpft werden kann oder ob Gott sich nicht vielmehr in der Erniedrigung erst für die Menschen bestimmt und an ihr erkannt werden kann.

(4) An seinem Werk erweist Christus sein Personsein. Die eher statischen Kategorien älterer Christologie aus der Periode metaphysischen Denkens stehen nun unter dem Anspruch, *geschichtlich* zu werden, in Fluß zu geraten. Deswegen löst sich auch für *Barth* die Anschauung einer festen Abfolge der Ämter Christi auf (zu Lebzeiten Prophet, im Tode Hoherpriester, in der Auffahrt zur Rechten Gottes König) (→ Ü 6, Kolumne 3).

(5) Die Trinitätslehre steht zwar im Duktus der Dogmatik am Anfang; sachlich tritt hingegen die Geschichte Gottes in sich und dann mit uns Menschen für alle, die glauben, erst an der Geschichte Jesu Christi heraus.

Zusammenfassung: Zwar erweist der Überblick (→ Ü 6), daß *Barth* eine Fülle traditionellen christologischen Materials verwendet. Aber es wäre falsch, daraus voreilig auf den systematischen Gehalt zu schließen. Deswegen sind – gegen die erklärten Absichten *Barths* – in der Kolumne 1.1 (→ Ü 6) Gesichtspunkte einer in seinem Entwurf impliziten *Erkenntnistheorie* gesammelt; jedoch werden sie, den Absichten *Barths* dann folgend, in der Kolumne 1.2 sogleich christologisch widerrufen. Selbst in diesem Rahmen mag das begriffliche Material traditionsbeladen klingen; der systematische Aufriß zeigt eher einen *neuzeitlichen Protest gegen das Selbstverständnis des Menschen der Neuzeit* (vgl. auch 1.4.2). Deutlich erkennbar wird *Barths* Absicht, gegen das abstrakte und isolierte Subjekt gerade des bürgerlichen Menschen – auch das »Ich denke« der einsamen Vernunft in neuzeitlicher Erkenntnistheorie – zu opponieren. Die Aufstellung zeigt ferner einen methodisch ganz ungeformten Ansatz einer Art »Ideologiekritik« beim »Namen« Jesu Christi bzw. am Wort Gottes (→ Ü 6, Kolumne 1.1). *Barths* Theologie trägt die Wahrheit nicht als Axiom in sich und hält sie auch nicht von vornherein für den erkennenden Menschen bereit. Denn sie weist über sich hinaus auf Gottes Wort, das sich am Menschen, auch am erkennenden Dogmatiker, zur Wahrheit bringen will, indem es ihn unsachgemäßer erkenntnistheoretischer Voraussetzungen überführt (vgl. auch die Folgerungen in der Kolumne 2.4).

Daß die Übersicht 6 des Studienbuchs das alles mit *Barth* in die Christologie zurücknehmen muß (Kolumne 1.2), beweist nur, wie sehr *Barth* sich wehrt, ein System von Erkenntnisgrundlagen oder eine fertige Anthropologie vorauszuschicken. Gilt dann noch die anhand des *Hollaz*schen Entwurfs artikulierte Frage dieses Studienbuchs nach den vorausgesetzten gemeinsamen Erfahrungen von Autor und Leser (»Vorerfahrungen«)? Nach landläufigem Urteil bricht *Barth* die Brücke zu mitgebrachten Erfahrungen der Menschen ab. Wäre dem so, hingen allerdings seine Folgerungen (z. B. auch seine politischen Konsequenzen) in der Luft; denn sie bauen sich doch keinesfalls aus dem Nichts auf oder hängen doch nicht ausschließlich von »biblischen Weisungen« oder theologischen Explikationen ab! Schlimmer noch: sie würden willkürlich. Deswegen schlägt dieses Studienbuch vor, die scheinbare Brüskierung menschlicher Erwartungen in religiösen Fragen als eine für beide, Autor und Leser, zu stiftende Erfahrung zu empfehlen – so paradox das auch klingen mag. Wird der Ansatz so verstanden, liegt in ihm die Herausforderung, alle in sich geschlossene (ja: verschlossene) Erfahrung der Menschen – mit sich selbst, mit der Welt – aufzubrechen, um Mut zu neuen Erfahrungen zu machen. *Barths* Ziel ist dann eine *Humanität,* die jeden Anschein, von (einem) Gott ihren Glanz erborgt zu haben, abgestreift hat: ein *Menschsein,* das *mit sich selbst in endlicher Zeit versöhnt* ist.

Literaturhinweis

Vgl. dazu vor allem *Barths* späte Rechenschaft: »Die Menschlichkeit Gottes« (Zürich 1956, Theol. Studien 48).

Offen bleibt allerdings weitgehend eine am Anfang gestellte Frage: wie geschieht die Geschichte Jesu Christi bis heute, so daß Jesu Zeit und seine Personhaftigkeit nicht in ein zeitloses Prinzip verflüchtigt wird (vgl. S. 101)?

3.4.1.2 Der Ansatz der Christologie bei *P. Tillich*

Tillich hat im Unterschied zu *Barth* bei vielen Lesern mehr Sympathie gewonnen, weil er bewußt an die Erfahrungen von Menschen des 20. Jahrhunderts anknüpfte und auch die Terminologie der Dogmatik radikal neu formulieren wollte.

Zu *Tillichs* Christologie ist die Übersicht 7 heranzuziehen, die zum Zweck des Vergleichs der Übersicht 6 ähnlich aufgebaut ist. Die folgenden Hinweise setzen eine Bekanntschaft mit der Analyse der Übersicht voraus.

(1) Wie *Barth* betont *Tillich* die *Einheit von Person und Werk Christi* (→ Ü 7, Kolumne 3). Aus der Geschichte des niedrigen Jesus Christus (»niedrige Christologie«, vielleicht besser »Christologie ›von unten‹«) will *Tillich* die Gott-Mensch-Einheit erkennen.

(2) Diesem Einklang beider Autoren steht aber eine konträre systematische Intention und *Anlage der Christologie* gegenüber. *Tillich* wurzelt trotz des moderneren Vokabulars tiefer in der alten Dogmatik, an deren Anfang eine *Grundeinsicht von Gott* (bei *Tillich* das Sein-selbst bzw. der Grund des Seins) unabhängig von der Geschichte Jesu Christi schon feststeht. Auch teilt er mit der alten Dogmatik den

Weg, von der Sünde zu Christus als dem Erlöser hin zu denken – im Gegensatz zu *Barth*, nach dem *Sünde* erst an Jesu Christi Weg ermessen werden kann. Damit setzt *Tillich* ein bestimmtes Wissen des Menschen von Erlösung bereits voraus.

(3) *Tillich* will *neues Sein* in Jesus Christus finden. Dessen Erfahrungen müssen den Strukturen und Fragen *alten Seins* korrespondieren. *Barth* will über die alten, gewohnten Strukturen des Denkens und Handelns hinaus neue Erfahrungen suchen, die alle Voraussetzungen in Frage stellen.

Hier stellt sich allerdings ein besonders schwieriges Problem: wie ist die in der Kolumne 1 (→ Ü 7) angezeigte *Korrelation* zu deuten? Setzt die Antwort die Frage so voraus, daß sie als Antwort in ihren Strukturen schon festgelegt ist; oder läßt die Antwort erst die Frage zu ihrem eigentlichen Sinn gelangen? *Tillichs* eigener Ansatz scheint beide Deutungen zu erlauben. Deswegen ist es schwer, seine Korrelationstheorie den Möglichkeiten 1.4.2 oder 1.4.3 der Einleitung des Studienbuchs (die Wahrheit systematisch-theologischer Aussagen angehend) zuzuordnen. Ebensowenig eindeutig läßt sich seine Korrelationstheorie mit den auf S. 55 f. genannten drei Möglichkeiten der Anknüpfung der Beziehung setzen. Nicht abwegig wäre es, *Tillichs* Korrelationsmethode dialektisch – Anknüpfung im Widerspruch zur ersten Gestalt der Frage – und damit *Barth* sehr nahe zu interpretieren. Dann schrumpfte der unter (3) erwähnte Kontrast zu *Barth* zusammen.

(4) *Tillich* kommt auch darin älteren Dogmatiken näher, daß er Jesus Christus wie ein Element eines allgemeinen Prozesses der Bestimmung des Menschen denkt. Darin fällt der Mensch (zeitlos, somit in jedem Lebensakt) vom Grund des Seins, vom »Wesen«, ab und wird wiederhergestellt zu neuem Sein, das allerdings mit den Schatten des alten Seins kämpft. Christologie ist demnach *Funktion der Soteriologie* (Kolumne 2.2). Auch verblaßt der Jesus der drei ersten Evangelien gänzlich (dagegen *Barth:* der »königliche Mensch«).

(5) Mit scharfer Zuspitzung könnte ein Urteil über *Tillichs* Christologie so lauten, daß in ihr die alten Absichten, vor allem auch der Erweckungstheologie (Frage nach der Erlösung der Wiedergeburt, der Heiligung, → Ü 7, Kolumne 3) in neue Gewänder gekleidet und dem nachreligiösen Menschen angeboten würden. Der Mensch, dem eine im großen und ganzen doch traditionell strukturierte Theologie (und Christologie) in neuen Begriffen angeboten wird, ist im intellektuellen Milieu zu Hause. Seine nihilistischen Erfahrungen, seine Sorgen lassen sich am besten mit Begriffen der Existenzphilosophie umschreiben und religiös interpretieren. Das schränkt *Tillichs* Ansatz bedenklich ein.

3.4.1.3 Hinweise zu einem Vergleich der christologischen Entwürfe *Barths* und *Tillichs*
Anhang: Hinweise zu Gogarten und E. Brunner

Beide Christologien, die aus theologischen Neuansätzen der zwanziger Jahre dann erst nach dem Zweiten Weltkrieg entfaltet wurden, haben eine *Oberflächenansicht* und eine systematisch zu deutende Tiefenstruktur. An der Oberfläche spricht *Tillichs* Christologie für die Neuzeit und den säkularen Menschen, *Barth* hingegen an ihr vorbei mit »neuorthodoxen« Begriffen, die scheinbar die Selbstaufgabe neuzeitlicher Vernunft verlangen. In der *Tiefenstruktur* kehrt aber *Barth* die systematische Anlage auch der altprotestantischen Christologie um, damit er die Selbstverständlichkeiten der Neuzeit und des bürgerlichen Menschen angreifen kann – nicht um ihn ins 17. Jahrhundert zurückzubringen, sondern über die Zerrbilder seiner Zeit hinaus –, während *Tillich* ein altes christologisches Modell mit einigen philosophischen Aspekten seiner Zeit auffüllt, um die Fragen und Schwächen des neuzeitlichen Menschen religiös zu interpretieren und ihn zu bekehren (was allerdings nicht im evangelistischen Sinne gelten kann).

Literaturhinweis

In einer überaus scharfen, kaum belegten Kritik hat *D. Bonhoeffer* (in »Widerstand und Ergebung«, München 1951) *Tillich* bezichtigt, er habe es unternommen, die Welt »gegen ihren Willen« »religiös zu deuten« (ebd. S. 219). Das Recht dieser Kritik zeigt sich anhand einer Analyse der in der Übersicht 7 versammelten Materialien. Nicht besser erging es *Barth*, dem *Bonhoeffer* Offenbarungspositivismus vorwarf (ebd. S. 184). Dabei ging es *Bonhoeffer* um die sicher nicht unberechtigte Frage, ob für die hier *Barth* unterstellte »neuzeitliche Kritik des neuzeitlichen Selbstverständnisses«, z. B. eine ganz undifferenzierte Wiederaufnahme der Aussage von der Jungfrauengeburt, notwendig war.

Mit diesen beiden christologischen Entwürfen wurde zwar auf herausragende Programme der Christologie im 20. Jahrhundert verwiesen. Aber sie dürfen – streng genommen – nicht allein stehen. Denn aus dem Ansatz der mit *Barth* verbundenen Wort-Gottes-Theologie (sog. »dialektische Theologie«) haben sich andere Entwürfe entfaltet, auf die hier allerdings nur wenige Sätze verweisen können:

Der *Ansatz F. Gogartens*:

Gogarten (→ Ü 17) geht von der Verkündigung Jesu selbst aus. Um das ungenaue Schlagwort zu gebrauchen: er entwirft eine »Christologie von unten«. *Jesus* bringt in seiner Verkündigung, seinem Selbstbewußtsein und seinem Geschick zum Ausdruck, daß der Mensch reines Empfangen ist (Evangelium gegenüber dem Gesetz). So ist in ihm und seinem Wort das Selbstsein (vgl. den Exkurs 2.2.3), das Personsein gegenwärtig. Der Tod ist für ihn äußerste Versuchung, ob er sich ganz aus Gott, keinesfalls aus sich selbst verstehen will. »Da aber für Jesus Gott der ist, aus dem er im Glauben sein Leben empfängt, so wird ihm eben dieser Gott zum Tod« (Die Verkündigung Jesu Christi, S. 153). Die Verkündigung dieses (historischen) Jesus findet *Gogarten* konsequent bei *Paulus* und *Luther* entfaltet in reiner Personalität, in Selbstheit, als Unbedingtheit des Gottesverhältnisses. Weiter unten wird sich zeigen, daß dieses Anliegen unter dem Stichwort der »Identität« bei seiner Schülerin *D. Sölle* wiederkehrt.

Gogarten meint, mit diesem Ansatz den Zwiespalt zwischen urchristlicher Verkündigung und *Neuzeit* als Selbsttäuschung des neuzeitlichen Menschen gezeigt und überbrückt zu haben. Denn mit der Erfahrung des Geistes im metaphysischen Denken wurde dessen *Selbständigkeit* entdeckt, mit der Ablösung der Metaphysik durch die Naturwissenschaften das Bewußtsein dieser Selbständigkeit im Menschen vollendet. Sie findet in Geschichtlichkeit und Personalität ihren Ausdruck.

Literaturhinweis

Vgl. dazu: *F. Gogarten:* Die Verkündigung Jesu Christi. Grundlagen und Aufgabe, 2. Aufl. Tübingen 1965.

Der *Ansatz E. Brunners*:
Unterscheidet sich *Gogarten* von seinem früheren Weggefährten *Barth* durch die außerordentlich positive Würdigung neuzeitlicher Subjektivität, so *Brunner* durch eine bestimmte Reduktion der Bedeutung der Christologie im dogmatischen Aufriß. Denn Jesus Christus ist nach ihm zwar die »ratio cognoscendi« aller christlichen Erkenntnis, nicht aber die »ratio essendi« – der Erkenntnisgrund, hingegen nicht der Seinsgrund. Nach *Barth* ist Christus allerdings Schöpfungsmittler als Gottes Wort. Gegenüber *Gogarten* würde sich *Brunner* freilich mit Hilfe der »Kategorie der Offenbarung« absetzen. Denn Jesus ist nicht nur Urbild der Personalität, sondern ruft zum transzendenten Ursprung, zu Gott, zurück. Der »Mittler« stellt die Menschen vor das erste Gebot und schließt ihnen die Wirklichkeit des fordernden und versöhnenden Gottes wie die Wirklichkeit des Mitmenschen und der Geschichte auf.

Literaturhinweis

Vgl. dazu: *E. Brunner:* Der Mittler, 2. Aufl. Tübingen 1930. *Ders.:* Dogmatik, Bd. 2, 2. Aufl. Zürich und Stuttgart 1960, S. 257 ff.

Die Verschiedenheit christologischer Ansätze zeigt, daß unter den Vertretern der »Wort-Gottes-Theologie« (der zwanziger Jahre) (→ Ü 17) nicht die Einheit einer Schule theologischen Denkens herrschte. Erst nach dem Zweiten Weltkrieg ist aber die Wort-Gottes-Theologie mit einem christologischen Ansatz überhaupt in Frage gestellt worden:

3.4.2 Christologie aus der Reaktion auf die »Wort-Gottes-Theologie«

Für die folgenden Arbeitshinweise wird die Übersicht 8 zur Christologie *W. Pannenbergs* geboten. Sie versucht, systematisch und doch analysierend, die wesentlichen Gehalte und die Denkstrukturen dieses Ansatzes wiederzugeben. Zur Arbeitserleichterung kann die Übersicht neben andere Übersichten – etwa zum Vergleich – gelegt werden.

Nach *Pannenberg* – und zunächst auch mehreren Mitstreitern – ist nicht das immer neu in der Geschichte zur Geltung kommende Wort Gottes, sondern die *Geschichte der indirekten Selbstkundgabe Gottes* jene Offenbarung, wie sie Altes und Neues Testament meinen. Mit dieser zentralen These griffen *Pannenberg* und einige Freunde eine – durchaus nicht abzustreitende – Tendenz der von der »existentialen Interpretation« beeinflußten Christologie (etwa *Bultmanns* und des Systematikers dieser Richtung, *Gogartens*) an: Geschichte allein zu begründen auf die Geschichtlichkeit der Existenz des Menschen (vgl. S. 75) und Offenbarung auf dessen neues Selbstverständnis auszurichten, das im Jetzt der Entscheidung heraustritt.

Neben den schon vermerkten Hinweisen auf den S. 73 ff. kann zu diesem Thema auch der Exkurs 3.5 verglichen werden.

Weil das Studienbuch auf die eigene Arbeit der Leser rechnet, beschränkt es sich auf Hinweise, die den systematischen Duktus der

Christologie *Pannenbergs* erschließen und vergleichen helfen. Wer die Übersicht 8 mit der Übersicht 5 (dem Aufriß altprotestantischer Christologie) vergleicht, bemerkt einen zentralen Unterschied: Gott kann nicht ohne weiteres vorausgesetzt werden (→ Ü 8 Spalte 1, ferner Kolumne 3.1); *an Jesu Geschick entzündet sich erst Erkenntnis Gottes.* Jesu Geschichte darf deswegen nicht als Attribut der Offenbarung gelten, sondern führt selbst die offenbarende Geschichte zu ihrem vorweggenommenen Ende. Der Schlüssel zu dieser Erkenntnis ist die *Auferstehung* (→ Ü 8, Kolumne 2.2).

Welche *Erfahrungen* setzt *Pannenberg* als selbstverständlich voraus? Da zeigt sich zunächst die Sorge des neuzeitlichen Menschen um sein Selbstverständnis. Weil wir historisch denken und die historisch-kritische Exegese nach dem Menschen Jesus sucht – denn der könnte unserem Selbstverständnis wenigstens teilweise analog zu erfassen sein! –, plädiert *Pannenberg* entschieden für eine *»Christologie von unten«* (→ Ü 8, Kolumne 2.1). Zu fragen wäre allerdings, ob jene Christologie »von unten« nicht heimlich schon ein »oben« voraussetzt, damit überhaupt das Besondere an Jesus von Nazareth hervortreten kann.

Weiter soll *Gottes »Gottheit« aus der Erkenntnis Jesu Christi* hervortreten. Der Verfasser tut so, als ließen sich das Wort »Gott« und die damit verbundene Erfahrung methodisch einklammern. Anhand seines Entwurfes wäre eingehend zu prüfen, ob *Pannenberg* damit dem säkularisierten Menschen entgegenkommen will – aber wird der nicht einwenden, der angeblich an der Jesusoffenbarung erkannte Gott sei im stillen schon vorher mitgedacht? –

Literaturhinweis

Vgl. dazu seine »Grundzüge der Christologie«, 5. Aufl. Gütersloh 1976.

Deswegen stellen wir noch einmal mit Nachdruck die Frage, welche *Erfahrungen Pannenberg* bei seinem Leser als gegeben voraussetzt. Andere Veröffentlichungen weisen aus, daß er sich vor allem den Naturwissenschaften und der in ihnen mitgesetzten Erfahrung der Wirklichkeit zuwenden will. Nicht die durchgehende Determination alles dessen, was geschieht, sondern die *Kontingenz,* die Unableitbarkeit gerade menschlichen, sinnvollen Seins, liegt ihm am Herzen. Deswegen wird er nicht müde, den *Menschen* als *»offenes« Wesen* zu charakterisieren. Der »Grundriß« seiner Christologie setzt das voraus (→ Ü 8, Kolumne 1).

Literaturhinweis

Die These vom »offenen« Menschen ist entfaltet in: *W. Pannenberg:* Was ist der Mensch? Die Anthropologie der Gegenwart im Lichte der Theologie, 4. Aufl. Göttingen 1972. Ferner: *K. H. Bauer, W. Pannenberg u. a.:* Was ist das – der Mensch? Beiträge zu einer modernen Anthropologie, Zwölf Vorträge, München 1968.

Dieser Mensch muß sich selbst überschreiten und entwerfen, wer (oder was) er sein will. Allerdings ist die These von der Offenheit nicht unumstritten. Denn wer wollte behaupten, daß Mangel an biologischer Determination (z. B. durch den Ausfall von Instinktregulierungen) auch gesellschaftlich offenes Sein nach sich zöge? Sind nicht die vielen

Krisen und Konflikte unserer Gesellschaft darauf zurückzuführen, daß Offenheit imaginär bleibt, weil zu viele Möglichkeiten menschlicher Selbstentfaltung verschlossen bleiben? Das Spiel mit dem Schlagwort der »Offenheit«, wird es aus seinem ursprünglich engen anthropologischen Kontext beliebig erweitert, kann ungewollte Konsequenzen haben.

Literaturhinweis

Das ließe sich gerade an *A. Gehlens* politischem Weg zeigen. Denn *Gehlen* ist einer der Garanten der *Pannenberg*schen These vom »offenen Menschen«. Vgl. dazu u. a.:

Der Mensch, seine Natur und seine Stellung in der Welt, 8. Aufl. Frankfurt a. M. 1966. – Ferner: *Ders.:* Urmensch und Spätkultur. Philosophische Ergebnisse und Aussagen, 2. Aufl. Frankfurt a. M. 1964. – Darüber: *F. Jonas:* Die Institutionenlehre Arnold Gehlens, Tübingen 1966.

Zur Kritik sei u. a. auf *Th. Adorno:* Negative Dialektik, Frankfurt a. M. 1966, verwiesen (z. B. S. 128: »Die These ..., der Mensch sei offen, ... gaukelt ihre eigene Unbestimmtheit ... als Bestimmtes und Positives vor«).

So stellt sich die Frage, ob *Pannenberg* die Zwänge und die versagten Möglichkeiten menschlichen Lebens genügend berücksichtigt hat. Weiter drängt sich die Frage auf, ob er auch auf dieser kritisch gegen ihn gerichteten These eine Christologie hätte aufbauen können (in der z. B. das Kreuz eine gewichtigere Rolle als die Auferweckung gespielt hätte). Legt sich doch der Verdacht nahe, seine Christologie sei einer vorher gewählten Anthropologie angepaßt.

Die anthropologische Offenheit setzt sich in die Frage nach dem *Sinn* um: wer will der Mensch sein, wie bestimmt ihn die ausstehende Zukunft schon jetzt? Später hat *Pannenberg* die Geschichte menschlichen Selbstverständnisses und menschlicher Religion als eine Abfolge einander überbietender Sinnentwürfe konstruiert. In ihr wird Gott zunehmend deutlich erkannt, einzelne Momente der Verifikation fügen sich der Sinn- bzw. Gott-Hypothese an.

Vgl. dazu die Hinweise auf S. 25 f.

Um die innere Struktur der Christologie *Pannenbergs* zu erfassen, müssen wir noch einmal auf seine Gegenüberstellung von kausalgesetzlicher *Determination* und von *Kontingenz* zurückgreifen. *Pannenberg* wertet beide als mögliche Sichtweisen der Wirklichkeit. Aber nur der Gesamtsinn der Geschichte, der sich an ihrem Ende darbietet, wird eine integrale Sicht von Wirklichkeit möglich machen. Dann sind auch alle zufälligen Ereignisse sinnvoll einzuordnen. Die Christologie scheint ein Knotenpunkt der Erfahrungsweisen von Wirklichkeit zu sein. Hier treffen sich geschichtliche Bestimmung (z. B. der Tat-Tatfolgezusammenhang, den Jesu Stellvertretung aufsprengt, → Ü 8, Kolumne 3.6) und zukunftsoffene Sinnstiftung. Weil nach *Pannenberg* die höchste Sinnerwartung in der Überwindung des Todes liegt, wird *Sinn von Geschichte* im Geschick Jesu, vor allem in seiner *Auferwekkung*, erkannt (→ Ü 8, Kolumne 2.2).

Dieser Ansatz bei Jesu Geschick, der sein Handeln einschließt, muß noch einmal betont werden. Christologie setzt bei dem ein, was Jesus zu Lebzeiten tat und aussprach. Aber sie findet ihre Mitte im Tode Jesu, der sein Leben und Handeln in Frage stellt, jedoch mit der Auferweckung seine Schlüsselstellung verliert, weil sie Leben und Tun Jesu rehabilitiert.
Nimmt diese Christologie die Anfragen der historisch-kritischen Exegese ganz ernst? Weil sie sich als »Christologie von unten« betrachtet, will sie das; andrerseits ist ihr scheinbar induktives Vorgehen (vom einzelnen Geschick Jesu zum universalen Sinn der Geschichte) doch heimlich von einer Geschichtstheorie geleitet, die *neuzeitliche Fragestellungen* (welcher Sinn wird einst den Gesamtzusammenhang universaler Geschichte herausstellen?) mit *exegetischen Gesichtspunkten* (die Apokalyptik findet Sinn und Ziel der gesamten Geschichte im hereinbrechenden Weltende, in der Totenauferweckung enthüllt) zusammenbindet.
Hieran hat sich lebhafte Kritik entzündet. Wie kann eine apokalyptische Vorstellung vom Ende der Geschichte heute noch ohne weiteres gültig sein? Ist die Auferweckung Jesu schließlich die einzige Antwort auf die Sinnfrage, soweit sie mit der Perspektive universalen geschichtlichen Sinns verbunden ist? Kann die Auferweckung der nach Sinn fragenden Vernunft einsichtig sein, was *Pannenberg* tatsächlich behauptet hat? Neuerdings hat *Pannenberg* die Schlüsselstellung der Auferstehung für seine Christologie aufgegeben.

Literaturhinweis

Vgl. dazu: *Ders.:* Wissenschaftstheorie und Theologie, Frankfurt a. M. 1973.

3.4.3 Hinweise zu christologischen Ansätzen der neuesten Zeit (Sölle, Jüngel, Moltmann)

Das Folgende muß sich – noch mehr als die vorausgehenden Abschnitte – auf kurze Bemerkungen beschränken. Allerdings leisten wieder Arbeitsübersichten (→ Ü 9–10) eine gewisse Hilfestellung.
Zunächst wenden sich einige Zeilen einem christologischen Entwurf zu, der von der Fachwissenschaft vernachlässigt wurde, aber in vielen Kreisen lebhafte Diskussion ausgelöst hat. *D. Sölles* Entwurf soll hier eine gewisse Aufmerksamkeit finden, weil die Verfasserin bestimmte Konsequenzen existentialer Interpretation radikalisiert hat. Zugleich stellte sie damit eine bestimmte Perspektive gegenwärtigen Selbstverständnisses aufrichtig, aber radikal und unbefragt in den Mittelpunkt.
Die Gründe, diesen Entwurf zu verdrängen, liegen auf der Hand:
(a) Die Verfasserin drückt die mit dem Leser ihres Buches zusammen vorausgesetzte Erfahrung von Wirklichkeit und Menschsein viel unverblümter aus als die anderen hier behandelten Entwürfe (→ Ü 9, Kolumne 1). Dies zwänge im Grunde alle, die sich mit ihr auseinandersetzen wollten, ebenso deutlich zu werden – was jedoch einem weit verbreiteten Bild wissenschaftlicher Zurückhaltung widerspricht.
(b) In diese Aussagen fließen viele emotionale, ja vorschnelle Urteile ein. Sie treffen offenkundig zu Unrecht manche Theologen, die in diesem Studienbuch nicht so vorgestellt werden können wie in *Sölles* Entwurf »Stellvertretung« (vgl. vor allem die Kolumne 3, die in diesem Fall nicht die Frage nach der Aufbereitung altkirchlicher Christologie stellt, weil sie sich nicht lohnt).
(c) *Sölles* Entwurf macht eigentlich an keiner Stelle plausibel, warum Jesu Wort und Verhalten heute noch Bedeutung haben – etwa weil Christen die Spuren ihrer eigenen Sozialisation nicht auslöschen können, oder aus anderen Gründen? Eine eindeutige Antwort fehlt.

Wer den Entwurf des spätorthodoxen Dogmatikers *Hollaz* (→ Ü 5) zum Vergleich heranzieht, findet drei Angelpunkte in *Sölles* Entwurf. Es sind Probleme, die zum Zerbrechen altprotestantischer Christologie führten:
(1) das intensivierte Personbewußtsein *(Identität)*: wer bin ich selbst, wie kann ich unverwechselbar, ja unersetzlich sein? (vgl. dazu S. 103, 121 (→ Ü 9, Kolumne 1);
(2) die Einschränkung auf das Amt Christi als eines *Lehrers* (vgl. dazu S. 105, 114) (→ Ü 9, Kolumne 2.2);
(3) die widersprüchlichen Aussagen zur *Erkenntnis Gottes* (→ Ü 9, Kolumne 4).
Die Verfasserin nimmt Anfragen und Erbe der Aufklärung bewußt auf. Die ihr zugrundeliegende Anthropologie eines in sich selbst bestehenden Individuums wird zwar ernst genommen, die bürgerliche, sich selbst isolierende Individualität sozialistisch korrigiert. Wer *Sölles* Entwurf beurteilen will, wird sicherlich festhalten müssen, daß Christologie nicht hinter die Aufklärung zurückfallen darf. Aber kann sie deren heimliche oder offene Voraussetzungen (z. B. im Personbegriff) unhinterfragt lassen, oder muß sie nicht zu einer Aufklärung auch der Aufklärung beitragen? Wenn das Studienbuch *K. Barth* zu Recht dieses Anliegen unterstellt, verliert *Sölles* Ansatz durch ihren Affekt gegen *K. Barth* – vermutlich eine Abneigung ihres Lehrers *Gogarten* verstärkend – an Glaubwürdigkeit.

E. Jüngels Ansätze einer Christologie mögen manchem Leser noch zu unausgeführt erscheinen, um sie hier zu berücksichtigen. Trotzdem werden sie in der Übersicht 10 vorgestellt. Dafür gibt es einen schwerwiegenden Grund: die neuerliche Frage nach dem historischen Jesus (vgl. Exkurs 3.5) veranlaßt, die Inkarnationslehre prozessual umzudenken – in eine werdende Einigung von Gott und Mensch in Jesu Person, Reden und Handeln. Auch versucht dieser Ansatz, vielfach als divergierend empfundene Ansätze (seiner Lehrer *E. Fuchs* und *G. Ebeling* auf der einen, *K. Barths* auf der anderen Seite) einander anzunähern. Deswegen stellen sie ein wesentliches Element zur Einübung von Urteilsvermögen im Rahmen eines Studienbuchs dar.
Für ein Studium der Übersicht 10 sei besonders auf folgende Punkte verwiesen:
- die Betonung der Zeiterfahrung (Kolumne 1, B),
- die Integration der neuerlichen Frage nach dem »historischen Jesus« (Kolumne 2),
- die Neufassung der Inkarnation (Kolumne 3.2) und der Gesichtspunkte der An- und Enhypostasie (3.3) (vgl. auch S. 103).

Als jüngster Entwurf sei *J. Moltmanns »Der gekreuzigte Gott«* in Kürze vorgestellt:
In diesem Entwurf kommen die zur Analyse und zum Verständnis so wichtigen Voraussetzungen, die der Autor mit dem Leser gemeinsam sehen möchte, ausführlich zur Sprache. Sie lassen sich mit der Formel einer »offenen Dialektik« umschreiben: Gott wird nur im Gegenteil erkannt, im Leiden. Noch hat er das Gegenteil nicht in sich aufgehoben. Die Welt ist nicht fertig in dem Sinn, daß ihre widerständigen Seiten schon in ein Ganzes integriert wären und sich sinnvoll darstellten (wie bei *Pannenberg*). Die Menschheit wartet auf Erlösung.
Deswegen kann alles, was Jesus sagte, tat und erlitt, nicht abgegolten, in der kirchlichen Lehre aufgehoben oder mit der Wirklichkeit der Welt versöhnt sein. Herrschaft Christi ist *Herrschaft des Gekreuzigten*, nicht hingegen Triumph, der über die Leiden der Menschen hinweggeht. Weil Jesu Dasein

nicht abgeschlossen und schon gar nicht in einer einheitlichen Geschichte und Wirklichkeit integriert ist, »geht sein Prozeß« weiter und hält die Frage nach Gottes Gerechtigkeit in der Leidensgeschichte der Welt wach.

Gotteserkenntnis – das tritt scharf in *Moltmanns* Entwurf heraus – entzündet sich gerade an diesem Geschehen. Ein in sich ruhender Gott ohne Anfang und Ende würde das Kreuz entleeren. So leidet denn auch Gott selbst am Kreuz – *»Patricompassianismus«* ist *Moltmanns* Formel (der Vater leidet mit; er ist nicht apathisch). Christologie zielt auf die Trinitätslehre zurück. Wer noch einmal *Barths* Entwurf (→ Ü 6, Spalte 2.3) zur Hand nimmt oder die Passagen zur Erniedrigung in der Kirchlichen Dogmatik betrachtet, wird dort ähnliche Aussagen vorgeformt finden. Deswegen ist *Moltmanns* Entwurf vielleicht nicht so neu, wie es sein Verfasser gern möchte. Auch hat *Luther* bereits »deipassianisch« gedacht (*P. Althaus:* Die Theologie Martin Luthers, 4. Aufl. Gütersloh 1975, S. 174).

Literaturhinweis

Vgl. dazu: *J. Moltmann:* Der gekreuzigte Gott, München 1972.

3.4.4 Hinweise auf katholische christologische Entwürfe der Gegenwart

Gewiß ist es ein gravierender Mangel (der aber mit der Selbstbeschränkung eines Studienbuchs zusammenhängt), daß katholische Dogmatik in diesem Zusammenhang kaum berücksichtigt wird. Stellvertretend soll jedoch auf zwei Autoren verwiesen werden, die zur Bereicherung dogmatischen Denkens auch im Raum der evangelischen Kirche beitragen können: *K. Rahner* und *W. Kasper*.

Wer sich den *christologischen Schriften K. Rahners* zuwendet, wird im Kontrast zu evangelischen Ansätzen der Gegenwart viel ungebrochener metaphysische und kosmische Gesichtspunkte finden (eine Ausnahme könnte *Pannenbergs* oben vorgestellter Entwurf sein). Sieht man von Entwicklungstendenzen in *Rahners* Theologie selbst ab, so ist Christologie in einen Weltentwurf eingezeichnet, der Materie und Geist sich entwickeln sieht, so daß Materie sich dem Geist annähert und von ihm durchdrungen und umgestaltet wird. *Rahner* spricht von *Hominisation* (was längst noch nicht Humanisierung bedeutet!). Die Veränderung der Welt hängt mit Gott selbst zusammen, der sich als Unveränderlicher – so *Rahners* dialektische Formel – am andern, von ihm Geschaffenen verändert. Die Kreatur ist die »Grammatik« möglicher Selbstaussagen Gottes.

Diese *Selbstaussage* ist nun in *Jesus Christus* unüberbietbar geschehen: *Gott* selbst kommt zur Sprache, zugleich vollzieht sich *menschliche Wirklichkeit* in seinem Leben, Sterben und Auferstehen in höchstem Maße. Denn menschliche »Natur« (= Wesen) kommt nur zu sich selbst, wenn sie sich ins Geheimnis (des Geistes, damit Gottes) transzendiert. Die alte Lehre von der »unio hypostatica«, der personalen Einigung, zeigt die unwiderrufliche Einheit von menschlicher Wirklichkeit und Geist.

Wir haben ohne Zweifel einen evolutionären Weltentwurf vor uns, der Materie und Geist als Stufen, nicht aber getrennt sieht. Jene *Transzendenz* zur höheren Stufe und damit in Richtung auf die Vollendung ist in jedem Menschen als Grundbefindlichkeit vorbewußt, dann auch bewußt, gegenwärtig. In besonderem Maße prägt sie sich als Offenbarungsgeschichte in Jesus selbst aus. Sein Glaube freilich konkretisiert sich am historischen Material. So verstand er sich aufgrund beider an sich selbst vollzogener Geschichten, der Geschichte der Offenbarung und des Glaubens, als eschatologischer Heilsbringer. Im historischen Jesus liegt eine implizite Christologie, wie *Rahner* im Anschluß an *Bultmann* sagt.

Literaturhinweis

Vgl. dazu: *K. Rahner:* Schriften zur Theologie, Einsiedeln 1954 ff., Bd. I, S. 169–222; Bd. IV, S. 137–155; Bd. V, S. 183–221; S. 222–245; Bd. IX, S. 197–226; S. 227–241; Bd. X, S. 203–238.

Den Fragestellungen dieses Studienbuches viel näher steht *W. Kaspers christologischer Entwurf* (Jesus der Christus, Mainz 1974). Einmal möchte er den Grundfehler neuzeitlicher Subjektivität vermeiden, das Einmalige und Einzigartige zum Prinzip zu verallgemeinern. Nicht die Sache Jesu, sondern *Jesus selbst* tritt in den Mittelpunkt dieser Christologie, weil in ihm menschliche Größe und menschliches Elend in unendlicher Weise angenommen sind. Von der Osterbotschaft her fällt auch die Entscheidung des Lesers, ob er bereit ist, die Wirklichkeit von Gott her zu sehen, um Gottes schöpferische Möglichkeit nicht mit einem geschlossenen Weltbild zu verdecken.

3.4.5 Nachtrag

Wie in 2.5.2 sollen hier Themen aufgeführt werden, die bei der Einweisung in christologisches Denken in den vorhergehenden Abschnitten zu kurz kamen. Das geschieht, um wieder die Grenze eines Studienbuchs deutlich zu machen und um zugleich seine Leser zu eigener Weiterarbeit anzustoßen.

Im Rahmen der Christologie sind das vor allem die Themen der Christologie der Reformatoren, die Versöhnungslehre einschließlich der Geschichte der Satisfaktionstheorie, dazu die Rechtfertigungslehre (bei dem unten benannten Entwurf O. *Webers* gehört sie – in reformierter Tradition – allerdings zur Lehre vom Heiligen Geist) und die Prädestinationslehre (die üblicherweise unter der Gotteslehre abgehandelt wird, aber von *K. Barth* christologisch ausgelegt wird).

Literaturhinweis

Themen	O. *Weber:* Grundlagen der Dogmatik	*H. Ott:* Antwort des Glaubens	*W. Trillhaas:* Dogmatik	*H. J. Kraus:* Reich Gottes ...	*H. G. Pöhlmann:* Abriß ...
Christologie Luthers und Calvins	II,148–157				
Versöhnungslehre	II,203–236		289–295, 298–306	IV,4,1–4, IV,4,7	152–154
Satisfaktionslehre im engeren Sinn	II,237–257		290–293	IV,4,1	153–154
Rechtfertigung (forensisch-effektiv usw.)	II,317–354	Art. 29	385–404	IV,5,1–5	190–213
Prädestination	II,458–498		236–246		201–202

Literaturhinweis

Um etwa die Kontroversen um die Versöhnung im 19. Jahrhundert (um *A. Ritschl* u. a.) kennenzulernen, empfiehlt sich immer noch der Artikel »Versöhnung« von O. *Kirn* in der »Realencyklopädie für protestantische Theologie und Kirche«, 3. Aufl. 1896–1913 (= RE), Bd. 20, vor allem die S. 558–576.

3.5 Exkurs zum Problem des »historischen Jesus«

Nicht nur vereinzelt, sondern nahezu in allen Veröffentlichungen findet sich die Ansicht, die altprotestantische Christologie sei grundsätzlich an der historisch-kritischen Erforschung der Evangelien (im Gefolge der Aufklärung) zerbrochen.

Literaturhinweis

Einen wichtigen Anhalt findet das an *Lessings* Veröffentlichung der Evangelienkritik des Hamburger Schulrektors *H. S. Reimarus* (1694–1768). Vgl. dazu *H. S. Reimarus:* Apologie oder Schutzschrift für die vernünftigen Verehrer Gottes, hg. v. *G. Alexander*, 2 Bde., Frankfurt a. M. 1972.

Vermutlich handelt es sich bei der *historischen Kritik* zunächst nur um ein Oberflächensymptom (vgl. den Abschnitt 3.3). Denn nach den Vorschlägen zur Bewahrheitung von Aussagen, die im Anfangsteil dargelegt worden sind (vgl. vor allem S. 27 ff.), gehören der Sprecher in seine Aussage und der Kritiker in seine Kritik hinein, weil unausgesprochene oder explizite Selbstdefinitionen ihren Zugang zur Sache gestalten helfen. Mit der historisch-kritischen Vernunft gewinnt die nur auf sich selbst gestellte kritische Vernunft eine gewisse Selbstverständlichkeit. Mit ihrer kritischen Tätigkeit wird die Welt – bildhaft gesprochen – enger, denn sie muß Inbegriff der Gegenstände möglicher Erfahrungen (eines durch seine Selbstkritik beschränkten Individuums) sein. Was die altprotestantische Dogmatik zur Erhöhung Christi in der Lehre von den Ständen sagt (→ Ü 5, Kolumnen 6 und 7), liegt dagegen jenseits des Bereichs möglicher – auch nachprüfbarer – Erfahrung.
Deswegen schlägt das Studienbuch vor, nicht allein die Tatsache historischer Kritik, sondern Selbstverständnis, Weltansicht und sonstige vorausgesetzte Erfahrungen des aufgeklärten Forschers, die sich in der Diskussion um den historischen Jesu mitartikulieren, deutlich hervorzuheben. Könnten sie doch die tragenden Gründe einer veränderten Christologie sein! Vielleicht entwirft der Autor eines der vielen Leben Jesu auch sich selbst – in einer idealisierten Gestalt! – in seiner Darstellung.

Literaturhinweis

Überblickt man die Geschichte der Leben-Jesu-Darstellungen, so wird es schnell allzu offenkundig, wie sehr sich Epochen, Schichten (etwa des Bildungsbürgertums) und Individuen vor allem im unverwechselbaren, individuellen und moralischen (bzw. sittlichen, da nicht abwertend gemeint) Menschen Jesus wiedersahen. Das hat besonders *A. Schweitzer* mit seiner »Geschichte der Leben-Jesu-Forschung« erwiesen (urspr. 1906, jetzt als Nachdruck, München und Hamburg 1966).

Wenn nun die mehrfach geäußerte Vermutung stimmt, daß die sogenannte »dialektische Theologie« (→ Ü 17) auch – oder vor allem – ein Protest gegen die verabsolutierte neuzeitliche Subjektivität war (vgl. S. 21 f., S. 118 f.), dann kann es niemanden verwundern, wie schnell die Leben-Jesu-Schreibung mit dem Aufkommen der Wort-Gottes-Theologie erlosch. *Bultmann,* anfänglicher Mitstreiter *K. Barths,* hat sich als

Neutestamentler mit unübersehbaren systematisch-theologischen Neigungen auf das *»Daß« des Gekommenseins Jesu* zurückgezogen, Jesus selbst hingegen, seine Worte und seine Taten der jüdischen Religionsgeschichte zugerechnet. *Daß* Jesus kam, begründet den heute an mich ergehenden Ruf zur Entscheidung. Ich muß wissen, ob ich aus den Sicherheiten einer aufgelaufenen Vergangenheit weiterleben oder mich aus einer nicht verfügbaren Zukunft empfangen will. *Jesu* eigener *Entscheidungsruf* impliziert eine *Christologie.* Aber er impliziert sie nur – könnte man, das Argument überziehend, sagen –, weil er in das Entscheidungsdenken *Bultmanns,* gewonnen aus seinem *Kierkegaard*-Studium und seinem Gespräch mit *Heidegger,* paßt.

Literaturhinweis

Näheres zu *Bultmanns* Christologie findet sich z. B. in: Zur Frage der Christologie, in: Glauben und Verstehen, Bd. I, Tübingen 1933, S. 85–113. – Die Christologie des Neuen Testaments, ebd. S. 245–267. – Das christologische Bekenntnis des ökumenischen Rats, in: Glauben und Verstehen, Bd. 2, Tübingen 1952, S. 246–261. – Jesus Christus und die Mythologie, in: Glauben und Verstehen, Bd. 4, Tübingen 1965, S. 141–189. – Theologie des Neuen Testaments, Tübingen 1958, vor allem die §§ 1–4 und 7.
Erstaunlich bleibt es, daß *Bultmann* trotzdem ein Jesus-Buch geschrieben hat: Jesus, Tübingen 1926. Es will aber nicht sich in Jesu psychologische Konstitution einfühlen, sondern von der Begegnung des Autors mit Jesus (als Dialog über die Distanz der Geschichte hinweg) Rechenschaft abgeben und sich auf Jesu Worte und Lehre beziehen.

Schien es mehrere Jahrzehnte so, als sei die *Frage nach dem historischen Jesus* aus Resignation (weil die Urkunden keinen Durchblick freigaben) oder aus theologischen Gründen (weil Jesu Person nicht der Spiegel des Autors eines möglichen Lebens Jesu sein durfte) erstorben, so kehrte sie doch in den fünfziger Jahren wieder. Die Wiederkehr konnte nur berechtigt sein, wenn sie nun die Vorerfahrungen und Selbstbilder dessen, der sie stellt, kritisch und reflektierend einzubeziehen vermochte.
Dazu traten schwerwiegende Sachprobleme: durfte sich der Glaube auf Jesus berufen und die Geschichte ganz vernachlässigen? Wäre Jesus Christus dann nicht doketisch, d. h. nur scheinbar in menschliche Realität eingegangen? Hinzu trat die in diesem Studienbuch als ein Schlüsselproblem benannte Frage nach Zeit und Zeiterfahrung (vgl. 2.3). *Bultmann,* Lehrer der meisten Neutestamentler von Rang, meinte, im Zeitpunkt des Jetzt die Linie der Zeitvorstellung zu durchschneiden, den alten Menschen hinter sich zu lassen und den neuen zu gewinnen. Diese Stunde, in der ein Mensch »vor der Zukunft« stünde, sei durch die Stunde Jesu qualifiziert. *E. Käsemann* (→ Ü 17) erkannte zwar diese Konzeption einer *Diskontinuität der erfahrenen Zeit* an, denn so bewahrheite sich für den Menschen heute Eschatologie. Trotzdem brauche auch dieses Konzept eine gewisse *Kontinuität:* der Glaube, der alles auf die Zukunft setze, dürfe sich nicht auf ein Phantom berufen, sondern nur auf die wirkliche Person Jesu, die in der Geschichte real erschienen sei. Vermutlich trug zu dieser Einsicht bei, daß eine

Zukunft ohne Inhalt und eine Hoffnung ohne Gegenstand formal und deswegen angesichts der Probleme der Geschichte des 20. Jahrhunderts ohnmächtig seien.

Literaturhinweis

Vgl. dazu: *E. Käsemann:* Das Problem des historischen Jesus (urspr. 1953), in: Exegetische Versuche und Besinnungen, Göttingen 1960, S. 187–214. *Ders.:* Sackgassen im Streit um den historischen Jesus, in: *Ders.:* Exegetische Versuche und Besinnungen, Bd. 2, Göttingen 1964, S. 31–68.
Eine Replik *Bultmanns:* Antwort an Ernst Käsemann, in: Glauben und Verstehen, Bd. 4, Tübingen 1965, S. 190–198.

Aber der Historiker hat auch ein *systematisches Interesse* an der Frage nach dem historischen Jesus. »Denn Jesus kam nicht, um allgemeine religiöse oder moralische Wahrheiten zu verkündigen, sondern um zu sagen, wie es sich mit der angebrochenen Basileia verhält, daß nämlich Gott dem Menschen in Gnade und Forderung nahegekommen sei.« (Exegetische Versuche und Besinnungen, Bd. I, S. 212). Die erneuerte Frage nach dem »historischen Jesus« hat – will man sie zu ihrem Besten interpretieren – bestimmte Wahrheiten hervorheben wollen, die auch der neuzeitliche Mensch nicht aus sich selbst hervorbringen oder bewahrheiten kann, sondern die ihn über sich selbst hinausführen.

Literaturhinweis

Bei *E. Käsemann* ist es die *Freiheit,* die aus der Gabe Gottes lebt und leibhafte Konkretion im Kampf um die Welt gewinnt (Literatur siehe oben), bei *E. Fuchs* wird Jesu Verhalten als *Ruf zur Freude* gedeutet (vgl. vor allem: Glaube und Erfahrung. Zum christologischen Problem im Neuen Testament, Gesammelte Aufsätze, Bd. III, Tübingen 1956, vor allem die S. 7 ff., 23 ff.). *G. Ebeling* als Systematiker dieser neuen Fragestellung hat Jesus den *»Zeugen des Glaubens«* genannt, weil er seinen Glauben durch sein Leben so zur Sprache kommen läßt, daß er zum »Grund« unseres Glaubens wird (*G. Ebeling:* Das Wesen des christlichen Glaubens, Tübingen 1959, S. 48–65).
Die Geschichte dieser Diskussion vor allem in den fünfziger Jahren zeichnet nach: *J. M. Robinson:* Kerygma und historischer Jesus, Zürich und Stuttgart 1960.

Die von den Autoren mit den Lesern als gemeinsam vorausgesetzten Erfahrungen konzentrieren sich auf das *Geschichtsproblem* (vgl. auch S. 73 ff.). Allerdings geht es ihnen nicht um einen linear konstruierten Ablauf, in dem sich der Betrachter, auch der Exeget, verliert, sondern um die Weise, wie Menschen, die sich auf Jesus berufen, ihre eigene Existenz als Geschichte verwirklichen und dann ein Verhältnis zur umgreifenden Geschichte gewinnen.

Auch diese vorausgesetzte Erfahrung steht noch im Bann der neuzeitlichen Subjektivität (vgl. S. 64 f.), obwohl sie deren Konsequenzen – etwa die Erfahrung der Allesrelativität – überwinden will. Alle gerade genannten Autoren kommen in unterschiedlicher Abgrenzung von *R. Bultmann* her und verlassen sich auf das in seiner Schule und in Anlehnung an *Heidegger* eingeübte Vokabular, besonders die Unterscheidung von »existential« (die Strukturen in sich geschichtlichen Existierens betreffend) und »existentiell«

(offener faktischer Vollzug der Existenz, der nur durch Existieren zur Wahrheit kommt).

Die erneute Frage nach dem historischen Jesus will vermeiden, daß »Existieren« sich allein auf eine *unbestimmte* Öffnung zur Zukunft verläßt. Es soll aus einer Begegnung mit real anderem, dem historischen Jesus, zu sich finden (»Eigentlichkeit«). Dieses Sachanliegen fällt mit dem von *Käsemann* herausgestellten methodischen Anspruch zusammen, vom historischen Jesus nur gelten zu lassen, was gegen die Interessen der Urgemeinde – als dem Überlieferer der Texte – sprach und daher gewissermaßen »aus Versehen« weitergegeben wurde.

In Arbeiten *G. Ebelings* und *E. Jüngels* hat der neuere exegetische Ansatz *systematische* Aufnahme und *Verarbeitung* erfahren.

Literaturhinweis

Bei *Ebeling* (Die Frage nach dem historischen Jesus und das Problem der Christologie, in: Wort und Glaube, Bd. I, Tübingen 1960, S. 300–318) zeigt sich der drohende Zwiespalt einer *»Jesulogie«* (einer nur an Jesus anknüpfenden systematischen Darstellung des Jesusglaubens) und einer *»Christologie«* (einer systematischen Durcharbeitung des Glaubens an Jesus, auch auf der Grundlage der christologischen Prädikationen, die an den auferstandenen Jesus herangetragen wurden). Der Glaubensbegriff hilft, den drohenden Zwiespalt zu überbrücken. Denn der Glaube an Jesus als den »Zeugen des Glaubens« drückt sich in der Homologie »Ich glaube an Jesus« und dann in christologischen Prädikationen (der »Christus«, der erwartete messianische Heilsbringer usw.) aus. Christologie findet deswegen den Grund des Jesusglaubens (und des darin eingeschlossenen Glaubens an Gott, der – um der Gottlosen willen – keineswegs vorausgesetzt werden darf) schon vor. In der Terminologie der traditionellen Dogmatik hieße das: der »fides qua«, dem existentiellen Glaubensvollzug, wird hier eindeutig der Vorrang vor der »fides quae«, dem Glaubensinhalt, gegeben.

E. Jüngel

E. Jüngels Ansätze sind nicht in allem schon streng systematisch geschlossen und ineinandergefügt (vgl. dazu die Hinweise auf S. 126 und vor allem die Übersicht 10). Der statische Naturenbegriff der alten Christologie (→ Ü 5) kann nicht festgehalten werden, wenn der systematische Theologe die Absichten der Frage nach dem historischen Jesus ernsthaft aufnimmt. Denn die »unio hypostatica«, die Einigung göttlicher und menschlicher Natur, findet nicht auf wunderbare Weise in der Konzeption statt, sondern durchzieht Jesu *Leben*; seine *Worte* und *Taten* (Verkündigung der Gottesherrschaft und seine Forderung) bringen Gott nahe. Gottes Nähe (als Reich, das in Jesu Taten und Worten kommt) tritt in Tod und Auferstehung so heraus, daß Gott sich mit dem Menschen Jesus identifiziert.

Jüngel macht daher die *Auferstehung* zur Mitte seiner Christologie, um die Anliegen historisch-kritischer Exegeten, die sich gerade nicht auf die Auferstehung beziehen, aufzunehmen. Der nachfolgende Exkurs muß sich diese Problemlage bewußthalten: *um der Wirklichkeit des historischen Jesus gerecht zu werden, bedarf es des systematischen Ansatzes bei der Auferstehung* – geht es doch auch um die Frage des Bleibens Jesu in einer Geschichte, die sonst alles vergehen läßt (vgl. den Frageansatz auf S. 101 f.). In der Auferstehung identifiziert sich Gott so mit dem Menschen Jesus, daß er selber nicht länger als unbewegtes Wesen erfaßt werden darf. Denn Gott »entspricht sich selbst«, weil er uns anspricht. Er will nicht ohne uns Gott sein. Hier zeigt sich deutlich *Jüngels* Verbindungslinie von der Schule *R. Bultmanns* zu Gedanken der Theologie *K. Barths.*

Der Horizont dieses Geschehens zwischen Gott und Mensch ist die *Sprache.* Sie speichert nicht Information, sondern ist als Ereignis lebendig, weil sie ein

Jetzt enthüllt, das aus der Zukunft kommt. So wird der Zeitbegriff zum Schlüssel dieses Ansatzes: jener historische Jesus, der eigentlich mit der alt werdenden Zeit zum Faktum erstarren müßte, lebte – selbst als innergeschichtliche Gestalt – so in der Zukunft (Gottes), daß ihn die verfließende menschliche Zeit nicht überholen kann.
Diese systematischen Aussagen scheinen weit vom historischen Jesus abzuführen. In Wirklichkeit führen sie – wie es die Übersicht 10, vor allem die Kolumne 3.3, zeigt – zu ihm hin. Ausgerechnet mit dem heute kaum noch geläufigen Terminus der *»Anhypostasie«* (zum Begriff vgl. S. 103) will *Jüngel* Jesu Leben deuten: Jesus lebte ganz auf Gott hin; Gott aber ist größer als er selbst. Nachdem Gott sich in der Auferstehung als sich selbst entsprechend erwiesen hat, lebt Jesus *enhypostatisch* in ihm.

Zusammenfassung: Die Frage nach dem historischen Jesus beruft sich nicht nur auf die intellektuelle Redlichkeit eines distanzierten Forschers, der sich profaner historischer Methoden bedient. Zwar lebte die historische Kritik der Evangelien – zumindest an der Oberfläche – lange Zeit von diesem Pathos, ohne die eigenen Interessen und Vorgaben einer ähnlich durchdringenden Kritik zu unterziehen. Die *neuerliche Frage nach dem historischen Jesus* wird nur in dem Maße *glaubwürdig* werden, wie sie auch *nach der Person des Forschers fragt* und seine Fragestellungen, die immer bestimmte Vorerfahrungen einschließen, aufhellt. Tut sie das nicht, wird sie eine Eintagsfliege bleiben. Tut sie es, wird sie von selbst in eine neue systematische Christologie übergehen. Anzeichen solcher Entwicklung deuten sich bereits an (vgl. die Ansätze *Ebelings* und *Jüngels*). Gleichwohl wird man sagen müssen, daß beider Impulse noch nicht die in Jahrhunderten aufgebaute Weite und systematische Struktur der alten Christologie eingeholt haben. Das zu leisten würde allerdings die Biographie eines einzelnen Theologen überfordern.

Literaturhinweis

Das für die neue Frage nach dem historischen Jesus repräsentativste Buch hat *G. Bornkamm* verfaßt: Jesus von Nazareth, Stuttgart 1956. Es berücksichtigt, daß historische Rekonstruktion nicht ohne das Verständnis der Geschichte Jesu, wie es sich in den Evangelien bezeugt, gelingen kann.

3.6 Exemplarische Hinweise zur Einarbeitung in ein christologisches Einzelthema: Der Zusammenhang von Kreuz und Auferstehung

3.6.0 Zur Literatur

Auch der Teil 3 dieses Studienbuchs, die Hinführung zur Christologie, hält sich an die Regel, ein Thema aus dem Gesamtbereich *exemplarisch* aufzugreifen, um dem Leser damit Vorschläge zur Einarbeitung zu unterbreiten. Allerdings öffnet die Thematik so viele Seitenwege, daß eine noch strengere Auswahl als im Folgenden für eine sinnvolle Beschäftigung geboten erscheint.
Die Wahl des Autors ist auf die Aussagenbereiche von *»Kreuz«* und *»Auf-*

erstehung« gefallen – ein sehr umfangreiches Thema zwar, aber doch ein Gebiet, in dem übersichtliche Literatur in besonderem Maße zur Verfügung steht.

Literaturhinweis

Als *Literatur zur Einarbeitung* seien empfohlen:
- Diskussion um Kreuz und Auferstehung, hg. v. *B. Klappert*, 2. Aufl. Wuppertal 1967 (eine Sammlung repräsentativer Texte).
- *W. Marxsen:* Die Auferstehung Jesu als historisches und theologisches Problem, 7. Aufl. Gütersloh 1969 (nur als Ergänzung zum ersten Titel!).
- Zur Bedeutung des Todes Jesu. Exegetische Beiträge von *H. Conzelmann, E. Flessemann van Leer, E. Haenchen, E. Käsemann, E. Lohse,* Gütersloh 1967.
- *E. Käsemann:* Paulinische Perspektiven, Tübingen 1969, S. 61–107.
- Das Kreuz Jesu Christi als Grund des Heils. Beiträge von *E. Bizer, W. Fürst, J. F. Goeters, W. Kreck, W. Schrage,* Gütersloh 1967.
- *W. Marxsen, G. Delling, U. Wilckens und H.-G. Goyer:* Die Bedeutung der Auferstehungsbotschaft für den Glauben an Jesus Christus, Gütersloh 1966.
- Ferner die Hefte 4 des Jahrgangs 33 (1973) und 2 des Jahrgangs 34 (1974) der Zeitschrift »Evangelische Theologie« (EvTh).

Damit ist die Literatur keineswegs erschöpft. Wer sorgfältig an die Problematik herangehen will, wird auch auf ihre *kirchenpolitischen Perspektiven* sehen und nach Broschüren von evangelikalen Gruppen Ausschau halten, weil sie häufig breite Resonanz finden, obwohl sie von der wissenschaftlichen Theologie ignoriert werden. Wenn nämlich systematisch-theologische Urteilsbildung kommunikativ vor sich geht, dürfen die kirchenpolitischen Aspekte nicht außer acht bleiben.
Hinweise zur Einarbeitung in den Zusammenhang systematisch bedeutsamer Aussagen zu Kreuz und Auferstehung werden wieder mit Hilfe des aus der Einleitung bekannten Schemas gegeben (vgl. 1.3).

3.6.1 Präzisierung des Problems

(1) Jesu Christi Bleiben (vgl. 3.0)

Eine eigene Fragestellung, die den Problembereich aufschließen hilft, kann mit vorherrschenden Interpretationen zu Kreuz und Auferstehung Jesu durchaus zusammenfallen; sie kann sogar umlaufende Fragestellungen ergänzen oder relativieren. Das Studienbuch selbst hat bereits eine Fragestellung deutlich benannt, als es bei Hinweisen auf neuere christologische Entwürfe fragte: wie verstehen sie Jesu (Christi) Gegenwart heute, wie ist sein Bleiben in der sich verlaufenden Geschichte der Menschen erfaßt – als *Bleiben der Person oder der Sache?* Dem läßt sich eine weitere Frage zuordnen: wie kommt es, daß ein Mensch einer anderen Epoche und eines fremden Kulturkreises heute noch durch seine Anhänger Bedeutung beansprucht?
Solche Fragen stellen sich – zumindest indirekt – fast alle Theologen, die sich mit Kreuz und Auferstehung befassen. Die Übersichten zu christologischen Entwürfen der jüngeren Zeit (→ Ü 6–10) weisen das bereits aus (vgl. u. a. die Übersicht 6, Kolumne 2.3). Daß die *»Sache Jesu«* weitergehe, hat vor allem *Marxsen* (vgl. 3.6.0) hervorgehoben. Andrerseits hebt die überlieferte Christologie einhellig hervor, daß Jesus Christus *selbst* als Herrscher (im Geist) gegenwärtig sei. Offenkundig hat neuzeitliches Denken besondere Schwierigkeiten mit Aussagen, die trotz mannigfacher Modifikationen von den Bekenntnissen der alten Kirche bis zu den Bekenntnisschriften der Reformation ziemlich einhellig ausgesagt wurden.

(2) Die Geschichte und das Kreuz

Mit der Frage nach Jesu (Christi) Bleiben verbindet sich das *Problem der Geschichte.* Hat sich mit Jesu Auferstehung von den Toten etwas so Endgültiges ereignet, daß darnach nur noch äußere, unwesentliche Ereignisse ablaufen? Alternativen wurden bereits in 2.3.3 angedeutet. In diesem Zusammenhang zeigt sich, daß die *unterschiedliche Gewichtung von Kreuz und Auferstehung* auch verschiedene theologische *Geschichtsdeutungen* nach sich ziehen kann. Entweder gewinnt Geschichte ihre Dynamik von den erinnerten *Leiden,* unter denen das *Kreuz* Jesu herausragt, so daß Menschen zu humanisierendem Handeln getrieben werden; oder sie offenbart in der *Auferstehung* einen Sinn, der das *Ende aller Geschichte* vorwegnimmt, obwohl die einzelnen Menschen noch darauf warten müssen.

Literaturhinweis

An *Kreuz und Leiden* erinnert *J. B. Metz,* der als katholischer Fundamentaltheologe die Diskussion um die »politische Theologie« neu entfacht hat. Heranzuziehen wäre sein Aufsatz »Erinnerung des Leidens als Kritik eines teleologisch-technischen Zukunftsbegriffs«, in: EvTh 32 (1972), S. 338–352.
Den *Akzent auf die Auferstehung* setzt *W. Pannenberg* mit seinem Konzept »Offenbarung als Geschichte« (→ Ü 8).
Auch die im Sammelband (hg. von *Klappert*) (vgl. 3.6.0) abgedruckten Auszüge aus Arbeiten *Moltmanns* und *Pannenbergs* deuten hin auf die Spannung zwischen Kreuz und Auferstehung, die bei beiden Autoren einen verschiedenen Akzent hat.
Eine bis heute verpflichtende Formulierung hat diese Spannung und die Beziehung auf Kreuz und Auferstehung in *Luthers »theologia crucis«* gefunden. Da heute allenthalben »Kreuzestheologie« zum Schlagwort verkommt, sollte jeder, der mit diesem Wort umgeht, zumindest eine der zentralen Stellen bei *Luther* durchdenken, z. B. seine Thesen zur Heidelberger Disputation von 1518 (WA I, S. 353–355). Darin geht es *Luther* um rechte Gotteserkenntnis und zugleich um das rechte, von Gott ausgehende Verhältnis des Menschen zu Gott. *Luther* stellt deutlich eine Alternative vor: entweder steigt die menschliche Erkenntnis zum unsichtbaren Gott hinauf durch die Welt der sichtbaren Dinge hindurch (theologia gloriae, die über die konkrete, leidende Welt hinweggeht), oder sie hält sich gerade an Gottes sichtbare Seite, seine Niedrigkeit im Fleisch (und das ist nach 1 Kor 1,18 Torheit). »Theologus crucis dicit quod res est« (These 21) – er ist der wahre »Realist«. Man kann Gott in seiner Herrlichkeit nicht erkennen, ohne ihn zuvor in seiner Niedrigkeit, am Kreuz, erkannt zu haben.

Literaturhinweis

(3) Wirklichkeit und Auferstehung

Nicht nur in heutigen Christologien wird mit dem Thema der Auferstehung angesprochen, was in der menschlichen Geschichte für möglich und was für nicht möglich gehalten wird. Diesem meist latenten Urteil muß ein *umfassender Wirklichkeitsbegriff* zugrunde liegen, zu dem die Auferstehung Jesu ein Schlüssel sein kann. Wenn Wirklichkeit nur *kontrollierter Erfahrung* zugängig ist (»präparierte Wirklichkeit« in »präparierter Zeit« nach *K. Müller:* Die präparierte Zeit, Stuttgart 1972), fällt die Auferstehung als analogieloses Geschehen aus der Wirklichkeit heraus. Umfaßt Wirklichkeit aber eine *sinnerfüllte,* kontingente *Welt,* die mit der Vernunft allein wahrgenommen werden kann, dann ist nach *Pannenberg* sogar die Realität der Auferstehung der Vernunft zugängig. Denn sie nimmt das Ende voraus, von dem her aller Sinn sichtbar wird. *Pannenberg* will damit nicht die alte Zweiteilung der Wirklichkeit in die Bereiche des Natürlichen und des Übernatürlichen wiederholen.

Literaturhinweis

Pannenberg hat in »Offenbarung als Geschichte« (2. Aufl. Göttingen 1963) auf S. 98 behauptet, Gottes Selbstoffenbarung in der Auferstehung sei »... jedem, der Augen hat zu sehen ...« zugänglich, also nicht allein dem Glauben offen.

Diese beiden gerade angedeuteten Auffassungen von Wirklichkeit scheinen in ihrer Einseitigkeit trotz ihres Gegensatzes einander zu bedingen. Beide sind *polemische Reaktionen,* deren Vernunftbegriff unhinterfragt bleibt. Theologie, die ihrer Zeit dient, müßte sich dem Streit stellen. Zögernd tut sie es – etwa wenn Wirklichkeit aus der hereinbrechenden Erfüllung göttlicher Verheißung verstanden wird. Weil in ihr Zukunft (als Zu-kommen, vgl. 2.3.2) dominiert, kann sie nicht allein am Bekannten, das die Vergangenheit gebracht hat, gemessen werden. Wird die Auferstehung Jesu als Inbegriff jener die Zukunft herbeiführenen Verheißung erfaßt, kann sie einem historisch-kritisch ausgerichteten Forscher dann nicht mehr einsichtig werden, wenn er Wirklichkeit als Geschehen, das Analogien in anderem Geschehen hat, bestimmt. Er wird nur noch eines »historischen Randes« eines umfassenderen Geschehens ansichtig.

Literaturhinweis

Klappert hat diese These seiner Auswahl (vgl. 3.6.0) zugrunde gelegt (vor allem seiner Einleitung, etwa S. 18). Mit ihr versucht er eine historisch-kritische Rekonstruktion des Ostergeschehens, soweit sie möglich ist, führt aber die Auferstehungsaussage dann auf ein analogieloses Ereignis zurück, in dem Gottes Tat kund wird. Es bleibt zu prüfen, ob er damit nicht in gewisser Weise die alte Zweiteilung in Übernatürliches und Natürliches wiederholt.

Schließlich bietet sich auch die Möglichkeit an, Wirklichkeit zu bestimmen als das, was sich dem Menschen in seiner *Existenz* als entscheidende Frage aufdrängt (vgl. S. 75). In einer »existentialen« Interpretation wäre Auferstehung von quasiobjektiven mythologischen Aspekten zu befreien.

Literaturhinweis

Vgl. dazu den Text von *R. Bultmann* in: »Diskussion um Kreuz und Auferstehung« (hg. v. *B. Klappert*). Vielleicht sollten wir hier im Rahmen der Problembestimmung festhalten, daß die Alternative »subjektiv« oder »objektiv« zu kurz greift. Geht es doch – nach dem Ansatz dieses Studienbuchs – um die Bewahrheitung in Kommunikation.

Was verbindet Sprecher und Adressaten in der Erkenntnis ihrer gemeinsamen Situation (und kann die Auferstehungsaussage dazu etwas beitragen)? Dann kann »Wirklichkeit« nicht allein an der Unterscheidung von gegenständlicher Welt (die keine Mythologeme zuläßt) und Selbstverständnis erfaßt werden, sondern bezieht die *»Welt«* als den Horizont auch sprachloser Interaktion ein. Sowohl der verfügende Weltzugang der exakten Wissenschaften als der existenz-theologische Rückzug auf ein nicht-objektiviertes Selbst werden dann zu Grenzfällen von Wirklichkeitserfassung.

Der sehr stark auswählende Problemeinstieg hat auf die Erfahrungen mit der *Geschichte* und mit der *Wirklichkeit* verwiesen. Diese Auswahl kann keinen Leser verpflichten, wenn er sich von eigener Problemsicht einen Zugang zu den Themen von Kreuz und Auferstehung bahnt. Allerdings werden die genannten Fragen auch bei einem anderen Interesse kaum zu umgehen sein. Ihre Schwäche liegt allerdings im Mangel an begrifflicher Bestimmtheit. Dieser Mangel ist jedoch nicht zufällig.

3.6.2 Der Kontext des Problems

Das Problem von Kreuz und Auferstehung hat viele Seiten. Wir werden es an den sehr unterschiedlichen Positionen gegenwärtiger Theologie noch ablesen können. Damals wie heute hat es einen vielschichtigen Kontext. Darum müssen auch hier – wenigstens exemplarisch – Aussagen, Funktion der Aussagen, deren Sprecher, Adressaten und deren gemeinsame Vorerfahrungen (»Situationsdefinition«) zur Sprache kommen.

(1) Der vorwiegend diachrone Kontext

Zunächst Hinweise auf den eher *diachronen Kontext:* Der neutestamentliche – nicht nur literarische – Kontext zerfällt einer kritischen Rekonstruktion der Ereignisse in mehrere Situationen.

(1.1) Zu Aussagen vom Kreuz im Neuen Testament

Zunächst fällt auf, daß Aussagen vom Kreuz so gut wie nie isolierte Information darstellen. Denn sie setzen bereits eine elementare Verständigung des Sprechers bzw. Schreibers mit den Adressaten voraus, und zwar auf verschiedene Weise: Die Berichte der Evangelien sind am Verheißungs-Erfüllungs-Schema ausgerichtet; wer den 22. Psalm liest, kann erst Jesu Geschick am Kreuz erfassen (vgl. etwa die Stellen Mk 15,24 par.; Mk 15,29 par.; Mt 27,43; Mk 15,34 par.). Darum handelt es sich weder um einen Bericht aus der objektivierenden Distanz noch um ein nur subjektiv gefärbtes Zeugnis, sondern im Bericht sind Schreiber und Leser eingeschlossen, weil sie eine gemeinsame Situationsdefinition angesichts eines unfaßbaren Geschehens voraussetzen. Sie müssen nach ihrem Standort fragen und angesichts des Kreuzes Jesu vom Alten Testament her erfahren, wer sie in ihrer Welt sind.
So steht nun keine der neutestamentlichen Aussagen vom Kreuz außerhalb solcher Interpretations- und Vermittlungsschemata wie

- der Sühnetheorie: z. B. Röm 5,8 (»für uns«),
- der Bundestreue Gottes: z. B. Röm 3,24 (dazu Röm 3,26: Gott erweist seine Gerechtigkeit am Ende der Zeit),
- der Mysterienvorstellung: z. B. Röm 6,5–11 (die Person des Kults und ihre Verehrer wachsen zusammen),
- der substanzhaften Verwandtschaft mit dem Erlöser: z. B. Hb 2,11.

Jedes sorgfältige Urteil muß sich den Reichtum neutestamentlicher Tradition vor Augen führen, um zu dem Schluß zu gelangen, daß zu den neutestamentlichen Aussagen vom Kreuz dreierlei gehört:

- das *Geschehen,* der Kreuzestod und der damit verbundene Prozeß;
- die *Übermittlung* an den Hörer bzw. den Leser – nicht als Bericht, sondern als Bekenntnis oder »narrativ«, d. h. so erzählend, daß die *Deutung* den berichteten Ereignissen untrennbar angebunden ist, soll doch der Leser nicht nur informiert, sondern zu kognitiven und praktischen Konsequenzen bewegt werden;
- die gemeinsame Verständigung über beider – des Sprechers bzw. Schreibers und des Adressaten – *Situation* durch verbindende *Deutungsschemata.*

Anm.: Die Terminologie der vorangehenden Abschnitte lehnt sich weitgehend an die unter 1.4.6 angedeuteten Sprechakttheorien an. Auch der Terminus »Situation« darf hier nicht zu eng genommen werden (vgl. S. 19 und 30 f.).
Diese Deutungsschemata konnten offenkundig nicht beliebig ausgewechselt werden, sondern waren so eng mit dem Bericht vom Kreuzesgeschehen wie mit dem Schreiber und dem Leser verbunden, daß nur so deren Ort im Weltgeschehen – angesichts der Sinnlosigkeit von Leiden und der konkurrierenden Sinnangebote in Gestalt von Religionen – heraustreten konnte. Diese *Gewißheit* konnte nur dann vermittelt werden, wenn das Kreuz Jesu nicht als isoliertes Dokument seines Scheiterns galt – neutestamentliche Kreuzestheologie besteht nicht ohne das Auferstehungsbekenntnis und umgekehrt.
Anmerkung: Ob Jesus selbst zu seinen Lebzeiten einen gewaltsamen Tod erwartet hat und ihn auch bewußt als Konsequenz seines Verhaltens auf sich nahm, ist umstritten. Dafür sprechen u. a. in den Texten, die hier zur Erarbei-

Literaturhinweis

tung vorgeschlagen sind: *J. Jeremias* (Diskussion ..., S. 179–182), *Klappert* (ebd. S. 171 f.); dagegen u. a. *Schrage* (Das Kreuz Jesu Christi ..., S. 51 f.).

Die drei Aspekte – *Geschehen, Übermittlung* der Botschaft und inhärente *Deutungsschemata* – liegen in den neutestamentlichen Texten meist völlig ineinander. Wenn sie hier unterschieden werden, dient das einer deutlicheren und differenzierteren Darstellung. Aus der historischen Reflexion lassen sich die ursprünglichen Intentionen von Schreiber und Leser (bzw. Sprecher und Hörer) nicht einfach wiedergewinnen. Zu diesem Problem wird weiter unten mehr gesagt.

Zu den drei Aspekten tritt ein vierter hinzu. Sind Aussagen nicht nur »lokutionär« (Informationen übermittelnd), sondern »*il*lokutionär« (*in* der Aussage geschieht etwas), so fügt sich auch das *per*lokutionäre Element an (*durch* die Aussage geschieht etwas) und trägt zur Bewahrheitung bei (vgl. 1.6). Deutlich zeigt sich diese Seite neutestamentlicher Aussagen von Kreuz und Auferstehung an Röm 8,22–23: wir leiden in diesem Äon an den Leiden dieser Welt mit; das Leiden Jesu am Kreuz ist nicht ein für allemal abgeschlossen.

Damit gelangen wir zu der Frage, wie wir uns den Aussagen vom Kreuz (und der Auferstehung) *heute* zu stellen haben, sind doch nicht alle genannten Deutungsschemata zugänglich und verbindlich. Verbindlichkeit jedoch erfordert, daß die Aussagen vom Kreuz Jesu die Situation des Hörers und Sprechers (bzw. Schreibers) so erhellen, daß vor deren Realität keine Flucht mehr möglich ist – etwa in eine Ideologie als Verschleierung der Realität. Kreuzestheologie ist *»realistische Theologie«* (vgl. S. 135). Deutlich sieht man das am Kampf des *Paulus* gegen den Enthusiasmus der Korinther, die alle Abgründe der Welt bereits hinter sich zu haben meinen. So endgültig ist der Sinn der Geschichte für endliche Menschen noch nicht offenbar, daß Sinnlosigkeit – gerade des Leidens – aus der Welt wäre. Sinn gibt es nur in und mit der Erfahrung von Sinnlosigkeit; das Kreuz Jesu wird nicht von der Auferstehung her triumphal überholt und abgetan.

Das ist vor allem im sog. *»eschatologischen Vorbehalt«* (z. B. Röm 6,5 und 8) angesprochen: wir sind zwar mit Christus gestorben, aber *werden* erst mit ihm leben. Die sog. Deuteropaulinen haben gerade dieses Futurum nicht beachtet.

Literaturhinweis

Zwei Exempel, die gerade diesen Ansatz verdeutlichen, sind die Aufsätze von *J. B. Metz:* Erinnerungen des Leidens als Kritik eines teleologisch-technologischen Zukunftsbegriffs, in: EvTh 32 (1972), S. 338–352; und von *U. Luz:* Theologia crucis als Mitte der Theologie im Neuen Testament, in: EvTh 34 (1974), S. 116–141 (vor allem zu beachten die Thesen auf S. 139 ff.). Kreuzestheologie ist für *Luz* die »Krise menschlicher Religiosität, Moralität und Theologie«.

(1.2) Zu neutestamentlichen Auferstehungsaussagen

Ähnlich mag nun jeder am Problem Engagierte weiterfragen, wie es mit den Aussagen über die *Auferstehung* im Neuen Testament steht, was Geschehen, Adressat und Aussagender und beider gemeinsame Deutungsschemata in einer gemeinsamen »Situationsdefinition« zur Geltung kommen. Wie verändert sich für sie – und durch sie auch für andere – die Welt?

Literaturhinweis

Einen ersten Einblick in vorhandene Literatur vermitteln die Artikel der Nachschlagewerke bzw. *H. Conzelmann:* Grundriß der Theologie des Neuen Testaments, München 1967, S. 208 ff., 226 ff. (allerdings recht sparsam).

Die isolierte Frage nach dem *Geschehen* führt hin bis zu jenen Visionen der

Jünger vom Gekreuzigten, der ihnen wieder erscheint. Sie führt auch bis zur Aussage vom leeren Grab, die vermutlich unabhängig von den Auferstehungsvisionen entstand und überliefert wurde. Als *Konsequenz* für Adressaten und Aussagenden ergibt sich, daß auch über sie der Tod nicht das letzte Wort behält, wenn sie selbst ihre Identität im Gekreuzigten und Auferstandenen finden; Hoffnung ermöglicht es, sich der Realität der Welt auszusetzen, ohne sie zu verabsolutieren. Die *Deutungsschemata* entstammen z. T. apokalyptischen Vorstellungen über eine Auferweckung der Toten am Weltende. Aber sie zeigen noch mehr, weil sie auf die Erfahrung mit der Zeit zielen (vgl. 2.3.1). Denn die Evangelien berichten von wiederhergestellter Mahlgemeinschaft, die zugleich *Vergebung* für die treulosen Jünger konkret werden läßt. Die Vergangenheit verstellt dann nicht mehr die Zukunft, sondern gibt neue Möglichkeiten, sich der Welt auzusetzen.

Von der Auferstehung wird in Bekenntnissen und bekenntnisartigen Überlieferungen gesprochen. Sie durchziehen auch die Auferstehungsberichte am Schluß der Evangelien. Die Sprachform ist wichtig: der distanzierte Bericht gibt etwas wieder, das sich in der Regel auf den Zeitpunkt der Beobachtung beschränkt; das *Bekenntnis* schließt ein, daß sich seine Aussage auf *Hoffnung* hin bewahrheitet, eine Hoffnung, die sich nicht um das Leiden der Welt drückt.

(2) Die vorwiegend synchrone Seite des Bekenntnisses zu Kreuz und Auferstehung Jesu

Schwieriger steht es mit der vorwiegend gegenwartsbezogenen, eher *synchronen Seite* des Bekenntnisses zu Kreuz und Auferstehung Jesu. Welche Gesichtspunkte der vielfältigen, an zeitliche und soziale Umstände gebundenen Überlieferung – ihre Wandlungen eingeschlossen – könnten heute wichtig und *verbindlich* werden? Und warum könnten sie das?

Nicht umsonst nennt 3.6.1 auch die kirchenpolitische Seite des Problemzusammenhangs, vor allem der Diskussion um die Auferstehung. Nimmt man ernst, daß zur Wirklichkeit der Auferstehung sowohl *Geschehen* wie *Hörer und Sprecher des Bekenntnisses,* dazu *Deutungsschemata* und *Bewahrheitung* – bis in den Lebensvollzug hinein – gehören, so zeigt die manchmal erbitterte Diskussion zwischen einigen historisch-kritisch orientierten Exegeten und Evangelikalen bedenkliche Einseitigkeiten, die einander ähneln: beide tun, als könnten sie das Geschehen isolieren und objektivieren – die einen, um es als mythologisch, die anderen, um es als realistisch aufzufassen. Exegeten der Schule *R. Bultmanns* neigen dazu, das *Geschehen* der Auferstehung zu ignorieren, um eine Bedeutsamkeit stehenzulassen, die auf das Kreuz übertragen wird. Evangelikale machen die Auferstehung zum Mirakel, das den Schmerz des Kreuzes vergessen läßt. Beide Seiten verlieren dann den Blick für die Deutungsschemata, die sich in der Geschichte gewandelt haben; zudem unterschätzen sie ihre eigenen Voraussetzungen, ja Vorurteile und deren Einwirkung auf Erkenntnis – z. B. den Kampf gegen die Vulgäraufklärung bei den Evangelikalen und die scheinbare Selbstverständlichkeit der »existentialen Interpretation« in der Schule *R. Bultmanns.* Unversehens geht dann die Einsicht verloren, daß bekennende Aussagen von Kreuz und Auferstehung kommunikativ und in mitleidender und hoffender Bewältigung gegebener Situationen bewährt werden müssen.

Klappert hat in seinem verdienstvollen Sammelband (vgl. 3.6.0) heutige *Frage- und Problemstellungen* untergliedert (vgl. S. 43):

(a) Was können wir wissen? – die historische Frage.
(b) Wodurch werden wir gerechtfertigt? – die soteriologische Frage.
(c) Was dürfen wir hoffen? – die futurisch-eschatologische Frage.
(d) Wozu sind wir gesandt? – die kerygmatheologische Frage.
(e) Wie dürfen wir uns verstehen? – die anthropologische Frage.

Dabei fällt auf, daß Erkennen noch recht intellektuell verstanden wird. Erkennen und Handeln gehören aber enger zusammen, als es gerade Wissenschaft wahrhaben will. Deswegen sollte eine sechste Frage angefügt werden: (f) Wie sollen wir das an unserem Verhalten bewähren, was sollen wir tun? – eine Frage gegenwärtiger Bewahrheitung.

Wenn man *Klapperts* Fragen mit dem vorher Gesagten zusammen betrachtet, erkennt man in (a) unschwer die Frage nach dem Geschehen, in (b) und (c) die Frage nach den Deutungsschemata, in (d), (e), (f), aber auch in (b) und (c) die Frage nach der Bewahrheitung. Nun darf man diese vielfältigen Aspekte nicht einfach nebeneinanderstellen, sondern muß sie in ihrer wechselseitigen Beeinflussung begreifen. Spielen sie doch ineinander in jedem Akt lebendiger Kommunikation!

(3) Schwierigkeiten des Verstehens

Für uns heute wird das *Verstehen der Aussagen zu Kreuz und Auferstehung* zu einem *mehrschichtigen Vorgang*. Wir müssen über neutestamentliche Kommunikation kommunizieren: Kommunikation über Kommunikation muß stattfinden. Denn schon das Neue Testament stellt ein Bündel kommunikativer Aussagen unter verschiedenen Deutungsschemata bereit (vgl. S. 137); selbst Bekenntnisse wollen – so inkommunikativ sie zuerst wirken mögen – andere zum Bekenntnis anstiften. Wir treten – ebenfalls in gebrochener Kommunikation – zu den Aussagen des Neuen Testaments in Beziehung und versuchen, aus seinen Aussagen unsere Vorerfahrungen und Vorurteile zu revidieren, um eine neue Perspektive für unsere Welt zu gewinnen. Dabei zeigen sich manche Deutungsschemata in unüberwindlicher Ferne – z. B. das Sühnopfer, das noch lebendige Erinnerungen an den jüdischen Gottesdienst voraussetzt. Durch diese scheinbar entfremdende Reflexion hindurch sollen Texte des Neuen Testaments uns unmittelbar in unserem Selbst- und Weltverständnis anreden. Wegen der Distanz, die dabei eingeschlossen ist und doch überwunden werden muß, brauchen wir gewissermaßen ein *Deutungsschema für die überlieferten Deutungsschemata*, ein Kriterium, das uns heute über und mit damaliger Kommunikation kommunizieren läßt. Das könnte in einer bestimmten Weise, uns mit der Realität auseinanderzusetzen, liegen: in der Teilhabe an den Leiden der Mitmenschen und der Kreatur, jedoch in der Hoffnung auf Gottes ausstehendes Handeln (vgl. Röm 8,18 ff.). Ohne einen *grundsätzlichen theologischen Ansatz* werden sich die Aussagen von Kreuz und Auferstehung nicht erschließen. Damit knüpft das Studienbuch an den Teil 2.5 und an die auf S. 135 angedeutete »theologia crusis« an.

Unsere Aufgabe wird es dann sein, die vielfältigen Traditionen des Neuen Testaments auch dialogisch zu konfrontieren, sind sie doch aus ihrer ursprünglichen Kommunikationssituation her oft einseitig akzentuiert. Nur in ihrer Spannung, nicht in einem dogmatisch-nivellierenden Ausgleich ergänzen sie einander, z. B. korrigiert eine paulinische Theologie des Kreuzes Einseitigkeiten wie in 1 Tim 3,16, einem Hymnus ohne Rede vom Kreuz, oder eine Stelle wie Apg 2,23, der das Kreuz nur als Durchgang zur Auferstehung gilt.

Anmerkung: Zum Kontext, gerade zum *diachronen*, gehören freilich nicht nur biblische Überlieferungen mit ihrer eigenen Geschichte, sondern auch philosophische Elemente. Manchmal treten sie in den Vordergrund und lassen jeglichen biblischen Rückbezug vermissen. Die Zweinaturenlehre der Christologie illustriert das: Sekundärfolgen stellen sich ein (z. B. die Diskussion, ob Jesus einen oder zwei Willen gehabt habe), Separationen möchten sich rechtfertigen (z. B. wird die Auferstehung zum Streitpunkt kirchlicher Flügel), Schulbildungen weisen sich durch bestimmte Betonungen aus. Alles das betrifft die historische und die gegenwärtige Problemlage einer Diskussion um Kreuz und Auferstehung auch.

Zum vorwiegend *synchronen* Kontext einer Aussage – der Aussage vom Kreuz und Auferstehung heute – gehört auch das Problem, warum sie verstanden werden kann oder wie sie nicht mehr zu verstehen ist:

– Liegt das am *isolierten Geschehen*, der von niemandem beobachteten Auferstehung? Dann setzen uns neutestamentliche Texte eine unüberwindliche Grenze. Vom Geschehen selbst, etwa aus der Distanz eines bloßen Beobachters gesehen, ist dort nirgends die Rede. Ein indirekter Rückschluß erwies sich bislang als wenig erfolgreich.
– Liegt es an der *Form sprachlicher Gestaltung* der Aussagen von Kreuz und Auferstehung? Dann hätten wir uns heute anders zu den vielfältigen neutestamentlichen Aussagen zu stellen, weil sie nie von der illokutionären Komponente getrennte Information geben wollen. Sie sind Bekenntnis, Ermutigung, Zuspruch (und das bezeichnet man als »*il*lokutionär« – *im* Aussagen geschieht etwas; vgl. dazu S. 30).
– Liegt es an den in die Aussage eingeschlossenen *Deutungsschemata*? Dann wäre zunächst zu fragen, was heute Aussagenden und Adressaten so verbindet, wenn Kreuz und Auferstehung zur Sprache kommen, wie das einst der Sühneopfergedanke tat. Beider Wirklichkeit müßte sich – gegen alle Neigung zur Selbstrechtfertigung – in der Neuaussage artikulieren.
– Liegt es an der *Bewahrheitung* der Aussagen heute? Könnte es doch sein, daß Kreuz und Auferstehung uns fremd werden, weil wir eine Welt erfahren wollen, die mehr als nur vorläufig ist, oder eine neue Gesellschaft ins Auge fassen, die vermeintlich alle Leiden beseitigt.

So läßt sich, ein wenig provokant, folgern, daß beide, Kreuz und Auferstehung, nicht mit Hilfe des »sacrificium intellectus«, dem Verzicht auf kritisches Denken, verstanden werden; denn wo keine Einsicht ist, herrscht auch kein Verstehen. Ob das Kreuz Jesu mehr als ein beiläufiges historisches Ereignis bleibt, ob die Auferstehung anders als ein seltsames Mirakel oder eine ins Bild gekleidete symbolische Aussage aufgefaßt wird, entscheidet sich an einer realistischeren Sicht der Welt, als wir sie bislang hatten. Denn nun muß die Position des Subjekts, das die Welt nach seinen Ordnungsschemata betrachtet, korrigiert werden.

Literaturhinweis

Damit folgt das Studienbuch Anregungen des Aufsatzes von *Luz* (EvTh 34 [1974], S. 122), wenn dieser sagt, daß für Paulus Christologie immer *angewandte* Christologie sei. *Luz* kann dabei kaum die künstliche und nachklappende Anwendung meinen, die sich einer isolierten Feststellung anschließt.

3.6.3 Alternative Positionen zum Problem

Im Folgenden sollen *Positionen verschiedener Interpreten* wenigstens angedeutet werden. Wie weit helfen ihre Interpretationen, ein Verständnis von Kreuz und Auferstehung im 20. Jahrhundert zu gewinnen? *Klappert* hat eine Anzahl in seinem Sammelband (vgl. 3.6.0) eingeleitet und vorgeführt. Wir sichten die Interpretationen nach den nun bereits eingeübten Gesichtspunkten:

(a) Was sagen die Interpreten zum *Geschehen* hinter Kreuz und Auferstehung? Hier legen sich zwei offenkundig nicht immer vermittelbare Positionen auseinander: historisches Geschehen oder Tat Gottes.

(b) Wie deuten die Interpreten die *»Rollen«* der neutestamentlichen Aussagen (lokutionär, illokutionär, perlokutionär), wie verstehen sie die Sprechrollen ihres Nachvollzugs?

(c) Wie sind in ihren Interpretationen die Hörer und Leser heute eingeschlossen? Beziehen sie sich auf die Teilhabe der urchristlichen Hörer und Sprecher am Gegenstand des Bekenntnisses zurück?

(d) Wie deuten sie die *Beziehung von Kreuz und Auferstehung?* Was trägt sie für das Bekenntnis, Jesus sei der Christus, was trägt für sie die Frage nach dem historischen Jesus aus? [Dieser letzte Punkt ist gegenüber dem Abschnitt 3.6.2 neu; er ist aus der Fragestellung (a) entfaltet und greift den verschiedenen Interpretationen vor. Alle folgenden Hinweise beziehen sich auf Interpretationen des von *Klappert* edierten Sammelbands. Vgl. 3.6.0.]

(a) Rekonstruktion der Auferstehung aus Auferstehungsaussagen

Zu (a): Der *Versuch*, die *Auferstehung historisch zu rekonstruieren*, erscheint ungleich schwerer als die distanzierte Analyse des Passions- und Kreuzesberichts.

(aa) Die kritische Beschäftigung mit der Auferstehung führt zu mehreren möglichen Schlüssen:

- zur wissenschaftlichen Bescheidung: die kritische Rekonstruktion reiche bis an das leere Grab heran, jedoch nicht weiter *(v. Campenhausen)*;
- zur Zweiteilung der Erkenntnis: *historisch* sei, was in Raum und Zeit feststellbar sei; was darüber hinausgehe, sei nur die *Bedeutsamkeit* des historisch Festgestellten *(Bultmann)*; historische und theologische Ebene der Aussagen seien zu trennen *(Marxsen)*; denn Auferstehung als Ereignis sei im Grunde kein historisches Thema;
- zur *Überwindung dieser Zweiteilung* durch einen erweiterten Vernunftbegriff: die Vernunft erschließe auch kontingente Ereignisse, die sich als sinnvoll erwiesen, selbst wenn sie – kausal oder durch Analogie – nicht ableitbar seien *(Pannenberg)*;
- *Zweifel an der Prämisse der Zweiteilung* des neutestamentlichen Aussagengehaltes in historisch Feststellbares und seine Bedeutsamkeit; dann steht die unbedingte Geltung des neuzeitlichen Weltbildes in Frage, mit ihr aber auch das seine Welt entwerfende neuzeitliche Subjekt. Auferstehung würde zu einem Ereignis, das seine Kraft an einer veränderten Sicht der Wirklichkeit bewährt und dem neuzeitlichen weltdistanzierten Subjekt wieder einen Platz in der Welt anweist *(Barth)*;
- *polemische Abgrenzung* gegen ein die historisch-kritische Forschung begleitendes Geschichtsbild: Gott handle in der Zeit der Welt *(Kümmel)*, Wahrheit und Wirklichkeit gehörten zusammen, denn Gott handle auch jenseits menschlicher Erkenntnismöglichkeiten *(Künneth)*.

Damit ist die *Frage nach dem Kreuz* ausgeklammert. Immerhin herrscht die Meinung vor, daß man mit ihm leichter historisch verfahren könne als mit der Auferstehung. Die neutestamentlichen Aussagen, auch und vor allem die Passionsberichte, lassen aber bei genauerer Sichtung keinen Zweifel aufkommen, daß hier Geschehen, Deutung und Betroffensein ebenso ineinanderliegen. Der hier zugrunde gelegte Sammelband (hg. von *Klappert*) widmet der Frage nach dem Kreuz in dieser Hinsicht nicht dieselbe Aufmerksamkeit. Umstritten ist heute vor allem die jüdische Beteiligung, zumal sich gerade auf sie häufig antisemitische Ressentiments beriefen.

Literaturhinweis

Vgl. dazu vor allem: *J. Blinzler:* Der Prozeß Jesu, 4. Aufl. Regensburg 1969; *P. Winter:* On the Trial of Jesus, Berlin 1961.

Überblicken wir nun die vor allem auf die Auferstehung bezogenen Ansätze, dann zeigt sich, daß *Bultmanns* Position die Spannung von Geschehen und Deutungsschema – die doch beide aufeinander angewiesen sind – zerreißt; dasselbe gilt von der Position *Kümmels* und *Künneths*. Einmal könnten zwei Wirklichkeiten entstehen (eine objektive und eine existentielle), dann könnte Wirklichkeit wie eine Stufenlandschaft erscheinen, deren erste profaner Vernunft zugängig, deren höhere aber nur dem Glauben einsichtig würde. *Pan-*

nenbergs und *Barths* Ansatz laden zur Überwindung dieser Sichtweisen ein; der eine möchte die sich selbst begreifende Vernunft erweitern und die Geschichte von ihrem Ende her besser verstehen, der andere Vernunft mit ihren eigenen Grenzen versöhnen und sie so zur Entdeckung einer weniger verstellten Wirklichkeit anstiften. Dann müßte man historisch-kritische Forschung so weit verfolgen, bis die Voraussetzungen, der latente Wirklichkeitsbegriff und mögliche, bislang für selbstverständlich erachtete Deutungsschemata durchsichtig und hinterfragbar werden.

(ab) Damit sind längst nicht alle möglichen Positionen ausgeschöpft. Denn der hier vorausgesetzte Sammelband (hg. von *Klappert*) führt auch ausgesprochen theologische Deutungen von Kreuz und Auferstehung auf, die sich weniger mit Aporien historisch-kritischer Forschung befassen, sondern *Gott als Subjekt* vor allem des Auferstehungsbeschehens hervorheben:

- Gott setze in der Auferstehung eine *eschatologische Tat (Schniewind)*; Auferweckung sei die neue Tat Gottes, die das Kreuz in Kraft setze *(Barth)*. Als Tat Gottes in der Geschichte sei sie doch Geschehen des »ganz anderen« *(Iwand)*. Damit wird von allen genannten Autoren unterstrichen, daß gerade die Auferstehung ohne Analogie im Geschehen der Welt sei. Müßte nicht auch für das Kreuz gelten, sofern es nicht die bloße Hinrichtung eines Unschuldigen darstellt, sondern Gottes Selbsterniedrigung offenbar macht?
- Die Auferstehung sei *Verheißung* auf noch ausstehende Zukunft *(Bultmann*, der damit einen Ansatz zur Diskussion stellt, der über die oben ihm zugeschriebene Alternative hinausführen könnte).

(ac) Vergleicht man die auf S. 142 schematisch zusammengestellten fünf Positionen mit diesen beiden eher theologisch orientierten Zugangsweisen, dann zeigt sich, wie unverbunden hier Behauptungen nebeneinander im Feld der Diskussion stehen. Denn die hier skizzierten Aussagen von der Tat Gottes sind nicht ohne große theologische und erkenntnistheoretische Mühe auf die Diskussion um die Wirklichkeit zu übertragen. Und doch müßte sich eine Aussage von der Tat Gottes in der Auferweckung Jesu auch *inmitten unserer Erfahrungen* bewahrheiten lassen: indem unsere schematische Wirklichkeitssicht aufgebrochen, fortgeführt oder in Frage gestellt würde. Weil das leider in aller Regel unterbleibt, deutet sich ein Wirklichkeitsverlust neuzeitlicher Theologien an.
Vielleicht deutet sich aber in *Barths* Entwurf ein Ansatz zur Überwindung dieser Verlegenheit an. Denkt man dem Zusammenhang seiner Christologie nach (→ Ü 6), so zeigt sich, daß er ganz wesentlich von *einem* Grundsatz getagen wird: ein theologischer Satz kann nicht als »Bestandteil menschlicher Existenz« gelten. D. h., er darf nicht wiederholen, was längst zum Selbstverständnis und zur eigenen Sicherung des Sprechers dient. Also will *Barth* auffordern, nach einem *neuen Begriff von Wirklichkeit* zu suchen; und ob dieser »Begriff« »Begreifen« im Sinne objektivierenden Feststellens sein kann, ist dann höchst fraglich. Diese Wirklichkeit wird nur erfahren, wenn zugleich jene neuzeitliche Subjektivität kritisiert und eingeschränkt wird, die »Wirklichkeit« von sich und ihren Kategorien her entwirft (vgl. dazu den Exkurs 2.2.3 und den Ansatz 1.4.2). Denn sie hat von vornherein festgestellt, was möglich und was nicht möglich ist. Sollte sich ein neuer »Begriff« von Wirklichkeit finden lassen, wäre die Zweiteilung überwunden, die sich in *Bultmanns* und *Marxsens* Position andeutet. Zugleich dürfte er nicht in voraufklärerische Schemata zurückfallen (wie *Kümmel* und *Künneth* zulassen, siehe oben).

Damit rührt die Diskussion um Kreuz und Auferstehung an ein *Grundproblem gegenwärtiger Theologie: welche Wirklichkeit steht in theologischen Aussagen zur Sprache?*

(b) Die Funktionen von Kreuzes- und Auferstehungsaussagen

Zu (b): Die genannten Autoren beachten zuwenig die *Funktionen* (»Rollen«) der Aussagen von Kreuz und Auferstehung – vermutlich, weil sie sich in der Bezeichnung als *»Kerygma«* ziemlich einig sind. Daß Aussagen auch Interaktion sind oder Interaktion einleiten wollen, wird zuwenig und nicht hinreichend differenziert. Was wollen Aussagen, die vor allem *Bekenntnis*form haben, erreichen? Sie können der Identität einer Gruppe Ausdruck geben und Außenstehende zur Zustimmung gewinnen wollen. Was wollen *Hymnen* (die ebenfalls im Neuen Testament nicht selten sind)? Sie stellen doch auf ihre Weise die Identität der Gemeinde heraus – in Vergewisserung ihres Glaubensgrundes und ihrer selbst. Was wollen die vielen offenkundig *vorgeprägten Formeln* etwa in den Briefen des Paulus? Vermutlich sollen sie an ein gemeinsames Wissen und darin niedergelegte gemeinsame Erfahrung erinnern und sie so bekräftigen, um sie aus der Unverbindlichkeit des Selbstverständlichen herauszureißen.

Der nur angedeutete *Reichtum der Sprechhandlungen* wird mit der Formel des *Kerygmas* formalisiert und verkürzt. Wer im Sammelband »Diskussion um Kreuz und Auferstehung« (vgl. 3.6.0) Näherbestimmungen sucht, findet dabei auch die Problematik, wie Wirklichkeit aufzufassen sei, wieder. Denn die bei *Bultmann* und *Marxsen* (u. a.!) sichtbare Zweiteilung betrifft gerade den Kerygmabegriff. Das *Kerygma* soll an das *Selbst des Hörers* appellieren; was neuzeitlichen Menschen unverständlich wie eine objektive Aussage erscheint, verfällt der Kennzeichnung als Mythos. Der mit dem Namen *Barths* verbundene Ansatz muß im Kerygma gerade diesem Selbst seine *Grenzen* setzen.

Wer daher am Thema des Kreuzes und der Auferstehung arbeitet und den neutestamentlichen Befund sichtet, wird gut daran tun, sich mit diesen Funktionsbestimmungen der Kreuzes- und Auferstehungsaussagen nicht zufriedenzugeben. Denn nun gilt es doch, die einstmals lebendige Kommunikation hinter diesen Aussagen wiederzuentdecken und unbeirrt zu fragen, was z. B. Paulus – oder ein anderer Autor einer neutestamentlichen Schrift – bei seinem Hörer mit seiner Aussage erreichen wollte. Deutlich treten die verschiedenen *Sprachfunktionen* an 1 Kor 15 heraus, einem für die Auferstehungsfrage zentralen Kapitel. Denn dieses Kapitel zieht aus einem überlieferten Gemeindebekenntnis Folgerungen für die gegenwärtige und zukünftige Existenz der Angeredeten. Seine Argumentation besticht weniger, dafür treten aber ermahnende, vergewissernde, tröstende u. a. Züge deutlich hervor.

(c) Konsequenzen aus Kreuzes- und Auferstehungsaussagen

Zu (c): Nun wäre zu fragen, wie jene behandelten Positionen (zur Frage von Kreuz und Auferstehung) ihre *Interpretationen bewahrheiten* wollen. Umschließen ihre Interpretationen Sprecher und Hörer, stehen beide gleichermaßen unter den Konsequenzen, die aus Kreuzes- und Auferstehungstheologie zu ziehen sind?

Folgende *Konsequenzen* aus den Aussagen über Kreuz und Auferstehung deuten sich an:

– Sprecher und Hörer müssen sich neu über allgemeine menschliche Voraussetzungen verständigen. Das in Schuld und Schicksal gestörte Verhältnis des Menschen zu seiner Welt, vor allem zu seinen Mitmenschen, wird durch Liebe wiederhergestellt *(Zahrnt)*; das überall in der Welt erfahrene Leiden, die notwendige Störung der »alten Existenz« wird als *Übernahme des Kreuzes* ausgelegt *(Bultmann)*. Die Auferstehung bezeichnet nur die Bedeutung des Kreuzes Jesu: Leben aus erneuerter Existenz *(Bultmann)*.

– Gerade dieser Selbstbezug wird durch Kreuz und Auferstehung fraglich: wenn wir uns selbst abgenommen sind, ist unsere *Schuld abgenommen*, ist ein neues Verhältnis zu Gott gewonnen *(O. Weber)*. Auf diese Weise handelt der gegenwärtige Christus versöhnend.
– Weil wir so von uns selbst befreit werden, brauchen wir eine *neue Identität*: Jesus tritt als der Gerichtete an unsre Stelle, der Richter tritt für die Gerichteten ein. Die Auferstehung bestätigt diesen Wechsel Jesu mit uns am Kreuz *(Barth)*.

Die hier (aus dem von *Klappert* edierten Sammelband) vorgeführten Ansätze zur Bewahrheitung setzen eine deutliche *Alternative*: sie sagen, daß Aussagen vom Kreuz oder der Auferstehung entweder den Angesprochenen *zu* seinem Selbst oder *von* seinem Selbst befreien. Die zuerst genannte existentiale Interpretation hält Strukturen eines Selbst fest, das sich radikal erneuern soll; die Theologie *K. Barths* und seiner Schule greift gerade diese strukturelle Festlegung an.

(d) Zuordnung von Kreuz und Auferstehung

Zu (d): Ging es soeben darum, wie die Adressaten der Aussagen von Kreuz und Auferstehung betroffen sind, so stellt sich nun mit Nachdruck die Frage, *wie Kreuz und Auferstehung einander zugeordnet werden* und ob davon die Sicht des historischen Jesus berührt wird. Auch hier sollen nur gewisse Konturen der eingangs (3.6.0) genannten Positionen angedeutet werden. Drei verschiedene Wege zeichnen sich ab:

– Das Kreuz wirft ein unterschiedliches Licht auf den Lebensweg Jesu. Wenn Autoren sich Gedanken machen, ob Jesus seinen gewaltsamen Tod vorausahnte und ihn in sein Leben integrierte, halten sie sich durchweg nicht an die strengen Kriterien, die zur Wiederaufnahme der Frage nach dem historischen Jesus führten (vgl. S. 129 ff.).
  Einmal wird gesagt, aus den Worten des vorösterlichen Jesus sei kein Hinweis auf die Erwartung seines Todes zu erkennen (u. a. *Schrage*, der sich wie viele andere Exegeten darauf beruft, daß die Worte vom leidenden Menschensohn in den Evangelien Gemeindebildung seien).
  Andere argumentieren, Jesu Kreuzestod als römische Strafe (so *G. Bornkamm* in der von *Klappert* edierten Textsammlung) stelle den Vollmachtsanspruch des vorösterlichen Jesus gründlich in Frage *(Pannenberg)*. Erst die Auferstehung stelle ihn wieder her. Jesus übernehme sein Kreuz mit dem Verständnis des alttestamentlichen Sühne- und Stellvertretungsgedanken, wenden andere Forscher gegen die übergroße Skepsis ein *(Jeremias)*. Die Auferstehung stelle die von Jüngern durch ihre Treulosigkeit zerstörte Tischgemeinschaft wieder her.
  Ein sorgfältiges Urteil, das sich nicht wegen irgendeines großen Namens einer Lösung von vornherein anschließt, muß in dieser elementaren Streitfrage die *stillen systematischen Voraussetzungen der Exegeten* und systematischen Theologen befragen. Offenkundig gibt es keine stringenten Argumente, diese Diskussion einer alle überzeugenden Lösung zuzuführen.
– Nicht nur systematisch orientierte Theologen, sondern auch Exegeten neigen dazu, über Kreuz und Auferstehung *von der Auferstehung her* zu denken. Sie haben die Evangelisten auf ihrer Seite, die bekanntlich auch dem vorösterlichen Jesus österlichen Glanz verleihen (Wunder, Verklärung usw.). Die Auferstehung gilt als Gottes Urteil, das dem von Gott verlassenen Jesus Recht schafft *(Schniewind)*. Die Auferstehung begründet die Heilsbedeutung des Kreuzes *(Kümmel)*. Von der Auferstehung her werden wir an Jesu Leiden erinnert, wird jene Verheißung in Kraft gesetzt, daß jetzige Leiden der Menschlichkeit dienen, wenn sie in der Hoffnung auf

Gottes Handeln ertragen und, wo es geht, gelindert oder gar beseitigt werden *(Moltmann)*.

Diese Positionen beweisen allzu deutlich, daß jegliches *Interesse am historischen Jesus nicht von seinen Wirkungen losgelöst werden kann* und die Betroffenheit vieler Menschen selbst im 20. Jahrhundert einschließt. Deswegen läßt sich das analogielose Ereignis der Auferstehung nicht umgehen.

- Aus den beiden grob umrissenen Positionen ergibt sich die Konsequenz, daß sowohl vom vorösterlichen Jesus als auch von der Auferstehung her über beide Ereignisse, Kreuz und Auferstehung, theologisch nachgedacht werden kann. Bleibt es allerdings bei dieser Alternative, könnte die *Perspektive des Theologen selbst,* der den einen oder den anderen Weg wählt, vergessen werden. Anders steht das beim Ansatz *K. Barths.* Denn in gewisser Weise setzt er sich von den in der Alternative verborgenen Einseitigkeiten ab, weil er keinem der beiden Denkwege folgt, wie sie sich hier darstellen. Gerade der *Weg zum Kreuz* ist der Weg des königlichen Menschen; das Kreuz bewährt seine Göttlichkeit; und die in den anderen Positionen eher exklusive, weil analogielos gedachte *Auferstehung schließt alle Menschen ein,* die nun zu neuem Leben bestimmt sind. Diese Weise, Kreuzes- und Auferstehungstheologie in ihrem gewohnten Zusammenhang umzukehren, muß den *Ausleger selbst gründlich umkehren.* Er kann nicht in der Distanz des historisch-kritischen Forschers seinem Gegenstand gegenübertreten.

3.6.4 Neubestimmung des Problems

Spätestens an dieser Stelle wird eine ausdrückliche *Reformulierung des Problems* (3.6.1) erforderlich. Schon im Gang der Problemerörterung (3.6.2–3.6.3) hat es sich modifiziert und in verschiedenen Alternativen dargestellt. Da dieses Studienbuch dem Leser nicht die eigene Artikulation abnehmen will, genügt es, an dieser Stelle hervorzuheben, daß vor allem das mit Kreuz und Auferstehung umstrittene Wirklichkeitsverständnis modifiziert werden muß. Wie läßt sich – wird doch die alles mitentscheidende Frage sein – der latente oder sogar offene *Dualismus von historischer und existentieller Wirklichkeit* oder von *Gottes Tat* auf der einen und *in Raum und Zeit erfahrener Wirklichkeit* auf der anderen Seite *zumindest anfangsweise überwinden?* Darin ist eine zweite entscheidende Problematik verborgen: wie betreffen Aussagen, in denen Gott als Subjekt erscheint (z. B. Jesus auferweckend und rehabilitierend), unsere alltägliche Wirklichkeit? Ändert sich etwas an unserem Leben, Verhalten und Erkennen, wenn wir davon betroffen sind?

3.6.5 Zur Entscheidung

Fast könnte es scheinen, als sei Theologie – vor allem angesichts eines so konfusen Diskussionsstands wie hier – eine Sache willkürlicher Wahl von Positionen. Dann würde theologische Arbeit in einem (auf S. 19 angesprochenen) Kampf von Meinungen enden. Tatsächlich erweckt gerade Dogmatik häufig diesen vernichtenden Eindruck. Aber wenn es bei Kreuz und Auferstehung um Zentralaussagen christlichen Glaubens geht, dann stehen mit der Problemformulierung (3.6.1), Problemreformulierung (3.6.4), der Analyse der Positionen und der eigenen Entscheidung *Wirklichkeitsverständnis,* ja die Wirklichkeit des sich Entscheidenden selbst, auf dem Spiel. Das ist auf fast entgegengesetzte Weise in den beiden Grundmustern der eher existentiell orientierten und der z. B. von *Barth* beeinflußten Kreuzestheologie erfaßt: je deutlicher der in Frage stehende Mensch von seinem latenten und offenen Selbstbezug befreit wird, desto sachangemessener öffnet er sich der Wirklichkeit: theologus crucis dicit id quod res est (vgl. S. 135). Oder je mehr jemand angesichts des Kreuzes und seiner Bedeutsamkeit vom alten Selbst befreit wird, desto eher übernimmt er sich in der Entscheidung des Glaubens selbst (*Bultmanns* Position). Die an *Luthers* Impulse – allerdings im 20. Jahrhundert – anknüpfende Kreuzestheologie wird sich leichter und entschiedener von Kreuz und Auferstehung her der Welt öffnen als eine Existenztheologie, die sich von der den empirischen Wissenschaften überlassenen Realität auf das Selbst des jeweils einzelnen Menschen zurückzieht.

Zum Wort *»Entscheidung«*, das hier einfließt, jedoch ein kleiner Kommentar: Das Wort scheint mit dem Zusichselbstkommen eines Ich oder eines Selbst verknüpft zu sein. Darum hatte es für die Existenztheologie kategoriale Bedeutung. Das Studienbuch setzt aber bei einer sachorientierten Entscheidung im Urteilsgang ein (vgl. auch S. 14 ff.). Wenn die *Sache* von so außerordentlichem Belang ist wie hier, könnte Entscheidung als »Entschiedenwerden von der Sache her« aufgefaßt werden. Da aber der Entscheidende in seinem Urteil mitbetroffen sein soll und muß, um sich sachgemäß zum Thema des Kreuzes und der Auferstehung zu verhalten, wird er damit auch von einem falschen Interesse an sich selbst befreit, damit er *neues Verhältnis zur Welt* gewinnen kann. Daß Befreiung von sich selbst Befreiung zum anderen Menschen und zur Welt sein kann, zeigen – sollte Theologie es vergessen – Studien der Sozialpsychologie, die z. B. mit den Namen *Eriksons* und *Kohuts* verbunden sind.

Literaturhinweis

Nur zur Anregung seien erwähnt: *E. H. Erikson:* Identität und Lebenszyklus, Frankfurt a. M. 1966.
H. Kohut: Die Zukunft der Psychoanalyse, Frankfurt a. M. 1975.

Da diese Einführung in ein christologisches Thema eine Textsammlung, die von *Klappert* herausgegeben ist (vgl. 3.6.0), zugrunde legt, können beim Arbeitsschritt »Entscheidung« die Schlußfolgerungen des Herausgebers selbst einbezogen werden. Zweifellos richtig ist des Herausgebers These, daß die Verkündigung des Auferstandenen im Neuen Testament zugleich Verkündigung des Gekreuzigten bleibt (S. 29). Der Chor der neutestamentlichen Zeugen stimmt darin überein, trotz einiger enthusiastisch anmutender Stellen, die das Kreuz an den Rand drängen (Beispiele auf S. 140 des Studienbuchs). Sodann führt *Klappert* beide Richtungen zusammen: von Ostern her sieht er das Recht des Gekreuzigten aufgerichtet, den Auferstandenen und den Gekreuzigten identisch gesetzt. Vom verlassenen und gekreuzigten Jesus her denkt er zu den Erscheinungen des Auferstandenen hin, die Vergebung in wiederhergestellter Tischgemeinschaft zusprechen. Mit *Barth* wäre jedoch die Einheit dieser Linien intensiver zu suchen und zudem – nach dem Modell kommunikativer Bewahrheitung (vgl. S. 25 f.) – auf die glaubende Gemeinde zu beziehen, die ihre Identität vom Gekreuzigten und Auferstandenen her empfängt. Deswegen enthalten die beiden, von *Klappert* verbunden vorgeführten Linien (vom Kreuz zur Auferstehung und umgekehrt) viele reflexive Elemente, die sich auf den interpretierenden Theologen zurückbeziehen. Nur wenn sein eigenes Geschick in seine Auslegung der Auferstehung eingezeichnet ist, wird er an diesem analogielosen Ereignis ein anderer Mensch werden.

Wenn *Klappert* die Auferstehung als alleinige Tat Gottes hervorhebt, so trifft das nur soweit zu, wie man den Dualismus von raum-zeitlicher Wirklichkeit und Wirklichkeit Gottes in allen jüngeren theologischen Entwürfen vor Augen hat und nach einer Überwindung dieser faulen Antithese sucht. Gelingt das nicht wenigstens in Ansätzen, sollten theologische Aussagen von solcher Exklusivität sehr zurückhaltend zur Sprache kommen, damit nicht unbefangene, außenstehende Leser, für die Theologen stets mitdenken sollten, sich hinter die Aufklärung zurückgeführt finden, in einen Denkstil, der Natur und Übernatur nebeneinanderstellt. Der *neu zu gewinnende Wirklichkeitsbegriff* muß gerade die strukturellen und gesetzhaften Festlegungen unseres Realitätsbewußtseins als Grenzfälle, die nicht von der erfaßten Vergangenheit her verstellten und verschlossenen Möglichkeiten als Horizont eines neuen Wirklichkeitsbegriffs erfassen.

Literaturhinweis

Theologen, die ihre Aussagen nicht privatistisch verengen, haben gerade an dieser Stelle Anlaß, sehr genau auf die Versuche von Naturwissenschaftlern zu achten, die aus Schematismen vorgefertigten Wirklichkeitsbewußtseins ausbrechen wollen, z. B. *C. F. von Weizsäcker:* Die Einheit der Natur, München 1971, vor allem S. 227–366; *A. M. K. Müller:* Die präparierte Zeit, Stuttgart 1972, vor allem S. 466 ff. Allerdings dürfen sie nicht der Theologie in apologetischer Absicht dienstbar gemacht werden.

Dieses Studienbuch kann im vorgegebenen Rahmen keinen eigenen Entwurf vorstellen; Präferenzen eigener Entscheidung hat der Verfasser ohnehin oft genug angedeutet. Umso deutlicher muß es offene Flanken heutiger Dogmatik bezeichnen, die gerade an der Beschäftigung mit Kreuz und Auferstehung Jesu Christi deutlich werden. Sie zeigen sich in folgenden Fragen:

- Wie können wir heute glaubwürdig von *Jesu Bleiben als Person* reden und das damit verbundene *Zeitproblem* besser fassen? Wie ist es zu verstehen, da Jesu Zeit kein »Nicht-mehr« und kein »Noch-nicht« kennt und doch Zeit bleibt? (*K. Barth:* Die Kirchliche Dogmatik, Bd. III,2, S. 556 f.).
- Wie kann eine *Person* – und dazu gehören nach landläufigen Verständnis Endlichkeit und Zeitlichkeit – *bleiben,* ohne daß sie in Überpersönliches aufgelöst wird, z. B. nur mit ihrer Sache bleibt?

Denn das scheint offenkundig: nur einige wenige der hier sehr kurz vorgestellten Interpreten von Kreuz und Auferstehung wollen sich auf die »Sache Jesu« beschränken. Die meisten haben Jesus Christus *selbst* im Sinn. Keine der hier zur Sprache gekommenen Alternativen hat die Frage so lösen können wie jene altprotestantische Lehre von der »communicatio idiomatum« (wobei das »genus maiestaticum« eine Schlüsselrolle spielt → Ü 5). Die Systematik und Konsistenz der altprotestantischen Dogmatik ist abhandengekommen – nimmt es wunder, wenn noch heute Dogmatiken und Examina auf den bewährten alten Stoff zurückgreifen?

Diese Feststellung steht in einer vorläufig schwer lösbaren Spannung zu den Erfahrungen all jener, die im Namen Jesu zu einem persönlichen Gegenüber im Gebet sprechen; und sie bestätigt – freilich vorschnell – alle jene, die ein *Gebet* letzten Endes als unpersönliche Rede, als Selbstgespräch, als Meditation auffassen. Die Frage drängt sich auf, wie sich Dogmatik offen dieser Sachlage stellt. Denn der Glaube kann sich nicht darauf versteifen, schlicht Behauptung eines Unausdenkbaren zu sein. Auch wenn Gottes Vorgabe unausdenkbar bleibt und sich schließlich ein nachdenklicher Theologe nicht selbst mit seinem Denken einholen kann, so erschließt doch der Glaube seinem Anspruch nach Wirklichkeit von Gottes Zukunft her, er stellt sie unter Gottes verheißenes und anbrechendes Reich. Jesu Bleiben als Person ernst zu nehmen wird darum Aufgabe der Dogmatik bleiben, um nicht schlicht gegebene Strukturen und Einsichten von Wirklichkeit zu verabsolutieren. Damit bleibt die Auferstehung – so umstritten und schwer verständlich sie ist – zentrales Thema. Ihr gerecht zu werden hieße, in unsrer scheinbar geschlossenen Wirklichkeit und der ihr korrespondierenden Erfahrung noch Ausstehendes zur Sprache zu bringen: daß nämlich Tod und Endlichkeit nicht das wahre Leben ausschöpfen und die Bedrängnis der gesamten Kreatur durch vergegenständlichende Erkenntnis und ihr folgende Instrumentalisierung nicht die in die Schöpfung gelegte Absicht Gottes sein können.

3.6.6 Zur Bewahrheitung

Zur Bewahrheitung der Kreuzes- und Auferstehungsaussagen sind Andeutungen gefallen. Sie beziehen sich vor allem auf die Beteiligung des Aussagenden und der Adressaten am Inhalt der Aussage; sie zielen besonders auf die ihnen gemeinsame Wirklichkeit und deren Zukunft. Mit der Kreuzestheologie steht ein Realismus, mit der Auferstehungstheologie eine Wirklichkeitsauffassung auf dem Spiel und zur Diskussion.

3.7 Zusammenfassung und anthropologische Nachbesinnung

3.7.1 Zusammenfassung

Der dritte Teil des Studienbuchs, die Hinführung zur Christologie, setzte beim reich entfalteten System des späten altprotestantischen Entwurfs von *Hollaz* ein. Die Elemente dieses Systems entstammen sowohl biblischen und altkirchlichen Traditionen wie auch reformatorischer Theologie. Der Verbindung dieser Elemente liegen bestimmte mit dem zeitgenössischen Leser geteilte *Vorerfahrungen* und eine ebenso bestimmte *Propädeutik* zugrunde. Das Studienbuch hob auf die Vorerfahrungen des Autors und seines Lesers und auf die Gesichtspunkte der Systematisierung deswegen ab, weil ähnliche Fragestellungen einen neuen Blick auch auf gegenwärtige Entwürfe der Christologie erlauben. Dann tritt heraus, wie sehr sich jede Epoche neu um die systematische Durchdringung des Glaubens an Jesus, den Christus, bemühen muß.
Christologie, so zeigte es sich, enthält darum auch stets *Hinweise auf das Selbstverständnis ihrer Verfasser in ihrer Zeit*; aber sie beansprucht zugleich, dieses Selbstverständnis in Frage zu stellen, um neue Identität und neue Bezüge zu Mitmenschen und Mitkreaturen zu eröffnen. Dieser Anspruch weist jedoch über die Lehre hinaus auf den *Glauben*, der nicht zuerst psychologisch begreifliche Einstellung, sondern von seinem »Gegenstand« her »fides Christi« (vgl. S. 61) ist.
Die Hinführung zur Christologie setzte mit *Vorfragen* (vgl. 3.0) ein. Die Vorfragen beanspruchten im Grunde Antworten, wie sie ein Studienbuch nicht zu geben vermag, es sei denn, es würde sich auf seinem Gang durch christologische Aussagen in einen Entwurf verwandeln. Die größte Sprengkraft haben zweifellos Fragen, die sich an die Zufälligkeit der Person Jesu in der Geschichte richten: seine Zeitbedingtheit, sein geringer kultureller Horizont, sein geschichtliches Scheitern. Dieses Fragenbündel wird durch eine weitere, an Zeiterfahrung sich heftende Frage verschärft: wie kann dieser Jesus, als Christus von den Seinen er- und bekannt, noch heute als Person seiner Gemeinde gegenwärtig sein? Diese Fragen bezeichnen Herausforderungen, denen sich gegenwärtige Christologie stellen muß. Sie trifft

sich mit der im voraufgehenden Absatz und mit dem Exkurs 3.6 angedeuteten *Alternative*, ob sich christologische Aussagen bewähren, wenn sie die Struktur unseres Selbst- und Weltverhältnisses ausfüllen und bestärken oder wenn sie beides umkehren, um neuer Erkenntnis Platz zu machen (vgl. S. 144, aber auch die Ausführungen zu 2.3).

Mit offenen Fragen, die aus einer Verschärfung des Personbegriffs und des Zeitverständnisses entstanden (vgl. S. 103 f., ferner S. 67 ff.), ging diese Hinführung zur Christologie auf die Themen von *Kreuz und Auferstehung* über. Der als Exempel historischer und dogmatischer Urteilsbildung gedachte Exkurs 3.6 drehte sich um die zentrale Frage: wie bleibt der in den Tod gegangene Jesus heute – als *Person* oder in seiner *Sache*? Und wie ist sein Bleiben dem Schwinden der Zeit entnommen? Der Schlüssel zur Antwort muß in zwei Aussagenbereichen liegen: *Jesu Hingabe an das kommende Reich Gottes* schon in seinem Leben (womit der Zukunft über Vergangenheit und Gegenwart ein Vorrang eingeräumt wird, der auch unsere Erfahrung von Zukunft betrifft) und Jesu Auferstehung, beantwortet mit dem Glauben an den Christus durch die Gemeinde. Welche Kritik, ist hier die zentrale Frage der Aneignung, trägt die Botschaft der Auferstehung auch an den Horizont der von uns heute so selbstverständlich vorausgesetzten Wirklichkeit heran? Verweist sie auf die Herrschaft der Vergangenheit und der in ihr fixierten Strukturen in der jetzt von uns erfaßten Wirklichkeit, um mit einer Neubewertung der Zukunft auch neue Möglichkeiten aufzuschließen? Hier mündet die christologische Einführung in offenes Fragen ein, das sich am Widerstreit der Erfahrungen mit dem Gebet bestätigt (vgl. S. 148).

Gäbe es solche *offenen Fragen* nicht, wäre Dogmatik nur ein schlichter Aufnahme- und Reproduktionsprozeß anstelle kritischer und selbstkritischer Arbeit, die zu neuem Verstehen führen sollte. Auch würde der Gang dogmatischer Urteilsbildung (vgl. 1.3) zu einem Manöver, das zur Täuschung aller derer, die sich in die Dogmatik einarbeiten, diente. Er würde Kritik suggerieren, aber autoritären Nachvollzug zum heimlichen Ziel setzen.

3.7.2 Anthropologische Nachbesinnung

Die Frage nach einer theologisch fundierten Anthropologie ist das heimliche Begleitthema dieses Studienbuchs. Eine Anthropologie, die sich auf christologische Überlegungen bezieht, hat ihre besonderen Schwierigkeiten. Denn theologische Aussagen von der Menschheit Jesu Christi müssen diese beinahe zwangsläufig aus der übrigen Menschheit herausheben. Andrerseits gibt es in der Ethik der Christenheit einen breiten Strom einer Nachfolge-Jesu-Ethik, die sich Jesu leiblich-seelisches Leben zum Vorbild nimmt.

Diese Spannung tritt vielleicht in der Differenzierung zwischen Christus als *»exemplar«* des Handelns Gottes mit der Menschheit und Christus als *»exemplum«* des von Gott gewollten Lebens aller Menschen in *Luthers* Christologie heraus. Das »Exemplarische« vereinigt Allgemeines und Besonderes untrennbar; deswegen tritt an der im Strom der Geschichte zufälligen

Menschheit Jesu Gottes Wille trotzdem definitiv heraus. Das »exemplum« ist ein Vorbild, das zwar in seinen Nachbildern nicht erreicht wird, sich trotzdem nicht mit der gleichen Notwendigkeit an ein zufälliges menschliches Leben bindet.

Literaturhinweis Vgl. dazu: *E. Wolf:* Christusverkündigung bei Luther, in: Peregrinatio, Bd. 1, München 1954, S. 30–80, vor allem die S. 72–75.

Unter den Theologen des 20. Jahrhunderts hat gerade *K. Barth* seine Anthropologie streng auf Jesus Christus bezogen, obwohl sie zunächst ihren Ort in der Lehre von der Schöpfung hat. Daß in der Mitte aller Menschen der Mensch Jesus ist, legt für ihn den Grundstein theologischer Anthropologie.

Literaturhinweis Vgl. dazu: *K. Barth:* Die Kirchliche Dogmatik, Bd. III,2, S. 158.

Nach *Barth* entspricht sich Gott selbst in Jesus Christus, denn Gott ist – provokant formuliert – »gesellig«. Er will mit und im andern sein. Wenn Gott einen Bund mit den Menschen eingeht, hält er sein Selbstsein (Fürsichsein) untrennbar mit seinem Sein für andere (seiner Freiheit für andere) fest. Dem göttlichen Zuvorkommen entspricht der Mensch im Glauben. Dabei konstruiert *Barth* eine Kadenz von *Analogien,* allerdings Analogien der Entsprechung und nicht des Seins (vgl. S. 202 f.). Sie begründen menschliches Sein theologisch. Alle Analogien berühren sich in Christus:

Gott – – – Christus ≙ Christus – – – Mensch ≙ Mensch – – – Mensch
≙ Ich – – – Du
(– – – soll bedeuten: »verhält sich«; ≙ soll bedeuten: die vorherige Analogie entspricht der folgenden).

Literaturhinweis Näheres dazu bei: *E. Jüngel:* Die Möglichkeit theologischer Anthropologie auf dem Grunde der Analogie, in: EvTheol 22 (1962), S. 535–557.

So konsequent christologisch dürfte kaum ein Theologe des 20. Jahrhunderts sonst in der Begründung theologischer Anthropologie verfahren sein. Auch *P. Tillich* nicht, der Christus als das Neue Sein auslegt, wobei es fraglich ist, ob die vorausgesetzte Ontologie (Sein und Neues Sein betreffend) über Christus entscheidet oder die geschichtliche Gestalt Jesu Christi das Neue Sein unableitbar qualifiziert.

Literaturhinweis Vgl. dazu: *P. Tillich:* Systematische Theologie, Bd. 2, Stuttgart 1958, S. 87 ff.; ferner → Ü 7.

K. Barths theologische Anthropologie soll hier nicht nachgezeichnet werden. Das wäre Sache einer Monographie. Jedoch können einige Gründe dargelegt werden, die das zunächst höchst willkürlich erscheinende Verfahren, die zufällige Menschheit Jesu einer allgemeiner zugeschnittenen Anthropologie zugrunde zu legen, plausibler machen:
(a) *Barth* sucht die *unverfügbare Wirklichkeit des Menschen.* Was der Mensch von sich weiß und aus seinem Vorwissen als sein Bild entwirft, erreicht im besten Fall Phänomene des Menschlichen. Streng sich selbst kontrollierende Wissenschaften (empirisch orientierte) stellen *Phänomene* des Menschlichen heraus (KD III,2, S. 12 f.). Aber die Wissenschaften geben zugleich Möglichkeiten, das Selbstbild zu manipulieren. Und das hat bis in das menschliche Handeln hinein Konsequenzen. Deswegen versucht *Barth,* die Wirklichkeit des Menschen den selbstherrlichen oder verzweifelten Selbstmanipulationen zu entziehen. Sie ist *in der Humanität Jesu Christi verborgen.*

(b) Die heilsgeschichtlich ausgelegte Anthropologie der alten Dogmatik (vgl. S. 57ff.) ließ sich allzu leicht in eine moralische Praxis umsetzen; denn wenn die Sündenlehre der Gottes- und der Schöpfungslehre folgt, kann das als Einladung mißverstanden werden, an eine allgemeine, wenig bestimmte Gotteseinsicht anzuknüpfen, Menschen ihrer Schlechtigkeit angesichts eines autoritären Wächters aller Moral (eines allwissenden Gottes) zu überführen und sie so erniedrigt auf ihre Erlösung in Christus vorzubereiten. Diese Karikatur wird jede ernsthafte Dogmatik von sich weisen können. Es sind vulgarisierte Folgerungen, die unbeabsichtigt kirchliche Theorie in Praxis umgesetzt haben. Denn tatsächlich geht ein breiter Strom kirchlicher Praxis in diese Richtung, zumal dort, wo die besten Ansätze der Erweckung zum Instrument der Manipulation verkommen.

Durch den christologischen Einsatz versperrt *Barth* diesen Weg. Erst an der zur Gestalt gewordenen Gnade Gottes, auch an der menschlichen Güte, die in Jesus Christus faßbar wird, zeigt sich das Unmaß der Sünde, die ja nicht moralische Defizienz meint, sondern sich so oft in der Selbstherrlichkeit der Tugenden verbirgt.

(c) Zumindest dem Ansatz und der Absicht nach kann in *Barths* Anthropologie nur bedingt von *»dem«* Menschen als einem Abstraktum oder einem Gemeinplatz die Rede sein. Wenn *Barth* nicht bei einem Apriori, sondern beim *konkreten* Menschen Jesus einsetzt und seine Anthropologie in der Frage der Zeitlichkeit enden läßt (als dem Menschen *jeweils* gegebene, jedoch endende Zeit), deutet das auf eine Anthropologie des konkreten Menschen, die sich mit dem allgemeinen Sinn von Begriffen abkämpfen muß. Deswegen muß nun auch *Barths* Ansatz geprüft werden, ob nicht doch die Konkretion in den allgemeinen Strukturen der Sprache und des Denkens (in den »kognitiven Mustern«, mit denen wir uns von Kind auf Erkenntnis erwerben) untergeht.

4 Zur Frage nach Gott

4.0 Vorfragen: Zugang zu den Aussagen des ersten Artikels des Glaubensbekenntnisses

Wie die Teile 2 und 3 dieses Studienbuches beginnt auch der vierte große Abschnitt mit *Vorfragen.* Sie wollen wieder unterstreichen, daß ohne eigene Fragestellung der dogmatische Stoff in der Regel verschlossen und fremd bleibt.

Selbst im 20. Jahrhundert, das als säkular, auch unter dem Anspruch eines Denkens, das als nachmetaphysisch gilt, ja, in einer als nachchristlich apostrophierten Gesellschaft scheinen *Motivationen zur Gottesfrage* leichter zu finden zu sein als etwa zur Frage nach Christus oder dem Geist.

Häufig erscheint die Frage skeptischer Zeitgenossen gar nicht mehr mit dem Worte »Gott« verbunden zu sein. Jedoch will selbst eine philosophische Theologie, wie sie *Weischedel* versucht hat, noch die unbedingte *Fraglichkeit* und das grundlose Stehen in ihr als Nachfolger des alten Gottes verstehen.

Literaturhinweis

Vgl. dazu: *W. Weischedel:* Philosophische Theologie, 2 Bde., Darmstadt 1971 bis 1972.

Und wenn die Gottesfrage nicht mehr offen oder in gewohnter Weise gestellt wird, so scheinen doch dem alten Gott – ob es der Gott Jesu Christi ist, sei dahingestellt – noch einige Funktionen offengehalten zu werden, die ihm einst zugeschrieben wurden: etwa die *Legitimation* vernünftiger Gesellschaft oder die *Konstitution des Sinns* einer Welt, die unendlich viele Möglichkeiten ausschließt, wenn sie andere verwirklicht.

Literaturhinweis

Mit dem letzten Satz spielt das Studienbuch auf zwei Kontrahenten gegenwärtiger Sozialphilosophie an. Vgl. dazu: *J. Habermas:* Legitimationsprobleme im Spätkapitalismus, Frankfurt a. M. 1973, vor allem die S. 162–168. Und: *N. Luhmann:* Religion als System. Religiöse Dogmatik und gesellschaftliche Evolution, in: *K. W. Dahm, N. Luhmann, D. Stoodt:* Religion-System und Sozialisation, Darmstadt und Neuwied 1972, S. 11–132.

Nicht selten zeigt es sich, daß distanziert interessierte Autoren – wie z. B. in der gerade angedeuteten Interessenkonstellation – sich mit ihrer eigenen *Sozialisat*ion auseinandersetzen. Denn sie leben in einer Gesellschaft, in der ein Minimum religiöser Erziehung im Kindes- und Jugendalter noch die Regel ist. Mit um so größerer Spannung wäre dann auf jüngere Generationen etwa der DDR zu sehen, die dieser Norm nicht mehr unterworfen sind. Werden ihre Glieder sich mit der ihnen vorgestellten Wirklichkeit zufriedengeben, oder werden sie auf andere Weise Fragen artikulieren, wie das indirekt z. B. der Erzähler und Lyriker *G. Kunert* tut? Oder kommt doch eine Zeit, in der das Wort »Gott« so gleichgültig geworden sein wird, daß nicht einmal seine Bestreitung mehr von Interesse sein wird? Kommt eine Zeit, in der sich selbst die marxistische Religionskritik überflüssig finden wird, weil der Gegenstand ihrer Kritik der Vergessenheit anheim fiel?

Literaturhinweis

Kunert läßt die alltägliche Wirklichkeit für Perspektiven transparent werden, die der sozialistische Realismus sonst verdrängt, z. B. in »Suchen und Nichtfinden« (Tagträume in Berlin und andernorts, Frankfurt a. M. 1974, S. 167 bis 171) oder »Straßen« (Warnung vor Spiegeln, München 1970, S. 52).

Damit steht das *Atheismus*-Problem zur Diskussion. Im strengen Wortsinn verstanden ist *A*theismus nur Leugnung des Theismus, d. h. der Annahme eines persönlichen, individuellen Gottwesens, das über der Welt waltet.

Zur Einführung vgl. man die entsprechenden Artikel der Nachschlagewerke, z. B. des Historischen Wörterbuchs der Philosophie.

Deswegen negiert der Atheismus nicht notwendig Gott in jeder Gestalt, sicherlich aber den theistisch aufgefaßten Gott.

Die *Stationen des Atheismus* mit seiner stattlichen Ahnenkette und seinen recht verschiedenen Kontexten ließen sich etwa folgendermaßen zusammenfassen:
- der antike,
- der frühneuzeitliche,
- der frühe materialistische (im Frankreich des 18. Jahrhunderts entstandene) Atheismus;
- die Projektionstheorie *Feuerbachs* (der Mensch projiziere sein Bestes auf ein transzendentes Subjekt und nenne es Gott);
- der moralische Atheismus (die Zustände der Welt rechtfertigten keinen Gott); schließlich
- der faktische, meist gar nicht entschieden vorgetragene, jedoch gelebte Atheismus.

Wohl auf die zuletzt genannte Variante hat sich *D. Bonhoeffer* in seinen Briefen aus dem Gefängnis bezogen, wenn er von einer Zeit spricht, in der Menschen leben *»etsi deus non daretur«* (nach einem Ausspruch des *H. Grotius* [1583–1645], der seinerseits auf nominalistische Argumente zurückging: ob Naturrecht auch dann gelte, wenn es den obersten Garanten, Gott, nicht gäbe). *Bonhoeffer* hat Christen ermutigt, selbst in dieser Weise weltlich zu leben; aber dabei fährt er fort und sagt – was häufig überlesen wird –: »Und eben dies erkennen wir – *vor Gott*! Gott selbst zwingt uns zu dieser Erkenntnis. So führt uns unser Mündigwerden zu einer wahrhaftigen Erkenntnis unserer Lage vor Gott« (Widerstand und Ergebung, München 1951, S. 241).

Bonhoeffer will darauf verweisen, daß erst das Ernstnehmen des Atheismus Christen zum Gott ihres Glaubens bringt.

Immer hat der *Atheismus* etwas im Sinn: entweder will er die Welt reicher machen, die Wirklichkeit eindeutiger erkennen, den Menschen höher stellen. Oder er will die Zerrissenheit der Welt schonungslos hervorkehren und nicht auf einen im Jenseits alles besser einrichtenden Gott verweisen. So sind die Intentionen des Atheismus häufig in sich widersprüchlich. Und die mangelnde Konsistenz seiner Anliegen mag auch die Ansicht bestärken, daß er ohne die Ideen des Theismus kaum leben könnte.

Dem Studenten im abgesonderten akademischen Raum bietet sich viel Gelegenheit, die Gottesfrage in der Auseinandersetzung mit allen Spielarten des Atheismus zu stellen. Dem Pfarrer in seiner alltäglichen Praxis wird meist die bloße – in aller Regel wortlose – *Gleichgültigkeit* begegnen, die scheinbar nicht einmal mehr Fragen stellen kann oder zwar Fragen kennt, aber sie nicht mehr stellen will. Selbst dann wäre indirekt – vom *Leben* aller jener, die vor dem Nachdenken scheinbar resignieren – die Gottesfrage zu stellen, etwa mit einem katholischen Theologen der Gegenwart: »Man müßte den wirklichen Daseinsgrund des untergründigen existentiellen Vertrauens in das Leben sichtbar machen, das viele Menschen zwar nicht reflex, aber unverkennbar besitzen, trotz Momenten, in denen sich die Absurdität aufdrängt: jenes Grundvertrauen, daß die Zukunft sinnvoll ist aufgrund der stillschweigenden Annahme, daß Menschsein – das Unmögliche – doch möglich ist ...«

Literaturhinweis

E. Schillebeeckx: Gott, die Zukunft des Menschen, Mainz 1969, S. 67.

Nun wäre gründlich zu überlegen, ob sich diese Auseinandersetzung um Gott nicht genauso ausweisen muß, wie es dieses Studienbuch für dogmatische Aussagen vorschlägt (vgl. 1.4). Was sagen atheistische Festlegungen, was Bekenntnisse zu Gott über den Sprecher und seine Situation in der Welt, in der Gesellschaft; welche Hoffnungen und Absichten verbindet er mit dem einen oder dem anderen? Was sagt die Art der Aussage – meist verborgen, aber dem Empfindlichen deutlich – über vorhandene oder mögliche Beziehungen des Sprechers zu seinen Adressaten? In welchem Zusammenhang entstand die Aussage und auf welchen Kontext zielt sie? Vor allem aber: wie soll sie sich bewahrheiten? Der militante Atheismus, der sich manchen Staatsideologien verbündet hat, hat in den wenigen Jahrzehnten seines Triumphes sich mindestens ebenso unglaubwürdig gemacht wie ein christlicher Glaube als Herrschaftsinstrument, der über die Menschen hinwegging – und wenn es sein mußte, mit Zwangsbekehrungen.

Die genannten Fragen – ein kleiner Ausschnitt tatsächlich gestellter nur! – wiegen so schwer, daß es manchem Leser unverständlich erscheinen mag, daß dieses Studienbuch erst an dritter Stelle von Gott (bzw. über Aussagen von Gott) zu reden wagt. In der Tat setzen denn auch fast alle Dogmatiken nach den Prolegomena oder nach religionstheoretischen Erörterungen mit der Gotteslehre ein. Zwei Voraussetzungen liegen in diesem Einsatz: (a) einmal scheint so der Übergang von *allgemein zugängiger Vernunfterkenntnis* zur Glaubenserkenntnis am leichtesten zu gelingen; zum andern (b) scheint die Gotteslehre die Fragen des »natürlichen«, des »vorchristlichen« Menschen *pädagogisch* am geschicktesten *abzuholen.*

Diese *pädagogischen Gründe* sind mit dem Vordringen des Atheismus verflogen. Aber prinzipielle Fragen, die ihnen verbunden waren, leben in der theologischen Diskussion fort:
An (a) schließt sich die diffuse und wenig übersichtliche Diskussion um *Vernunft und Offenbarung* an. Auf einfachste Gesichtspunkte gebracht lassen sich folgende Ansätze einer Lösung formulieren:

- Die Vernunft erschließe den Bereich der »Natur«, die Offenbarung den Raum über ihr (das »Übernatürliche«), in dem alle ungelösten Fragen natürlicher Erkenntnis eine Antwort finden werden (der sog. *Supranaturalismus*).
- Die Vernunft tauge für Dinge, die der Verantwortung des Menschen anheimgegeben seien; aber sie sei der Feind aller Wahrheit des Menschen über sich in seinem Verhältnis zu Gott (von *Luther* entschieden gegen den Humanisten *Erasmus von Rotterdam* im Streit um den freien Willen vertreten, vgl. »De servo arbitrio«, in: WA 18, S. 600–787 / Luthers Werke in Auswahl, hg. v. O. Clemen, Bd. 3, S. 94–293).

Literaturhinweis

- Die Vernunft habe zwei Seiten: die eine ordne die Kräfte und das Vermögen des Verstandes in der dinglichen Erkenntnis und könne sich auf dem Wege zu Gott nur in Antinomien verstricken; die andere antworte auf die (moralisch-)*praktische Frage*: was sollen wir tun? Aus der praktischen Vernunft resultiere die Gottesfrage (Gott als Postulat). Dies ist die grob vereinfachte Position *Kants*, die vor allem unter Theologen des Neuprotestantismus Resonanz gefunden hat (z. B. *A. Ritschl*) (→ Ü 16).
- Vernunft sei von *»Vernehmen«* herzuleiten und somit immer auf Vorgabe verwiesen. Im Hinblick auf des Menschen eigentliches Sein brauche sie den Glauben, weil der Mensch sich sonst ins Leere überschreite (eine eher populäre Position, in transzendentaler Wendung vielleicht bei *K. Rahner:* Hörer des Worts, hg. v. *J. B. Metz*, München 1963 bzw. Herder TB 403).

Literaturhinweis

- Vernunfterkenntnis in der Subjekt-Objekt-Konstellation beziehe sich auf die uneigentlichen Seiten des Lebens, das eigentliche Leben aber trete im Ich-Du-Verhältnis heraus und erfordere *Wahrheit als »Begegnung«* (mit Gott und dem Mitmenschen) (vertreten z. B. von *E. Brunner*) (→ Ü 17). Zunächst mag es so scheinen, als gäben die personalen, die Ich-Du-Beziehungen eine Anschauung von der Begegnung des Menschen mit Gott. Aber wieviel Herrschaftswillen, wieviel Vergegenständlichung liegt auch im Ich-Du-Verhältnis!
  In diesem Zusammenhang wäre das Thema der *Gottesbeweise* und ihrer neuzeitlichen Krise einzuüben, z. B. mit: *Qu. Huonder:* Die Gottesbeweise, Stuttgart, Berlin, Köln und Mainz 1968. Vgl. zum Thema ferner 1.4.

Literaturhinweis

Alle angedeuteten Fragen stünden in den meisten Dogmatiken am Anfang. Auch dieses Studienbuch mußte bei seinem die gewohnte Anordnung umkehrenden Einsatz beim dritten Artikel die Rede von Gott voraussetzen. Die Probleme und Anfragen des Atheismus verpflichten uns aber, genau zu sagen, *welchen Gott* wir meinen. Die Hinführung zur Christologie hat deutlich gemacht, daß wichtige theologische Systeme des 20. Jahrhunderts Gotteserkenntnis von der *Erkenntnis Jesu Christi* abhängen lassen.

Gegen den allgemeinen *Gott der Philosophen* richtet sich das bekannte Mémorial des französischen Mathematikers, Physikers und christlichen Denkers *Pascal*: »Gott Abrahams, Gott Isaaks, Gott Jakobs, nicht der Philosophen und Gelehrten. Gewißheit, Gewißheit, Empfinden: Freude, Friede. Gott Jesu Christi« (nach: *Pascal:* Œuvres complètes, hg. v. L. Lafuma, Paris 1963, S. 618). Diese von 1654 datierende Niederschrift hat sich vor allem an der biblischen Theologie des 20. Jahrhunderts bestätigt, die Gottes Andersartigkeit gegenüber dem philosophischen Gott festhielt.

Dann kann keine christliche Dogmatik ernsthaft mit der Gotteslehre beginnen, ohne schon auf Jesus Christus vorauszublicken. In der Tat besteht ein Zusammenhang von Aussagen, der sie notwendig von allgemeiner Gotteslehre trennen muß: die *Lehre von der Trinität*, der Dreieinigkeit Gottes. Sie zeigt, wie Gott in der Dreiheit seiner Seinsweisen *einer* ist und sich in *dreifacher Weise offenbart*. Alle bislang als Einstieg genannten Motivationen reichen an die Trinitätslehre nicht heran.

Alte Theologien mit der Absicht, an natürliche Erkenntnisse anzuknüpfen, versuchten sich zu helfen, indem sie innerweltliche Dreischritte suchten, die auf die Geheimnisse der Trinität verweisen könnten (z. B. die Trias Leib-Seele-Geist). Jedoch ist dabei eine Metaphysik vorausgesetzt, die Natürliches und Übernatürliches scheidet und trotzdem einen gewissen Aufstieg erlaubt. Diese sogenannten *»vestigia trinitatis«* wurden mit der vorausgesetzten, gerade angedeuteten Ontologie fraglich.

Wirkliche Anstöße, sich der Trinitätslehre zu nähern, ergeben sich daraus im 20. Jahrhundert kaum. Vielmehr können die voraufgehenden Abschnitte dieses Studienbuchs in gewisser Weise helfen. Der im Geist, im Wort und im Sakrament gegenwärtige Gott kann aus der geschichtlichen Wirklichkeit nicht ausgeschlossen sein. Er gibt sich, sagt die biblische und die dogmatische Überlieferung, *ganz in Jesus Christus* kund und will doch *derselbe Gott wie Jahwe als Bundesgott Israels* sein – Schöpfer, Vertragspartner, Richter und Beherrscher der Völker, wie es die Propheten (v. a. Deuterojesaja) dann annehmen. Israel und die Kirche gehören nach dem Verständnis christlicher Theologie in einer Weise zusammen, die in der Religionsgeschichte keine Parallele kennt. Denn der Gott der Philosophen wird in aller Regel als zeitloser Grund über der zeitlichen Welt gedacht, der Gott Israels und der Christen dagegen *geschichtlich*: er offenbart sich verschieden und bleibt doch der eine. Logische Kategorien versagen hier, es sei denn, man weichte sie dialektisch auf.
Für jede christliche Theologie ist deswegen die *Trinitätslehre*, zu der das Studienbuch nun hinführt, wesentlich – als Thema der Auseinandersetzung und als Thema der Unterscheidung von Religionen. Vernachlässigte man sie, zerrisse man vermutlich den Zusammenhang zwischen Israel und Jesus Christus, wäre die geschichtliche Gestalt der Offenbarung gefährdet, die verschiedene Seinsweisen in der Einheit zum Vorschein bringt. Viele der Fragen nach Gott münden, wenn sie

sich der Bedeutung der Trinitätslehre bewußt werden, in Fragen ein, die bereits mit dem dritten Abschnitt dieses Buches gestellt wurden: wie erfahren wir Wirklichkeit in der Zeit? Denn jener Gott, dessen Reich Jesus nahebrachte, will selbst die *Zukunft* aller derer, die an ihn glauben, sein. Das qualifiziert Vergangenheit und Gegenwart neu. Damit tritt eine vielfach isoliert verhandelte Themenstellung in den Hintergrund, nämlich das *Verhältnis von »Immanenz« und »Transzendenz«*, weil ihm eine anachronistische Raumvorstellung und eine vergangene Kosmologie zugrunde liegen. So ist die Entscheidung dieses Studienbuchs deutlich bezeichnet.

4.1 Gesichtspunkte der altprotestantischen Gotteslehre

Das Studienbuch folgt nun wieder dem theologischen Entwurf des Spätorthodoxen *Hollaz* und versucht zu ergründen, welche Elemente und Absichten in seine Gotteslehre eingegangen sind, welche Traditionen sie geprägt haben, welche Voraussetzungen dem Autoren und seinen Lesern gemeinsam sein sollten. Was blieb davon bis ins 20. Jahrhundert gültig, was ist heute nicht mehr nachvollziehbar?

Die beiden Übersichten 11 und 12 zeigen schon einem schnellen Blick einigermaßen deutlich, daß die altprotestantische Gotteslehre in zwei große Teile zerfällt: eine allgemeine Gotteslehre (1) und eine Lehre vom sich in den biblischen Schriften offenbarenden Gott (2). Beim zuletzt genannten sind die Trinitätslehre und die Lehre von Gottes Eigenschaften eingeschlossen, die zwar im wesentlichen im Verlauf der altkirchlichen Dogmenentwicklung unter dem Einfluß des griechischen Denkens formuliert wurden, aber von *Hollaz* mit einem aufwendigen Apparat biblischer Belegstellen verstärkt werden.

(1) Wer den Anfang der allgemeinen Gotteslehre des *Hollaz* liest, braucht zunächst gar nicht Christ zu sein – trotz vereinzelt vorgetragener Bibelstellen. Zwar wird ihm eine doppelte Gotteserkenntnis angekündigt; zunächst jedoch geht es um die Erkenntnis Gottes aus der Vernunft, das klassische Thema *natürlicher Theologie.* Röm 2,14 gilt als Schriftbeweis, aber doch mehr den Christen gesagt, um deutlich zu machen, daß selbst Paulus mit einer Offenbarung Gottes außerhalb seiner Selbstkundgabe in der Geschichte Israels und im Geschehen Jesu Christi rechnet. Nach *Hollaz* führen zwei Wege, der »consensus gentium« (alle Heiden wissen von einem allmächtigen Gott) und die »triplex via« (d. h. der dreifache Weg, erstens auf eine allererste Ursache zu schließen, zweitens die Vollkommenheit dieser Welt auf eine nicht in ihr erreichbare Spitze zu steigern, drittens die Unvollkommenheiten dieser Welt in einem vollkommenen Wesen zu negieren) zur Annahme, daß ein Gott sei. Vollkommenere, heilbringende Gotteserkenntnis kommt jedoch erst aus der Offenbarung.

Literaturhinweis

Hollaz steht damit in der Tradition »natürlicher Theologie«. Die Geschichte ihrer Gottesbeweise zeichnet: *Qu. Huonder:* Die Gottesbeweise, Stuttgart, Berlin, Köln und Mainz 1968. Anzumerken wäre ferner, daß schon zu *Hollaz'* Zeiten solche Beweisgänge nicht unbedingt überzeugten. Denn *Hollaz* weist drei stereotype Gegner zurück: die Schulphilosophen (sie erkennen nur an, was vorher schon durch die Sinne erfaßt wurde), die Cartesianer (sie bestehen auf »eingeborenen Ideen« = ideae innatae) und die Sozinianer (sie streiten natürliche Gotteserkenntnis ab). *Hollaz'* Ansatz war also auch zu seiner Zeit nicht unumstritten.

Der zweite größere Abschnitt seiner allgemeinen Gotteslehre (→ Ü 11) betrifft die *»Attribute« Gottes* (die Übersetzung »Eigenschaften« verführte leicht zu falschen Vorstellungen; trotzdem reden viele Dogmatiken von Gottes Eigenschaften). Sie sind freilich nicht Eigenschaften, die man beliebig zu Gott hinzufügen oder von ihm wegnehmen könnte, so daß eine bloße »Gott-Substanz« übrigbliebe; sondern sie stellen Selbstkundgaben des göttlichen Wesens *für* die endliche Erkenntnis des Menschen dar. Darunter fällt nicht nur Gottes »Güte« (Gott *ist* gütig), sondern auch Gottes Wille (Gott *hat* Willen).
Ein Teil dieser Attribute gilt von Gott in sich. Sie heißen »attributa *absoluta*«; ein anderer Teil der Attribute bezieht sich auf Gott in seinem Wirken auf die Welt und auf seine Geschöpfe. Hier soll nur festgehalten sein, daß gerade Allwissenheit und Wille kritische Punkte dieses Denkens von Gott sind.

Ist nicht alles vorherbestimmt, wenn Gott alles weiß, das Zukünftige eingeschlossen? Gibt es dann noch Zufälliges? *Hollaz* führt dazu ein interessantes Argument an: er unterscheidet nämlich die hypothetische Notwendigkeit (daß etwas eintreten wird, wenn auch eine bestimmte Bedingung eintritt = necessitas consequentiae) von der physischen Notwendigkeit (necessitas consequentis). Was Gott weiß und will, das muß zwar eintreten, aber Gott legt sich nicht selbst in einfachen Kausalketten fest.

(2) Auch diese metaphysische Gotteslehre hat ihren »usus practicus«. Auf sie wird das Studienbuch weiter unten zurückkommen. Zuvor gilt es, den zweiten großen Bereich der Gotteslehre zu sichten, die *Trinitätslehre* (auf die bereits die Einleitung 4.0 energisch hinwies). Sie beginnt, wie auf der Übersicht 12 ersichtlich, mit einer Begriffslehre, deren Nutzen bei dem Wandel und der Ungewohntheit mancher Begriffe sehr groß ist. Die Problematik des trinitarischen Personbegriffs wurde bereits im Rahmen der Hinführung zur Christologie angedeutet (vgl. S. 103 f.). Die Übersicht zu den drei Personen der Trinität mag für sich sprechen; ihre gegenseitigen Beziehungen versucht folgende Skizze darzustellen:

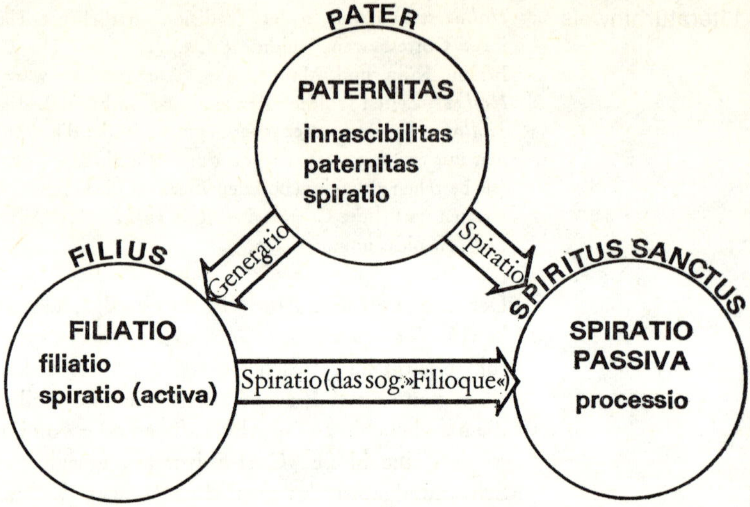

(Erläuterung: zwischen den Kreisen in den Pfeilen die Beziehungen der Personen; in den Kreisen in Großbuchstaben die sog. »characteres hypostatici«, in Kleinbuchstaben die »notiones personales«.)

Literaturhinweis

Die *Terminologie* ist auch in der altprotestantischen Theologie nicht recht eindeutig; Johann *Gerhard* in seinen Loci Theologici (Nachdruck: Berlin 1863 ff.) vermerkt in Bd. I, S. 399:

proprietates: innascibilitas, filiatio, spiratio;
relationes: generatio activa, generatio passiva, spiratio activa, spiratio passiva;
notiones: innascibilitas, paternitas, filiatio, spiratio activa et passiva.

Die Beziehungen der drei Personen sind so eng, daß sie sich gegenseitig einschließen – die sogenannte *»circumincessio«*: »Singula sunt in singulis, et omnia in singulis, et omnia in omnibus, et unum omnia« (ebd.) (= Die Einzelpersonen sind wechselseitig in den Einzelpersonen, und allesamt sind in den jeweiligen Einzelpersonen, und alle in allen, und alle sind eins) (ebd.).

Die Übersicht 12 hat den Stoff der Trinitätslehre in zwei Bereichen weniger als sonst in diesem Studienbuch gerafft: die Erweise der Göttlichkeit des Sohnes und des Geistes werden parallel und ausführlicher dargestellt, um einmal einen typischen Argumentationsgang vorzuführen (→ Ü 12, 3 h bzw. 4 k). Er zeigt, was *Hollaz* bei seinen Lesern für beweiskräftig hielt, und warnt uns heutige Leser davor, seine Aussagen repetitorienhaft zu exzerpieren und auszubeuten. Denn eigentlich müßten wir dann auch die Denkstrukturen reproduzieren; und das geht keinesfalls. Die Argumente für die Göttlichkeit des Sohnes und des Geistes stammen aus der Bibel und werden folgendermaßen geordnet:

(a) Sohn und Geist werden »Gott« genannt (auch alttestamentliche Stellen können typologisch oder figurativ herbeigezogen werden) (Typos = ein alttestamentliches Modell nimmt Züge eines neutestamentlichen vorweg, z. B. Adam-Christus, Abraham und der Glaube; figurativ = eine alttestamentliche Aussage kommt in übertragener Bedeutung auch im Neuen Bund zur Geltung).
(b) Bestimmte Stellen der Heiligen Schrift übertragen nun schon als bekannt vorausgesetzte Eigenschaften Gottes auf den Sohn oder den Geist.

(c) Laut biblischem Zeugnis gehen vom Sohn oder vom Geist Taten aus, die tatsächlich Gott zukommen.
(d) Schon die Bibel weist auf gottesdienstliche Verehrung des Sohnes oder des Geistes hin. Gottesdienst jedoch wird immer Gott geschuldet.
(e) Innerbiblische Typologie erlaubt den Schluß auf die Göttlichkeit des Sohnes oder des Geistes (Typologie: alttestamentliche Ereignisse oder Gestalten treten im Neuen Testament in ihrer Wahrheit heraus).

Daraus kann der eindeutige Schluß gezogen werden, daß der Verfasser bibelkundige Leser voraussetzt, denen die Autorität der Heiligen Schrift ungebrochen gilt. Sie schlägt alle anderen Argumente. Diese Autorität findet sich in allen biblischen Versen gleichermaßen.

Das Studienbuch stellt sich in den folgenden Abschnitten wieder die Frage, welche Kenntnisse und Methoden der Verfasser einer altprotestantischen Dogmatik voraussetzt. In die Gotteslehre fließen Überlieferungen sehr verschiedener Herkunft ein; philosophische Denkwege und biblische Belege verbinden sich anscheinend ohne Reibungen. Freilich dominiert die philosophische Tradition, wie es eine strenge Einzelprüfung am Text und an den Übersichten 11 und 12 zeigt. Man wird nicht ohne weiteres behaupten können, *biblische Vorstellungen von Wirklichkeit* (in ihrer Unterschiedenheit, man denke nur an die Spannungen zwischen geschichtlicher und weisheitlicher Tradition im Alten und zwischen paulinischer und johanneischer Tradition im Neuen Testament!) seien mit *Hollaz' doppelter Wirklichkeit* von *Natur* (mit Spuren einer Gotteserkenntnis) und *Übernatur* (Offenbarung Gottes) kongruent. Gottes Transzendieren wird von *Hollaz* räumlich gedacht, selbst wenn die finale (teleologische) Anlage seiner Dogmatik eschatologische Erinnerungen aufbewahrt.
Allerdings führt die Lehre von Gott auch die Begriffe der Metaphysik an ihre Grenzen.

Das ließe sich an der Lehre von den »Attributen« Gottes zeigen. Denn in der Gotteslehre lassen sich Attribute nicht so von der Substanz, dem Wesen Gottes trennen, wie es gelegentlich philosophische Lehre meinte (vor allem in der Lehre von den nichtwesentlichen Eigenschaften). Wenn *Hollaz* festhält, daß Gott sich ganz in seiner Gnade selbst gibt, bricht die biblische Grundlegung durch die schulphilosophischen Mittel hindurch. Allerdings sind viele Attribute Gottes aus Verfahren entstanden, die in die klassische Gottesmetaphysik – vor allem auf dem Hintergrund neuplatonischer Spekulation oder aristotelischer Ausformung – gehören. Z. B. entsteht aus der Verneinung weltlicher Endlichkeit die *Un*-endlichkeit (also »via negativa«); durch Steigerung innerweltlicher Phänomene entsteht z. B. *All*-wissen (via eminentiae); durch Rückführung der vielfältigen vom Zufall gezeichneten Wirklichkeit auf *einen* Grund etwa die Einfachheit Gottes (via causalitatis).

Der *Begriffsapparat* der *Trinitätslehre* ist weitgehend aus der Philosophie als der damaligen Universalwissenschaft entlehnt. Aber damit ist nicht alles über den Hintergrund dieser Lehre gesagt. Beobachteten wir in der Christologie (→ Ü 5) das Zusammenwachsen verschiedener Traditionsströme und dahinterliegender Erfahrungen, so zeigt sich hier etwas Ähnliches: in die Trinitätslehre des *Hollaz* ist deren altkirchliche Form (in ihrer westlichen Gestalt: das »filioque« eingeschlossen) mit der ersten scholastischen Entfaltung durch *Johannes Damascenus* (700–753, vor allem Πηγὴ γνώσεως) eingegangen. *Damascenus* beeinflußte die mittelalterliche Theologie mit ihrer Vorliebe für feine Distinktionen tief. Das alles entfaltet *Hollaz* für seine Leser auf dem Boden einer bestimmten aristotelisch geprägten *Normalphilosophie*, die zur Propädeutik damaliger Theologie gehörte. Sie definiert Begriffe wie »Wesen« (essentia, substantia), »Attribute« (attributa) usw. Zugleich wird dieser Rahmen mit unsystematisch ausgebeuteten biblischen Belegen aufgefüllt.

Die Trinitätslehre entstand, weil es galt, den Gott Israels und den in Jesus Christus manifesten Gott sowie sein Wirken als Geist in der Gemeinde einem Gott zuzurechnen und nicht in einen Polytheismus zurückzufallen. Einheit und Geschichte seiner Offenbarung standen für die zur Verfügung stehenden Denkinstrumente in schwerer Spannung. Aus ihr resultieren die paradoxen Formeln des »Dreieinen«. Daraus hat die abendländische Metaphysik tiefreichende Anregungen – bis hin zu *Hegels* Dialektik – bezogen. Allerdings gingen über der Entfaltung der Trinitätslehre ihre Anstöße, *Geschichtlichkeit der Selbstkundgabe Gottes* und *Gottes Anwesenheit im unverrechenbar Besonderen*, in der Gestalt Jesu Christi, verloren. Trotzdem wäre es übertrieben, von einem Verfallsprozeß zu sprechen. Denn erst mußte das Evangelium den griechischen Geist durchdringen, bevor er sich selbst reflektieren lernte, um seine Distanz etwa zum alttestamentlichen Denken von Gott als dem geschichtlich Handelnden zu erfassen. Zugleich mit dieser Durchdringung mußte erst geschichtliches Denken eingeübt werden.

Den Schutz vor einem Tritheismus oder einem das Besondere (des fleischgewordenen Gottes) vernachlässigenden abstrakten Monotheismus (Dreigottglauben bzw. Eingottglauben) gewährte nicht nur die inklusive Dialektik des »drei in einem«, »einer in dreien«, sondern auch das feine Gespinst der »relationes«, »proprietates« und »notiones« (vgl. S. 160). Das ist jedoch auch der Punkt, an dem sich das begriffliche Konstrukt der Lehre spätestens so verselbständigt, daß es die Lebendigkeit des Glaubens an Gott zu verschlingen drohte. Nicht von ungefähr erstarb es auch mit der Schulphilosophie, die sich seiner besonders annahm.

(3) Auch hier gilt, daß *im Zerbrechen der Begriffe und Formeln heraustritt, worum es geht*. Dabei kann *Hollaz* selbst helfen; denn er fragt nach dem *»usus practicus«*, dem Nutzen des Ganzen (→ Ü 11). Die Eigenschaften Gottes werden zweifach auf die glaubenden Menschen bezogen: einmal werden sie, weil Gott einfach ist, ihrerseits die Einfachheit lieben – hierbei handelt es sich um eine Entsprechung; zum andern werden die Menschen Heuchelei fliehen, weil Gott alles weiß – das ist ein mahnender Kontrast. Neben den Eigenschaften Gottes hat vor allem die *natürliche Gotteserkenntnis* ihren besonderen Nutzen: sie ist *pädagogisch*, sie schärft Sittlichkeit ein (*Hollaz* sagt »mores«).

So erzieht sie auf die eigentliche Offenbarung hin. Man wird – vor allem nach dem Studium von 1.1.7 – nicht fehlgehen, wenn man den praktischen Nutzen allgemeiner (natürlicher) Gotteserkenntnis auf ein bestimmtes gesellschaftliches und institutionelles Gefüge umlegt: eine relativ einheitlich gefügte Gesellschaft wird von *einem* Moralkodex, den wiederum *ein* Gott garantiert, gestützt. Gilt doch nach der angegebenen Quästio jene sittliche Disziplinierung, die an der Erkenntnis Gottes Anhalt hat, nicht nur innerhalb der Kirche, sondern auch außerhalb ihrer, in der Gesellschaft. So scheint die *Kirche* eine *Institution* zu bilden, die *für ihre Gesellschaft* einen *allgemeinen Konsens über Gott* und *Sittlichkeit* wachhalten und von der besonderen Offenbarung her besser begründen kann. Verständlich wird nun weiter, daß ein solches Kirchensystem keine andere Kirche neben sich dulden konnte. Als Nutzen nennt *Hollaz* ferner das Vertrauen des Herzens auf Gott und die doppelte Liebe – zu Gott und zum Nächsten. Daraus darf man wohl folgern, daß die Liebe Gottes, die sich an der Sendung seines Sohnes zeigt, den Menschen zur Liebe des Nächsten ansteckt.

Die Strukturen dieser doppelten Gotteslehre (allgemeine Erkenntnis Gottes und Attribute Gottes auf der einen, Trinitätslehre auf der anderen) mußten das System insgesamt in eine *Krise* führen. *Einmal* geschah das, als diese Philosophie nicht mehr das allgemeine Fundament der Bildung darstellte. *Zweitens* wurde das besiegelt, als folgernde Erkenntnisse nicht mehr den Weg von der Endlichkeit der Welt zur transzendenten Ewigkeit finden konnten (spätestens seit *Kants* Vernunftkritik, die mit den Gottesbeweisen aufräumte). *Drittens* mußte der Verfall eintreten, als Moral und Disziplin der Gesellschaft zunehmend pluralistisch wurden, Kirche und Gesellschaft sich aber nicht mehr die Arbeit teilen wollten, das Verhalten der Menschen zu bestimmen und den anerkannten Verhaltenscode zu legitimieren. *Viertens* mußte der Zerfall eintreten, als keine Schulphilosophie mehr das ordnende Gerüst für Bibelstellen abgab und die »dicta probantia«, die biblischen Belegstellen, wie ein ungeordneter Steinbruch darlagen, den die historisch-kritische Forschung neu ordnen lehrte. Jetzt waren Einzelstellen Belege besonderer Traditionsstränge und durchaus nicht mehr unmittelbar vom Heiligen Geist garantiert. Auf ein *fünftes* Problem, den Bezug Gottes zur Welt (Schöpfung und Erhaltung), wird in einem Exkurs (4.5) gesondert hingewiesen. Solange Natur und Übernatur noch nach räumlicher Analogie nebeneinander gedacht werden konnten, mußte die »Natur« für Wahrheiten jenseits ihrer selbst offen sein. Aber je geschlossener sie erfahren und gedacht wird, desto überflüssiger wird ihre Verdoppelung.

Vergleicht man die Gotteslehre des *Hollaz* mit seiner Christologie, so wirkt die erstere weit weniger lebendig als die letztere. Dies bestärkt noch einmal die Konzeption des Studienbuches, die Gotteslehre nach der Christologie zu verhandeln.

Fraglich bleibt, ob Gang und Zerfall der Gotteslehre in der angedeuteten Weise notwendig waren oder ob es nicht doch theologische Anregungen gab, eine lebendigere Gotteslehre zu konzipieren. Daß die Trinitätslehre aus echten Bedürfnissen in der Geschichte des Christentums aufkam (ein geschichtlich bezeugter Gott, der sich nicht im Allgemeinen, sondern in einem kontingenten Menschen offenbart), wurde versuchsweise gezeigt. Jedoch blieben bis in unsere Zeit gerade die Fragen lebendig, wie das Verhältnis Gottes zur Geschichte zu erfassen sei (vgl. auch 2.3): bleibt Gott zuletzt unbeweglich über ihr, oder hat er seine eigene Geschichte, eine *innertrinitarische* und eine nach außen gehende, *heilsökonomische*, die aller menschlichen Geschichte vorausgehen?

4.2 Traditionelle Elemente der Gotteslehre

4.2.1 Biblische Wurzeln

Manche Hintergründe eines altprotestantischen Lehrsystems, das Gott betrifft, haben sich bereits angedeutet. Der folgende Abschnitt soll weitere Hinweise geben. Jeder, der aufmerksam *alttestamentliche* Exegese betrieben hat, weiß, daß Israels Gott aus dem Rahmen gängiger Religionsgeschichte herausfällt; denn in der Regel band er sich weder an die Natur noch an heilige Orte oder Objekte, sondern an geschichtliche Ereignisse. Darauf berief sich vor allem das in 3.4.2 vorgestellte Konzept »Offenbarung als Geschichte«.

Allerdings wäre diese Globalaussage in mancher Hinsicht zu modifizieren. Die alttestamentliche Exegese wendet sich heute mehr jenen Strukturen zu, die vor aller Geschichtserfahrung in der Schöpfung liegen, etwa in den Weisheitstraditionen und in den Schöpfungsaussagen. Auch hängen ältere Überlieferungen häufig an bestimmten Orten und bindet sich erst Jahwe angesichts der Verbannung von den Jerusalemer Traditionen los (z. B. bei Ezechiel).

Literaturhinweis

Neben den Theologien des Alten Testaments wäre u. a. dazu zu lesen: *A. Alt:* Der Gott der Väter, in: Kleine Schriften zu Geschichte des Volkes Israel, Bd. 1, 4. Aufl. München 1968, S. 1–78.

Alttestamentliche Kenntnisse im Hintergrund bestärken noch einmal den Verdacht, daß die dogmatische Trititätslehre die geschichtliche Selbstbezeugung des Gottes Israels (und vor allem Jesu Christi) in ihren statischen philosophischen Kategorien nur ungenügend aussagen konnte. Auch ist das Offenbarwerden Gottes im *Neuen Testament* eschatologisch gedacht. Denn Gott erweist sich als Gott, weil er sein Reich gegen die Zeit der Welt heraufführt (darin liegt auch eine Differenz zu unsrer Geschichte, die gegen das Konzept »Offenbarung als Geschichte« ins Feld zu führen ist).

4.2.2 Kontroverse um den Hellenismus

Der Kirchen- und Dogmengeschichtler *A. von Harnack* hat den Gang des Christentums in und durch die hellenistisch-griechische Kultur als Korruption der schlichten Vaterreligion Jesu begreifen wollen. Nach ihm wäre die dogmatische Gottes- und Trinitätslehre (neben den anderen Lehrbildungen) ein Produkt der Intellektualisierung der einfachen Religion Jesu. Das Studienbuch sieht zwar manche Verengung, hält aber an der Wichtigkeit der Absichten hinter der philosophisch gestalteten Lehre fest. Die Intentionen lassen sich nicht durch eine fiktive, uneschatologische Vaterreligion Jesu wieder rückgängig machen.

Literaturhinweis

Vgl. dazu vor allem: *A. von Harnack:* Das Wesen des Christentums, Nachdruck, München und Hamburg 1964, S. 122 f. Ferner: *Ders.:* Lehrbuch der Dogmengeschichte, Nachdruck der 4. Aufl., Darmstadt 1964, Bd 1, S. 20.

So wird man gegen eine allzu *schroffe Antithese von biblischem und griechischem Geist* fragen müssen, ob es nicht legitime Gründe und Absichten gab, den neutestamentlichen Glauben an Gott (auf dem Hintergrund der alttestamentlichen Bundesgeschichte) in einen anderen Kultur-, Sprach- und Denkbereich weiterzutragen und diesem Glauben damit neue Möglichkeiten der Aussage zu eröffnen. Die *Trinitätslehre* mußte schließlich gerade im Bereich spätantiker Bildung wie eine irrationale Zumutung verstanden werden. Das machte vermutlich ihre Sprengkraft in der Geschichte des abendländischen Denkens aus.

4.2.3 Zur Gotteslehre in der alten Kirche und in der mittelalterlichen Theologie

Der statische Charakter christlicher Gotteslehre – vor allem in ihrer schulmäßigen Gestalt – rührt sicher auch zum Teil aus einer *apologetischen* Absicht, die sie seit ihrer Entstehungszeit verfolgte. Das beginnt bereits mit den frühchristlichen Apologeten (*Tatian, Justin, Aristides, Tertullian* usw.); sie griffen auf Mittel zeitgemäßer populärer Philosophie zurück (z. B. stoische Elemente des Logoslehre), um die Allgegenwart des *einen* Gottes als eines zeitlosen Prinzips zu erweisen. (Zu diesen Fragen ist auch die Übersicht 4 – trotz ihres christologischen Akzents – nützlich. Sie gewährt auch einen Überblick über die weitere, eng mit der christologischen Entwicklung verbundene Entfaltung der Gotteslehre.)

Zur genaueren Information dienen die unter 1.8.6 genannten Dogmengeschichten, aber auch Artikel zu »Gott« und »Trinität« in den Nachschlagewerken.

Die frühe Kirche mußte ihren Weg zwischen *Adoptianismus* (= dynamistischer Monarchianismus = Gott als Monarch, Alleinherrscher, der Sohn und Geist als untergeordnet aus sich heraussetzt) und *Subordinatianismus* auf der einen und *Modalismus* auf der anderen Seite suchen (Modalismus = die drei Seinsweisen Gottes sind nur Modi = Erscheinungsweisen an einem Gott). Zwischen beiden fand sie ihre Position. Die jungnicänische Theologie der Kappadokier (vor allem *Gregor von Nyssa, Gregor von Nazianz,* besonders in der Epoche von 361–381) stellte die Grundbegriffe für die Entfaltung der Trinitätslehre bereit (→ Ü 4). Sie leben bis in die heutige Domatik nach.

Nicht ohne Bedeutung ist die Entwicklung *mittelalterlicher Gotteslehre,* weil sich an ihr Weltverständnis und Weltverhalten des Glaubenden entschied. Der scholastisch durchgeformte Begriffsapparat hält sich dann bis in die altprotestantische Lehre durch. Unter ihr schwelt der Streit, ob in Gott *Intellekt* (so *Thomas von Aquino*) oder *Wille* (so *Duns Scotus* und radikaler noch die Nominalisten) vorzuordnen sei. Hat der Wille Vorrang, und ist er durch nichts gebunden (als Willkür), so könnte und kann Gott alles anders machen, als es jetzt im Weltverlauf eintritt; vergißt man dann, daß sich Gott in der Liebe selbst festgelegt hat, entsinkt dem Menschen der sichere Boden einer geordneten Welt, und Gott tritt unbegreiflich in das Dunkel zurück (der verborgene Gott). Oder der Mensch fühlt sich als Ebenbild Gottes dem Urbilde gleich frei und der Welt gegenüber ungebunden, so daß er sie zum Experimentierfeld seiner Einsicht und seiner Macht werden läßt. Es könnte daher sein, daß die nominalistische Gotteslehre die Entwicklung neuzeitlicher Wissenschaft und Technik gefördert hat.

Literaturhinweis

Zu dieser Entwicklung ist in den Dogmengeschichten mehr nachzulesen. Als instruktive Einführung empfiehlt sich auch: *E. Gilson:* Der Geist der mittelalterlichen Philosophie, Wien 1950.

An dieser überkurzen, wenige Gesichtspunkte raffenden Skizze sollte sich herausstellen, daß *Gotteslehre* nicht nur um ihren Gegenstand in unendlichem spekulativen Abstand von der Welt kreist, sondern in ihr eine »Situationsdefinition« (vgl. S. 19) desjenigen, der ihr nachdenkt, eingeschlossen ist. Mußte nicht der *Mensch* deswegen zum zweiten Thema werden?

4.2.4 Zur Gotteslehre der Reformatoren

Das scheint nun einer der Punkte zu sein, an denen *Luther* wirklich neu ansetzt. Er bringt viel unmittelbarer und betroffener den Menschen, der vor Gott steht und verzagt, vor seinem Zorn erschrickt, sich seiner Gnade freut und sein Leben darauf baut, in die Theologie als Gotteslehre ein. Der Sprecher theologischer Aussagen wird mitartikuliert. Am prägnantesten hat *Luther* das in Sätzen des Großen Katechismus (eines Unterrichtsbuches für die Prediger) zusammengefaßt:
»Was heißt ein Gott haben oder was ist Gott? Antwort: Ein Gott heißet das, dazu man sich versehen soll alles Guten und Zuflucht haben in allen Nöten. Also daß ein Gott haben nichts anders ist, denn ihm von Herzen trauen und gläuben, wie ich oft gesagt habe, daß alleine das Trauen und Gläuben des Herzens machet beide Gott und Abegott.«

Literaturhinweis

BSLK, S. 560; vgl. auch die Texte im Umkreis des Zitats, etwa S. 560–567, ferner S. 646–650.

Erinnert man an *Luthers* Katechismen und deren schöne, einfache Sätze vom Vertrauen und Glauben, dann darf die andere Seite, die Härte im Streit mit dem Humanisten *Erasmus von Rotterdam* (1466–1536, Verfasser der »Diatribe de libero arbitrio«), nicht unterschlagen werden. In seiner Gegenschrift »De servo arbitrio« (1525) läßt *Luther* die Spannung zwischen *verborgenem* und *offenbarem Gott* so durchbrechen, daß mancher Leser gelegentlich zwei Götter vermuten könnte. Aber das Rätsel des verborgenen Gottes und seiner unfaßlichen Herrschaft über die Willen der Menschen, auch der bösen, tritt zurück, wenn der Christ sein Leben von Christus her annimmt.

Literaturhinweis

Vgl. *M. Luther:* De servo arbitrio, in: WA 18, S. 699–733 (deutsch in: Ausgewählte Werke, hg. v. *H. H. Borcherdt* und *G. Merz*, Ergänzungsreihe, Bd. 1, 3. Aufl. München 1954, S. 127–172). Zur Einführung: *H. Bandt:* Luthers Lehre vom verborgenen Gott, Berlin 1958 (Theologische Arbeiten 8).
Das alles versteht sich nur als einführender Hinweis zur Anleitung zu selbständiger Weiterarbeit.

Genauso schwer wie zu *Luthers* Denken von Gott lassen sich Hinweise auf *Melanchthons* Lehrbildung geben. *Melanchthon* hatte ungleich stärkeren Einfluß auf die altprotestantische Lehrbildung als *Luther*, weil er viel gezielter auf dem Hintergrund humanistischer Schulung natürliche und geoffenbarte Gotteserkenntnis schied. So hat es auch eine protestantische Naturrechtslehre mit ihm leichter, weil er das natürliche Gesetz als Widerspiegelung des göttliches Gesetzes faßt. Was zuerst von Menschen nach eher äußerlichen Regeln – etwa den 10 Geboten – getan wird, läßt das Evangelium aufgrund eines inneren Antriebs geschehen. Aber auch in den äußeren Regeln ist der Schöpfer seiner Kreatur gegenwärtig. Der innere Antrieb zum Guten hält sich aber an die im Sohne begründete Gotteserkenntnis. An den Wohltaten in seinem erlösenden Handeln soll sich theologische Erkenntnis aufrichten. Auch sind die Geheimnisse der Gottheit (die Trinität eingeschlossen) nach dem ersten dogmatischen Entwurf der evangelischen Kirche nicht zu erforschen, sondern anzubeten.

Literaturhinweis

Vgl. die Loci communes von 1521 in: *Melanchthons* Werke, Bd. II, 1, Gütersloh 1952, S. 6 = CR 21, S. 84.

Erst die dritte Ausgabe dieses Lehrbuchs, die »Loci communes« von 1559, hat gesonderte Paragraphen zu Gott, zur Trinität, zum Sohn und zum Geist (ebd. S. 172–214 = CR 21, S. 607–637).

Wenn *Luther* und *Melanchthon* einführend erwähnt werden, so darf auch *Calvin* nicht fehlen. Seine Lehre von Gott zielt – so die Institutio I,I,1 – auf *Erkenntnis Gottes und unsrer.* Das 19. Jahrhundert hat diese Doppelformel mit besonderem Interesse aufgenommen und beide Erkenntnisziele gleichberechtigt verstehen wollen. Jedoch sah *Calvin* die Gotteserkenntnis der Selbsterkenntnis übergeordnet, wie für ihn überhaupt Erkenntnis Gottes eine eher praktische als spekulative Aufgabe darstellt. Das zeigt sich bis in seine Ethik hinein. Wegen seiner harten Prädestinationslehre, die bekanntlich die Erwählung der einen zum ewigen Leben, der anderen zum ewigen Tode enthält, verwehrt *Calvin* den Blick auf Gottes unerforschliche Abgründe. Man hat *Calvin* gern in die Nähe jener Nominalisten, die sich einen Willkürgott vorstellten, rücken wollen. Aber nach allen neueren Erkenntnissen scheint es nicht anzugehen, ihm zu unterstellen, er habe die Welt als Gottes Marionettentheater aufgefaßt. Denn er betont, weit eher wie ein Hochscholastiker und nicht wie ein Nominalist, die Bedeutung der Zweitursachen, die Gott untergeordnet sind.

Literaturhinweis

Vgl. dazu die Ausführungen bei: *F. Wendel:* Calvin. Ursprung und Entwicklung seiner Theologie, Neukirchen 1968, S. 127–158. Man hat gesagt, auf *Calvins* Erwählungslehre gehe der abendländische kapitalistische Geist zurück, weil sich die Unsicherheit der Erwählung zum ewigen Heil irdische Kompensation in beruflichem Erfolg verschaffte. Diese *»Protestantismusthese«* ist mit *M. Webers* Namen verbunden (vgl.: *M. Weber:* Die protestantische Ethik, hg. v. *J. Winckelmann,* München und Hamburg 1965 = GTB · Siebenstern 53–54; ferner: Seminar: Religion und gesellschaftliche Entwicklung.

Studien zur Protestantismus-Kapitalismus-These Max Webers, Frankfurt a. M. 1973 = stw 38). Die These wird sich für *Calwin* nicht halten lassen, hat aber am Verhalten und der Weltorientierung der puritanischen Gruppen Anhalt.

4.2.5 Die Krise der Gotteslehre in der Neuzeit

Der Rekurs auf *Calvin* war wichtig. Denn die doppelte Zielsetzung, Gotteserkenntnis und Selbsterkenntnis – übrigens bereits ein Anliegen des frühen *Augustin* –, kehrt vor allem im 19. und 20. Jahrhundert wieder. Zu denken wäre an eine Religion, die sich am Gewissen orientiert, oder an die Existenztheologie, wenn sie behauptet, von Gott nicht reden zu können, ohne vom Menschen zu reden. Aber in den vier dazwischen liegenden Jahrhunderten sind Erkenntnisse aufgekommen, von denen *Calvin* nichts wissen konnte. Beispielsweise ist *Kants Kritik* zu nennen. Sie fand für Gott nur noch einen Platz im Bereich der transzendentalen Idee, die notwendig ist, um der Vernunft Einheit und Ganzheit zu geben. Gottes Realität war in dieser Denkweise nicht mehr zu halten. Weiter wäre auf die *Aussonderung des menschlichen Subjekts aus seiner Welt* zu verweisen: als »res cogitans« bei *Descartes,* im bürgerlichen Besitzindividualismus in den Vertragstheorien von *Hume* und *Locke* (vgl. dazu vor allem: *C. B. Macpherson:* Die politische Theorie des Besitzindividualismus, Frankfurt a. M. 1973 = stw 41). Die Welt schrumpfte demgegenüber auf eine Ansammlung von Dingen zusammen – nach *Descartes* »res extensae«, im Zuge der ökonomischen Entwicklung von »Waren«. Die neuere, an menschlicher Selbsterkenntnis orientierte Gotteslehre wird daher in Anlehnung an diese Entwicklungen leicht weltlos und konzentriert sich auf die Erfahrungen von Individuen; für die Gotteslehre der Reformatoren traf das nicht zu.

Literaturhinweis

Jene betont bei der Selbsterkenntnis des Menschen ansetzende Gotteserkenntnis findet sich mit verschiedenen Akzenten etwa bei: *K. Holl:* Was verstand Luther unter Religion?, in: Gesammelte Aufsätze zur Kirchengeschichte, Bd. 1: Luther, 7. Aufl. Tübingen 1948, S. 1–110. *R. Bultmann:* Welchen Sinn hat es, von Gott zu reden?, in: Glauben und Verstehen, Bd. 1, 3. Aufl. Tübingen 1958, S. 26–37. *G. Ebeling:* Wort und Glaube, Bd. 2, Tübingen 1969, vor allem die S. 257–304; 343–371.

Damit ist hinreichend deutlich, daß eine altprotestantische Gotteslehre angesichts dessen, was *vor* ihr bereits von Gott gesagt wurde und was sich *nach* ihr an Fragen stellte, nicht das letzte Wort sein kann. Trotzdem wird ihre Terminologie als Examenswissen verlangt. Woran dieses Gebäude zerbrach, wurde bereits gesagt (vgl. S. 162 f.). Nur wenige *Höhepunkte der Kritik* und der *Umformulierung* der Gotteslehre in der *Neuzeit* sollen im Folgenden angedeutet werden.

Literaturhinweis

Genauere Auskunft gibt – in der ganzen Einseitigkeit ihrer Ausrichtung auf das Problem neuzeitlicher Subjektivität – die monumentale »Geschichte der neueren evangelischen Theologie« in 5 Bänden von *E. Hirsch* (Gütersloh 1949–1951). Vgl. ferner den unter 1.8.6 genannten Titel von O. *Ritschl.*

Wer heute von Gott reden will, muß sich zumindest einige Zwischenstationen des Nachdenkens über Gott – von der altprotestantischen Theologie bis zu uns – vergegenwärtigen:

(a) Der *teleologisch-moralische Gottesglaube der Aufklärung* stützt sich gerade auf die natürlich-theologischen Aspekte des altprotestantischen Systems (→ Ü 11). Aus der Ordnung der zweckvoll eingerichteten Welt schließt dieser weniger radikale Zweig der Aufklärung auf einen weisen Schöpfer. Allerdings wurde der optimistische Unterton angesichts geschichtlicher Entwicklungen bald leiser; denn sie stellten die Frage nach der Ordnung der Welt und vor allem nach der *Theodizee* (d. h. der Rechtfertigung des weisen Schöpfers angesichts der Zustände der Welt) mit größerer Dringlichkeit.

(b) Die Erledigung der überlieferten *Gottesbeweise* durch *Kant*. Nach *Kant* kann die theoretische Vernunft außer sich selbst nur mit Hilfe sinnlicher Anschauung etwas erkennen. Gott ist dagegen nichtsinnlicher Gegenstand, der nur als *Idee* zum Inventar der reinen Vernunft selbst gehört. Allerdings ist er als Postulat der praktischen Vernunft denknotwendig, als Grund dafür, daß zuletzt gutes (moralisches) Verhalten und Glück des Menschen (das nicht Motiv des moralischen Verhaltens sein darf) in ein *höchstes Gut* eingehen werden.

Literaturhinweis

Vgl. dazu: *I. Kant:* Kritik der reinen Vernunft, B 832–860. Kritik der praktischen Vernunft, vor allem A 223–237. *Kant* hat seine Ansätze in einer Religionslehre entfaltet: Die Religion innerhalb der Grenzen der bloßen Vernunft (1793) (verschiedene Ausgaben).

(c) Die Gotteslehre der *spekulativen Philosophie* ist nicht so skeptisch wie die *Kants*, sondern arbeitet Gott u. a. als *absoluten Geist* heraus. Nur mit und gegen Relatives, Endliches, kann er absolut sein. Deswegen entfaltet er sich durch die Welt und die Erkenntnis der Menschen, bis er einst als umgreifendes Subjekt alles andere (als seine Substanz) in sich zurückgeführt hat.

Literaturhinweis

G. W. F. Hegel: Begriff der Religion, hg. v. *G. Lasson*, Nachdruck, Hamburg 1966 (ein Teil der Vorlesungen über die Philosophie der Religion), vor allem S. 35–76, 187–225.

(d) *Schleiermacher* war vermutlich der einzige Theologe, der den großen Philosophen seiner Zeit gewachsen war. Er wollte kein absolutes philosophisches Prinzip, das in sich bestünde, anerkennen, sondern argumentierte etwa so: bevor wir Menschen uns *abhängig*, d. h. von der umgebenden Welt bestimmt, und zugleich *frei*, d. h. der Welt gegenüber handelnd und entscheidend, erkennen, wissen wir in einer Art »Urintuition«, daß wir zu einem Ganzen gehören, das unsere Abhängigkeit und Freiheit umschließt. Die Beziehung zu ihm nennt *Schleiermacher* die *»schlechthinnige Abhängigkeit«*. Sie hat mit innerweltlicher Determination nichts zu tun, sondern zeigt uns Gott, der nie rein für sich, ohne Welt und ohne Bewußtsein derer, die ihn erfahren, gedacht werden kann – so wie Welt, menschliche Abhängigkeit und Freiheit nie ohne ihn erfaßt werden können.

Literaturhinweis

Vgl. dazu: *F. Schleiermacher:* Der christliche Glaube, 2 Bde., 7. Aufl., hg. v. *M. Redeker,* Berlin 1960, §§ 3–6, 32–34.

Schon die wenigen Hinweise zeigen, daß die *Philosophie* der Theologie viel Arbeit abnehmen wollte. In der Tat folgen alle freieren dogmatischen Entwürfe bald in der einen oder anderen Weise den Ansätzen philosophischer Theologie der großen Epoche des sog. Idealismus. Daneben hielt sich eine apologetische Form von Gotteslehre durch, die sich im wesentlichen von den neueren Entwicklungen nicht berühren ließ und gelegentlich in ihrer Resistenz auch ihre Stärke zeigt. Denn der kirchliche Gemeinglaube in und am Rande der Kirche bewahrte sich – unabhängig von den großen Denksystemen – viele Elemente natürlicher Theologie und Gotteslehre auf, wie sie im Altprotestantismus (→ Ü 11) und in der Aufklärung heraustreten. Oft verbündete er sich leichter mit dogmatischen Entwürfen konservativer Systeme, so daß eine Theologie, die sich neueren Entwicklungen aufschloß, nur geringe Chancen in den landeskirchlichen Systemen hatte. Erst im 20. Jahrhundert emanzipieren sich theologische Entwürfe, die mit Bestimmtheit kirchenbezogen sind, aus philosophischen und traditionellen Abhängigkeiten. Das wird Thema des folgenden Abschnittes sein.

4.2.6 Kriterien einer Gotteslehre im 20. Jahrhundert

Zuvor sollen noch zusammenfassend *Kriterien* benannt werden, die aus dem Zerfall des altprotestantischen Lehrsystems und aus dem philosophischen Entwicklungsgang sich für eine Gotteslehre im 20. Jahrhundert ergeben:

(1) Das *Verhältnis offenbarter Gotteserkenntnis zu natürlicher Theologie* ist gefragt. Es tritt am Problem der *Vernunft* heraus: wie bestimmen Theologen des 20. Jahrhunderts die Vernunft; setzen sie eine alle Menschen mindestens potentiell erfassende Einsicht voraus, die auf Gotteserkenntnis vorbereitet?

(2) Das *Verhältnis* der Gotteslehre *zur biblischen Überlieferung* muß begründet werden. Welcher biblischen Tradition folgen Theologen des 20. Jahrhunderts, wie berufen sie sich auf biblische Zeugnisse, nachdem die Einheitlichkeit eines Beweisbuches »Bibel« zerbrach?

(3) Das *Verhältnis von Gottes Selbstkundgabe zur Geschichte* muß bedacht werden. Offenbart sich Gott in ihr, oder wird er so bekannt, daß er in den Konstanten abseits des geschichtlichen Wandels zur Sprache kommt? Das könnte mit größtem Nachdruck auf Christus verweisen, der als kontingenter geschichtlicher Mensch Gott nahebringt. Gotteslehre wird mit viel größerem Nachdruck, als es meist der Fall war, im *Zusammenhang der Christologie* zur Sprache kommen.

(4) Das *Verhältnis von Gottesaussagen zur Gesellschaft* und *zum Kir-*

chensystem muß überdacht werden. Dienen Elemente eines allgemeinen »vorchristlichen« Gottesglaubens der Erhaltung gemeinsamer sittlicher Standards? Reflektiert sich das in einer Theologie von »Ordnungen«?

4.3 Neuere Gesichtspunkte zur Gotteslehre: Kriterien einer Gotteslehre im 20. Jahrhundert – angewandt auf Barth, Tillich und Bultmann

Der nun folgende Abschnitt greift auf wichtige Aussagen dreier großer Theologen des 20. Jahrhunderts zurück: *Barth, Tillich, Bultmann,* um im Anschluß einige wenige neuere Entwicklungen zu skizzieren.
Bevor die genannten Entwürfe in sich dargestellt werden, sollen einleitend die vier am Ende von 4.2 aufgestellten Kriterien auf sie Anwendung finden. Dabei kann es sich lediglich um Andeutungen handeln – Andeutungen freilich, die es leichter machen, sich in die Entwürfe selbst hineinzufinden. Die Bezifferung folgt den bereits benannten Kriterien (vgl. 4.2.6).

(1) *Barth* ist sich mit *Tillich* und *Bultmann* z. T. einig, daß eine *natürliche Gotteserkenntnis im 20. Jahrhundert* ihre pädagogische und propädeutische Funktion verloren habe. *Barth* sieht sich von *Feuerbachs* Kritik bestätigt: die natürliche Theologie und der Gottesglaube aller Religionen steigerte menschliche Attribute aufs äußerste und projizierte sie auf ein erträumtes Wesen in einem imaginären Himmel. Der wahre Gott – so *Barth* – werde gerade im Widerspruch gegen menschliche Selbstverherrlichung und Selbstvergöttlichung bekannt. Damit wollte *Barth* freilich nicht in arroganter Weise einen allgemeinen Gottesglauben oder die Gottesbilder anderer Religionen zerstören, sondern diese Elemente im christlichen Glauben selbst einer scharfen Kritik unterziehen – einer Kritik, die aus Gottes eigener Offenbarung kommt, nicht aber vom hochmütigen, einsamen Standpunkt des Kritikers ergeht. Daß er trotzdem Anliegen natürlicher Theologie aufnahm, zeigt sich im Band IV,3 seiner Dogmatik (→ Ü 6, Kolumne 2.4).
Tillich und *Bultmann* sind weniger rigoros in der Ablehnung natürlicher Theologie. Sie sehen in dem, was natürliche Theologie sagte und wollte, Fragen, an die eine Antwort des Glaubens anknüpfen könnte. Allerdings darf die Antwort nicht unbedingt eine Bestätigung bedeuten; aber sie hilft, Aussagen von Gott in der Lebenssituation der Angesprochenen zu verankern.

Literaturhinweis

Vgl. dazu *Tillichs* sog. Korrelation: Systematische Theologie, Bd. I, Stuttgart 1955, S. 74–81 (vgl. dazu auch S. 120 des Studienbuchs).

Bultmann argumentiert, daß diese Art von Vorerkenntnis nur zur Verzweiflung führen könne und der Glaube an den wahren Gott *negativ* anknüpfen müsse: Glauben und Verstehen, Bd. 2, 2. Aufl. Tübingen 1958, S. 117–132.

Alle drei genannten Theologen scheinen sich einig zu sein, daß Gotteserkenntnis im Grunde an Jesus Christus gewonnen wird. *Tillich* breitet allerdings die auf das Neue Sein bezogene Erkenntnis des Grunds des Seins (Gottes) so weit aus, daß nach seiner Meinung die vor- und nebenchristlichen Religionen zu ihrem Recht kommen (ebenso wie die säkularisierten Zweifler). Auch wäre im Folgenden zu fragen, ob nicht seine an Metaphysik gebundene Grundlegung einer Ontologie diese theologischen Intentionen durchkreuzt.

(2) Keiner der drei Autoren will die *Bibel* als Steinbruch für »dicta probantia« (Belegstellen für dogmatische Lehraussagen) betrachten. Eine exegetische Rückbindung zeigt sich am deutlichsten bei *R. Bultmann,* wenn er neutestamentliche Traditionen in die antike Religionsgeschichte einordnet und im Vergleich auch Besonderheiten feststellt.

Literaturhinweis

Vgl. vor allem: *R. Bultmann:* Das Urchristentum im Rahmen der antiken Religionsgeschichte, Zürich 1949 (als Taschenbuch: Reinbek 1962).

Auf diese Weise hofft er, den Kern der neutestamentlichen Aussagen – was Schreiber und Adressaten damals und uns heute zugleich betreffen könnte – aus den zeitgeschichtlichen Schalen lösen zu können. Von Gott könne man nur in *Betroffenheit* reden.
Barth liest die Bibel auch als Kritik des Selbstverständnisses des neuzeitlichen Menschen. Trotz ihrer inneren Geschichte – als Abfolge von Zeugnissen der Begegnung Gottes mit den Menschen – tritt sie diesem Selbstverständnis zunächst eher geschlossen gegenüber, bis es sich dem biblischen Zeugnis öffnet. Alle biblischen Zeugen in ihrer Vielfalt verweisen ja nicht auf ein in Wörtern aufgehendes Wort Gottes, sondern auf Gottes Ja zu den Menschen, das in Jesus Christus Gestalt annahm. Für einen bestimmten Standpunkt, nämlich des unkritischen historisch-kritischen Exegeten, gerät sein Auslegungsverfahren leicht in den Verdacht, hinter die Aufklärung zurückzufallen. Besonderheiten seiner Auslegung verstärken mitunter diese etwas kurzschlüssige Annahme.
Für *Tillichs* Gotteslehre sind biblische Aussagen unmittelbar kaum von Belang. Nur gelegentlich verweist er überhaupt in seiner Christologie auf Stellen oder Überlieferungsstränge biblischer Schriften.

(3) Schwerer fällt es, in kurzen Sätzen etwas zum *Verhältnis Gottes zur Geschichte* in den Werken der drei hier genannten Autoren zu sagen.
In aller Vorsicht wird man feststellen, daß die sehr bestimmte *christologische Konzentration Barths* auch damit zusammenhängt, daß er eine allgemeine natürliche Gotteserkenntnis nicht mehr teilen kann. Damit wird auch die Geschichte vor Jesus Christus nicht zu einer vorbereitenden Offenbarungsgeschichte, die jedem einsichtig werden könnte. Lineare heilsgeschichtliche Entwürfe, die Christus zur Mitte eines objektivierten Geschichtsablaufs bestimmen, können nicht das Ergebnis *Barth*scher Theologie sein. Sonst würde die Unverfügbarkeit Gottes und seiner Selbstmitteilung widerrufen (vgl. S. 75 f.). Denn das geschichtliche

Ereignis des einen Jesus Christus macht den dauernden Bundeswillen Gottes (»Treue Gottes«) endgültig offenbar. Damit werden *alle Geschichtskonstruktionen fragwürdig*, die nicht auf das *Subjekt*, das sie entwirft, kritisch zurückbezogen sind. Und gerade das wird von *Barth* seiner *Endlichkeit* überführt. Gottes Geschichte mit den Menschen muß daher Kritik aller menschlichen Geschichtsentwürfe – führen sie nun optimistisch einem guten oder pessimistisch einem bösen Ziel entgegen – sein.

Tillich rechnet mit Offenbarungen, die auf die zentrale Offenbarung des Neuen Seins (Jesus Christus) hinzielen, ohne daß sie selbst es wissen. Ja, er rechnet offenkundig mit weiteren Offenbarungen, die dort stattfinden, wo sich das Neue Sein noch nicht in der Gestalt Christi bezeugt hat. Die Geschichte vorläufiger und definitiver Offenbarungen in den Religionen unserer Welt ist also nicht »synchronisiert«.

Dem geschichtlichen Ansatz scheint sich der statische Charakter der *Tillich*schen ontologischen Kategorien zu sperren. Denn der *Grund des Seins*, auf den alles endliche Sein verweist, weil es die Tiefe seiner Bedeutung erst sucht, ist *der Geschichte entzogen. Barths* Gottesverständnis schließt in Gott selbst Geschichte ein: als trinitarischer Gott – in sich und aus sich herausgehend – ist er Geschehen, das allem Geschehen, wie wir es verstehen, vorangeht.

Bultmann verhält sich zwar als Historiker radikal und relativiert die von ihm untersuchten biblischen Dokumente auf ihre Entstehungssituationen hin. Als Theologe jedoch arbeitet er der Geschichte – angeblich – entzogene Strukturen menschlicher Existenz heraus, sog. *Existentialien*, die menschlicher konkreter Selbsterfahrung zu aller Zeit zugrunde liegen sollen, häufig sogar in Mythen eingekleidet. Insofern bezieht er Geschichte auf eine *transzendentale* (d. h. sie erst ermöglichende) *Struktur* zurück, die Geschichtlichkeit des Daseins selber, das sich im Jetzt für die Zukunft entscheidet (vgl. S. 75: *Bultmanns* Nähe zu *Heidegger*). Wohl nicht zu Unrecht hat man dahinter eine neue Fassung natürlicher Theologie vermutet.

Literaturhinweis

Vgl. dazu vor allem: *K. Løgstrup:* (Sammelbericht:) Systematische Theologie I, in: ThR NF 23 (1955), S. 259–293.

(4) Das vierte Kriterium forderte auf, über das *Verhältnis von Gottesaussagen und Gesellschaftsverständnis* nachzudenken. *Barth* und *Tillich* bejahen zumindest in ihren Anfängen den *Sozialismus. Barths* Einstellung in den 20er Jahren ließe sich so zuspitzen: Gott, der ganz andere, ändert alles. Als »Krisis« bezeugt er sich indirekt, indem er das Bestehende umwälzt. Alle Unruhe der Geschichte und in den Gesellschaften deutet auf die unfaßbare Synthese voraus, die er selbst darstellt. In diesem Sinn bringt der Sozialismus nicht das Heil – er erreicht die Synthese nicht; trotzdem ist er ein notwendiger Versuch, der Krise der Zeit (als Krisis Gottes) zu begegnen.

Literaturhinweis

Vgl. dazu den berühmt gewordenen Tambacher Vortrag vor deutschen religiösen Sozialisten (1919): Der Christ in der Gesellschaft, jetzt in: Anfänge der dialektischen Theologie, Bd. I, hg. v. *J. Moltmann*, München 1962, S. 3 bis 37.

Den Vorrang der Bewegung in seinem theologischen Denken hat *Barth* spätestens im Band IV,3 seiner Dogmatik korrigiert, als er *Konstanten* der Schöpfung fand (S. 155 f.). Weil sie jedoch alle auf die Grundfigur des *Füreinander* zurückgehen, lassen sich daraus anonyme Gesellschaftsstrukturen nicht als Kundgaben des Schöpfers herleiten.
Auch für *Tillich* kann nicht mehr behauptet werden, daß ihm – wie in der alten Gotteslehre – mit einem noch unentfalteten Gottesglauben der Zusammenhalt der Gesellschaft und ihrer Verhaltensstandards verbürgt würde. Wenn er zwar von einer inneren Bewegtheit Gottes nichts zu sagen weiß, so ist doch die Entfremdung von Gott Movens der Geschichte. Sie läßt einzelne und Gesellschaften nach immer neuen Lösungen suchen.

Literaturhinweis

Tillichs Konsequenzen – seine Zuwendung zum und sein Abrücken vom religiösen Sozialismus – zeigen z. B. die gesammelten Aufsätze in: »Für und wider den Sozialismus« (GTB · Siebenstern 132, München und Hamburg 1969). Weitere Arbeiten zu diesem Problemkreis bietet vor allem der Band II seiner gesammelten Werke (Stuttgart 1962).

Für *Bultmann* gewinnt der Glaube an Gott erst in der Erfahrung *je eigener Existenz* Bedeutung. Deswegen sind Individualität und auch Freiheit Voraussetzungen. Die eigentliche Freiheit des Glaubens reflektiert sich im abendländischen, humanistisch geprägten Freiheitsgedanken. *Bultmann* gibt die sonst seltene Gelegenheit, die elementaren politischen Folgerungen eines Theologen ohne die Verbrämung von Fachwörtern kennenzulernen:

Literaturhinweis

R. Bultmann: Die Bedeutung des Gedankens der Freiheit für die abendländische Kultur, in: Glauben und Verstehen, Bd. 2, Tübingen 1952, S. 274–293.

Nach diesem Überblick läßt sich – mit gebotener Vorsicht – bereits feststellen, daß die vier aus dem Zerbrechen des altprotestantischen Systems der Gotteslehre gewonnenen *Kriterien* auch in neueren Entwürfen *nicht vollständig beachtet* worden sind. Es lohnt sich deswegen, noch weiter zu denken. Anhand der vier Kriterien lassen sich aber auch neu aufbrechende Fragen lokalisieren. Es zeigt sich nämlich, daß sich schnell *extreme Ansätze zu Gotteslehren* herausbilden, wenn eines der Kriterien einseitig herausgehoben wird. Deswegen gehen wir die vier Kriterien noch einmal durch:

(1) Anhand des *ersten Kriteriums* läßt sich zeigen, daß die Frage nach den Religionen, ihrer Stellung zum Christentum und ihrer Beziehung zur »Wahrheit« wieder diskussionswürdig wird.

Wenn das in einem universalgeschichtlichen Rahmen wie dem *Pannenbergs* geschieht, geht Gott – zumindest annäherungsweise – in die Vollendung der Geschichte ein. Trotzdem werden sich Fremdreligionen schlecht behandelt fühlen, weil ihnen auf der Leiter zu höheren und universaleren Sinnkonstruktionen doch nur untere Sprossen eingeräumt werden (vgl. dazu S. 25 f.). Dieser

Literaturhinweis

Ansatz läßt sich etwa in *Pannenbergs* »Wissenschaftstheorie und Theologie« (Frankfurt a. M. 1973) auf den S. 361–374 wiederfinden.

In ähnlicher Weise universalgeschichtlich denken katholische Ansätze, z. B. *K. Rahner:* Schriften zur Theologie, Bd. 8, Einsiedeln, Zürich und Köln 1967, S. 355–373. Ferner: *H. R. Schlette:* Die Religionen als Thema der Theologie, Freiburg i. B., Basel und Wien 1963.

(2) Anhand des *zweiten Kriteriums* wäre nach dem gegenwärtigen Streit um die Bibel und vor allem nach den Gotteslehren, die diesen Streit begleiten, zu fragen. Vielfach wird das Ende der historisch-kritischen Forschung festgestellt. Zugleich scheint damit ein autoritärer Gottesbegriff wieder eingeführt zu werden – eine Reaktion auf die radikale Existentialisierung biblischer Gottesaussagen bis hin zu der Annahme, daß die Konstante des Neuen Testaments die Anthropologie sei.

Literaturhinweis

Die radikale These läßt sich besonders bei *H. Braun* belegen: Gottes Existenz und meine Geschichtlichkeit im Neuen Testament. Eine Antwort an *Helmut Gollwitzer*, in: Zeit und Geschichte (Festschrift für R. Bultmann), Tübingen 1964, S. 399–421. Die Reaktion zeigt sich bei: *G. Maier:* Das Ende der historisch-kritischen Methode, Wuppertal 1974.

(3) Anhand des *dritten Kriteriums* läßt sich noch einmal die alte Frage *Lessings* verstärken, wie der »garstige Graben« des zeitlichen Abstands zwischen Urchristentum und uns zu überbrücken sei. Auch die *Gott-ist-tot-Theologie* stellt eine Reaktion auf den Abstand dar: wenn sie nicht doch noch in negativer Weise biblischem Gottesglauben verbunden wäre, würde das Gottesthema ihr doch völlig irrelevant bleiben. In dieser Richtung konnten Theologen sogar gelegentlich behaupten, Gott sei irgendwann im Laufe der Jahrhunderte gestorben, um dem Menschen der Neuzeit die Verantwortung für die Welt abzugeben.

Literaturhinweis

Einführend dazu der Sammelbericht von *S. Daecke:* Der Mythos vom Tode Gottes. Ein kritischer Überblick, Hamburg 1969 (Furche-Stundenbuch 87).

Die Lessing-Frage ist bis heute nicht aus sich heraus zersetzt worden; Theologie hat sie beantworten wollen, indem sie den von *Lessing* vorausgesetzten Vernunftbegriff kritisch hinterfragte bzw. mit der Theologie des Geistes antwortete (vgl. vor allem die Abschnitte 2.3.1 und 2.3.3).

(4) Anhand des *vierten Kriteriums* konnte es zu der Überlegung kommen, daß gesellschaftliche Verhältnisse sich ändern ließen, würde nur der autoritäre Gott abgeschafft. Das sind Gedanken der radikalen *Hegel*-Schule (der Linkshegelianer), die bis heute in die gesellschaftskritischen Aspekte der Gott-ist-tot-Theologie nachwirken.

Literaturhinweis

Als Beispiel aus der jüngeren Zeit: *D. Sölle:* Atheistisch an Gott glauben, Olten und Freiburg i. B. 1968.

4.4 Strukturen einiger Entwürfe der Gotteslehre im 20. Jahrhundert

4.4.1 Zu *Karl Barths* Gotteslehre

Man hat *K. Barth* nachgesagt, seine theologischen Erstlingswerke hätten Gott als den »ganz anderen« aus der Welt entfernt und ihn ausschließlich zur Krisis menschlichen Seins und Verhaltens gemacht. Aber damit wird nur die eine, vermutlich der Nachwelt eindrücklichere Seite seiner theologischen Anfänge wiedergegeben. Denn das *»Nein«* über aller menschlichen Kultur (auch als Protest gegen den sog. Kulturprotestantismus) wird stets vom *»Ja«* begleitet, das sich später in seiner Dogmatik gerade von der Inkarnation her gewaltig entfaltet. Nur wenn durch Gottes »Nein« die Selbstvergöttlichung des Menschen gebrochen wird, gilt das Ja zur Welt als verantwortliches Sein in Gottes Schöpfung.

Auch hier kann die Frage, ob *Barth* zur »Orthodoxie« zurückgekehrt sei, Hinweise auf wesentliche und typische Elemente seiner Gotteslehre freigeben.

(a) Allgemein zugängige und verbindliche Vernunfteinsichten stellen nicht das Fundament für die Gotteslehre bereit. Denn seine theologische Erkenntnislehre (die sog. Prolegomena) beruft sich auf *Gott selbst* als *Ausgangspunkt und Grenze jeder theologischen Bemühung*. Wenn er sich nicht als dreieiniger Gott in seinem Wort zuvor offenbarte, wäre jegliche menschliche Bemühung umsonst. Die programmatische Überschrift des § 27 seiner Kirchlichen Dogmatik (KD II,1, S. 200) »Gott wird nur durch Gott erkannt« weist auf den *Erkenntniszirkel* hin, der damit Voraussetzung jeglicher Theologie bleibt (→ Ü 6, Kolumnen 1.1 bis 1.3). Darin spiegelt sich *Barths* Wille zum *Konkreten*: am Anfang einer Dogmatik räsoniert der Theologe nicht abstrakt über sein Erkenntnisvermögen, sondern stellt sich unter Gott. »Der Mensch erkennt Gott, indem er vor Gott steht« (KD II,1, S. 8).

(b) Das kann nun nicht jener mehrfach erwähnte in sich unbewegte Gott der Metaphysik bzw. der Philosophen sein. Anhand des *Hollaz*schen Entwurfs (→ Ü 11 und 12) zeigte sich schon, daß der offenbarte *Gott* in sich Bewegung und *Geschehen* sein muß, hingegen die natürliche Gotteserkenntnis auf einen letzten ruhenden Punkt jenseits der Welt verweist. Deswegen setzt *Barth* – was nun kaum noch Erstaunen wekken kann – mit der *Trinitätslehre* in den Prolegomena ein. Gottes Selbstkundgabe ist »geschichtliches Ereignis« (KD I,1, S. 348). In seiner Offenbarung bleibt Gott souverän; aber er unterscheidet sich und teilt sich dem Menschen mit: »Gott *offenbart* sich im Sohn, Gott ist als Vater im Sohn offenbar durch den *Geist*« (Zusammenfassung nach: O. *Weber:* Karl Barths kirchliche Dogmatik. Ein einführender Bericht 5. Aufl. Neukirchen 1963, S. 23). Offenbarung ist »Dei loquentis persona« (KD I,1, S. 320). Damit wird auch der problematische »Person«-Begriff der alten Trinitätslehre (ὑπόστασις) (vgl. S. 103) auf den ganzen, in sich geschichtlichen Gott übertragen. Gott offenbart sich als der *Herr,* d. h., er wird nicht verfügbar in seinem Wort. Und das ist

Literaturhinweis

wieder die Wurzel der Trinitätslehre (KD I,1, S. 323 f.). Die Dreiheit in der Einheit hält fest, daß Gott *in sich* – als das reine Leben und Geschehen seiner selbst – zugleich *für uns* ist. Diese Spannung, »in sich selber« und doch zugleich »für uns« zu sein, wird in der Trinitätslehre ausgelegt.

(c) Der Knotenpunkt aller Gotteserkenntnis ist *Jesus Christus* (das fleischgewordene Wort) (KD I,2, S. 1–221). Diese Konzentration, von Kritikern mitunter als Christomonismus gescholten, ist die Reaktion auf die Brüchgkeit natürlicher und konstanter Gotteserkenntnis; sie hält gegen die Verflüchtigung des philosophischen Gottes in *Ideen* oder *allgemeine* Gedanken die *Konkretheit* Gottes – in der besonderen, unableitbar geschichtlichen Gestalt Jesu Christi – fest.

(d) *Barths* eigentliche Gotteslehre ist im Doppelband KD II,1 und 2 versammelt. So weltfremd sie oft in der Sekundärliteratur vorgestellt wird, so deutlich sprechen doch nun auch die politischen Perspektiven dieses Ansatzes: wenn das Evangelium domestiziert wird, verbürgerlicht es sich. Denn der Christ als Bourgeois (KD II,1, S. 157) verdoppelt sein besseres Selbst und macht es zu seinem Gott. So legt nicht menschliche Selbsteinsicht, sondern legt *Gott selbst* in seiner Offenbarung den *Grund zu seiner Erkenntnis.* Der erkannte Gott ist selbst der Ausgangspunkt seiner Erkenntnis durch den Menschen, weil er die Wahrheit *ist* (KD II,1, S. 70 ff.). Darum kann dieser Zirkel im Gegensatz zu menschlichen Zirkeln keine Täuschung sein, sondern ist der *»Zirkel der Wahrheit Gottes«* (KD II,1, S. 279). Wie sollte *Barth* auch anders denken können? Wäre Gotteserkenntnis nicht zirkelhaft, müßte sie einen anderen festen Grund suchen, auf dem sie aufbauen könnte. Daraus ergäbe sich das Problem, wie er zu Gott stünde. Wäre es das aus der Metaphysik des *Aristoteles* bekannte πρῶτον κινοῦν, der erste, unbewegte Beweger, so handelte es sich um einen Aspekt der natürlichen Gotteserkenntnis. Mit dem Zusammenbruch der Metaphysik wurde er fraglich, bis sich schließlich die Vernunft selbst zum tragenden Grund aller Erkenntnis erklärte und transzendentales Subjekt wurde (verbunden mit einem überindividuellen Ich, dem Subjekt des »Ich denke«).

(e) Hinzu kommt ein *Sprachproblem.* Sätze über Gott verwenden Wörter menschlicher Sprache, die Analogien zu menschlichem Sein, Tun, Leiden und Verhalten wachrufen (Gott »ist«, Gott »ist Vater«, Gott »ist zornig« usw.). Eine *»analogia entis«* lehnt *Barth* entschieden ab; er sieht in ihr das zentrale Merkmal der Trennung von der katholischen Theologie. Denn sie würde einen Grundentwurf des Seins voraussetzen, der Gott *und* Welt übergriffe und deswegen erlaubte, uns bekannte Phänomene in ungleich gewichtigerer Weise von Gott auszusagen. Wenn *Barth* trotzdem von Gott spricht und die Sprache zum Gefäß des Wortes Gottes werden kann, dann muß sie nicht durch einen ontologischen Entwurf in ihrer Struktur und Reichweite festgelegt sein. Reden von Gott muß neue Dimensionen des Sprechens aufschließen. Das hat sicher mit der Vielfalt des Sprechens, wie sie dieses Studienbuch berücksichtigt (vgl. S. 30), zu tun.

(f) Trotz eines ganz verschiedenen Ausgangspunkts hat *Barth Begriffe und Aussagen älterer Lehrsysteme* in seiner Gotteslehre verwendet. Jedoch tat er das durchweg kritisch. Z. B.:

- Gott ist – als »actus singularis« – eigentliche *Person* (KD II,1, S. 320), wir sind es nur in abgeleiteter Weise, weil wir von ihm geliebt werden und ihm ähnlich zu sein bestimmt sind (KD II,1, S. 319).
- Vor allem will *Barth* nicht die Lehre von den »Eigenschaften« Gottes hinnehmen, sondern er zieht den Begriff der *»Vollkommenheiten«* Gottes vor (KD II,1, S. 362 ff.). Sie sind Kundgaben seines Wesens, weil sie sein Leben gegenüber seinen Geschöpfen äußern und Gott selbst mit seinen Geschöpfen kommunizieren will (KD II,1, S. 310 ff.). Obwohl er bei sich selbst bleibt, gibt er sich selbst in seiner *Liebe* (KD II,1, S. 306 ff.) und seiner *Freiheit* (KD II,1, S. 334 ff.). Über die Vollkommenheiten Gottes geben Auskunft die S. 394 ff. des Bandes II,1 der KD.

(g) *Barths* besondere Deutung der *Erwählungslehre* gehört zu seiner Gotteslehre (KD II,2, S. 1–563). Vom erwählenden Gott kann man wieder nur in Jesus Christus wissen. Er ist erwählender *Gott* und erwählter *Mensch* zugleich (KD II,2, S. 111 bzw. 124). Darum ist der Glaube an Gottes Prädestination »Glaube an die Nichtverwerfung des Menschen« (KD II,2, S. 182).

(h) Schließlich fügt sich noch eine umfangreiche *Einweisung in die Ethik* als einer »Aufgabe der Gotteslehre« an (zum Problem der Ethik in der Dogmatik siehe auch die S. 37 ff., S. 48 f. des Studienbuchs). Gott nämlich gebietet – nicht als zornige Autorität, sondern als gnädiger Bundesgott (KD II,2, S. 564 ff.).

Zum Abschluß dieser überaus knappen Hinweise kann der Blick noch einmal zu den *vier Kriterien,* die aus dem Zerfall altprotestantischer Gotteslehre gewonnen wurden, zurückgehen (S. 170). *Barth* ist offenkundig keinem aus dem Weg gegangen. Nichts wäre oberflächlicher und verkehrter, als ihm in dieser Hinsicht Rückkehr zur Orthodoxie vorzuhalten, wenn auch seine Terminologie diesen Eindruck verstärken möchte.

Daneben enthält sie viele – auch theoretische – Anregungen, die sie nicht entfaltet, aber den kreativen Leser anregen: Mit ihrem provokanten Einsatz sagt sie mittelbar, daß menschliche Annahmen über eine zeitlose *Grundlage der Erkenntnis* sich täuschen und alle Annahmen dieser Art dem geschichtlichen Wandel unterliegen. Der Mensch überschätzte sich, wenn er meinte, in sich als einem Vernunftsubjekt alle Möglichkeiten der Erkenntnis strukturell und fertig vorzufinden.

Sie postuliert – mit ihrer Ablehnung einer »analogia entis« –, daß die *Möglichkeiten menschlicher Sprache* nicht mit einem ontologischen System kongruent, sondern in kommunikativem Gebrauch zur Entdekkung der Wirklichkeit einladen. Denn diese Sprache soll Gottes (nicht in Wörtern festgelegtes) Wort weitertragen, ohne damit übersteigerte, aus dem Menschsein extrapolierte Einsichten an den Himmel zu werfen (z. B. irdische Macht zur *All*-macht steigern).

Literaturhinweis

An dieser Stelle kann ein an neuerer Philosophie interessierter Theologe sich der Entwicklung des Denkens *Wittgensteins* annehmen, dessen *frühe Sprachphilosophie* von den Idealen mathematischer Logik her der Welt und der sinnvollen Aussage enge Grenzen zog (Tractatus philosophicus [1921], Frankfurt a. M. 1963), dessen *späteres Werk* den *»Sprachspielen«* die Möglichkeit zuschrieb, Wirklichkeit kommunikativ zu entdecken und zu stiften (Philosophische Untersuchungen [1945–49], Frankfurt a. M. 1971).

Barths Gotteslehre behauptet – nicht ohne Selbstüberzeugung –, daß menschliche Theorien, die von zeitlosen Axiomen her zu denken vorgeben, den konkreten Menschen verfehlen, während die Theologie mit ihrem *Zirkel* gerade den Menschen in seinem jeweiligen unverrechenbaren Sein behafte.

Es lohnt daher, *Barths* Theologie nicht reproduzierend, sondern *weiterdenkend* zu lesen. Sonst näherte man sich dem Syndrom des »Barthianismus«, bei dem nun wahrhaftig nicht immer der Schritt zur Orthodoxie zurück vermieden wurde. Wie in 1.4.2 angedeutet, bedarf *Barths* Theologie – und besonders auch die Gotteslehre – der *zeit-* und epochen*kritischen Entschlüsselung*. Allerdings muß man erkenntnistheoretische Extrapolationen sofort widerrufen (wie in Übersicht 6, Kolumne 1.2), weil nach *Barth Erkenntnis und Sache nicht voneinander isoliert* werden dürfen.

Legt man seine Theologie auch als Angriff auf die Selbstverständlichkeiten seiner Zeit aus, dann erklärt sich sein biblisches Fundament. Es ist – auch! – Angriff auf menschliche Konstruktionen der Humanität und der Wirklichkeit. Der Mensch soll in einer neuen Weise offen – Hörer! – werden. Allerdings wird jeder, der sich *Barths* Umgang mit biblischen Zeugnissen genauer ansieht, eine Neigung zur Harmonisierung biblischer Überlieferungen feststellen können. Vielleicht hat *Barth* auch in seinem eigenen Sinn des Guten zuviel getan.

Eine weitere kritische Anmerkung mag sich anschließen: Immer wieder fällt *Barth* – gegen seine Absicht – in das alte Schema zurück, menschliche Erfahrungen zu übersteigern und Gott anzutragen. Bezeichnend ist dabei die oben gestreifte Verlegenheit mit dem Personbegriff. Mit der These, daß Gott eigentliche Person, wir jedoch nur im abgeleiteten Sinne Person seien, gleitet er in das Schema, via eminentiae auf Gott zu schließen zumindest, im Sprachgebrauch zurück.

Literaturhinweis

Zur Einarbeitung in *Barths* Gotteslehre, zugleich in seinen Gesamtentwurf, sei u. a. empfohlen:

H. U. von Balthasar: Karl Barth. Darstellung und Deutung seiner Theologie, Köln 1951.

4.4.2 Zu *Tillichs* Entwurf einer Lehre von Gott

Tillichs Entwurf läßt sich mit der *Barthschen* Konzeption kaum parallelisieren. So wird gerade der *Kontrast* aufschlußreich.

(a) *Tillich* beginnt seine Gotteslehre eher im Sinne einer alten Dogmatik mit der Suche nach einer *allgemeinen Grundlage* für die Erkenntnis Gottes. Denn Nachdenken – folgert er im Sinne traditioneller *Ontologie* – setze schon immer Sein voraus. Dieses Sein umspanne mit seinen elementaren Strukturen beide, Menschen und Gott. *Gott ist »Sein-selbst«* und teilt dem menschlichen Sein Selbstheit mit. Menschliches Sein steht in der *Spannung von Essenz und Existenz*, wahrem Sein als Grundentwurf und entfremdetem Sein, das von Nichtsein bedroht ist; der Mensch kann seine Möglichkeiten verfehlen, er kann schuldig werden und muß schließlich sterben. Diese *Entfremdung* läßt Menschen in allen Religionen, aber auch in der Philosophie (und ohne Worte sogar in der bildenden Kunst) nach dem Sein-selbst, nach dem Grund des Seins fragen. Auch die Gottesbeweise abendländischer Metaphysik wollten das auf ihre Weise tun.

Literaturhinweis

Zu den Strukturen des Seins, die der eigentlichen Gotteslehre voraufgehen, vgl.: *P. Tillich:* Systematische Theologie, Bd. 1, Stuttgart 1955, S. 201–222!

(b) Trotz seiner Verbindung mit dem Denken der Metaphysik geht es nicht an, *Tillich* in die Nähe der alten Arbeitsteilung zwischen Philosophie (natürlicher Theologie) und Theologie zu rücken. Denn seine Einleitung in die Systematische Theologie entfaltet die schon mehrfach erwähnte *Korrelationstheorie*: nach ihr sind in der menschlichen Existenz selbst Fragen angelegt, auf die trotz vieler Versuche keine bis in das Leben jedes einzelnen überzeugende Antwort gegeben werden kann. Denn letzten Endes hat nicht der Mensch Fragen, sondern *ist* er selbst *Frage*; und die Antwort kann nicht außerhalb dieser existentiellen Zuspitzung ergehen (seiner Christologie vorgreifend: sie muß selber Mensch sein, der auch der Entfremdung ausgesetzt ist).
Ausdruck menschlichen Fragens nach dem Sein selbst sind die religiösen Vorstellungen von Gott, vom Heiligen, vom einzigen Wahren (Monotheismus) usw. Sie gelten *Tillich* als *Symbole*, aus deren eignem Potential freilich keine Antwort hervorgehen kann. Wahrheit zeigt sich an ihnen nur, weil sie an der alles gründenden Wahrheit des Sein-selbst teilhaben.
Wenn viele Theologen von *Tillich* vermuten, daß er der neuzeitlichen Vernunft weiter entgegenkam als *Barth*, so müssen sie an dieser Stelle zur Kenntnis nehmen, daß auch *Tillichs Gotteserkenntnis zirkulär* ist; wer fragt, weiß immer schon, daß er eine Antwort sucht; zumindest negativ ist die Frage der Antwort korrelliert. Wie bei *Barth* findet sich in *Tillichs* systematischer Theologie *kein absoluter Einsatz der Erkenntnis*.

Zur Korrelationsmethode vgl. die S. 120 und 171 des Studienbuchs.

(c) Inmitten der religionsphänomenologisch gewonnenen Symbole des »Seins selbst« stehen auch die *trinitarischen Prinzipien* (vgl. Systematische Theologie, Bd. 1, S. 293–296). Sie erläutern Gott als lebendigen Prozeß. Eine christologische Konzentration der Gotteserkenntnis wie bei *Barth* ergibt sich zunächst nicht (vgl. auch die Übersichten 6 und 7 miteinander, dabei besonders die Kolumnen 1). Denn für *Tillich* bleibt die Inkarnation ein Symbol; er kann Gottes Konkretheit, die gleichwohl sein Anliegen ist, nicht unbedingt an die Fleischwerdung binden.

Zur Nachprüfung dieses Problems empfiehlt sich die Aussage, daß das Neue Sein (die Bezeichnung für Christus) die materiale Norm systematischer Theologie sei (Systematische Theologie, Bd. 1, S. 62). Offenkundig wird aber zunächst abstrakt die Selbstmanifestation des Seinsgrunds (Systematische Theologie, Bd. 1, S. 61) erdacht, dann wird diese Selbstmanifestation an Jesu Christi geschichtlicher Existenz konkretisiert.

Zur Beurteilung dieses Ansatzes einer Lehre von Gott im 20. Jahrhundert seien einige Sätze nachgeschickt. Wer sich *Tillichs* theologischen Entwurf aneignet, wird nicht an der Frage vorbeigehen können, ob die *Korrelationsmethode* vielleicht untergründig gegen die erklärten Absichten ihres Urhebers arbeite. Eigentlich soll die Fraglichkeit der Ausgangsfrage erst ganz aus der Antwort erkennbar werden. Offenkundig determiniert aber die Frage (gerade auch die existentielle Analyse des Menschen als Frage) die Antwort mehr, als es vorgesehen war.

Dieser Verdacht wird bestärkt, weil *Tillich* nicht von der Antwort des Neuen Seins zu den Fragen ontologischer Grundlegung zurücklenkt und damit nicht seine Gotteslehre noch einmal von der Christologie her überprüft. Die trinitarische Selbstbewegung Gottes und seine Offenbarungsgeschichte gehen in religiösen Symbolen auf, die sich auf unbestimmte Weise auf das Sein selbst beziehen.

Im Vergleich mit altprotestantischer Gotteslehre zeigt *Tillichs* Entwurf wichtige *neue Komponenten.* Denn mit Hilfe einer auf das menschliche Existieren offenen Ontologie scheint er den Fragen zumindest des intellektuellen neuzeitlichen Menschen weit entgegenzukommen. Andrerseits fragt es sich, um welchen Preis *Tillich* so aufgeschlossen ist. Er kann nicht gering sein; denn die Konkretion der Entfremdung, wie sie seine sozialistischen Frühschriften aufwiesen, ist gewichen; die Krise der neuzeitlichen Metaphysik ist in seiner Ontologie beinahe vergessen; und es mag vor allem nichtchristlichen Lesern schwer verständlich sein, daß Jesus der Christus als das »Neue Sein« mehr als eines der vielen anderen Symbole, die auf das Sein selbst verweisen, sein soll.

4.4.3 *Bultmanns* Beitrag zur Gotteslehre im 20. Jahrhundert

Bultmanns Beitrag zum Reden von Gott ist nicht zu einer systematischen Lehre entfaltet worden. Darum kommen viele Gesichtspunkte, die bei *Barth* und *Tillich* zu finden sind, teils aus sachlichen Gründen, teils wegen des fragmentarischen und gerade darum anregenden Charakters seiner Aussagen nicht zur Sprache. Die ersten Aufsätze seines Sammelbandes »Glauben und Verstehen« (1933 zuerst erschienen und *M. Heidegger* gewidmet) sprechen Erfahrungen aus, die nach dem Ersten Weltkrieg zu einer Wende in der Theologie führten. Sie sind unerläßlich für ein verständiges Theologiestudium. Wenige Hinweise sollen hier zur Einführung dienen:

(a) Die neuprotestantische Theologie (→ Ü 16) hatte noch einmal jene allgemeine Gotteserkenntnis, wie sie in den altprotestantischen Systemen entgegentrat, umformuliert und den philosophischen Strömungen des 19. Jahrhunderts angepaßt. Ihre Religionstheorien ließen Gotteserkenntnis aus der *Sittlichkeit* (der Gott der praktischen Vernunft, vgl. S. 169), aus dem *inneren Erleben* (das mit dem Erleben der Person Jesu als des Grundes des Glaubens verbunden sein konnte – so *W. Herrmann*) und schließlich im *Irrationalen* suchen (etwa *R. Otto* in einer religionspsychologischen Weiterbildung *Schleiermacher*scher Gedanken). Gott sei jedoch keine solche Gegebenheit, wandte *Bultmann* in den zwanziger Jahren ein. Denn er wird nur in seiner Offenbarung, einem kontingenten Geschehen, erkannt, das als Gericht zuerst den Menschen in Frage stellt und ihn zur *Entscheidung* führt. Kontingenz bedeutet, daß dieses Offenbarungsgeschehen nicht auf allgemeine und notwendige Gesichtspunkte zurückgeführt werden kann. Es läßt sich aus weltlichen Zusammenhängen schlechterdings nicht ableiten.

(b) *Reden von Gott* ist nach *Bultmann* wesentlich *Reden vom Menschen.* Und zwar nicht vom Menschen schlechthin, vom Menschen, der ein Bild von sich entwirft, der sich objektiv setzt, sondern jenem *konkret* existierenden Menschen, der *Ich* zu sich sagt und gerade so sich *nicht* selbst gegeben, d. h. unverfügbar ist. Wenn wir Gott hören, werden wir jener Sünde überführt, die uns vorlügt, wir könnten uns selbst *haben.* Nur in freier Entscheidung kommen wir aus diesem falschen Selbstverhältnis los und werden *»eigentlich«.*

Literaturhinweis

Diese Ansätze sind vor allem in dem berühmten Aufsatz »Welchen Sinn hat es, von Gott zu reden?« (in: Glauben und Verstehen, Bd. 1, S. 26–37) zu vergleichen.

(c) Deswegen ist auch die Möglichkeit, wenigstens im Negativen Gott zu erkennen (negative Theologie, die aus der Entfremdung und Endlichkeit nach dem »ganz anderen« fragt), verschlossen. Später differenziert *Bultmann* und nimmt sich aus *Heideggers* »Sein und Zeit« (1927) begrenzte Anregungen. Gewisse *Strukturen* bleiben demnach für die vorgläubige und die gläubige Existenz gleich.

»Wir meinen das Dasein des Menschen richtiger zu verstehen, wenn wir es als *geschichtlich* bezeichnen. Und wir verstehen unter der *Geschichtlichkeit* des menschlichen Daseins dieses, daß sein Sein ein *Sein-Können* ist. D. h. daß das Sein des Menschen seiner Verfügung entnommen ist, jeweils in den konkreten Situationen des Lebens auf dem Spiele steht, durch Entscheidungen geht, in denen der Mensch nicht je *etwas für sich* wählt, sondern *sich selbst als seine Möglichkeit* wählt« (Glauben und Verstehen. Bd. I, S. 118 – Hervorhebungen *Bultmanns*).

Der Glaube realisiert in den Strukturen dieser Geschichtlichkeit in je konkreten Daseinsakten, die *»existentiell«* (nicht »existential«) genannt werden. Er bleibt »freie Tat«.

Von Gott *in sich* kann keine Rede sein, weil Gott nur im Hinblick auf den Glauben erkannt wird. Die theologische Sprache erlaubt nur, von Gott »in Beziehung« auf das jeweilige, nicht verfügbare Geschehen des Glaubens (Liebens, Entscheidens) am Menschen zu reden. Kritisch könnte eingewandt werden, daß *Bultmann* philosophische Daseinsanalyse theologisch verwerte. Dem wäre entgegenzuhalten, daß *Bultmann* im letzten *Heideggers* Absichten subjektivistisch interpretiert hat und sich zu philosophischen Anleihen berechtigt fühlte, weil *Heideggers* Philosophie auf *Kierkegaard*, *Luther* und *Augustin* zurückgriff. Immer hielt *Bultmann* fest, daß er die Rechtfertigungslehre für das 20. Jahrhundert auslege.

Zur *Beurteilung* sollen wenige Anregungen formuliert werden: wesentliche Gesichtspunkte *Bultmanns* stehen schon fest, bevor sich seine Theologie unter *Heideggers* Einfluß strukturiert. Trotzdem bleibt die Frage nach dem merkwürdigen Bund mit der Daseinsanalyse *Heideggers* dringlich. Denn im Jenseits des Daseins, in der Welt, verflüchtigt sich Gott; wirklich wird er nur in Entscheidungen erfahren. Die *Welt* selbst wird *dem verobjektivierenden Denken preisgegeben* – als ob der Ansturm der sog. exakten Wissenschaften des 19. Jahrhunderts zu stark gewesen wäre! Nicht objektivierbar sind die konkreten (»existentiellen«) Daseinsvollzüge; denn – wie *Bultmann* öfter betont – von Liebe versteht man nur etwas, wenn man Liebe erfährt und liebt, nicht, wenn man *über* sie redet oder sie gar zu definieren versucht.

Auch der *Mythos* gerät in den Verdacht, Wirklichkeit des Menschen in ähnlicher Distanz wie das objektivierende Denken zu beschreiben. Ausgerechnet der Mythos gestaltet nach *Bultmann* die anschauliche Seite biblischer Botschaft und des Redens von Gott. Er muß auf das zugrundeliegende Existenz-Verständnis zurückgeführt werden. Das Studienbuch hat von Anfang an gefragt, ob denn Selbstverständnis ohne »Situationsdefinition« und Weltbezug möglich sei. *Bultmann* würde die beiden zuletzt erwähnten Gesichtspunkte unter dem Bann der Gegenständlichkeit sehen und sich auf das Selbstverständnis – wenigstens für die entscheidenden theologischen Aussagen – zurückziehen.

Hinweis: Gerade im Zusammenhang des exemplarisch vorstrukturierten Themas »Kreuz und Auferstehung« (3.6) wurde die Frage nach einem unreduzierten, erfüllten Verständnis von Wirklichkeit laut. Hier stellt es sich noch einmal dringlich.

Literaturhinweis

Als leicht lesbare Einführung: *R. Bultmann:* Jesus Christus und die Mythologie. Das Neue Testament im Licht der Bibelkritik (GTB Siebenstern 47).

Bultmann ist gefragt worden, ob nicht »Gott« in seiner Theologie ein stehengebliebener Rest des alten Mythos sei. Er hat sich dagegen gewehrt und den Leitsatz seines berühmten Aufsatzes »Welchen Sinn hat es, von Gott zu reden?« – »will man von Gott reden, so muß man *offenbar von sich selbst reden*« (Glauben und Verstehen, Bd. 1, S. 28) – nie so verstehen wollen, als seien Gott und Mensch auswechselbare Positionen. Denn Gott bleibe als das »ganz Andere« die »Aufhebung des Menschen«. So kann *Bultmann* ähnlich wie *Barth* (»Gott wird nur durch Gott erkannt«) formulieren: »Von Gott reden als *aus* Gott reden kann offenbar nur von Gott selbst gegeben werden« (ebd. S. 28).

Auch *Tillich* wäre dieser Satz nicht fremd, denn seine Systematische Theologie kann im Abschnitt über das »logische und das ontologische Subjekt« sagen: »Wenn es eine Erkenntnis Gottes gibt, so ist es Gott, der sich durch den

Menschen erkennt. Gott bleibt das Subjekt, selbst wenn er zum logischen Objekt wird ...« (Bd. 1, S. 206).

4.4.4 Weitere neuere Ansätze zur Frage nach und zur Lehre von Gott

Nimmt man die eindeutige *Vorordnung Gottes* bei so divergierenden Theologen wie *Barth, Bultmann* und *Tillich* zur Kenntnis, dann kann der Schwerpunkt des Streites kaum in einer mehr oder minder energischen Anthropologisierung der Gotteserkenntnis liegen. Eine kritische Auseinandersetzung müßte sich vor allem der Frage zuwenden, wie Gott sich dem Menschen zu erkennen gibt und in dieser Erkenntnis *Subjekt* bleibt: aufgrund einer umfassenden ontologischen, auch Gottes Sein umspannenden Konstruktion (so *Tillich*), aufgrund spezifischer, in die Geschichtlichkeit des Menschen eingezeichneter existentieller Akte (so *Bultmann*) oder aufgrund göttlicher Selbstkundgabe im Heiligen Geist (so *Barth* – obwohl der Geist in seinem dogmatischen Entwurf nicht mehr wie andere Themen kirchlicher Lehre behandelt worden ist).

Darum gehört es vermutlich zu den unvermeidlichen (und manchmal kurzschlüssigen) Oberflächlichkeiten der Erben einer großen Epoche theologischen Denkens, daß sie die Gottesfrage häufig auf die Frage nach dem Menschen reduzieren wollten. Folgende Ansätze und Richtungen der Diskussion lassen sich andeuten:

(a) Die *Reduktion* des *Bultmann*schen Ansatzes auf *»Mitmenschlichkeit«*, in der etwas wie *»Gott«* geschieht:

Literaturhinweis

H. Braun: Gottes Existenz und meine Geschichtlichkeit im Neuen Testament, in: Zeit und Geschichte (Festschrift für R. Bultmann), Tübingen 1964, S. 399 bis 421.

Dieser Aufsatz stellt eine Antwort auf *Gollwitzers* Angriff gegen ihn dar: *H. Gollwitzer:* Die Existenz Gottes im Bekenntnis des Glaubens, 3. Aufl. München 1964 (Beiträge zur Evangelischen Theologie, 34).

Dieser Reduktion folgt auf ihre Weise *D. Sölle*, eine Schülerin *F. Gogartens*, mit »Stellvertretung. Ein Kapitel Theologie nach dem Tode Gottes« (Stuttgart und Berlin 1965). Vgl. dazu die Übersicht 9 und die Zuordnung dieses Ansatzes auf den S. 125 f.

(b) Gegenüber diesen Reduktionen hat *G. Ebeling* das Problem der nicht verfügbaren Vermittlung zwischen Gott und menschlicher Erkenntnis, das sich in den Zitaten *Barths, Bultmanns* und *Tillichs* auf S. 183 f. zur Geltung bringt, aufgegriffen und zur *Frage der Sprache* erklärt. »Gewöhnlich unterstellt man *Bultmann* das Schema: Wir können nicht über Gott, wohl aber über unsere Existenz reden ...« Gegen diese Verkürzung hält *Ebeling Bultmanns* Ansatz in seinem ganzen Umfang fest: »Es ist unsere Not, daß wir nicht von Gott reden können. Und es ist gleichfalls unsere Not, daß wir nicht von unserer Existenz reden können.«

Literaturhinweis

Vgl. dazu seinen Aufsatz: Zum Verständnis von *R. Bultmanns* Aufsatz »Welchen Sinn hat es, von Gott zu reden?«, in: Wort und Glaube, Bd. 2, S. 343–371 (vor allem S. 365). *Ebeling* versucht dann zu zeigen, daß *Bultmann* schließlich in der Zirkelstruktur der Gottes- und Selbsterkenntnis Gott und Existenz wie etwas Vorhandenes bezeichne und den dialogischen Charakter der unaufbrechbaren Zuordnung vernachlässige (ebd. S. 366 ff.).

Ebeling muß deswegen die unter (a) angedeuteten Denkrichtungen mit einer eigenen Deutung der Existenz abwehren. Sie ist nicht allein und hat nicht den Gott der »Metaphysik« in die Mitmenschlichkeit umgesetzt, sondern findet sich *»zwischen Gott und Gott«*. Allerdings ist auch hier nicht mehr der Gott der Metaphysik gemeint. Die Existenz des Menschen steht immer schon in Frage, weil jeder Akt des Existierens das *Gewissen* einschließt und – oft ohne es zu wissen – auf der Suche nach Gottes befreiendem Wort ist. So kommt die Gewissensstimme von Gott her und zielt die Suche nach einer Antwort auf Gott hin.

Literaturhinweis

Das findet sich u. a. in *Ebelings* Aufsatz: »Existenz zwischen Gott und Gott. Ein Beitrag zur Frage nach der Existenz Gottes«, in: Wort und Glaube, Bd. 2, S. 257–286.

Ebeling bindet Gotteslehre an die *Sprache*. Damit meint er nicht ein akustisches oder ein Zeichensystem, das Informationen weiterträgt, sondern das *Geschehen* von Worten, die existentielle Situationen aufschließen und den Menschen zum Menschen machen, ihn aus der Welt des Vorhandenen heraussetzen. Das nennt *Ebeling* ein »Definitionsgeschehen« am Menschen selbst durch den Zuspruch Gottes. Es steht gegen alle jene atheistischen Definitionen, denen zufolge der Mensch sich selbst zu bestimmen habe oder bestimmen wolle, was er sei.

Literaturhinweis

Vgl. dazu: »Wort und Glaube«, Bd. 2, vor allem S. 392 ff. Einen anderen Umgang mit religiöser und theologischer Sprache hat die angelsächsische Sprachphilosophie entwickelt. Vgl. dazu: *W. D. Just:* Religiöse Sprache und analytische Philosophie. Sinn und Unsinn religiöser Aussagen, Stuttgart, Berlin, Köln und Mainz 1975.

(c) Ein Gegenschlag zur existentialen Reduktion der Erkenntnis Gottes lag in der *universalgeschichtlichen Perspektive*. Während die unter (a) und (b) benannten Denkweisen Geschichte auf die Geschichtlichkeit des je existierenden Menschen zurückführen (vgl. *Bultmanns* Bestimmung hier auf S. 182), will *Pannenberg* Erfahrung mit einer das Weltgeschehen umfassenden Geschichte konstitutiv in die Bestimmung des Menschen und die Lehre von Gott einbeziehen.
Vor den Fragen des Menschen ist »Gott« gewissermaßen schon als Antwort präsent. Denn sonst würden alle Sinnfragen nicht auf Antworten (bzw. antwortende Sinnentwürfe) zielen können. Fragen und Antwortversuche suchen nach *Ganzheit*, und zwar nicht nur des individuellen Lebens, sondern auch der dieses Leben tragenden Geschichte. »Als die Macht der letzten Zukunft hat Gott jedem einzelnen Ereignis seine konkrete historische Zukunft zuteil werden lassen. So hat Gott sich selbst durch die fortschreitende Freisetzung endlicher Zukunft in die Reinheit seiner eigenen eschatologischen Zukünftigkeit vermittelt« (Theologie und Reich Gottes, Gütersloh 1971, S. 20).
(d) In ähnlicher Weise rückt auch *E. Jüngel* den Akzent wieder mehr

auf Gott hin. Seine Interpretation der Gotteslehre bei *K. Barth* beginnt mit Gottes Sein. Gerade weil es *an und für sich* ist, kann es auch *für uns* sein – als gewährendes Ereignis, das Offenbarung und Gotteserkenntnis ermöglicht. Als Sein geht es der Frage nach dem Sein voraus, es bahnt dem Fragen den Weg.

Literaturhinweis

Vgl. dazu: *E. Jüngel:* Gottes Sein ist im Werden, 2. Aufl. Tübingen 1967, vor allem die S. 9 und 104.

Deswegen kann *Jüngel* das bei *Ebeling* und *Pannenberg* vorausgesetzte Frage-Antwort-Verhältnis (= Mensch-Gott-Verhältnis) umkehren und sagen, ihm sei »... von einer den eschatologischen neuen Menschen auslegenden theologischen Anthropologie die These entgegenzusetzen, daß der *Mensch* eine *Antwort* ist, zu der wir die Frage noch nicht hinreichend kennen«. Denn der Mensch sei durch die Menschwerdung Gottes *definiert,* dem *einen* Ereignis, aus dem beide, Gott und Mensch, erst erkannt werden.

Literaturhinweis

Vgl. dazu: *E. Jüngel:* Der Gott entsprechende Mensch: Bemerkungen zur Gottesebenbildlichkeit des Menschen als Grundfigur theologischer Anthropologie, in: Philosophische Anthropologie, Teil I, Stuttgart 1974, S. 342 bis 372, vor allem die S. 349 f.

(e) In besonderer Weise hat sich unlängst *J. Moltmann* vor allem des dritten auf S. 170 genannten Kriteriums angenommen. Die Bewegungslosigkeit des philosophisch-metaphysischen Gottes drohte, war er erst in die Theologie eingeführt, die Menschwerdung und Gottes Verhältnis zur Geschichte nebensächlich zu machen. Gerade das *Kreuz Jesu Christi* läßt Gott an den Leiden der Geschichte teilhaben. Dieses Leiden trägt *Moltmann* in die innertrinitarische Geschichte Gottes zurück: Gott ist *nicht a-pathisch,* nicht leidenslos.

Um nicht unmittelbar dem Theopaschitismus (bekannt durch den Streit im 6. Jahrhundert) zu verfallen, hat *Moltmann* sich auf die Position eines Patri*com*passianismus beschränkt. Zu diesen Streitigkeiten sind die unter 1.8.6 genannten Dogmengeschichten zu vergleichen.

So neu – wie das Buch es mittelbar beanspruchte – ist der Gedanke des Leidens Gottes allerdings nicht, gerade auch im Gegenüber zu *Barths* Ansatz. Denn *Barth* kennt durchaus ein Oben und ein Unten und damit zumindest einen Gehorsam in Gott.

Literaturhinweis

Deswegen ist ihm in *G. C. Berkouwers* Buch: »Der Triumph der Gnade in der Theologie Karl Barths« (Neukirchen 1957) der Vorwurf eines neuen Theopaschitismus gemacht worden (vgl. vor allem die S. 279 ff.). Vgl. auch *Barths* Auseinandersetzung mit dem ganzen Buch in KD IV,3, S. 198 ff.

Moltmann wäre nun zu fragen, ob die innere Bewegtheit Gottes, ob Gottes Freiheit, die sich äußert, wenn er sich in Jesus Christus die Strafe zudenkt (die an Jesus Christus vollzogene doppelte Prädestination → Ü 6, Kolumne 2.3) auch eine theologische Umkehrung erlaubt (vom Kreuz zurück in die Trinität zu denken). Hat nicht *Barth* mit guten Gründen die Kontingenz, d. h. die Unableitbarkeit des Kreuzes Jesu Christi betont?

Literaturhinweis

Vgl.: *J. Moltmann:* Der gekreuzigte Gott, München 1972.

4.4.5 Abschließende Gesichtspunkte zum Thema der Gotteslehre

Die letzten Absätze haben viele neuere Anstöße zur Gottesfrage vorgestellt. Sie weisen auf Verlegenheiten hin, in denen sich Dogmatiker – und nicht nur sie! – nach dem Zerfall der großen, mit der Metaphysik verbündeten Lehrsysteme befinden. Ein Grund zur Klage oder Resignation ist das nicht, vielmehr ein Anreiz zu eigener produktiver *Weiterarbeit.* Sie könnte sich u. a. an folgenden *Themen* orientieren:

(a) Kann nach dem Verblassen des Gottesglaubens im alltäglichen Leben und nach den oft spektakulären Proklamationen des Todes Gottes durch gewisse Theologen noch glaubwürdig *Theo*-logie getrieben werden? Die einen werden sich gerade so befreit fühlen, von Grund auf neu (und bibelbezogen) auf die Gottesfrage zuzugehen. Immerhin muß auch sie die Sorge plagen, ob etwas, das in der Gesellschaft wenig Resonanz findet, nicht zu esoterischem Gedankenspiel wird. Andere könnten sich bedrückt fühlen und apologetisch reagieren, d. h. um jeden Preis auch alt gewordene dogmatische Formeln bewahren – und das wieder um den Preis einer gewissen Esoterik.
Nun liegen in den Proklamationen des *»Todes Gottes«* (die so schnell verstummt sind) ganze Bündel von *Fragen.* Z. B.:

- Wenn der metaphysische Gott, der Garant der Einheit des Seins und der Begriffe des Seins, stirbt, muß eine neue Weise zu denken und sprechen gefunden werden, um den biblischen Gott, der keinesfalls von Anfang an und für immer mit der Metaphysik verbündet war, zur Sprache zu bringen. Welche *Sprache* legt sich dann nahe?
- Wie leidet Gott an unseren Umständen, wenn sich der theistische, die Welt weise ordnende Gott zurückgezogen hat, um die Menschen in Verzweiflung oder Zynismus zu lassen (Scheitern der *Theodizee*)?
- Wer bewahrt den Menschen vor der Gleichsetzung seiner häufig manipulierenden Erfahrung mit der geschaffenen Wirklichkeit? Stirbt doch der theistische Gott, wenn man zu ihm nur durch einen unbefugten Schritt über eine absolut gesetzte Erfahrung kommen soll.
- Wie bewahrheitet sich die Gottesaussage auch im Verhalten der Menschen, wenn jener höchste Garant eines einheitlichen Verhaltenscodes, der natürlicher Vernunft zugängliche Gott, am *Pluralismus* gesellschaftlichen Verhaltens resigniert?

Literaturhinweis

Man könnte ihn durch Denkschriften stützen, die auf ein einheitliches Fundament der Sittlichkeit zielen, wie z. B.: »Das Gesetz des Staates und die sittliche Ordnung«, hg. v. *J. Döpfner* und *H. Dietzfelbinger,* Gütersloh und Trier 1970. Aber damit wird ein großer Teil der Gesellschaft schlicht abgeschrieben. Gott soll doch ein Gott der ganzen Welt sein!

(b) Die meisten der oben wenigstens in Andeutungen vorgeführten Ansätze waren vordringlich *intellektuell* ausgerichtet (besonders *Tillichs* und *Bultmanns* Ansatz; denn der existentielle Charakter des Gottesglaubens erschien bei ihnen so abstrakt, daß er ein großes Maß an Selbstreflexion voraussetzt). Wie wird es in der Gotteslehre sichtbar, daß alles Nachdenken zum *elementaren Glaubensvollzug* hin offen bleiben muß? Dann wäre doch die Frage, wie Theologen heute Gottesaussagen nicht nur an intellektuellen Skrupeln erproben, sondern auf die *emotionalen und kommunikativen Vollzüge* des Menschseins ausrichten können.

(c) Ein besonderes Problem bereitet die Alternative von *Immanenz* und *Transzendenz*. Einst entschied sich am jenseitigen, zeitlos ewigen Gott, worauf die diesseitige Welt angelegt ist. Immanenz und Transzendenz waren Bezeichnungen statischer Abgrenzung; Geschichte konnte in der Immanenz stattfinden, um sich auf das ewige Ziel hin zu bewegen und darin endlich still zu stehen. Noch gewisse Atheismen, die an die Selbstvollendung der Menschheit glauben, lassen Geschichte in einem »Reich der Freiheit« (*Marx*, Das Kapital, Bd. 3) ausschwingen. Läßt sich unsere verschärfte Zeiterfahrung so rückgängig machen, daß solche Ziele wieder denkbar werden? Oder sollte die christliche Erfahrung mit Gott nicht gerade in einer *Radikalisierung der Zeitlichkeit* zur Sprache kommen (Probleme der Eschatologie, vgl. 2.3.2)? Das bedeutete auch, nach unseren Schematismen von Wirklichkeit zu fragen und die Alternative von *Immanenz und Transzendenz* u. U. radikal neu zu konzipieren oder zu verwerfen. Gibt es überhaupt eine Welt, die in so radikalem Sinne immanent wäre, daß sie sich um ihre Immanenz gar nicht mehr sorgen müßte, weil Transzendenz nicht mehr zur Debatte stünde?

Moltmann hat statt räumlicher Transzendenz (»nach oben«) horizontale *Transzendenz (»nach vorn«)* vorgeschlagen. Zu fragen bliebe, ob damit nicht eschatologisches Denken immer noch räumlich verkürzt würde. Im *existentialen* Rahmen der Geschichtlichkeit des Menschen hat *Bultmann* den eigentlichen Sinn des Transzendierens finden wollen; denn der sich entwerfende Mensch frage immer über sein konkretes Dasein hinaus (vgl. S. 182). Auch bei *Barth* findet sich das Bild der Vertikalen, die die Horizontale schneidet, oft. Andrerseits spricht er gerade Gott »Natur« zu und macht damit das Schema von Natur und Übernatur als einer Variante des Immanenz-Transzendenz-Gedankens hinfällig. Wenn der »jenseitige« Gott sich selbst unterscheidet und nur so bei sich sein will, daß er im anderen ist, sich seine Bewegung in der Entsprechung Jesu Christi und im Weg des Sohnes Gottes in die Fremde fortsetzt, ja, in glaubender Entsprechung auch die Christen daran beteiligt sind, liegen *Immanenz und Transzendenz* im Vollzug göttlichen und menschlichen Lebens – bis in den Alltag hinein – *ineinander*. Sie würden nur um den Preis geschlossener Entwürfe der Wirklichkeit (in Weltanschauungen usw.) wieder auseinandergetrieben.

Literaturhinweis

Hinzuweisen wäre auf: *J. Moltmann:* Die Zukunft als neues Paradigma der Transzendenz, in: Internationale Dialog-Zeitschrift 2 (1969), S. 2–13. Ferner: *F. Mildenberger:* Gotteslehre. Eine dogmatische Untersuchung, Tübingen 1975.

(d) Eine wesentliche, die Möglichkeit des Redens von Gott entscheidende Frage ist auf den vorangehenden Seiten allenfalls indirekt genannt worden. Es ist die außerordentlich komplexe *Frage des Verhältnisses Gottes zum Nichtigen.*

Literaturhinweis

Die Benennung des »Nichtigen« folgt hier *K. Barth,* KD III,3, S. 327–425.

Mit ihr verbinden sich mehrere Probleme:
- die Bestimmung der *Sünde* als *»Hochmut«*, nämlich Gott gleich sein wollen (anders als die landläufige Auffassung eines moralischen Defekts);
- die Frage, wie Sünde und *Übel* in der von Gott geschaffenen Welt zugelassen sein könnten;
- das alte Problem der *Prädestination*: ob Gott einen Teil der Menschheit der Verdammnis bestimmt habe;
- die Unterscheidung von *Verborgenheit* und Offenbarsein *Gottes*: ist Gott gerade hinter den abgründigen Rätseln menschlichen Lebens verborgen, oder verbirgt er sich, indem er sich in Jesus Christus enthüllt (zwei grundsätzlich verschiedene Begriffe göttlicher Verbergung!);
- die Bedeutung des *Kreuzes* Jesu in der Geschichte: Erinnerung nicht abgegoltener Leiden oder Triumph über die widergöttlichen Mächte (offenbar in der Auferstehung) zu sein;
- die Frage nach umfassenden, das *Ganze* in den Blick nehmenden Konzeptionen der *Geschichte,* in denen auch das Übel, das Versagen, die Sünde ihren relativen Ort erhalten.

Hier wird es um einen schmalen Weg gehen, der zwischen dem Gott *Hegels* und einem Dualismus hindurchführt. Der erste würde auf seinem zuletzt triumphalen Gang durch Geschichte und Bewußtsein der Menschen alle Negationen erinnernd in sich aufheben; die zweite Tendenz würde die Übel und das Nichtige überhaupt so hoch stellen, daß es an Gott heranreichte und der verborgene und der offenbare wie zwei Götter auseinanderträten. Der schmale Weg zwischen beiden Möglichkeiten muß das Rätsel des Übels und des Nichtigen, ja auch der Sünde des an sich guten Geschöpfes Gottes, stehenlassen und es Gott anheimstellen. Dann ergibt sich eine viel offenere Sicht der Geschichte, als sie universalgeschichtliche Entwürfe vorschlagen. Und vor allem kommt die neutestamentliche *Spannung zwischen Kreuz und Auferstehung,* gerade wenn sie den Glauben der Christen umgreifen, wieder zu ihrem Recht (vgl. zum »eschatologischen Vorbehalt« S. 138).

Im übrigen ist dieser Abschnitt im vorherigen Gang des Studienbuchs nicht vergessen worden; denn er bündelt nur noch einmal, was an Gedanken- und Fragenfragmenten von Anfang an einbezogen war (vgl. etwa die S. 39, 63, 65, 73, 82, 135, 166, 180).
Zugleich ergibt sich damit die Möglichkeit, in einem Exkurs ein besonders brennendes Thema – nach der Übung der Abschnitte 2 und 3 – gesondert aufzunehmen: die Frage nach der Schöpfung.

4.4.6
Nachtrag

Längst nicht alle wichtigen Themen, die üblicherweise zur Lehre von Gott gehören, konnten in den voraufgehenden Abschnitten so angesprochen werden, daß die auf sie bezogenen Aussagen und Literaturhinweise schon zur Einarbeitung genügten.

Wie unter 2.5.2 und 3.4.5 sollen deswegen einige Hinweise folgen, welche zu kurz behandelten Themen in kompendienhaften Dogmatiken oder Repetitorien vertieft werden können:

Literaturhinweis

Themen	*O. Weber* Grundlagen der Dogmatik	*H. Ott:* Antwort des Glaubens	*W. Trillhaas* Dogmatik	*H.J.Kraus:* Reich Gottes ...	*H. G. Pöhlmann:* Abriß ...
Gottesbeweise	I,241–251	Art. 8	103–106	II,2,6	77–80
Attribute bzw. Eigenschaften Gottes			119–132	III,1,5	80–82
besonders Gottes Liebe und Gerechtigkeit	I,463–484			III,1–7	80–82
besonders Gottes Freiheit	I,484–508				
Gott und das Nichtige (das Böse)	I,539–543	Art. 19	150 f., 172 ff.		
Schöpfung aus dem Nichts	I,544–553		135–137	II,3,5–6	96
Geschöpf und Sünde	I,605–615		189–204		
Gottesebenbildlichkeit	I,615–639	Art. 16	205–215	II,4,2–5 IV,3,4	126–129 107–109,
Sünde		Art. 17 f.	189–204	II,5,2–4	141–148

4.5 Exkurs zum Thema »Schöpfung«

Die voraufgehenden Abschnitte versuchten darzulegen, wie die geschlossene altprotestantische Gotteslehre als ein System von natürlichen und offenbarten Einsichten mit dem Wandel des Welt- und Gesellschaftsbildes (und vor allem der Stellung und Selbstbestimmung des Menschen darin) ins Wanken geriet. Besonders zeigt sich das an jenem Kapitel, das an die Gotteslehre anschloß, die *Lehre von Gottes Schöpfung* aus dem Nichts. Da die Komponenten dieser Aussage – die mögliche Bestimmung der Natur als Kreatur, die Vergewisserung des Menschen in dieser Welt – auseinanderfielen, verblieb der Theologie im allgemeinen der erbauliche oder existentielle Aspekt; die Welt selbst wurde den sogenannten exakten Wissenschaften überlassen. Jedoch ergaben sich in dieser Polarisierung Gesprächsansätze, als *Naturwissenschaftler* entdeckten, daß sie mehr als nur Informationen über eine vorhandene Welt suchten, und *Theologen* bemerkten, wie nahe sie daran waren, die »Welt« als irrelevant für theologische Fragen abzuschreiben. Der Konflikt des 19. Jahrhunderts, der aus einem Mißverständnis der biblischen Schöpfungsberichte und einem sehr engen Selbstverständnis von Naturwissenschaften (»Szientismus«) entstanden war, konnte nicht mehr fortgeführt werden, als etwa die Physik selbst in eine Grundlagenkrise (Atomphysik) und eine moralische Krise (Verwertung ihrer Entdeckungen) geriet.

Das Studienbuch nimmt diese Frage zunächst nicht auf, sondern versucht (in Anlehnung an das Urteilsschema, vgl. 1.3) von den immanenten Problemen der Theologie her wieder an gegenwärtige Fragestellungen anzuschließen.

4.5.1 Präzisierung des Problems anhand altprotestantischer Schöpfungsaussagen

Noch einmal soll das schon vielfach ausgebeutete »Examen« des *Hollaz* (→ Ü 14) zu Wort kommen. Nach ihm gehört die Schöpfung in die Lehre von den göttlichen »Handlungen« (actiones bzw. actus). Sie unterscheiden sich, wie es die Übersicht auf S. 192 zeigt.

Sieht man die Schöpfung in diesem Zusammenhang, dann fällt es auf, daß sie in einen größeren Rahmen gehört: Gottes *Liebe* und die *Inkarnation* sind ihr von der Sache her nebengeordnet. Und alle *drei* trinitarischen Personen sind an der Schöpfung beteiligt. Damit hat der alte Dogmatiker die Aussagen von der Schöpfung bereits unter einer bestimmten Perspektive gesehen.

Im folgenden werden nun seine Gesichtspunkte zur Schöpfung zusammengetragen:

- Gott schafft *aus dem Nichts.* Deswegen ist sie dem Licht natürlicher Vernunft allein nicht ganz einsehbar.
- Sie geschieht im *Sechstagewerk.* Die alte Dogmatik hält sich streng an Gen 1 und hat noch nicht bemerkt, daß im nächsten Kapitel ein zweiter Schöpfungsbericht folgt.
- Die Lehre von den *Engeln* gehört dazu (wie überhaupt die immaterielle Welt eine besondere Rolle spielt – schafft doch Gott nur die immaterielle Substanz und die einfachen Körper aus dem Nichts, während er die komplizierten aus noch nicht gestalteter, aber vorliegender Materie fügt).
- Eine *Anthropologie* ist enthalten. Sie beruft sich auf den ersten Menschen, der aus Leib und Seele zusammengesetzt wird. Dabei folgt *Hollaz* den ihm geläufigen philosophischen Definitionen, daß der Mensch ein Lebewesen mit organischem Leib und Vernunft (anima rationalis) sei. Fünf Aspekte hat sein Weg durch die Heils- bzw. Unheilsgeschichte: Unschuld (des ersten Menschen), Elend (Schuld), Gnade (von Christus her), Herrlichkeit bzw. Verstoßung (in die ewige Strafe). Das geht schon über die Schöpfungslehre hinaus.
- Die Lehre von der *göttlichen Vorsehung* (providentia) schließt sich an. Die göttliche Providenz begleitet den Lauf der geschaffenen Welt. Hier nun diskutiert die alte Lehre, ob Gott alles vorherwisse (selbstverständlich gilt das!), ob er somit alle Ereignisse in der Welt notwendig eintreten lasse und die Kontingenz zukünftiger Ereignisse (daß etwas sein oder nicht sein könne) dahin sei. Die Auflösung dieser Frage ist bereits auf S. 159 vermerkt.

Göttliche Handlungen (actus)

- *»ad intra«*
  d. h. innerhalb der Trinität; sie beziehen sich auf Gott selbst
- *»ad extra«*
  d. h. von der Trinität in die Schöpfung gehend

Die beiden Aspekte werden wieder je zweifach geschieden:

- **wesentliche (essentiales)**
  Sie gehen von der göttlichen Wesenheit (essentia) aus und richten sich auf den ganzen Gott.
- **persönliche (personales)**
  Sie gehen von der göttlichen Wesenheit (essentia) aus und richten auf eine trinitarische Person.
- **immanente (immanentes)**
  Sie richten sich auf Geschöpfe, kommen aber im göttlichen Wesen zum Ziel (z. B. Gottes Liebe zu den Geschöpfen gilt zuletzt Gott als dem Schöpfer selbst).
- **nach außen gehende (transeuntes)**
  Sie kommen außerhalb des göttlichen Wesens zur Vollendung.

Die transeunten Handlungen lassen sich in folgender Hinsicht unterscheiden:

- **einer Person der Trinität zuzurechnende (personales)**
  z. B. die Inkarnation des Logos in Jesus.
- **den drei Personen zuzurechnende (essentiales)**
  z. B. die *Schöpfung*.

– Die göttliche Vorsehung unterteilt sich in *Erhaltung* (conservatio), *Mitwirkung* (cooperatio) und *Führung* (gubernatio). Gottes Vorherwissen und Vorsehung sind ewig, d. h. über den Lauf der Zeit erhaben, und deswegen – in den Augen Gottes – mit allen Ereignissen in der zeitlichen Welt gleichzeitig. Alles das zielt zuletzt auf Gottes Verherrlichung.

Die Lehre von der *Gottesebenbildlichkeit* des Menschen (imago Dei) kann man hier ebenfalls heranziehen, obwohl sie in der hier benutzten alten Dogmatik schon zum Folgenden, zum »Gegenstand der Theologie« (subiectum theologiae) gehört. Sie bezieht sich auf die Stelle Gen 1,26 f., die wiederum nach heutigen exegetischen Erkenntnissen geradezu der Zielpunkt des priesterschriftlichen Schöpfungsberichts (Gen 1–2,4a) ist. Gottesebenbildlichkeit ist die kreatürliche Vollkommenheit des (noch) sündlosen Menschen, seine Gleichförmigkeit (conformitas) mit dem Schöpfer in Weisheit, Gerechtigkeit, Reinheit, Unsterblichkeit und Majestät. Zwar kommt sie *»substantiell«* nur *im Gottessohn* als dem Urbild zum Vorschein, *»akzidentiell«* wird sie aber dem *(ersten)* geschaffenen *Menschen* zugerechnet. Auch die Zweigeschlechtlichkeit gehört zur Auszeichnung des »Archetypen«; denn sein »Begehrungsvermögen« (appetitus sensitivus) war ganz rein. Der Leib des ersten Menschen, der jene Imago trug, war frei von Schmerzen und unsterblich. Es versteht sich von selbst, daß Weisheit und Gerechtigkeit des Schöpfers dafür sorgten, daß der Mensch sündlos war. Das große Rätsel ist, wie er solche Gaben fortwerfen konnte.

Was der biblische Bericht mit der Gestalt der Schlange verhüllt, versuchte die Dogmengeschichte zu erklären. In einer Stimmung des Dualismus und der Leibfeindlichkeit führten viele den Ursprung auf die Schwäche des Leibes und seiner Begierden zurück. Meist nicht sehr artikulierte Folgerungen führten zur Restriktion der Sexualität. Oder man setzte mit der Erklärung fast ganz oben an und führte das unfaßliche Geschehen, den Verlust solcher menschlichen Herrlichkeit, auf einen Defekt schon in der intelligiblen Welt (auf den Fall der Engel) zurück. Die feinen Linien dieser Begründungsversuche sind in den Nachschlagewerken zu verfolgen.

Daß die *Lehre vom Urstand* des Menschen immer wieder *utopische Kraft* entfaltet hat und zum Hoffnungsanker kirchlicher (z. B. sakramentaler) Restauration (weil in Christus wiedergebracht) wurde oder auch gesellschaftliche Utopien zu ähnlichen Visionen anstiftete, sei nur am Rande erwähnt (vgl. die kurzen Hinweise zu *Rousseau* auf S. 97).

Die bloße Wiedergabe der alten Lehre genügt keinesfalls; sondern es wird notwendig sein festzustellen, welche ihrer Aspekte für einen Dogmatiker des beginnenden 18. Jahrhunderts und heute für theologisch aufgeschlossene Leser so von Interesse sind, daß sie ihnen ihr Verhältnis zu sich selbst und zur Welt neu aufschließen helfen. Dabei zeigt es sich, wie schwierig ein Vergleich ist. Und das führt zum zweiten Schritt einer Urteilsbildung fort:

4.5.2 Bestimmung des Problemkontextes einer Schöpfungslehre – im Altprotestantismus und heute

Daß sich das Weltbild seit dem Zeitalter der sogenannten Orthodoxie bis heute entscheidend gewandelt hat, ist unumstritten. *Hollaz*, hier als Repräsentant der alten Dogmatik herangezogen, kämpfte noch ein Nachhutgefecht gegen die Lehre des *Kopernikus* (von der Rotation der Erde um die Sonne – Niedergang des geozentrischen Weltbilds). Und auch die Auslegung von Gen 1–3 hat sich gewandelt.

Literaturhinweis

Hinweise gerade zur Forschungsgeschichte der ersten Kapitel der Bibel finden sich in gedrängter Form bei: *C. Westermann:* Genesis 1–11, Darmstadt 1972 (Erträge der Forschung 7).

Beide Feststellungen genügen allerdings nicht (vor allem auf dem Hintergrund von 1.4 der Einleitung dieses Studienbuchs).

Betrachten wir *Hollaz*' Ausführungen näher auf dem Hintergrund etwa der Einsichten der Sprechhandlungstheorien (vgl. 1.4), so fällt auch in diesem Zusammenhang auf, daß dogmatische Aussagen altprotestantischer Lehrsysteme *final* zu verstehen sind. Sie haben einen »usus«, einen »finis«.
Denn die Schöpfung dient zuletzt der Verherrlichung (gloria) Gottes, in zweiter Linie dem Nutzen des Menschen, der in ihr leben soll. Das Sechstagewerk weckt unser Vertrauen (fiducia) auf die Allmacht und Fürsorge Gottes, stärkt unsern Gehorsam und unseren Mut zur Anrufung Gottes.
Die Lehre vom ersten Menschen stützt die Demut des Gemüts, fördert die Liebe zu Gott und zum Nächsten und das Verlangen nach dem ewigen Leben. Ähnliches gilt auch von der Lehre der göttlichen Providenz: sie dient einem zweifelsfreien Glauben, einer heißen Liebe und kindlicher Furcht.
Weil diese alten Lehraussagen zielgerichtet sind, dienen sie eben nicht nur der Belehrung, sondern sind *Ortsanweisung für den Menschen in seiner Welt.* Das gilt in besonderem Maße für den Theologen, der nun seine Arbeit auf die Verherrlichung Gottes am Ende der Geschichte (wo er zum »frui Deo«, zur Gottesschau, gelangt) hinordnen kann. Wieviel Zweifel mögen ihm so beim Schreiben seiner Dogmatik erspart geblieben sein! Darin liegt eine Art umfassender Situationsdefinition und zugleich ein Aufschließen von Wirklichkeit. Genaugenommen ist in diesen alten Aussagen nicht nur von einem Gott mit theistischen Zügen, von einer annähernd objektivierten Welt, sondern unmittelbar und mittelbar auch vom Schreiber und vom möglichen Leser die Rede. Wer diese Aussagen zustimmend wiederholen kann, sagt auch etwas über sich und seine Wirklichkeit und beider Beziehung aufeinander.
Damit sollen die *Probleme nicht entschärft* werden; denn hält nicht *Hollaz* am antiken Weltbild fest, wenn er gegen *Kopernikus* zu beweisen versucht, daß sich die Erde nicht bewegt (I,III,21)? Sein Beweis (z. B. mit Ps 119,90 in einer alten, fragwürdigen Übersetzung) muß uns heute gründlich irritieren. Aber er braucht ihn, weil er einen sicheren Grund in der Welt sucht, den Gott seinem Leben gibt – und das ist nicht nur eine Frage des Weltbilds, sondern des existentiellen *Vertrauens in das Dasein.* So wehrt er die Bedrohung des Lebens durch Relativität und Leere ab. Die schauerlichen unendlichen Weiten des Kosmos sehen noch nicht drohend auf ihn. An einer anderen Stelle bricht diese Abwehr des Nichtigen in einer für uns inhumanen Weise durch: die Lehre von den gefallenen Engeln verbindet sich mit Bemerkungen zu den »Wechselbälgen« und Geisteskrankheiten. Seine Zeit hatte ja keine Kenntnis, wie der menschliche Keim geschädigt und die menschliche Psyche angegriffen werden kann. Darum konnte *Hollaz* darin nur eine Bedrohung der vom Schöpfer (auch ihm selbst) zugedachten Gestalt sehen.

Es geht darum nicht an, nur das Weltbild hinter einer alten dogmatischen Aussage mit dem heute vorherrschenden zu konfrontieren, um festzustellen, daß sich vieles gewandelt habe und die alte Lehre hoffnungslos veraltet sei. Denn zugleich müßten wir uns selbst fragen, wie wir uns heute in dem gewaltig ausgedehnten Universum und auf der im All verlorenen Erde einrichten. Brauchen wir nicht auch elementare Sicherungen, die Vertrauen in das Leben geben; und wo finden wir sie?
Ein kritischer Leser, der nur ein wenig mit der Lehre von der Rechtfertigung vertraut sein muß (vgl. S. 61 ff.), wird allerdings fragen, ob nicht der Glaube des orthodoxen Theologen dazu neigt, greifbare *Sicherheiten* mit *Gewißheit,* die sich auch durch Anfechtungen durchhält, zu verwechseln. Heutige Bemühungen, den Dialog zwischen Naturwissenschaften und Theologie voranzubringen, müssen die Frage, wie Weltbild und Erkenntnisstruktur mit der Frage nach einem tragenden Grund des Lebens – auch je einzelner Menschen – verwoben sind, noch energischer stellen; aber die übergroße Komplexität gegenwärtiger Erkenntnisse und der ihr zugrundeliegenden Methoden macht das zu einer Aufgabe, die nur von vielen in Kooperation angegriffen werden kann.

4.5.3 Hinweise auf alternative Lösungen

Der voraufgehende Abschnitt beobachtete, daß ein altprotestantisches Lehrsystem nicht nur fragliche und obskure Weltbilder festhält, sondern die *Situation des Aussagenden und des Angesprochenen* »definieren« helfen wollte (zum Begriff der »Situationsdefinition« vgl. S. 19). Seine Aussagen haben offenkundig eine irreführende Sprachgestalt, wenn sie in der dritten Person, in scheinbar gegenständlicher Distanz (als Wahrheiten über ...) auftreten.
Im Verlaufe vom 18. zum 20. Jahrhundert haben vor allem zwei Entwicklungen die alte Lehre von der Schöpfung in den Zweifel gezogen:
- Die *historisch-kritische Erforschung des Alten Testaments* kristallisierte zwei Schöpfungsberichte heraus und belegte deren Nähe zu mythischen Weltentstehungsberichten anderer Religionen (freilich auch deutliche Unterschiede: in der Bibel handelt Gott allein und schafft nicht eine Welt beispielsweise aus Leibern besiegter Götter; die Götter – etwa in der Gestalt der Gestirne – sind entmythisiert).
- Die *Naturwissenschaften* entfalteten Theorien über Weltentstehung und Evolution der Arten (etwa *Kant* und *Laplace* und *Darwin*). Nur Fundamentalisten werden versuchen, solche Theorien mit dem Wortlaut der Bibel zu bestreiten. Aber auch ihr Alltag wird immer mehr von Erkenntnissen und deren Folgen durchdrungen, die neuzeitlicher Erkenntniseinstellung entspringen.

Überblickt man auch nur flüchtig den Weg von der altevangelischen Schöpfungslehre bis zur Neuzeit, dann steht sie im Zusammenhang einer doppelten Reduktionsbewegung: das 19. Jahrhundert steigerte die *positivistischen Neigungen* vor allem der Naturwissenschaften (Positivismus als Ideologie »wertfreier« Faktenerkenntnis) und fixierte als *Subjekt* solcher Erkenntnis einen unhinterfragten, scheinbar vorurteilsfreien Menschen, dessen Denken nur den empirisch überprüfbaren Fakten gehorcht; seine Erkenntnisse müssen streng intersubjektiv, d. h. von Zeit und Ort und Persönlichkeitskonstellation unabhängig sein. *Theologische Deutungen der Schöpfung* neigten zu einer gegenläufigen Verengung: sie existentialisierten die Schöpfung, nahmen sie eher als eine Aussage über den betroffenen Menschen und klammerten die Welt aus ihren Betrachtungen aus.

Literaturhinweis

Das gilt hin bis zu den Bemühungen *K. Barths* und *D. Bonhoeffers,* die sich ein von den Naturwissenschaften geschiedenes theologisches Terrain suchten. Von der Schöpfung sei allein im Blick auf den *Menschen* die Rede.
Vgl. dazu: *K. Barth:* Die Kirchliche Dogmatik, III,1: die Schöpfung sei der äußere Grund des Bundes, der Bund Gottes mit seinem Volk der innere Grund der Schöpfung. Der Band III,2 behandelt dann das Geschöpf (vgl. 3.7.2); der Band III,3 geht auf das Verhältnis von Schöpfer und Geschöpf ein. Nach III,2, S. 423, ist der Mensch die »Darstellung der *ganzen* Schöpfungswirklichkeit«.
Der Tendenz, Schöpfungsaussagen lediglich als Vorbau zur Bundesgeschichte Gottes mit Israel zu sehen, will *C. Westermann* entgegentreten: Genesis, 1. Teilband, Neukirchen 1974 (BKAT, I,1).
Vgl. ferner: *D. Bonhoeffer:* Schöpfung und Fall, 4. Aufl. München 1958.

Nun haben die Ausführungen der voraufgehenden Abschnitte ergeben, daß es in der Absicht der Schöpfungslehre lag, die Sicht der Wirklichkeit und die Situationsdeutung des Aussagenden bzw. Angesprochenen eng zu verbinden. Wenn diese Absicht zerbricht, weil eine *objektiv konstruierte Weltsicht* und eine *personal oder existential reduzierte Schöpfungslehre* auseinandertreten, bedeutet das ein *Verkümmern des Bezugs zur Wirklichkeit auf beiden Seiten.* Lohnt es sich dann überhaupt noch, die alten Bastionen der Schöpfungslehre in der Dogmatik festzuhalten? Oder läuft die Debatte auf eine festgeschriebene Arbeitsteilung hinaus: hier die »objektivierten« Weltentwürfe der Naturwissenschaften (sofern sie nicht heute bereits in eine Menge facettenhafter Ansichten der Realität zersplittert sind), dort theologische Entwürfe vom Menschsein, womöglich unter Preisgabe der Welt an die Gleichgültigkeit? Hinzu tritt ein dritter Bereich des Aussagens und Nachdenkens: das isolierte Sicherungsverlangen des Menschen in Kosmos und Geschichte kondensiert sich in Weltanschauungen, die nicht selten sich zu gefährlichen Mächten entwickeln und ihre lebendigen Gegenargumente, konkrete Menschen, integrieren, aufsaugen und in der Gestalt totalitärer Systeme auch liquidieren, damit sie selber recht behalten. Das geschieht dann meist unabhängig von der Programmatik der Systeme, sei sie faschistisch oder sozialistisch.
Diese Alternativen sind ungut. Theologen tragen gerade wegen ihres apologetischen Rückzugs auf personale Strukturen einen Teil der Schuld. Wenn wir heute auch kein integriertes Aussagesystem im Sinne eines altprotestantischen Dogmatikers zur Verfügung haben, so müssen wir doch den Verlust der Aussagemöglichkeiten durch den Dialog ausgleichen. Damit kommen wir zur erneuten Problembestimmung.

4.5.4
Erneute Problembestimmung

Naturwissenschaftliche Aussagen über die Welt und vor allem ihre Entstehung wären zu prüfen, ob sie in ihrem Anspruch auf Neutralität und Intersubjektivität tatsächlich alle anderen Aussagefunktionen – vor allem die Ortsanweisung für den Menschen in der Welt und die Vergewisserung – abgestreift haben oder heimlich, vielleicht auch unbewußt oder sogar bewußt, eine Ersatz*ideologie* nach sich ziehen.

Literaturhinweis

Daß Wissenschaft und Technik »Ideologien« unserer politischen Systeme seien, ist z. B. auch die These von *J. Habermas:* Technik und Wissenschaft als »Ideologie«, Frankfurt a. M. 1968.

Theologische Entwürfe, die sich auf Schöpfungsaussagen beziehen, müssen sich prüfen lassen, ob die Zentralstellung, die dem Menschen in der Schöpfung angewiesen ist, nicht unversehens zur Reduktion auf personale oder existentiale Momente gerät und die gesellschaftlichen, die alltäglichen, die gegenstandsbezogenen Seiten menschlichen Lebens außer acht läßt. Deuten nicht die Probleme der Technik, der Umwelt, ja des Überlebens der Menschheit überhaupt auf ein gestörtes Verhältnis des neuzeitlichen – vor allem abendländischen – Menschen zur Welt?

4.5.5
Zur Entscheidung

Das Studienbuch will – getreu seinem Vorsatz – keine Entscheidung oktroyieren. Es kann aber darauf verweisen, daß jenes eben angesprochene Defizit von einigen Naturwissenschaftlern eher wahrgenommen wurde als von Theologen, die sich doch um die Bestimmung der von Gott geschaffenen Welt sorgen sollten. Mehrere *Fragestellungen* laden heute zum Gespräch ein:

(a) die *Verantwortung der Naturwissenschaften für die Folgen* ihrer von der Technik verwerteten Ergebnisse – besonders angesichts der Atomtechnik;

(b) die Frage nach impliziter oder sogar offenkundiger *Weltanschauung* im naturwissenschaftlichen Forschen (z. B. war der Glaubenssatz von der Unendlichkeit der Welt lange Zeit Bestandteil naturwissenschaftlicher Grundannahmen; dann gewannen Hypothesen über ein endliches Alter der Welt an Wahrscheinlichkeit);

(c) das *Problem des Szientismus,* d. h. der wissenschaftsgläubigen Betrachtung der Welt, die sich in der Regel mit jenem Optimismus paart, der alles für prinzipiell machbar hält, sofern die Forschung Methoden und Wege aufzeigt;

(d) die *Herkunft der Naturwissenschaften* und der ihr nachfolgenden Umgestaltung der Welt – gerade im Hinblick auf ihre Voraussetzungen und stillen Zielsetzungen. Offensichtlich ist die alttestamentlich-christliche Tradition mit ihrer die Welt von den Göttern befreienden Schöpfungsvorstellung nicht unbeteiligt. Die Erde kann dann nicht mehr als sakral gelten, wenn sie beispielsweise nicht mehr aus dem Leib eines Gottes geschaffen ist. Und der Mensch kann ihr verantwortend, aber auch manipulierend, gegenübertreten.

(e) Umstritten ist, wie weit das sogenannte *»dominium terrae«,* der

Herrschaftsauftrag Gottes an den Menschen nach Gen 1,28 ff., Menschen zu kritischer Erforschung der Welt (und weiter zur technischen Verwertung der Dinge bis hin zur Verplanung der Menschen) motiviert hat.

Literaturhinweis

Anregungen zu diesen Fragen finden sich u. a. bei: *C. F. von Weizsäcker:* Die Tragweite der Wissenschaft, Bd. I: Schöpfung und Weltentstehung. Die Geschichte zweier Begriffe, Stuttgart 1964.

Auf der Seite der *Theologie* sind Fragen, die einen Dialog fördern könnten, spärlicher. Sie müßten dann vor allem jene Reduktion auf den Menschen, der theologische Schöpfungslehren häufig prägt, durchbrechen. Oder sie müßten sich fragen, ob nicht in Schöpfungstheologien mitunter *gesellschaftlich gewordene Ordnungen* als vom Schöpfer gegeben festgestellt und zum politischen Mißbrauch legitimiert werden. Einfacher haben es (scheinbar) katholische Theologen, die wegen des Reichtums ontologischer Traditionen in ihrer Theologie leichter Gespräche anknüpfen können.

Literaturhinweis

Mit beigetragen zur Vernachlässigung der Schöpfungstheologie haben die *»Schöpfungsordnungen«*, weil sie sich zur Rechtfertigung des Dritten Reiches mißbrauchen ließen. Man vgl. dazu: *P. Althaus:* Die christliche Wahrheit. Lehrbuch der Dogmatik, 8. Aufl. Gütersloh 1969, S. 61 ff. Ferner: *W. Elert:* Das christliche Ethos, 2. Aufl. Hamburg 1961, S. 111 ff. Zur Kritik: *K. Barth*, KD III,4, S. 39 ff. *W. Tilgner:* Volksnomostheologie und Schöpfungsglaube. Ein Beitrag zur Geschichte des Kirchenkampfes, Göttingen 1966 (Arbeiten zur Geschichte des Kirchenkampfes 16).

Literaturhinweis

Ein katholisches Beispiel, das keinesfalls als repräsentativ gelten soll, ist: *N. Schiffers:* Fragen der Physik an die Theologie. Die Säkularisierung der Wissenschaft und das Heilsverlangen nach Freiheit, Düsseldorf 1968. Besonders zu erwähnen wäre der spekulative und evolutionäre Ansatz des französischen Jesuiten *P. Teilhard de Chardin.* Zur Einführung etwa: *S. Daecke:* Teilhard de Chardin und die evangelische Theologie. Die Weltlichkeit Gottes und die Weltlichkeit der Welt, Göttingen 1967.

Literaturhinweis

Eine ältere, heute fast vergessene, trotzdem beispielhafte Außenseiterposition in der evangelischen Theologie hat der Tübinger Theologe *K. Heim* einst eingenommen. Vgl. dazu als Einführung: *H. Timm:* Glaube und Naturwissenschaft in der Theologie Karl Heims, Witten und Berlin 1968 (Forschungen und Berichte der Evangelischen Studiengemeinschaft 23).

Eine *gemeinsame Gesprächsbasis* bietet die *Erfahrung der Geschichte.* Auch die Naturwissenschaften, ja die Natur selbst, haben ihre Geschichte.

Literaturhinweis

Vgl.: *C. F. von Weizsäcker:* Die Geschichte der Natur, 3. Aufl. Göttingen 1956.

Offensichtlich sind alttestamentlicher Glaube und christliches Geschichtsdenken an der Vorgeschichte der Entstehung der Naturwissenschaften zwar nur indirekt, aber intensiv beteiligt. Nur wäre hier weiter zu fragen: erfahren wir heute Geschichte so, daß Selbsterfah-

rung und Welterfahrung des neuzeitlichen Menschen zur Integration kommen und sich in der Bewahrung der Welt auswirken?
Exegeten weisen neuerdings auf ein Verständnis von Schöpfung hin, das in der Polarisierung unterging. So hat gerade *Westermann* gezeigt, daß die Urgeschichte (Gen 1–11) einen einzigen Zusammenhang darstellt und von den merkwürdigen Genealogien (Gen 5) her zu verstehen ist. Hier kommen Menschen zu Wort, denen Kontinuität (Geschlechterfolge) und *Vergewisserung dessen, was ist,* am Herzen liegt. Nachdem die Erzählungen von Weltschöpfung und Menschenschöpfung erst einmal zusammengewachsen sind, gilt: »In der Schöpfungsaussage hat der Mensch zum erstenmal die Menschheit als Ganzes von ihrem Ursprung her konzipiert. Vom Schöpfer reden heißt vom Ganzen reden.«

Literaturhinweis

C. Westermann: Genesis, 1. Teilband, Neukirchen 1974 (BKAT I,1, S, 801).

Eine verständige Deutung der Urgeschichte braucht also nicht Reduktion auf das Selbstverständnis des Menschen zu sein, sondern könnte ebensogut noch einmal das »Ganze« aufgreifen, heute jedoch im Dialog mit den Wissenschaften von der Natur, der Gesellschaft und vom Menschen.
Hinzu kommt die exegetische Einsicht, daß die Urgeschichte nicht Teil der Bundesgeschichte Gottes mit Israel, sondern ihr vorgelagert ist und ihrem Gehalt nach in jeder alltäglichen *Erfahrung* gegenwärtig sein soll. Das steht im Zusammenhang mit der Wiederentdeckung der *Weisheit,* jenem Schatz von Erfahrungen des Alten Testaments, die oft von geschichtsorientierter Theologie vernachlässigt wurden.

Literaturhinweis

Für das Alte Testament hat *G. von Rad* (Weisheit in Israel, Neukirchen 1970) auf diesen Zusammenhang mit der Gegenwart der Schöpfung in den Erfahrungen von Menschen hingewiesen. Im Rahmen eines Studienbuchs zur Dogmatik stellt sich allerdings die Frage, inwieweit das heute noch sinngemäß zu wiederholen ist. Die sog. Alltagswissensforschung (vgl. etwa S. 29 und 34 f.) verweist doch auf die Geschichtlichkeit und langfristige gesellschaftliche Bedingtheit der im alltäglichen Verhalten eingeschlossenen Hintergrundsregeln.

Damit zeichnen sich Konturen einer noch nicht ausgearbeiteten Schöpfungstheologie ab. Diese erst noch zu entwerfende Theologie müßte folgende Funktionen ihrer eigenen Aussagen festhalten und herausstellen: zur *Selbsterkenntnis* der jeweils betroffenen Menschen muß ihre *Situationsdeutung* gehören, auch ihr *Bezug* (passiv oder aktiv) *zur Wirklichkeit,* die ihnen *Orientierung* (Handlungs- und Verstehensperspektiven) gibt. Über ihren theologischen Gehalt wird entscheiden, ob die von *Westermann* angesprochene Sicht des *»Ganzen«* (siehe oben) eine Universaltheorie der geschichtlichen Welt erfordert (etwa im Stile *W. Pannenbergs,* vgl. S. 75 f.) oder ob sie sich im ständigen Freiwerden für und Überschreiten auf neue Erfahrung äußern kann.

Literaturhinweis

Eine Gesamttheorie bietet an: *W. Pannenberg:* Wissenschaftstheorie und Theologie, Frankfurt a. M. 1973. Sein gelegentlicher naturwissenschaftlicher

Gesprächspartner (er hebt anderenorts nicht ohne Grund auf die Lehre vom Heiligen Geist als Ansatz einer erneuerten Theologie ab: *K. Müller:* Die präparierte Zeit, Stuttgart 1972, S. 382) vertritt eher die andere, gerade angerissene Position: *K. Müller* und *W. Pannenberg:* Erwägungen zu einer Theologie der Natur, Gütersloh 1970.

4.6 Exemplarische Hinweise zur Einarbeitung in ein Einzelthema: Das Problem einer natürlichen Theologie

In diesem Abschnitt stellt das Studienbuch zum letzten Mal ein Thema exemplarisch zur Aufschlüsselung der enthaltenen Probleme und zur Einarbeitung in einige seiner Aspekte vor. Zwei Gründe veranlaßten, gerade es zu wählen: in der Frage der natürlichen Theologie vereinen sich viele Linien dieses Studienbuchs, das mit einer gewissen Hartnäckigkeit nach dem Bezug der Theologie zur *»Wirklichkeit«* fragte. Zweitens ist bei diesem Thema die *Philosophie* ein wichtiger Gesprächspartner. Für die voraufgehenden exemplarischen Arbeitsthemen waren es die Sozialwissenschaften (2.6) oder die historischen Wissenschaften (3.6).

4.6.1 Worin besteht das Problem der überkommenen natürlichen Theologie?

Die folgenden Abschnitte folgen nun wieder dem unter 1.3 vorgeschlagenen Schema dogmatischer Urteilsbildung. Das Problembewußtsein kann auf verschiedene Weise erwachen:

- Einmal ist *»natürliche Theologie«* zum Etikett, theologische Gegner zu disqualifizieren, geworden. Das geht bis weit ins 19. Jahrhundert zurück und hat zu Beginn des Dritten Reiches im Streit zwischen *K. Barth* und *E. Brunner* (→ Ü 17) leider den sachlichen Gesichtspunkten auch Emotionen unterschoben.
- Zum andern werden Weltverhältnis, Wirklichkeitsauffassung und Selbstverständnis des Menschen davon berührt. An einer kleinen Aufstellung der wichtigsten Begriffe, die in dieses Themenfeld gehören, läßt sich das schnell verdeutlichen. Noch heute sind die *Begriffe hochmittelalterlicher Theologie* eine gewisse Richtschnur:

(1) naturalis – supranaturalis	= natürlich – übernatürlich,
(2) ratio – revelatio	= Vernunft – Offenbarung,
(3) imago Dei	= Gottesebenbild,
(4) appetitus (desiderium) naturalis(e)	= natürliches Verlangen nach dem Übernatürlichen,
(5) analogia entis	= Seinsanalogie.

Wer sich im Umfeld dieser Begriffe orientiert, findet schnell zu einigen entscheidenden *Problemstellungen*:

(a) Zunächst scheinen zwei *»Bereiche« von Wirklichkeit* impliziert zu sein: das dem Menschen mit Hilfe seiner Vernunft Zugängige, das *Natürliche,* dazu das nur aus der Offenbarung Erkannte, das *Übernatürliche.* Dahinter steht eine auch heute noch weit verbreitete (nicht nur katholisch-scholastische) Auffassung: die Vernunft des Menschen reiche nicht zu, die alles umfassende und begründende Wahrheit zu erkennen, weil der Mensch als Träger der Vernunft durch seine Endlichkeit, mehr noch: durch seine Sünde, von der Quelle dieser Wahrheit, von Gott, zutiefst geschieden sei. Von Gott her könne die Schranke durchbrochen werden – auch in wunderbaren Zeichen inmitten der

Natur (Herausstellung neutestamentlicher Wunder zum Erweis der göttlichen Sendung Jesu).

(b) Deswegen geht es besonders um die *»Brücke« zwischen den beiden Bereichen von Wirklichkeit.* Nach einigen katholischen Lehrern des Hochmittelalters, die sich vor allem auf den Kirchenvater *Augustin* berufen, geht vom natürlichen Menschen ein Verlangen nach Vollendung in Wahrheit und Einheit aus, das sich mit Antworten, die aus dem Bereich des Natürlichen stammen, nicht zufriedengibt, sondern nach gnadenhafter Erkenntnis ruft. Zur Ruhe wird es endgültig kommen, wenn es, von natürlicher Endlichkeit befreit, Gott selbst sehen wird. Dieses Verlangen kann man als Rest des ursprünglichen, von Gott geschaffenen, aber durch den Sündenfall verdunkelten ersten Menschen ansehen.

Auch in theologischen Argumenten um die Gottesebenbildlichkeit kehrt diese Tendenz zur Zweiteilung gerade in der katholischen Lehre wieder: von der *»imago«* (dem Äquivalent für צלם in Gen 1,26) sei ein Rest trotz des Falles Adams geblieben; nur die *»similitudo«* (= דמות in Gen 1,26) sei gänzlich dahin (bekanntlich geben die lateinischen Begriffe die hebräischen wieder, ohne zu erkennen, daß Wiederholung zum Grundgedanken hebräischer Poesie gehört und nicht begriffliche Differenzierung meint).

(c) Das ist nicht die einzige Brücke zwischen den beiden Bereichen. Auch die Sprache reicht mit ihrem Ausdrucksvermögen über beide Bereiche. Wie läßt sie es zu, von Gott zu sagen, er *sei,* und von welthaften Dingen oder Wesen, daß sie *seien*? Wenn die Aussage sich auf eine Wirklichkeit des Seins bezieht, dann bestehen in ihm *analoge* Beziehungen; eine Ontologie, die Gott und die Welt, Natur und Übernatur mit ihren Strukturen umgreift, muß den Gebrauch der Sprache begründen. Das ist das Problem der *»analogia entis«* (vgl. auch schon S. 151).

(d) Die genannten Probleme erschließen sich, wenn man sich die klassische katholisch-scholastische Terminologie erarbeitet. Sie ist auch den altprotestantischen Dogmatikern trotz einiger Unterschiede nicht femd (vgl. S. 160 ff.). Doch ein Ende der Problemstellungen ist damit nicht abzusehen. Zweifellos wurde jenes Denken in zwei Räumen ebenso unwirksam wie die Metaphysik, jener Wissenschaftsentwurf, der die Gesamtheit des Seins zu bestimmen und zu übergreifen erlaubt, damit es in analoger Weise aussagbar wird. Die »Übernatur« ist gründlich in den Verdacht einer Hinterwelt geraten.

Damit *verschärft sich das Sprachproblem.* Gibt es eine angemessene Sprache, um von Gott zu reden, oder sollen wir von ihm schweigen oder sogar seinen Tod proklamieren? Mit welchem Recht und in welchem Sinn läßt sich sagen »Gott *ist*«? Erzeugen hier unendliche Möglichkeiten sprachlicher Kombinationen in neuen Sätzen oder neuen Begriffen eine Scheinwelt? Ohne weitere Vertiefung kann an *Wittgenstein* erinnert werden. Der österreichisch-englische Philosoph hat diesen Argwohn in der Frühperiode seines Schaffens in folgende Worte gebracht: »Die Grenzen meiner Sprache bedeuten die
Literaturhinweis
Grenze meiner Welt« (Tractatus logico-philosophicus, Frankfurt a. M. 1963, 5.6). Was darüber hinausgehe, lasse sich nicht sinnvoll sagen, es sei das Mystische: »Es gibt allerdings Unaussprechliches. Dies *zeigt* sich, es ist das Mystische« (ebd. 6.522) (Hervorhebung *Wittgensteins*).

Im Gegenzug könnte man die Theologie fragen: hat sie es nun mit *einer* Wirklichkeit zu tun, deren Aspekte Gott und die Welt sind, innerhalb derer die Gotteserfahrung auf innerweltliche und zwischenmenschliche Erfahrung reduziert werden kann? Wird beispielsweise Gott als »Vater« dann zum Inbegriff erwünschter oder verwünschter Autorität?

Diese und weitere Fragestellungen, die es sinnvoll machen, nach dem Streit um natürliche Theologie zu fragen, erschließen sich zunächst wohl eher durch eigenes Nachdenken als durch übermäßige Lektüre. Denn theologische Fachliteratur hat einen Nachteil: in der Regel bezieht sie sich auf den internen Gang von Kontroversen, statt zentrale Probleme bündig gerade jenen Lesern zu benennen, die noch nicht in die Diskussionen und die sprachlichen Artikulation des Faches eingearbeitet sind.

4.6.2
Der Kontext des Problems

(1) *Der vorwiegend diachrone Kontext des Problems*
Der diachrone Kontext des Problems natürlicher Theologie ist außerordentlich umfangreich. Jeder muß selbst eine an seiner engeren Fragestellung orientierte Auswahl treffen. Dabei helfen die Artikel theologischer und philosophischer Nachschlagewerke.

(a) Im *biblischen Zusammenhang* bieten sich u. a. die regelmäßig herangezogenen Abschnitte Röm 1,18–32 und Apg 17,22–31 an. Rechnet *Paulus* in Röm 1,18–32 mit tatsächlicher Gotteserkenntnis unter den Heiden, oder stellt er sie als verlorene, als irreale Möglichkeit hin? Offensichtlich wird von Paulus nur der negative Aspekt, der Verlust dieser Erkenntnis, festgehalten. Anders der *Paulus,* wie *Lukas* ihn sieht: der bedient sich ohne Zurückhaltung des unbekannten Gottes der Athener als Anknüpfungspunkt seiner Missionspredigt. Aber er mutet den philosophisch interessierten Zuhörern dann die »skandalöse« Auferstehung zu. Zwei differierende Traditionen des Neuen Testaments selbst fordern zur Stellungnahme heraus.

Literaturhinweis

Zu diesen Zusammenhängen sollten am besten Kommentare befragt werden, so z. B.: *E. Käsemann:* An die Römer, 2. Aufl. Tübingen 1974.

(b) Die *Hochscholastik* (→ Ü 13) formte jenes kunstvolle System der Zuordnung von Natur und Übernatur, Natur und Gnade, auch Vernunft und Offenbarung, dessen inneres Band die Analogie darstellt. Zugleich ist dieses System auch Grundlage eines Erziehungssystems, eines Typus von kirchlicher Sozialisation. Die zentralen Aussagen beim größten mittelalterlichen Lehrer, *Thomas von Aquino,* sind umfangreich und spiegeln auch eine innere Entwicklung wider. Vielleicht sollte sich der daran Interessierte nach einer Vorinformation durch

Literaturhinweis

W. Kluxen, Art. »Analogie« I, in: Historisches Wörterbuch der Philosophie, Bd. 1, Darmstadt 1971, Sp. 214–227,
oder

Literaturhinweis

G. Söhngen, Art. »Analogie«, in: Handbuch theologischer Grundbegriffe, Bd. I, München 1970 (dtv 4055), S. 72–85,
einem kurzen Abschnitt einer Primärquelle zuwenden, etwa

Literaturhinweis

Alexander von Hales: Summa theologiae, hg. v. *B. Klumper,* Bd. I, Florenz (Quaracchi) 1924, Caput II,21: Utrum Deus cognoscatur per creaturam sicut per medium (Ob Gott mit Hilfe einer Kreatur als Vermittlung erkannt werden kann?). Diese Einweisung in das Problem natürlicher Theologie ist kürzer als die umfangreichen Ausführungen etwa bei *Thomas von Aquino.*

In Resp(ondeo) ad 1 (Antwort auf selbstgesetzte Einwände) tritt der entscheidende Gesichtspunkt heraus: Benennungen von Dingen kommen überein durch »univocatio«, d. h., nach Gattung, Art oder Zahl übereinstimmende Dinge werden mit demselben Begriff belegt. Dieser Vorgang ist nicht möglich, wenn von Substanz und Akzidens zugleich »Sein« ausgesagt wird. Denn ein Zugrundeliegendes (substantia), das in sich besteht, und eine daran hängende, zufälligere Bestimmung, die nicht in sich selbst besteht (accidens), haben weder Gattung noch Art, noch Zahl gemeinsam. Wenn trotzdem für sie das gleiche Verb »sein« als Prädikat einer Aussage benutzt wird, muß von *»Analogie«* die Rede sein. Denn die Beziehung der Substanz zum Sein und des Akzidens zum Sein ist dann *»analog«*. Und das, so *Alexander*, gelte auch von der Rede von Gott und von weltlichen Dingen. Wenn Gott »gut ist«, gilt das von ihm »per naturam« (seinem Wesen nach – er ist wesenhaft gut); wenn die Kreatur »gut« genannt wird, dann nur aufgrund ihrer Teilhabe am göttlichen Guten durch Analogie.

Wer mit einem kurzen lateinischen Text wie dem gerade empfohlenen Schwierigkeiten hat, findet umfangreichere Ausführungen, die auch übersetzt sind, bei *Thomas von Aquino*:

Literaturhinweis

De veritate 2,11; 2, 3 ad 4; 23, 7 ad 9.
Summa theologiae I,13, 5 und 6; I II^{ae} 20, 3 ad 3.

(c) In der *reformatorischen Theologie* wird das Thema endgültig strittig. Vor allem *Luthers* Äußerungen sind zwiespältig. Dabei hat er sich nicht auf die sprachtheoretische und ontologische Seite (Analogie-Diskussion) eingelassen, sondern sich auf die *inhaltliche* konzentriert. Seine Polemik gegen die aristotelische Schulphilosophie läßt ihn den Weg der Vernunft zu Gott vermittels der Analogie oder irgendwelcher ontologischer Rückschlüsse verneinen. Manchen positiv klingenden Aussagen stehen massiv negative gegenüber, etwa in der Auseinandersetzung mit *Erasmus von Rotterdam* in der Frage nach der Freiheit des Willens. Die Tendenz seiner Aussagen zielt dahin, ähnlich wie in Röm 1,18–32 von einer verlorenen, nicht aber einer realen Möglichkeit zu sprechen, weil ohne die in Christus angebotene Rechtfertigung der schlechte, versklavte Wille die Vernunft in seinen Dienst nimmt. Das hindert *Luther* nicht an einer positiven Bewertung der Vernunft in untergeordneten Angelegenheiten. Erst *Melanchthon* legt neue Grundlagen für eine Art natürlicher Gotteserkenntnis als Vorbereitung für offenbarte Gotteserkenntnis (wie das in der altprotestantischen Dogmatik dann entfaltet wird, → Ü 12).

Literaturhinweis

Einen Überblick vermittelt:
B. Lohse: Ratio und Fides. Eine Untersuchung über die Ratio in der Theologie Luthers, Göttingen 1957 (Forschungen zur Kirchen- und Dogmengeschichte 8), vor allem die S. 59–82.
Ein zentraler Text findet sich in »De votis monasticis« V, in: WA 8, S. 629 ff. (bzw. Werke in Auswahl, hg. v. O. *Clemen,* Bd. 2, 5. Aufl. Berlin 1959, S. 253 ff.).
Zur Weiterentwicklung der Diskussion in der altprotestantischen Theologie: *C. H. Ratschow:* Lutherische Dogmatik zwischen Reformation und Aufklärung, Teil II, Gütersloh 1966, S. 29–44.
Daß *Calvin* einer natürlichen Theologie entgegenkommt, aber sie zuletzt doch nicht als positive theologische Möglichkeit aufnimmt, zeigt der Anfang seiner »Institutio« (Institutio religionis christianae I,3).

(d) Eine letzte Vertiefung der Problemstellung könnte man in *Streitigkeiten unseres Jahrhunderts* suchen. Damit sind dann allerdings viele Stufen der Entwicklung übersprungen, vor allem die mühsame Auseinandersetzung protestantischer Theologie mit dem »Supranaturalismus« im Zeitalter der Aufklärung (Wunderkritik).

Mit unvergleichlicher Härte hat *K. Barth* einen Kampf gegen Spuren und Ansätze natürlicher Theologie geführt. Er richtete sich gegen mehrere Positionen. Zwei davon sollen ausdrücklich genannt werden: *einmal* gegen jene Versuche katholischer Theologen, das hochmittelalterliche Analogiedenken wieder zu beleben (besonders bei *E. Przywara*, der vor allem in KD I,1 – und öfter – zum paradigmatischen Gegner wird), weil sie nach *Barths* Sicht einen Weg vom natürlichen Menschen zu Gott spuren wollten und den wahren, den »ganz anderen« Gott in ein ontologisches System einrückten, das auch ihn letztlich übergreift.

Literaturhinweis

Hier genügt es, vor allem die Register zu KD I,1 zu sichten.

Zum andern bekämpfte er die »Deutschen Christen«, weil sie aus einer nicht auf Christus bezogenen sogenannten »Offenbarung« Gott erkennen und bestimmte politische Ordnungen theologisch legitimieren wollten (vor allem den »Volksnomos«), um dem nationalsozialistischen Faschismus den Weg zu bereiten. Von diesem Kampf waren u. a. die Erlanger Theologen *P. Althaus* und *W. Elert* mitbetroffen, weil sie gegen die mit Bestimmtheit an Christus orientierte Barmer Theologische Erklärung einen »Ansbacher Ratschlag« gerichtet hatten, nach dem sich Gott auch in den Ordnungen des Dritten Reiches und der Gestalt seines Führers als ordnende Kraft erwies – Gesetz vor dem Evangelium.

Noch heftiger wurde allerdings *Barths* Streit mit einem alten theologischen Kampfgefährten, *E. Brunner*, obwohl dieser Schweizer Theologe keineswegs auf der Seite der Deutschen Christen stand. *Brunners* Thema und Anliegen war die *»Anknüpfung«*: bei welchen Erfahrungen holen wir Menschen ab, wenn wir ihnen das Evangelium bringen? Korrumpiert nicht die Anknüpfung jene Infragestellung, die das Evangelium für jedes Selbstverständnis von Menschen bedeutet, war *Barths* kritische Anfrage.

Literaturhinweis

Dazu:

Die Bekenntnisse und grundsätzlichen Äußerungen zur Kirchenfrage, Bd. 2: Das Jahr 1934, Ges. v. *K. D. Schmidt,* Göttingen 1935, S. 92–95, 102–104.

K. Barth: Die Theologie und der heutige Mensch, in: Zwischen den Zeiten 8 (1930), S. 374–396.

Ders.: Nein! Antwort an Emil Brunner, ThExH 14 (1934), Nachdruck in: Dialektische Theologie in Scheidung und Bewährung 1933–1936, hg. v. *W. Fürst,* München 1966, S. 208–258.

Ders.: KD I,2, § 17 (Kritik der Religion, aber als Selbstkritik des Christentums).

H. U. von Balthasar: Karl Barth, Köln 1951, S. 174 ff.

E. Brunner: Die andere Aufgabe der Theologie, in: Zwischen den Zeiten 7 (1929), S. 255–276.

Ders.: Die Frage nach dem »Anknüpfungspunkt« als Problem der Theologie, in: Zwischen den Zeiten 10 (1932), S. 505–532.

Ders.: Natur und Gnade, Tübingen 1934, Nachdruck in: Dialektische Theologie in Scheidung und Bewährung (siehe oben), S. 169–207.

(2) Der vorwiegend synchrone Kontext des Problems

Der synchrone Kontext sollte zugleich eine Revision der Problembestimmungen einleiten, wie sie bisher aufgezeigt wurden:

Auch heute sind die hinter der Bezeichnung »natürliche Theologie« teils verborgenen, teils offen benannten Probleme nicht abgestorben. In der *gegenwärtigen Debatte* eröffnen sich u. a. folgende *Perspektiven*:

(a) Neuaufarbeitung des Problems in eher *theoretischer Orientierung.* Dabei zeigt es sich dann, daß Schul- und Generationsstreitigkeiten gern mit Hilfe eines negativen Etiketts »natürliche Theologie« ausgefochten wurden.

Literaturhinweis

Diese merkwürdige Geschichte zeigt auf:

Ch. Gestrich: Die unbewältigte natürliche Theologie, in: ZThK 68 (1971), S. 82–120.

(b) Entwürfe *theologischer Anthropologie* diskutieren, wie menschliche Selbsterkenntnis und offenbarungsbezogene Erkenntnis vom Menschen korrelieren bzw. nachträglich aufeinander bezogen werden können.

Literaturhinweis

E. Jüngel: Die Möglichkeit theologischer Anthropologie auf dem Grunde der Analogie, in: EvTh 22 (1962), S. 535–557.

M. Reding: Analogia entis et analogia nominum, in: EvTh 23 (1963), S. 225–244.

(c) Daneben kündigen sich andere, früher vielleicht nicht so brennende Fragen an, die einer theologischen Auseinandersetzung wert sind, so

– die *Bedeutung der Weltreligionen.*

Literaturhinweis

Z. B. bei *W. Pannenberg:* Wissenschaftstheorie und Theologie, Frankfurt a. M. 1973, S. 361–374.

– die Frage nach der *Begründung des Rechts*, vor allem in internationalen Zusammenhängen (z. B.: auf welcher Grundlage arbeiten Kirchen und nichtchristliche Gruppen zusammen: können sie ihre Arbeit z. B. auf der Grundlage naturrechtlicher Anschauungen integrieren und das sogar theologisch begründen?).

Literaturhinweis

Dazu z. B.: Frieden und Völkerrecht, hg. v. *G. Picht* und *C. Eisenbart*, Stuttgart 1973 (Forschungen und Berichte der Ev. Studiengemeinschaft 27).

– der *Dialog mit den Naturwissenschaften*:

Literaturhinweis

K. Müller / W. Pannenberg: Erwägungen zu einer Theologie der Natur, Gütersloh 1970.

In allen Fällen sind zwei Klippen zu meiden: die selbstmächtige Festsetzung allgemeiner Offenbarung auf der einen, die Verderbnis der Wahrheit Christi zu einem christlichen Besitzstand auf der anderen Seite. In beiden Fällen sind quantitative Aufrechnungen und Abgrenzungen die Folge. Schließlich gilt es auch, die Versuchung zu sehen und zu umgehen, Monopolansprüche auf die Wahrheit zu erheben.

Literaturhinweis

Nachbemerkung: Angesichts dieser Fragestellungen lohnt es sich, *K. Barth neu* lesen zu lernen, und zwar nicht von der als autoritär verdächtigten Lehre vom Worte Gottes, sondern von KD IV,3 her. Dort ist deutlich gesagt, daß Christus nicht der Besitz der Christen ist, sondern in seiner Gegenwart in der Kirche zugleich frei bleibt. Darum läßt er sich von sich aus (nicht von den Christen her!) nicht auf die im Neuen Testament bezeugte Offenbarung beschränken, sondern kann durchaus woanders am Werk sein (→ Ü 6, Kolumne 2.4).

4.6.3 Alternative Problemlösungen

Alternative Problemlösungen sind nun bereits zur Genüge angedeutet. Es sind

– *Barths »analogia fidei«* bzw. »analogia relationis« (die Entsprechung des Menschen im Glauben aufgrund göttlicher Vorgabe);

– *Schillebeeckx' Frage nach der Bedeutung alltäglicher Erfahrung* und der *stillen unprogrammatischen Bejahung des Lebens* (siehe oben S. 155). Ganz in der Nähe liegt *K. Rahners* Grundlegung des Hörens auf das Wort im offenen Sein des Menschen (vgl.: Hörer des Worts, neu bearb. v. *J. B. Metz*, München 1963 [auch als HerderTB 403]).

Literaturhinweis

– die evolutionäre *Integration der Sinnfrage des Menschen* in der Abfolge der Religionen, vor allem von der besonderen, zukunftsorientierten Stellung der Religion Israels her:

Literaturhinweis

W. Pannenberg: Wissenschaftstheorie und Theologie, Frankfurt a. M. 1973, S. 343 ff.

– *Barths* Lösungsversuche anticartesianisch (und in Anlehnung an *V. von Weizsäcker*) ausbauend: *Chr. Link:* Die Welt als Gleichnis. Studien zum Problem der natürlichen Theologie, München 1976.

Das gesamte Problem scheint sich dann so zuzuspitzen: werden wir der Gegenwart Gottes in Ordnungen und Gesetzmäßigkeiten schon vor der Offenbarung ansichtig, oder zeigt sie sich erst im Bereich des Natürlichen von der Offenbarung her (und inmitten der unauflösbaren Verborgenheit Gottes)? Mit anderen Worten: *welchen Zeitcharakter hat die Erfahrung weltlicher Wirklichkeit*, bezogen auf die Selbstkundgabe Gottes: verweist sie ex ante oder ex post auf den Schöpfer? Und was bewahrt Theologen vor willkürlicher Festsetzung von Strukturen?

4.6.4 Erneute Problembestimmung

Ein theologischer Urteilsgang vollzieht die Revision des Ausgangsproblems ständig. Sie zeichnete sich mit aller Deutlichkeit schon im Abschnitt 4.6.2 ab. Hier sollen die neuen Elemente noch einmal zusammengefaßt werden.

Offenkundig kann es nun nicht mehr um die Neubegründung klassischer Metaphysik (und das heißt, eines geschlossenen ontologischen Entwurfs, der Gott und Welt übergreift) gehen. Trotzdem bleiben Probleme, die solche Metaphysik und die mit ihr verbundene natürliche Theologie einst lösen wollte und auch für Jahrhunderte mit Antworten zufriedenstellte, etwa: wie verbinden sich *Exklusivität* und *Universalität der Offenbarung* angesichts der Fragen der vielen nichtchristlichen Religionen, wie werden Rechtsstrukturen und gesellschaftliche Ordnungsmuster sachgerecht beurteilt, die sich oft auf ein *Naturrecht* mit antiken – also vorchristlichen – Wurzeln berufen?

In jedem Fall wird es gut sein, nur eines der vielen zusammenhängenden Probleme ausdrücklich der Bearbeitung des Themas »Natürliche Theologie« zugrunde zu legen, um nicht in der Fülle des Stoffes unterzugehen.

4.6.5 Zur Entscheidung

Zur Entscheidung zwischen den verschiedenen Positionen, auch zur Bewahrheitung von Aussagen natürlicher Theologie, kann ein Studienbuch nur begrenzte Ratschläge geben. Kriterien einer Entscheidung müssen sich auf den jeweiligen *theologischen Grundentwurf* beziehen. Vor allem muß jeder, der sich mit dieser Frage befaßt, sich selbst klar darlegen, an welchen Normen und aus welcher Quelle sich für ihn theologische Erkenntnis bewährt. Beim Problemkreis der natürlichen Theologie steht vor allem zur Entscheidung, in welchem Maße theologische Erkenntnis Nachvollzug der in Jesus Christus geschehenen Offenbarung ist.

4.6.6 Überlegungen zur Bewahrheitung

Wer sich zu einer Entscheidung durchgerungen hat, kann seine Stellung zum Problem natürlicher Theologie durchaus im Rahmen einer *Fallstudie* bewähren. Denn daran, wie sich eine theologische Aussage in praktische Problemstellungen hinein entschlüsseln läßt, wird sich auch ihre Kraft erweisen. Darum ein Vorschlag: ein in jüngerer Zeit sich immer wieder den europäischen Kirchen aufdrängendes Problem stellt die Situation der häufig nichtchristlichen ausländischen Arbeiter dar (»Gast«arbeiter ist ein durch nichts ausgewiesener Euphemismus). Wie können es Kirchen und Gemeinden begründen, wenn sie zusammen mit nichtchristlichen Gruppen etwas zur Verbesserung dieser ausgebeuteten Menschen tun; wie bewahren sie dennoch darin ihre Identität als *christliche* Kirche (ohne apologetischen Zwang!)? Oder was könnte ein Theologe vor einer Kirchensynode sagen, wenn er einen Antrag unterstützt, für türkische Arbeiter einen islamischen Geistlichen aus Kirchensteuermitteln zu bezahlen? Beruft man sich dann auf ein Naturrecht, auf eine allen Menschen zugängige Offenbarung in Gestalt allgemeiner Religiosität oder das in Christus gestärkte und wiedergebrachte Gebot der Nächstenliebe (bereits in Lev 19,18b)?

4.6.7 Zusammenfassung

Das Problem natürlicher Theologie ist theoretisch durchdacht und ausformuliert worden, als eine christlich rezipierte aristotelische Phlilosophie es erlaubte, apologetische Ansätze, die in der alten Kirche schon lebendig waren, zu strukturieren. Die Metaphysik bot eine Ontologie an, deren Kategorien Gott und Welt gleichermaßen umspannten. Die Einwände der Reformatoren, vor allem *Luthers,* kamen aus einer neuen, realistischeren Einschätzung des Vernunftvermögens im Gegenüber zu Gott.

Im *20. Jahrhundert* wurde das Problem erneut aufgeworfen, als Theologen Offenbarung außer Christus in zweifelhaften, ja menschenverachtenden Strukturen entdeckten. Teile der evangelischen Theologie und Kirche konzentrierten sich nun mit unerhörter Entschiedenheit auf die Christusoffenbarung und bekämpften die Irrlehre, die neben ihm einen anderen Herrn (in Gestalt des Führers) mit beinahe religiösen Qualitäten belegte. Trotzdem zeigen sich vierzig Jahre nach dieser entscheidenden Konzentration auf Christus ungelöste Fragen. Sie melden sich im Wahrheitsanspruch der Religionen, in der Begründung universaler Rechtsstrukturen (Menschenrechte!), bei der Zusammenarbeit christlicher Kirchen mit nichtchristlichen Gruppen usw. Das alles verlangt nach theologischer Durchdringung, die zugleich Offenheit der Christen und Identität der sich auf Christus berufenden Kirche vereint.

Ein praxisnahes Problem bleibt auch, was als *»Anknüpfung«* diskutiert wurde: wie holen Christen Nichtchristen bei deren Erkenntnisstand ab, wenn sie christliche Aussagen und Überzeugungen weitergeben? Allerdings hat dieses Problem falsche Aspekte, weil es vorgaukelt, ein bereits handhabbarer Bestand an christlicher Wahrheit sei weiterzugeben und als sei die Weitergabe ein vorwiegend technisches Problem.

4.7 Zusammenfassung und anthropologische Nachbesinnung

4.7.1 Zusammenfassung von 4.1–4.6

Auch in den zur Gottesfrage hinleitenden Abschnitten bleiben die unter 4.0 genannten Problemstellungen zum Teil unbeantwortet – und das bewußt. Ein Arbeits- und Studienbuch stellt keinen Entwurf dar. Die Leitfrage fast aller hier versammelten Gesichtspunkte war das Verhältnis Gottes zu unsrer Wirklichkeit. Grob, ja holzschnittartig, ließe sich diese Leitfrage in das Problem auseinanderlegen, ob Gott zunächst aus dem *Allgemeinen* (z. B. natürlichen Strukturen, rudimentären Vernunfteinsichten) erkannt wird und sich hernach am Besonderen, der Offenbarung in Christus, definiert, oder ob Gott sich dort zeigt, wo er am wenigsten erwartet wird, in Jesus Christus, im Leiden und Tod eines Menschen. Dann würden erst von diesem *unableitbaren besonderen Ereignis* allgemeine Strukturen menschlicher Geschichte neu verstanden. Gottes Offenbarung bliebe für Menschen untrennbar mit Gottes Verborgenheit (Mt 27,46) verbunden.

Eine Gotteslehre im 20. Jahrhundert braucht sich nicht vor den vielen skeptischen, auch unter 4.0 angedeuteten Fragen zu verstecken, wenn sie den zweiten Weg wählt und als Herausforderung begreift, um damit einen neuen Zugang, ja einen neuen Begriff unabgeschlossener Wirklichkeit zu gewinnen. Schon in der Trinitätslehre sind solche Ansätze verborgen, weil sie in ihren manchmal geradezu paradoxen Sätzen *Geschichte* (als Medium der Offenbarung des Gottes Israels) und *Besonderheit,* ja Unableitbarkeit des Ereignisses Jesu Christi, mit deren Weiterwirkung im Geist verbinden will. Die Frage nach einem neuen Verständnis von Wirklichkeit kehrt im 20. Jahrhundert in Entwürfen der Gotteslehre nach dem Niedergang der Metaphysik, aber auch in der Frage nach der Schöpfung und im Problemkreis natürlicher Theologie wieder. Deswegen muß sich Gotteserkenntnis, *Bultmanns* Ansatz überbietend, nicht in einem neuen Verständnis der menschlichen Existenz, sondern auch einem neuen – nicht nur distanzierten – Verhältnis zur Welt des Menschen bewähren.

4.7.2 Anthropologische Nachbesinnung

Scheinbar am leichtesten lassen sich anthropologische Überlegungen an Gotteslehre und Schöpfungstheologie anschließen. Denn hier zeigen sich die älteren Dogmatiken in aller Regel am reichsten an Aussagen über den Menschen. Sie sprechen von des Menschen Schöpfung, seiner Gottesebenbildlichkeit, seinem Fall, dem Fluch der Erbsünde, den Aktualsünden; sie sprechen die Ordnungen des Zusammenlebens an – ob sie nun einen ursprünglichen Willen des Schöpfers (schon im Paradiese offenkundig) oder einen erhaltenden, das Chaos aus der Sünde eindämmenden Ordnungswillen Gottes erwägen. Einen Überblick, freilich oft schematisch und ohne fragende Phantasie, vermitteln die unter 1.8.5 genannten Kompendien und Repetitorien.

Die im Rahmen dieses Studienbuches oft herangezogene Dogmatik von *Hollaz* bezeichnet den Menschen sogar als den »Gegenstand«, der ihrer Theologie zugrunde liegt (»De *subiecto* theologiae, nempe de homine lapso seu peccatore ad Deum reducendo« [Examen theologicum acroamaticum II,I] – für den Gegenstand der Theologie, nämlich den gefallenen Menschen, den Sünder, der zu Gott zurückgeführt werden soll; das »subiectum« ist im Sinne des englischen »subject« oder des französischen »sujet« zu lesen, nicht hingegen im Sinne des autonomen Subjekts der deutschen philosophischen Tradition). Weil dieses Studienbuch Anthropologie nur als Thema der Anhänge zu den einzelnen großen Abschnitten aufgreift, ist der geschlossene Themenkreis der altprotestantischen Dogmatik bereits aufgebrochen. Das entspricht auch der *gegenwärtigen Problemsituation* viel mehr, versammeln doch Wissenschaften heute eine Fülle von Aspekten menschlichen Daseins, ohne sich einen einheitlichen Entwurf wirklich leisten zu können. Die Frage, wer der Mensch im ungeheuer ausgeweiteten Kosmos sei, kann nur im disziplinenübergreifenden Dialog behandelt werden.

Da bereits einige auf das Typische konzentrierte Ansätze erwähnt wurden (vgl. S. 58 f.), soll hier nur an Möglichkeiten *fächerübergreifender Theoriebildung* erinnert werden. Ansätze, die sich heute finden, weisen einen hohen

Grad an Abstraktheit auf. Vermutlich wollen eine Synthese humanwissenschaftlicher Ansätze finden:

Literaturhinweis

J. Habermas / N. Luhmann: Theorie der Gesellschaft oder Sozialtechnologie – Was leistet die Systemforschung?, Frankfurt a. M. 1971.

Auf äußerst vereinfachte Formeln gebracht tritt bei diesen beiden Kontrahenten folgendes *Grundmuster des Menschseins* heraus:
Luhmann: der Mensch ist Teilnehmer an sozialen Systemen, in denen er Sinn durch Auswahl (Selektion) aus einer unbegrenzten, chaotischen Fülle von Möglichkeiten findet. Aber nicht er selbst, das System (bzw. eines seiner Untersysteme) selegiert. Dahinter steht jene *Anthropologie des »weltoffenen« Menschenwesens,* das seine natürliche Ungesichertheit mit Hilfe selbstgeschaffener Institutionen bewältigt *(Gehlen).*
Habermas: Der Mensch entwirft als *Gattungswesen* eine *ideale Situation,* in der jeder mit jedem aufgrund gleicher Chancen sich vermittelt (Kommunikation). Alle bis jetzt erreichten gesellschaftlichen Zustände sind Mangelzustände, die zur Emanzipation drängen.
Die *Abgründigkeit menschlichen Seins* – gerade auch die Frage nach dem Bösen – wird in beiden Fällen eher an die Seite gedrängt als bewußt verarbeitet. Aber Spuren davon lassen sich nicht ganz verwischen: *Luhmann* würde sich sonst nicht auf Ordnung und Sinnstiftung so konzentrieren, wie das faktisch in seinen Schriften geschieht; *Habermas* nimmt immer wieder die Kategorie des »Leidens« aus der sogenannten Frankfurter Schule auf, aber unterstellt zunächst, daß Leiden durch Herrschaft allein verursacht werde. Was wird aus Entfremdung und Sinnlosigkeit, sollte eines Tages alle Herrschaft abgeschafft sein?
Neben diesen beiden Hauptvertretern neuester deutscher Sozialphilosophie wäre vielleicht auf den Versuch einer humanwissenschaftlichen Synthese zu verweisen:

Literaturhinweis

J. Piaget: Erkenntnistheorie der Wissenschaft vom Menschen, Berlin 1972 (Ullstein-TB 2950).

Nun gibt es für Theologen schwerwiegende Gründe, von der *Christologie* her anthropologische Fragen anzugehen (vol. 3.7.2!). Eine in sich feststehende Schöpfungstheologie ist, wie gezeigt, fraglich geworden. Deswegen ist an dieser Stelle ein Gesprächsangebot an die sog. Humanwissenschaften (zum Begriff vgl. 1.4.7!) am unsichersten. Was wesentlich wäre, ist bereits in 4.5 angeklungen:

- die Frage nach der *»Anknüpfung«*: Gibt es formale oder materiale Strukturen des Menschseins, die sich theologischen Argumenten und Aussagen als Grundlage anbieten?
- die Frage nach *Zielvorstellungen der Humanität*: Wo wäre der Schöpfungswille Gottes so offenbar, daß wir *heute* sagen können, wie sich unter unseren gesellschaftlichen Umständen das Ebenbild Gottes darstellen müßte?
- die Frage der *Beziehungen des Menschen zum Kosmos*: Ist das »dominium terrae« nach Gen 1,28–30 nur ein Motto, das Theologie den Prozessen des Verfügens und Veränderns der Natur durch den Menschen nachträglich zufügt? Bescheidet es sich, Legitimation darzustellen; oder sind die wichtigsten Entwicklungen der Menschheitsgeschichte (Säkularisierung, Modernisierung mit ihren Begleiterscheinungen, Industrialisierung, Imperialismus, Ausbeutung der Erde usw.) auch gerade von dieser Aussage her motiviert und freigesetzt worden? Ist der israelitisch-christliche Glaube am Ende gar der Ursprung der modernen (abendländischen) Welt?

5 Nachbesinnung (Zum Thema der sogenannten »Prolegomena«): Was einst zum Thema der Prolegomena gehörte und wie heute ein dogmatischer Entwurf einsetzen könnte

5.0 Einleitende Hinweise

Das Studienbuch hat den üblichen Gang von Dogmatiken umgekehrt und die anthropologischen Perspektiven, die gerade in heilsgeschichtlichen Abrissen zu finden waren, auseinandergenommen. Bei diesem Gang, der mit Aspekten der Lehre vom Geist einsetzt und zuletzt auf die Gotteslehre eingeht, wäre dann wohl am Schluß fällig, was üblicherweise am Anfang erscheint: aus den *Pro*legomena würden *Post*legomena. Sie sollen wenigstens noch andeuten, was von den Prolegomena (den Abschnitten, die sonst vor den eigentlichen Ausführungen zur Dogmatik erscheinen) zu erwarten wäre, denn »Prolegomena« am Schluß sind ein Widerspruch in sich. Überdies sind Elemente herkömmlicher Prolegomena in allen vorhergehenden Teilen eingeordnet. Auch die Einleitung (Teil 1 dieses Studienbuchs) bewahrte einige Themen auf, obwohl sie das übliche Schema dogmatischer Prolegomena nicht teilten wollte (vgl. vor allem 1.4 und 1.5).

Zunächst drängt sich die Frage auf, wozu Prolegomena nötig sein könnten. Die aufgeblähten Prolegomena der Dogmatiken des 19. Jahrhunderts können zu Recht Bedenken erwecken. Darin grenzen sich Autoren nach allen Seiten ab und bauen sich eine so sorgfältig geschützte Bastion, daß sie gelegentlich fast ihre eigentlichen Themen vergessen. Mancher Leser wird sich dann fragen, wann dieser oder jener Autor denn zur Sache kommen wolle, und ob er den Stoff, der dann folgt, nicht einer historisch sehr zufälligen Theorie, z. B. einer Religionstheorie, unterordne.

Trotzdem soll ein allzu kurzer *Überblick* zusammenstellen, was üblicherweise von den *Prolegomena der Dogmatik* zu erwarten ist.

(1) Die *Prolegomena einer altprotestantischen Dogmatik* umfassen fast regelmäßig eine *Definition von »Theologie«* und eine *Lehre von der Heiligen Schrift* als Basis und Richtschnur theologischer Erkenntnis (vgl. 5.1).

(2) Die *Prolegomena der Aufklärungsdogmatiken* und der des *19. Jahrhunderts* stützen sich häufig auf eine Religionstheorie. Sie kann *»spekulativ«* sein, d. h. aus der Selbsterkenntnis des den Menschen und die Welt umfassenden Geistes kommen; sie kann auch eine *Geschichtstheorie* darstellen und die Position des Christentums im Fortschreiten der Geschichte der Kultur und der Religionen aufzeigen. Sie kann *»transzendental«* sein, d. h. nach Bewußt-

seinsstrukturen suchen, die auch Religion begründen oder unentfaltet bereits enthalten, Strukturen, auf denen dann entfaltete Religion aufbaut (vgl. 5.2).
(3) Im *20. Jahrhundert* stellt sich die *Situation der Prolegomena diffus* dar. Im Zuge phänomenologischer Wissenschaftstheorie (Schlagwort: »zu den Sachen selbst«) hat *K. Barth* Offenbarung und Trinitätslehre – üblicherweise sonst Gegenstände ausgeführter Domatik – in die Prolegomena übernommen. *P. Tillich* hat seine Korrelationsmethode an den Anfang der systematischen Theologie gestellt (vgl. S. 120) (vgl. 5.3).
Wäre in unseren Tagen eine neuartige Dogmatik zu erwarten – bislang haben wir nur Variationen oder Kombinationen bewährter Muster –, würde sie in ihrer Einleitung vermutlich auch wissenschaftstheoretische Erörterungen bringen.

Das Thema der Prolegomena – darauf verweisen die voraufgehenden Stichworte – muß deswegen doch noch etwas gründlicher bedacht werden. Bevor das geschieht, ein zusammenfassender Satz: *Prolegomena* stellen eine Rechenschaft des Autors über Grund, Herkunft und Methode seiner theologischen Erkenntnis dar. Sie zeigen zugleich, wie er sie verantworten will und geordnet (»systematisch«) vorzustellen gedenkt.

Auf den Hintergrund dieser vorwiegend allgemeinen Gesichtspunkte sollen nun wenige Illustrationen zu den oben aufgezeichneten Stichworten 1–3 folgen:

5.1 Die Prolegomena der altprotestantischen Dogmatik

Die Situation der *Prolegomena in der altprotestantischen* Dogmatik analysiert ausführlicher

Literaturhinweis

C. H. Ratschow: Lutherische Dogmatik zwischen Reformation und Aufklärung, Bd. I, Gütersloh 1964.

Das Studienbuch bleibt jedoch bei dem Aufriß des *Hollaz* und zeigt nur wenige gewichtige Momente auf:
(1) Der *Aufbau der Theologie*:
»Theologie« hat vierfachen Sinn (hier aufgeführt vom weitesten zum engsten):
- allgemeines Wissen von Gott zu sein (auch Irrtümer sind eingeschlossen);
- *wahre Theologie* zu bedeuten;
- offenbarte Theologie, die den pilgernden Menschen zum ewigen Heil bringt, darzustellen;
- Lehre vom dreieinigen Gott zu sein.

Den zweiten dieser Begriffe gliedert *Hollaz* so auf:

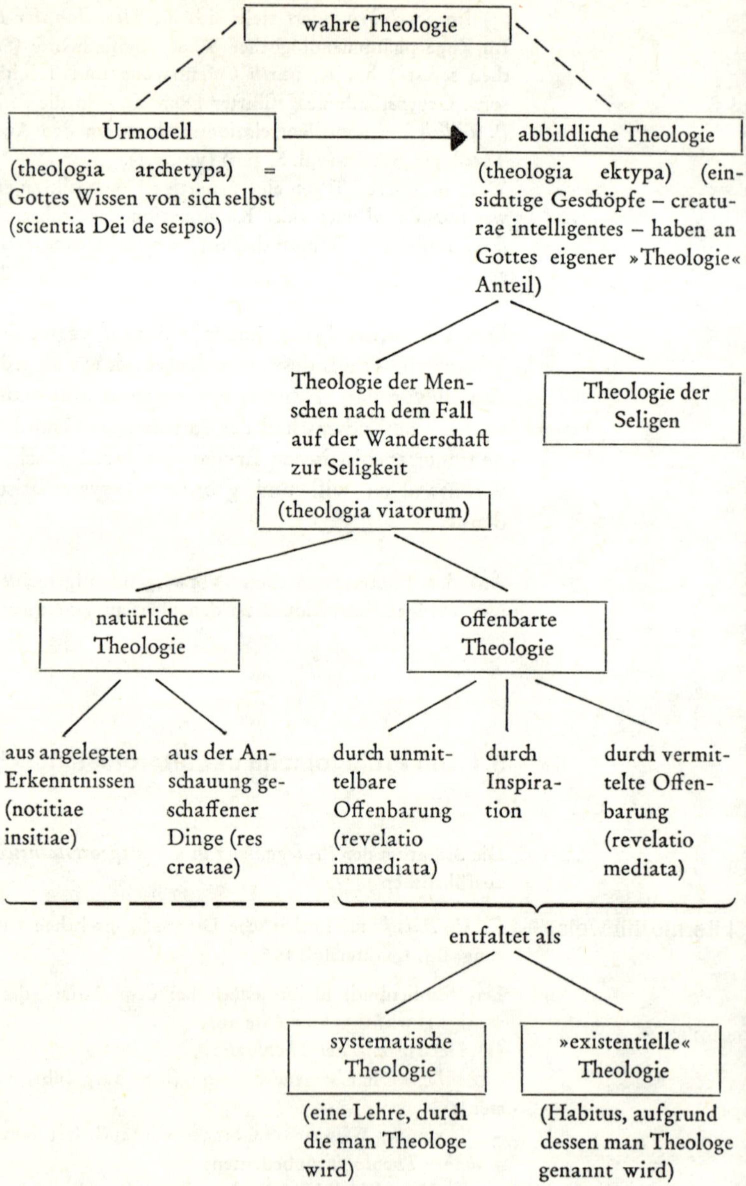

Die Gliederung mag heute künstlich, wenn nicht gar wunderlich erscheinen. Sie läßt Theologie zunächst einseitig intellektuell erscheinen: *sogar Gott weiß von sich selbst* (scientia!). Eine Seinsanalogie ist deswegen vorausgesetzt – wäre es anders, müßte der Dogmatiker überlegen, in welchem Sinne Gott überhaupt Selbstwissen beigelegt werden kann. Und doch zielt diese Aufgliederung auf einen besonderen Punkt: sie weist in der »systematischen« und in der »habituellen« Theologie (hier modernisierend auch »existentiell« genannt!) dem *Theologen selbst* und seiner Arbeit einen Ort an. Er tut sein Werk in der vielfach gebrochenen Entfaltung des Wissens Gottes, das – bei aller Verborgenheit, die hier zu kurz kommt – in mehrfacher Offenbarung bekannt werden kann. Wir haben hier deswegen nicht nur eine schulmäßige Analyse eines Begriffs, sondern eine theologische »Situationsdefinition« vor uns.

Als jene Bildung erstarb, aus der solche Differenzierungen erwuchsen, mußten neue direkte oder indirekte »Situationsdefinitionen« des Theologen an deren Stelle treten (z. B. in der Gestalt von Religionstheorien).

Um jedoch die altprotestantische Dogmatik nicht immer wieder dem Vorurteil auszusetzen, sie sei künstlich und einseitig intellektuell gewesen, soll doch ihr existentieller Gehalt noch einmal betont werden. Denn *Hollaz* selbst sieht diese mögliche Einseitigkeit und hält deswegen betont fest, daß Theologie vor allem *Weisheit (sapientia)* sei. Sie hat gerade ein praktisches Ziel: den Menschen zu lehren, wie er den Weg zum Heil findet. Über *Heil* und Heilsbedürfnis muß der Autor mit dem Leser seines Entwurfs sich in gewisser Weise schon einig sein. Sonst sind seine Analysen auf Sand gebaut.

Wie könnte man des *Hollaz* Anliegen in der heutigen wissenschaftstheoretisch gefärbten Diskussion (vgl. 1.4) wiederfinden? Wahrscheinlich in folgender Einsicht: Theologie braucht nicht um jeden Preis Wissenschaft zu sein, sie kann und muß auch Weisheit sein; so hat sie mit dem Glauben vieles gemeinsam – besonders dieses, daß sie *den Theologen in anderer Weise mit einschließt, als das bei anderen Wissenschaften mit deren Urhebern oder Verbreitern der Fall ist.* Vernunftfeindlichkeit kann dies nun weder in der altprotestantischen Periode noch heute bedeuten; denn auch für *Hollaz* bleibt Theologie eine Haltung aus vernunftbestimmter Einsicht (habitus intellectualis). Der Glaube aber wirkt mehr: er bewegt nicht nur die Einsicht, sondern auch den Willen.

(2) Nach *Hollaz* – und mit ihm der gesamten altprotestantischen Dogmatik – hat Theologie eine bestimmte *Arbeitsweise.* Sie *entnimmt der Heiligen Schrift bestimmte Sätze, Glaubensartikel,* und formuliert sie in der Übereinstimmung mit den Bekenntnissen der alten Kirche und der Reformation (für die lutherischen Theologen: der Konkordienformel). Diese Sätze lassen sich folgendermaßen aufgliedern:

reine Artikel	»vermischte« Artikel
= articuli puri: sie berufen sich ausschließlich auf göttliche Offenbarung und betreffen göttliche Geheimnisse, die unsere Vernunft übersteigen.	= articuli mixti: sie berufen sich auf zwei Lichter: das der Offenbarung und das der Vernunft.

Sie gliedern sich wieder in

Fundamentalartikel:	*nicht fundamentale Artikel:*
Wer sie nicht kennt, kann das Heil nicht erlangen. Substantieller Heilsgrund ist Christus (= fundamentum). Dogmatischer Heilsgrund ist jener Komplex von Aussagen, die Christus betreffen.	Sie können ohne Einbuße des Heils ignoriert werden (z. B. ob die Wasser über Himmelsfeste nach Gen 1 Wolken oder echte Wasser sind).

Die *Fundamentalartikel* gliedern sich wieder in

primäre Artikel — *sekundäre Artikel*

Sie sind notwendig, um Glauben zu erlangen und zu bewahren.

Sie

begründen den Glauben *(constituentes)*, d. h., sie erläutern die dem Glauben nächstliegenden Ursachen.	gehen dem Glauben voran *(antecedentes)*, d. h., sie erläutern die Voraussetzungen, ohne die das Fundament des Glaubens nicht ist.	folgen dem Glauben *(consequentes)*, d. h., sie betreffen Konsequenzen des Glaubens.

Einige dieser Artikel sind ῥητῶς, d. h. wörtlich, in der Schrift zu finden, einige sind allerdings nur der Sache nach in ihr enthalten, also aus ihren Aussagen zu folgern.

Nach Maßgabe dieser Gliederung vollzieht der alte Dogmatiker die *altkirchlichen Bekenntnisse* als Summen von Fundamentalartikeln nach. Ebenso beurteilt er die *Bekenntnisschriften* seiner Kirche. (Nach *Hollaz* sind das die sog. lutherischen Bekenntnisschriften, alles, was in der Konkordienformel von 1580 festgelegt worden ist und heute als »Die Bekenntnisschriften der evangelisch-lutherischen Kirche« [= BSLK] veröffentlicht ist; die Reformierten haben sich in dieser Weise – wie überhaupt die Ökumene – auf Bekenntnisschriften nie festgelegt). Daß diese Unterscheidungen und die von ihnen beurteilten und strukturierten Bekenntnissammlungen sogar politische Bedeutung hatten, zeigt die Tatsache, daß ein Dogmatiker es billigt, wenn politische Autoritäten von kirchlichen Amtsträgern eine Unterschrift unter die symbolischen Bücher verlangten. Hier war also ein Zustand politisch-kirchlicher Symbiose, der alles andere als die im 20. Jahrhundert ausgegebene starre Trennung der beiden Reiche widerspiegelte.

Literaturhinweis

Zu den Bekenntnissen und ihrer Entwicklung in der alten Kirche vgl. *J. N. D. Kelly:* Altchristliche Glaubensbekenntnisse, Göttingen 1972. Die kirchlichen Bekenntnisse selbst finden sich in den unter 1.8.7 genannten Werken und in der Sammlung von *Denzinger* (vgl. 1.8.8).

(3) Ein drittes umfangreiches Gebiet altprotestantischer Prolegomena stellt die *Prinzipienlehre* dar. Sie handelt von der *Heiligen Schrift*. Prinzip ist die Schrift, weil sie Anfang und Grund allen theologischen Denkens ist. Das ist nur möglich, weil die Heilige Schrift eine abgeschlossene Sammlung, den *Kanon*, bildet. *Hollaz* betont, daß die unmittelbare göttliche Offenbarung (vgl. S. 212) nur in den Dokumenten des Kanons zu finden sei. Nach seiner Feststellung habe die Vernunft der Menschen nur noch die Funktion, Empfangsorgan der in diesem Zeugnis aufbewahrten Offenbarung, nicht aber Träger unmittelbarer Offenbarung zu sein.

Prinzip der Schrift selbst ist der *dreieinige Gott.* Er bedient sich der Propheten und Apostel als seiner Schreibgehilfen und bewahrt deren Arbeit durch *In-*

spiration von Gegenständen (res) und Wörtern vor Irrtümern. Ja, der Heilige Geist schaffe sich auch einen neuen Stil: das Griechische des Neuen Testaments zeuge von besonderer göttlicher Weisheit und sei keineswegs eine weniger vollkommene Form als das klassische. Heute stellt sich uns die Lage anders dar: seit *Deissmanns* Forschungen spätestens wissen wir, daß neutestamentliches Griechisch eine volkstümliche Form dieser Sprache, die sogenannte Koine, ist (*A. Deissmann:* Licht vom Osten. Das neue Testament und die neuentdeckten Texte der hellenistisch-römischen Welt, 4. Aufl. Tübingen 1923). Das innere Zeugnis des Geistes, so der altprotestantischen Dogmatiker, trete auch heute noch jedem Leser entgegen, wenn er wiedergeboren sei und dem Heiligen Geist kein Hindernis in den Weg lege.

Literaturhinweis

Es versteht sich von selbst, daß diese Grundlegung einer Lehre von der Schrift nicht ohne *Polemik* gegen Abweichungen bestehen kann. So wendet sie sich gegen Strömungen, die lediglich eine innere Erleuchtung zum Ausgangspunkt theologischer Erkenntnis machen, vor allem jedoch gegen die römische Lehre, daß die Weitergabe der Schrift und ihr definitives Verständnis von der ungeschriebenen, im Lehramt verbürgten Tradition geleitet seien.

Angesichts der Kontroversen versteht man, daß die Schriftlehre dogmatischer Prolegomena zur *Selbstverteidigung der Kirche* gehören. Ein institutionelles Interesse ist an sie gebunden. Auch deswegen scheint die Wiederholung dieser Lehre heute undenkbar – und sie wird doch in einer völlig veränderten Situation wiederholt: *Fundamentalisten* verteidigen oft verbissen die Lehre von der *Verbalinspiration* der Schrift. Dabei lassen sie den Wandel der Bedingungen alter Schriftlehre außer acht: die ökumenischen Bemühungen um die Bibel – sie darf nicht länger Streitgegenstand sein –, die sprachlichen Erkenntnisse und die historisch-kritische Erforschung, zuletzt auch eine christologisch sehr gut zu begründende Betonung der Menschlichkeit biblischer Rede.

Literaturhinweis

Eine gemäßigte Form dieser Reaktion, von erwiesenen Einseitigkeiten historisch-kritischer Forschung motiviert, kommt zum Ausdruck bei *G. Maier:* Das Ende der historisch-kritischen Forschung, Wuppertal 1974

Kann eine genaue Repristination dieser Schriftlehre in einer gründlich veränderten Welt noch gelingen? Schließlich wäre dazu eine obrigkeitliche Kirche wieder einzuführen und die Aufklärung als geschichtliche Epoche zu leugnen. Weiter bleibt ein lebenspraktischer Gesichtspunkt zu bedenken: das altprotestantische Lehrsystem hatte eine praktische Zielrichtung (deren Intensität oben mit dem Stichwort der »Weisheit« – sapientia – angedeutet wurde): es wollte eine Sicherheit vermitteln, auf deren Grund es sich leben ließ (ein ähnlicher Gesichtspunkt kam bereits auf den S. 193 f. zur Sprache). *Sicherheit* scheint auch das treibende Motiv neuzeitlicher Fundamentalisten zu sein. Wie soll man darüber urteilen? Gut reformatorisch ist das wohl nicht, sieht doch *Luther* die Schrift nicht als lehrhafte Basis einer ideologischen Sicherheit, sondern als Quelle des Wortes Christi, das in Anfechtungen *Gewißheit* zuspricht. Gewißheit kann man nicht wie einen intellektuellen Besitz haben. Sicherheit scheint aber einem tiefen menschlichen Bedürfnis zu entsprechen, einem Bedürfnis, das sich gegen ein radikales Neuwerden menschlichen Lebens sträubt.

Der Typus von »Orthodoxie«, der sich heute in halb- oder ganz fundamentalistischer Manier auf die Schrift beruft, ist autoritär, er huldigt, um die Sprache der Sozialpsychologen zu gebrauchen, dem »Ethnozentrismus« (der Selbstbestätigung durch Abwertung anderer Gruppen) und ist – meist gegen den Geist der Bergpredigt – die dann auch ein Recht auf wörtliches Verständnis hätte! – voll von Freund-Feind-Schablonen. Und nicht nur das – es handelt sich nur um selektive Verwertung altprotestantischer Dogmatik; denn eine so starre, auf Sicherung bedachte Identität kann mit der Lehre von der Wiedergeburt (vgl. Übersicht 3) nichts gemein haben.

Literaturhinweis

Vgl. zu diesen Bemerkungen: *Th. W. Adorno u. a.:* Der autoritäre Charakter. Studien über Autorität und Vorurteil, Bd. 1 und 2, Amsterdam 1968 und 1969 (vor allem die S. 352 ff. des 2. Bandes). Diese Studie ist freilich historisch und in vielem überholt, der Wert ihrer Problemanzeige bleibt jedoch.
Ferner: Christentum und Militarismus, hg. v. *W. Huber* und *G. Liedke*, Stuttgart und München 1974 (Studien zur Friedensforschung 13). Auch hier kommt ein vermutlich sehr begrenztes, von den Autoren zusätzlich stilisiertes Syndrom von Kriegsbereitschaft und Fundamentalismus auf dem englischsprachigen amerikanischen Kontinent zur Sprache.

Allerdings sollten nicht nur die warnenden Indikatoren (Indikatoren sind Anzeichen, die auf ein komplexes Phänomen deuten) aus der Sozial- und Persönlichkeitsforschung beachtet werden. Denn das Thema der Heiligen Schrift braucht *neue theologische Gesichtspunkte.* Unter dem Einfluß historisch-kritischer Forschung hat sich die Bibel in eine Sammlung von Dokumenten einer vorderasiatischen Volksreligion und ihrer Abspaltungen aufgelöst. Schon im Neuen Testament gibt es unterschiedliche Traditionskreise, die miteinander so gut wie keine Berührung hatten. Und vor allem die Abgrenzung des Schriftkanons ist fraglich geworden, Auf welches Kriterium soll sie sich berufen? Denn warum soll der zweite Petrus-Brief im Neuen Testament stehen, wenn der erste Clemens-Brief viel früher, also der apostolischen Situation näher, verfaßt worden ist? Zu Recht wehren exegetische Wissenschaften die Verwertung der Bibel als eines Steinbruches dogmatischer Belegstellen ab – nicht immer mit Erfolg, denn auch neuere Dogmatik greift häufig sehr willkürlich in die Schrift hinein.
In die umgekehrte Richtung sind bis heute nicht allzu viele systematische Fragen gestellt worden. Wo hat sich Dogmatik schon aufgerafft, die stillen systematischen Voraussetzungen (die wissenschaftstheoretischen, philosophischen, theologischen Prämissen in den Methoden eingeschlossen) zu befragen, und zwar aus dem Gang exegetischer Arbeit heraus? Wie häufig Selbstbilder exegetischer Forscher auf ihre Arbeitsergebnisse Einfluß nahmen, ist oben angedeutet worden (vgl. S. 129). Im allgemeinen zeichnet sich heute eine Tendenz ab, das *reformatorische Sachkriterium »Verkündigung Christi«* (Kerygma) in die Mitte zu stellen und den Kanon biblischer Schriften entweder als pragmatische, relativ gelungene Lösung der frühen Kirche oder als Ausfluß der im Neuen Testament enthaltenen Selbstverkündigung Jesu zu deuten. Mit dem Alten Testaments als der »Bibel Jesu« hat man es dann weniger schwer.

Literaturhinweis

Zwei Beispiele können die Kanonsfrage vertiefen helfen: *E. Käsemann:* Exegetische Versuche und Besinnungen, Bd. 1, Göttingen 1960, S. 214–223.
H. Diem: Dogmatik. Theologie als kirchliche Wissenschaft. Handreichung zur Einübung ihrer Probleme, Bd. 2: Dogmatik. Ihr Weg zwischen Historismus und Existentialismus, 4. Aufl. München 1964, S. 171–208.

Nimmt man sich heute dieses Problems an, dann sind vermutlich zwei Gesichtspunkte festzuhalten: einmal gibt es einen nicht unpragmatischen *Konsens der Kirche,* welche Bücher der Bibel zuzurechnen sind. Dieser Konsens hat sich in der Geschichte des Christentums relativ bewährt. Zum anderen muß dieser Konsens heute im Zusammenhang des Glaubens *bewährt* werden, wenn er sich der Erkenntnis der Welt verbindet, sie annehmen hilft und Spuren neuen Lebens sucht (vgl. dazu S. 81 ff.). Dann spräche für die jetzige Auswahl bibli-

scher Schriften, daß man hinter ihrem Wortlaut zu allen Zeiten lebendige Sprechakte vernommen hat, die den Glauben zu Erkennen und Handeln in der Welt befähigt und zugleich Identität zugesprochen haben (als Sein in Christus).
Trotzdem werden zu verschiedenen Zeiten, in verschiedenen Strömungen und Ausprägungen des Christentums andere Zusammenstellungen der Schriften der Bibel schwerpunktartig gelesen werden. Man denke nur an die Bedeutung eines Textes wie Röm 13 in der Staatsmetaphysik lutherischer Kirchen oder an die leidenschaftliche symbolische Lektüre von Offb 13 und 17 f. in Zeiten der Christenverfolgung durch bestimmte Staaten. Oder auch an die Schlüsselfunktion des Briefes des Jeremia an die Verbannten (Jer 29) für die Zeit der mühsamen Einstellung der Christen auf den Staat der DDR. Fragen aus verschiedenen Situationen werden auch verschiedene Texte der Bibel für Trost (Vergewisserung) und Erkenntnis des Christseins wichtig machen. Kann es die Grundlagen des Glaubens erschüttern, wenn verschiedene Gruppen zu verschiedenen Zeiten *verschiedene Schwerpunkte in der Bibel* setzen? Wenn sie die besonders bevorzugten Texte lesen, um sich etwas Neues sagen zu lassen, wenn sie Christus als das neue Leben darin zur Sprache kommen lassen und sich nicht nur selbst bestätigen wollen, ist die Vielfalt des Lebens und Wahrnehmens theologisch gerechtfertigt. Aufgabe systematischer Theologie ist es, an diesem Punkt auszugleichen und zu korrigieren. Sie tut das, indem sie nach theologischen Kriterien fragt.
So geht evangelisches Christentum nicht unter, wenn es sich auf das »Evangelium« (Kerygma) *in* den Schriften der Bibel, vor allem des Neuen Testaments, bezieht und zugleich festhält, daß der Kanon des Neuen Testaments einen unscharfen Rand hat, an dem zweifelhafte Zeugnisse auf beiden Seiten stehen, die ebenso leicht hin- wie herüber wandern könnten: 2 Petr, Jak, aber auch 1 Clem.

5.2 Schleiermachers Religionstheorie

Mit dem Absolutismus, dem Merkantilismus, dem Vordringen des Bürgertums und der aufgeklärten Bildung, aber auch mit innerkirchlichen Prozessen (Pietismus, moralisches Christentum der Aufklärung) war die Möglichkeit, Prolegomena im Sinne altprotestantischer Theologie zu verfassen, dahin. Trotzdem haben sich manche ihrer Distinktionen gehalten und sind im konservativen Lager evangelischer Dogmatik im 19. Jahrhundert wieder belebt worden. Ob sie ein wahres Leben neu entfalteten, steht allerdings dahin. Bis in die Repetitorien und die Examina unserer Zeit bewahren manche der Formeln ihr zähes Nachleben. Nur der Glaube an die Verbalinspiration ist zu einer fragwürdigen Randerscheinung geworden. Offenkundig hat sich auch der Akzent von der »sapientia« auf die »scientia« verlagert und dogmatische Theologie im Kampf um das wissenschaftliche Überleben apologetisch bestimmt. Anders als einen Kampf um wissenschaftliche Identität wird man das *Anschwellen der Prolegomena* und die Einführung von Religionstheorien besonders im 19. Jahrundert kaum deuten können (einen ersten Eindruck vermittelt die Übersicht 2).

Literaturhinweis

Ein in Souveränität hervorstechendes Exempel bietet *Schleiermachers Glaubenslehre* (Der christliche Glaube nach den Grundsätzen der Evangelischen Kirche, hg. v. *M. Redecker*, 7. Aufl. Berlin 1960, Bd. 1 und 2). Ihre Anfangsparagraphen sollte jeder Theologe einmal gründlich durchdacht haben.

Schleiermacher, der in seiner Erstlingsschrift an die »Gebildeten unter den Verächtern der Religion« appellierte ([Reden] Über die Religion, Hamburg 1958 [Philosophische Bibliothek 255]), entwickelt einen Begriff von Frömmigkeit, der zunächst auf alle Religiosität zutrifft und selbst ein Element der Religionsphilosophie darstellt.

Frömmigkeit als umfassendes *»Gefühl«* übergreift und eint Handeln und Wissen; das *Handeln* tritt aus der Beschränkung einfacher Subjektivität heraus, es will sich an Objekten bewähren; das *Wissen* steht zwischen der Bewegung der Frömmigkeit nach innen und der des Handelns nach außen. *Schleiermachers* »Gefühl« darf nicht einseitig emotional aufgefaßt werden, es erschöpft sich nicht in flüchtigen Regungen, sondern repräsentiert eine Art *»Grundbefindlichkeit«*. Ob sich der Mensch nun überwiegend aktiv (selbsttätig und der Dingwelt gegenüber frei) oder überwiegend passiv (empfangend und abhängig – wir würden sagen: determiniert) begreift: beide Seiten des Lebens werden durch dieses übergreifende Gefühl verbunden, das *»schlechthinnige Abhängigkeitsgefühl«* (Glaubenslehre, § 4). Darin ist, wie der § 32 sagt, *Gott* schon mitgesetzt als absolute ungeteilte Einheit, die unsere eher freien und auch unsere eher determinierten Lebensvollzüge mitträgt. Darum darf »schlechthinnige Abhängigkeit« nicht als universale – vielleicht gar mechanistische – Determination mißverstanden werden.

Denkt *Schleiermacher* in den Mustern »natürlicher Theologie« (vgl. 4.6)? Im engeren Sinn gewiß nicht; denn *Schleiermacher* kennt keine feststehende Struktur des frommen Selbstbewußtseins, auf der theologische Erkenntnis beständig aufbauen könnte. Er kennt nur verschiedene geschichtliche Ausprägungen, die sich – stufenweise aufeinander aufbauend – entfalten, bis der *Monotheismus* als höchste Form heraustritt. Jede geschichtliche Glaubensgestalt ist individuell und unableitbar. Wenn nun eine Religion diese Entwicklung voraussetzt und selbst auf die Vollendung zielt (auf das »Reich Gottes«), ist sie teleologisch oder zielbestimmt. Beides macht die besondere Stellung des Christentums aus: *monotheistische Glaubensweise der teleologischen Richtung* zu sein (§ 11).

Stoff und Methode der Glaubenslehre *Schleiermachers* sind am frommen Selbstbewußtsein ausgerichtet. Der eine Teil der Glaubenslehre behandelt die Unfähigkeit zum schlechthinnigen Abhängigkeitsgefühl, der andere die Zubereitung und Fähigkeit dazu. Alle überlieferten dogmatischen Lehren ordnen sich diesem Schema unter; Trinitätslehre und Eschatologie treten zurück.

Weitere Gesichtspunkte zu *Schleiermachers* »Glaubenslehre« muß ein intensives Eigenstudium erschließen. Eine mögliche Stellungnahme kann hier nur angedeutet werden. Einerseits hat *Schleiermacher* einen wichtigen Gesichtspunkt festgehalten: Frömmigkeit äußert sich in *individuellen* Gestalten. Werden sie auf eine »Quersumme« verrechnet, geht ihre Konkretheit in der Abstraktion unter. Eine inhaltsvolle Religionstheorie kann er nur als lebendige Geschichte entfalten. Der universale Anspruch von Theorie tritt darin zurück. Prolegomena von Dogmatiken, die eine ausgefeilte, strukturelle Religionstheorie an den Anfang stellen, haben sich dann auch von *Schleiermachers* Ansatz nicht unerheblich unterschieden. Trotzdem gilt *Schleiermacher* nicht zu Unrecht als Vater des *Neuprotestantismus* (→ Ü 16): er betont das Individuum, stellt Religion in den Rahmen von Kultur und Kulturschaffen der Individuen und analysiert das Christentum als einen unableitbaren, aber doch den Reichtum der Religions- und Kulturgeschichte in sich versammelnden Sonderfall: die höchste Form von Religion.

Deswegen wäre dieser Ansatz zu befragen, ob der Gedanke fortschreitender religiöser und kultureller Entwicklung eine reale Basis hat. *Schleiermachers* Ansatz hängt mit einem Entwurf von *Geschichte* zusammen, in dem sich Subjekt und Objekt, Mensch und Natur fortschreitend einigen. Wenn Entwürfe dieses Charakters keine reale gesellschaftliche Basis haben, schlagen sie in Ideologie um. Dann rechtfertigen sie häufig versteckte partikulare Interessen, die nicht mehr dem Ganzen dienen, das doch *Schleiermacher* selbst im Sinn hatte. Auch ihr Gegenteil, der Kulturpessimismus, ist dann nicht fern; er ist der mitwandernde Schatten des manchmal zu sorglosen Fortschrittsoptimismus. In der Gestalt O. *Spenglers*, ein Jahrhundert später, bezeichnet er das Ende selbstgewissen bildungsbürgerlichen Fortschrittsbewußtseins.

Neben allen kritischen Gesichtspunkten verdient festgehalten zu werden, daß *Schleiermacher* einen wichtigen Gedanken konsequent herausgestellt hat: jene Einheit und Ganzheit des schlechthinnigen Abhängigkeitsgefühls läßt sich nicht vergegenständlichen. Sie schwebt vor und in allen Lebensvollzügen, geht aber nicht in ihnen auf. Das trennt *Schleiermacher* von allen ideologisch gefärbten Religionstheorien, die Religion unmittelbar irgendwelchen Interessen verfügbar machen wollten. Seine Stärke lag sicherlich auch in seinem Kritikvermögen und seiner umfassenden Bildung, die es ihm z. B. erlaubte, der Versuchung umfassender idealistischer Systemkonstruktionen zu widerstehen. Er wollte nicht die Welt und das endliche Bewußtsein in einen absoluten Geist empor- und aufheben, sondern im Bewußtsein der Bescheidung eine unauflösbare *Polarität von Denken und Sein, Gott und Welt, Subjekt und Objekt* im endlichen, gegenwärtigen Vollzug des Erkennens festhalten.

Schleiermacher hat seine Aktualität nicht verloren. Das zeigen z. B. *K. Barths* lebenslange Auseinandersetzungen mit ihm. Das erweist auch die gegenwärtige Debatte um *»Religion«*; denn nach den primär auf die Gesellschaft ausgerichteten theologischen Fragen der sechziger Jahre werden Individualität, Innerlichkeit und Gewißheit wieder zu den vorrangig diskutierten Themen.

Literaturhinweis

Als Beispiel einer von heimlicher Anziehung und offener Kritik gezeichneten Auseinandersetzung vgl.: *K. Barth*: Nachwort. Zu: *Schleiermacher* – Auswahl, München und Hamburg 1968 (GTB Siebenstern 113), S. 290–312.

5.3 Prolegomena im 20. Jahrhundert

Als »Religion« tatsächlich ein Bestandteil bürgerlichen Lebensvollzugs geworden war (unbeschadet der Kirchenferne vieler Bürger etwa der Gründerzeit, aber auch des Nationalsozialismus) und damit die *Marx-Engels*sche Religionskritik – unfreiwillig – noch bestätigt wurde (der Bourgeois ist privat human und religiös, im alltäglichen, im ökonomischen Leben ahuman und ausbeuterisch), hat die sog. *dialektische Theologie* (→ Ü 17) im Namen der Freiheit Gottes dieser Art von Religion widersprochen. Denn sie war nicht mehr das Korrelat des schlechthinnigen Abhängigkeitsgefühls (das ja menschlicher Verfügungsgewalt entzogen sein sollte), sondern Überbau bürgerlichen Selbstwertgefühls und Kulturschaffens. *Barth* und seine Mitstreiter betonten den freien Gott, der menschlichem Kulturschaffen (Kulturprotestantismus!) als »Krisis« entgegentritt und als Unruhe alle Aktionen der Gesellschaft durchzieht. Prolegomena konnten nun nicht mehr – wie manchmal im 19. Jahrhundert – abgeschliffene Religionstheorien wiederkäuen, obwohl es das immer noch gab.

Literaturhinweis

Als abschreckendes Beispiel: *G. Wobbermin:* Systematische Theologie nach religionspsychologischer Methode, Bd. 1–3, Leipzig 1913–1925.

Nun mußten Prolegomena zur Sache selbst schreiten und das christliche Subjekt von Selbstbespiegelung abhalten. Die Übersicht 5 zu *Barths* Christologie versucht, in der ersten Kolumne einige Gesichtspunkte seiner leider sehr schnell zum Gebrauchsgut heruntergekommenen Lehre vom Wort Gottes festzuhalten.

Sie zeigt, daß Dogmatik – als kritische Selbstprüfung der Kirche definiert – die Rede der Kirche von Gott immer auf die Wahrheit des fleischgewordenen Gottes, Jesus Christus, zurückbezieht. Deswegen hat bei *Barth* das *offenbarte Wort* vor dem geschriebenen Vorrang – eine wesentliche Differenz zur altprotestantischen Lehre von der Heiligen Schrift –, das geschriebene wieder vor dem verkündigten. Erkenntnis des Wortes ist *Anerkennung.*

Damit das offenbarte Wort nicht vom Kirchenbetrieb vereinnahmt werden kann, wird es mit Hilfe der *Trinitätslehre* gesichert. Sie sagt, in gröbsten Umrissen, daß Gott nicht ruhender Gegenstand oder metaphysisches Prinzip ist, sondern daß von ihm nur die Rede sein kann, weil er sich selbst offenbart und, indem er sich in seiner Offenbarung den Menschen mitteilt, doch derselbe und in sich bleibt. Erst darauf folgt in den Prolegomena der Dogmatik *Barths* die Lehre von der Schrift. Auch nach diesem Entwurf des 20. Jahrhunderts ist sie inspiriert, weil sie sich unter dem besonderen Gehorsam der ersten Zeugen formte. Aber die altprotestantische Verbalinspiration kehrt nicht wieder.

Es gibt wohl keinen Theologen des 20. Jahrhunderts, der seinen eigenen Denkansatz in seiner eigenen Zeit zusammen mit dem Widerspruch zur eigenen Epoche so konsequent entfaltet hat, daß er schon in den Prolegomena *zur Sache selbst* schritt. Deswegen kann der Leser *Barths* Verhältnis zur eigenen Zeit nur indirekt erschließen, sie war nicht sein primärer Gegenstand. Hin und wieder äußert es sich in Polemiken (z. B. gegen den eben erwähnten *Wobbermin).*

Literaturhinweis

Zu den gerade ausgeführten Abschnitten sind durchgängig die Bände I,1 und 2 der Kirchlichen Dogmatik *Barths* zu vergleichen.

Repräsentativer für gegenwärtiges dogmatisches Denken ist wahrscheinlich *P. Tillich* mit seiner systematischen Theologie, an deren Anfang eine stark von der Philosophie des deutschen Idealismus und des Existentialismus geprägte Analyse der Frage des Menschseins steht. *Tillich* hört den Menschen des 20. Jahrhunderts vor allem durch den Mund seiner Sprecher, der Philosophen, Fragen stellen, die nicht nur intellektuelle, sondern existentielle Antworten brauchen. Diese Fragen bezeichnen den einen Brennpunkt jener Ellipse, der *Tillich* seine Korrelationsmethode vergleicht. Den anderen Brennpunkt setzt *Tillich* an der Selbstmanifestation Gottes. Sie erst zeigt, was die Fragen in Wahrheit suchen, und sie gibt Antwort, indem sie zu neuem Leben Mut macht. *Tillich* hat in der Periode seines Denkens nach dem Ersten Weltkrieg dem Sozialismus, später dem Existentialismus verborgene religiöse Fragen unterlegt. An diesen Fragen könnte sich schließlich erweisen, wie schnell sein Ansatz veraltet. Viele, die heute das Stichwort der »Korrelation« in den Mund nehmen, haben vermutlich eine gegenüber *Tillichs* Absichten weniger präzise Methode daraus gemacht, obwohl niemand *Tillich* nachsagen kann, daß er nicht weitherzig in der Aufnahme und Theologisierung philosophischer, religiöser und anderer Themen gewesen sei.

5.4 Dogmatik in den siebziger Jahren unseres Jahrhunderts

Zum Abschluß soll das Studienbuch die Frage streifen, wie eine Dogmatik der siebziger Jahre dieses Jahrhunderts aussehen könnte. Da sie bis jetzt noch nicht in Sichtweite ist – sieht man von manchen Nachahmungen bewährter Ansätze ab –, kann die Frage ein wenig spekulativ erscheinen. Wenn sie sich nicht darauf beschränkte, den bekannten Stoff noch einmal – vielleicht hier und da mit einigen originellen Ansätzen garniert – darzubieten, könnte sie z. B. wissenschaftstheoretisch oder fundamentaltheologisch ansetzen:

Literaturhinweis

Vgl. dazu: *G. Ebeling:* Erwägungen zu einer evangelischen Fundamentaltheologie, in: ZThK 67 (1970), S. 479–524.
Ferner: *W. Joest:* Fundamentaltheologie. Theologische Grundlagen- und Methodenprobleme, Stuttgart 1974.
W. Pannenberg: Wissenschaftstheorie und Theologie, Frankfurt a. M. 1973.

Die *praktische und weisheitliche Ausrichtung* der alten Dogmatik scheint damit fast verloren zu sein. »Theorie« wird zudem – gerade weil sich Theologie an den Rand der Wissenschaften gedrängt und von denen nur wie eine unter Denkmalsschutz stehende Seltenheit geduldet sieht – zum Modewort, hinter dem sich mancher nicht genannte verschämte Anspruch verbirgt. »Theorie« scheint darum häufig helfen zu sollen, eine tiefe Identitätskrise der Theologie zu bewältigen: möchte sie, gerade als Dogmatik, nun um jeden Preis Wissenschaft sein?
»Theorie« ist jedoch etwas Vielfältiges. Nach *Aristoteles* ist sie Selbstanschauung des unbewegten, der Welt entzogenen Gottes (als Prinzips). Nach »wissenschaftstheoretischen« Ansätzen stellt sie einen Zusammenhang von wissenschaftlich erhärtbaren Sätzen und Einsichten dar, die in einem ausgewiesenen Zusammenhang zueinander stehen. Sie geben einer oder mehreren Wissenschaftsdisziplinen Struktur. Vielfach wird die Abstraktionsstufe der Mathematik als Ideal einer theoretischen Grundlegung von Wissenschaften angesehen. Aber einem Theologen wird das Problem von Abstraktion und Konkretheit noch andere Schwierigkeiten bereiten, weil theologische Wahrheit *konkret* sein will – Jesus Christus, Gott als Mensch, soll ja ihre Mitte sein.

Literaturhinweis

Gezielte Fragen hat bereits der Religionsphilosoph *H. Scholz* am Anfang der dreißiger Jahre an *K. Barth* (u. a.) gestellt: Wie ist eine evangelische Theologie als Wissenschaft möglich? (urspr. 1931), in: Theologie als Wissenschaft, hg. v. *G. Sauter,* München 1971, S. 221–264.

Auch könnten neue dogmatische Entwürfe mit so starkem wissenschaftstheoretischem Impuls in die Gefahr kommen, den Urheber, den konkreten Theologen, so an den Rand zu drängen, daß der Schein wissenschaftlicher Distanz entstünde. Die Intersubjektivität exakter Wissenschaften kann dann aber nicht ihr Ideal sein, wenn sie ernsthaft zeitgebundene Rede eines endlichen Menschen bleiben will. Vermutlich wird angesichts mancher gegenwärtiger Bemühungen eine Rückkehr zu *K. Barth* nicht lange auf sich warten lassen. Genauso kann aber *Schleiermachers* Ansatz noch einmal neues Interesse entfachen. Viel entscheidender wird aber sein, ob alte Denkansätze nur wiederholt werden oder ob sie sich durch neue Erfahrungen und in der Auseinandersetzung mit Fehlern und Mißverständnissen, von denen sie begleitet waren, in neue dogmatische Wege verwandeln. Einen bescheidenen Beitrag wollte die Einübung in verantwortetes dogmatisches Urteilen in diesem Studienbuch darstellen.

5.5 Nachtrag

Viele Themen der Prolegomena sind nur ungenügend angedeutet worden. Im Blick auf sie wird wieder auf einige kurze Dogmatiken oder Kompendien verwiesen, die weitere Information geben können.

Literaturhinweis

Themen	*O. Weber:* Grundlagen der Dogmatik	*H. Ott:* Antwort des Glaubens	*W. Trillhaas:* Dogmatik	*H. J. Kraus:* Reich Gottes ...	*H. G. Pöhlmann:* Abriß ...
Offenbarung	I,184–195	Art. 5		I,1,8; II,1–4	27–38
Schrift (vor allem affectiones scripturae)	296–316		75–79	I,2,1–3	42 f., 48
Altes und Neues Testament	316–341	Art. 3	84–96	I,2,4; I,5,5; II,1,5	47–48
Kanon der Schrift	274–296		75–79	I,2,5	45–46, 51–52
Bekenntnis	38–43		46–48	I,6,4	

6 Hinweise zu den Übersichten (in beiliegender Mappe)

Die *Übersichten in der beiliegenden Mappe* sind als Arbeitshilfen gedacht, die teils dem Text des Studienbuchs unmittelbar, teils aber nur mittelbar zugeordnet sind.

6.0

Von allen Übersichten gilt, daß die in sie aufgenommenen Gesichtspunkte eine rigorose Auswahl darstellen. Mit einem gewissen Recht kann jeder, der sie benutzt, Lücken bemängeln.

6.1 und 6.2

Die *Übersichten 1 und 2* wollen Inhalt und Aufriß einiger systematisch-theologischer Entwürfe skizzenhaft aufzeigen. Die notwendigen Erläuterungen dazu finden sich im Teil 1.9 des Studienbuchs.

6.3

Die *Übersicht 3* zeigt den Aufbau des sog. »ordo salutis« nach dem »Examen theologicum acroamaticum« des spätorthodoxen lutherischen Dogmatikers *D. Hollaz.* Sie soll die Arbeit des Abschnitts 2.1, aber auch der folgenden Abschnitte begleiten. Deutlich wird anhand dieser Übersicht, daß die zentrale Aussage reformatorischer Theologie, die Rechtfertigung des Sünders durch Gott, sehr schnell in einen anthropologischen Aufriß und einen »religiösen Sozialisationsprozeß« eingebettet wurde (vgl. besonders die Kolumne 5 im Verhältnis zu den anderen!). Zunächst mag es als unnötig erscheinen, daß ein Studienbuch des 20. Jahrhunderts sich solcher Subtilitäten annimmt. Aber bis heute tradieren Dogmatiken Aspekte und ausgewählte Begriffe dieses Systems fort. Wenn es um eine wirkliche Neuaneignung der Rechtfertigungsaussage geht, muß der gesamte anthropologische, eine verborgene Sozialisationstheorie des Christen einschließende Kontext kritisch bedacht werden.

6.4

Die *Übersicht 4* soll helfen, wenigstens die Grundentscheidungen altkirchlicher Christologie (und damit verbunden die Grundentscheidungen der Trinitätslehre) anzudeuten. Wer sie durchdenkt und sie sich etwa mit Hilfe des Buches von *A. Gilg:* »Weg und Bedeutung der altkirchlichen Christologie« konkreter vor Augen führt, wird bemerken, daß jede christologische Position ihre Einseitigkeit bereits in sich trug und geradezu dogmatische Weiterarbeit erzwang.

Die Übersicht dient vor allem der Verdeutlichung der Abschnitte 3.1 und 3.2.

6.5

Die *Übersicht 5* rafft die Gesichtspunkte altprotestantischer Christologie (in ihrer lutherischen Variante) in wenigen Gesichtspunkten zusammen. Da die wichtigsten Termini immer wiederkehren (bis in die Christologien des 20. Jahrhunderts hinein), sollte diese Übersicht nicht nur den Abschnitt 3.1, sondern auch den Abschnitt 3.4 und die Arbeit mit den folgenden Übersichten begleiten.

6.6–6.10

Zum Gebrauch der *Übersichten 6–10* ist bereits auf S. 117 das Notwendigste gesagt. Damit sich der Leser nicht einzelne dogmatische Topoi oder Meinungen aneignet, sondern die Strukturen christologischer Entwürfe der Gegenwart und deren Konsequenzen für die Gotteslehre kennenlernt, sollte er nicht nur den Text der einzelnen Kolumnen zur Kenntnis nehmen, sondern die Anlage und die verschiedenen Interpretationen der ausgewählten Entwürfe von Übersicht zu Übersicht vergleichen.

6.11 und 6.12

Die *Übersichten 11 und 12* greifen noch einmal auf eine altprotestantische Dogmatik zurück, um die Terminologie der Schuldogmatik einprägsam vorzuführen. Damit auf diese Weise nicht der Fehler der mit altprotestantischen Formeln gesättigten Repetitorien wiederholt wird, haben beide Übersichten den Stoff nicht gleichmäßig gestrafft. *Übersicht 11* führt in ihrer rechten Kolumne den »usus practicus« der Lehre von den Attributen Gottes vor. Sie tut das bewußt, um der alten Dogmatik den Geruch zu nehmen, sie sei bloßes Spiel mit toten Begriffen gewesen. Jeder Leser der Übersicht muß sich dann fragen, was heute der »usus practicus« einer Lehre von Gott ist; dann mag er entscheiden, was aus der dogmatischen Terminologie seiner Entscheidung dienen kann.

Übersicht 12 hat in ihrer vierten und fünften Kolumne (von links) einmal extensiv die Argumentationsweise eines alten Dogmatikers vorgeführt. Auch das haben die Repetitorien des 19. und 20. Jahrhunderts unterschlagen. Wer diese beiden Spalten studiert, kann erst ermessen, wie schwierig der biblische Rückbezug dogmatischer Lehre nach dem Zerbrechen der Schulphilosophie (die hier Ordnung schafft) und nach dem Sieg der historisch-kritischen Exegese ist. Gegenwärtige Dogmatik wird deswegen vielmehr auf die Wirkungsgeschichte biblischer Überlieferungen und auf die Problemgeschichte der Selbstartikulation des Christentums im Laufe der Jahrhunderte Rücksicht nehmen müssen. Wie läßt sich dann Trinitätstheologie treiben?

6.13–6.17

Die *Übersichten 13–17* versuchen, einen sehr oberflächlichen Überblick über die Theologiegeschichte seit dem Mittelalter zu vermitteln. Das ist notwendig, weil nicht für alle Epochen mehr hinreichend informative Werke zur Verfügung stehen, die auch einen neueren Forschungsstand spiegeln oder nicht nur von Sonderinteressen geleitet sind.

Daß die alte Kirche nicht mit einer Übersicht vertreten ist, läßt sich mit der Übersicht 4 entschuldigen.

Die *Übersichten 13, 14 und 15* nennen wichtige Theologen mit ihren Lebensdaten im Rahmen einer bestimmten theologischen Richtung. In aller Regel wird auch ein Hauptwerk von systematisch-theologischem Interesse (oft in

Kurzform) notiert. Nicht immer werden allen Lesern die Schulbezeichnungen geläufig sein. Definitionen des »Arminianismus« oder der »Neologie« oder anderer Richtungen mögen den Nachschlagewerken entnommen werden. Sie hätten die Übersichtlichkeit gestört.

Mit der *Übersicht 16* wurde es notwendig, stärker exegetisch oder historisch ausgerichtete Theologen zu berücksichtigen. Deswegen ist häufig ein Name ohne ein Werk zu finden; und bei manchem Theologen ist zwar ein systematisch-theologisches Werk notiert, aber ein wichtigeres, nicht systematisches, unterschlagen.

Wie wenig eindeutig häufig Zuordnungen zu Schulbildungen sind, zeigen die Überschneidungen der Felder, etwa halblinks in der Mitte von Vermittlungstheologie, spekulativer und freier Theologie. Einige Theologen können mehreren Denkrichtungen zugerechnet werden. Die *Übersicht 16* hat dazu wichtige kirchliche oder theologische Zeitschriften notiert, die seit dieser Zeit aufblühen und die Arbeit bestimmter theologischer Gruppierungen repräsentieren.

Die *Übersicht 17* endlich wählt einen anderen Weg, um mit einigen ausgewählten Akzenten in die systematische Arbeit unseres Jahrhunderts einzuführen. Zwar versucht auch sie, die Affinität mancher Theologen oder von bestimmten Richtungen durch die Anordnung sichtbar zu machen, aber sie notiert wichtige Werke und kommentiert sie in äußerster Kürze. Daran wird die Entwicklung des 20. Jahrhunderts, die wir noch nicht aus großem Abstand betrachten können, vielleicht am deutlichsten sichtbar.

Damit jeder, der sich dieser Übersichten bedient, ihm auffällige Einseitigkeiten korrigieren kann, ist in der Regel auf den Übersichten einiger Platz für eigene Eintragungen geblieben.

Nachwort

Ein Studienbuch verlangt von seinem Verfasser, daß er seine eigenen systematischen Intentionen soweit wie möglich zurückstellt. Wenn im vorliegenden Studienbuch der problemorientierte Zugang zu dogmatischen Fragestellungen in den Vordergrund und die besonderen Absichten des Verfassers in den Hintergrund treten, so verdankt es das der uneigennützigen Hilfe vieler: Herr cand. theol. F. Polster hat eine der ersten Fassungen gelesen, kritisiert und teilweise neu formuliert. Manche seiner Anregungen wird er in der gedruckten Fassung wiederfinden. Herr stud. theol. N. Ansorg und meine Frau haben mit Sorgfalt Korrekturen gelesen. Studenten in Seminaren und Repetitorien und Religionslehrer auf Fortbildungsveranstaltungen haben besonders die beigelegten Materialien erprobt. Allen sei nachdrücklich gedankt. In den Dank sind auch die Mitarbeiter des Gütersloher Verlagshauses Gerd Mohn eingeschlossen. Gerade die Herstellung der Übersichten erforderte eine nicht unerhebliche Mühe.
Ein Studienbuch muß wegen seines begrenzten Umfangs Kompromisse eingehen. Nicht jedes Problem kann mit gleicher Intensität und Breite abgehandelt werden. Daher hofft sein Verfasser auf Leser, die für weitere Änderungen sorgen.

Heidelberg, im Februar 1977 *Christofer Frey*

Personen- und Sachregister

Das folgende Personen- und Sachregister führt nur solche Hinweise auf, die ausführlichere Information zu einem Thema oder einem Ansatz vermitteln. Eine vollständige Dokumentation aller vorkommenden Namen und Stichwörter will es nicht sein.